LADY SCARFACE

Du même auteur

Femmes de dictateur, Perrin, 2011 ; Pocket, 2012.
Femmes de dictateur 2, Perrin, 2012 ; Pocket, 2012.
Femmes de dictateur, l'album, Perrin, 2013.
Les Derniers Jours des dictateurs (codir.), Perrin, 2013.
Corpus Equi, Perrin, 2013.
La Chair interdite, Albin Michel, 2014.
L'homme idéal existe. Il est québécois, Albin Michel, 2015.

Diane Ducret

LADY SCARFACE

PERRIN PLON

www.editions-perrin.fr
www.plon.fr

12, avenue d'Italie
75013 Paris
Tél. : 01 44 16 09 00
Fax : 01 44 16 09 01
www.editions-perrin.fr
www.plon.fr

ISBN : 978-2-262-06429-7

« Vous autres femmes, vous êtes habituées à être le premier mobile des tragédies, comme vous l'êtes de ce monde. Il faut que vous soyez amoureuses comme des folles, que vous ayez des rivales, que vous fassiez des rivaux ; il faut qu'on vous adore, qu'on vous tue, qu'on vous regrette, qu'on se tue avec vous. »

VOLTAIRE, lettre à Mme Denis,
26 décembre 1750.

Avant-propos

Mille chimères, mille vanités mènent un homme à la guerre. Lorsque l'orgueil et le pouvoir, la vengeance et l'honneur – ces quatre cavaliers de l'Apocalypse – s'embrasent en lui, il entraîne dans son sillage de fer et de sang sa famille, son clan, quelquefois un pays tout entier.

Ainsi irait la « vie » des hommes si un élément, le plus volatil, le plus incontrôlable, ne venait perturber l'œuvre au noir de l'histoire : l'amour. Il pousse les stratèges les plus aguerris, les Césars redoutés, à toutes les excentricités, aux risques inconsidérés, pour une seule raison, le désir d'être aimé. Chaque meurtrier d'envergure a une femme à ses côtés, dans une recherche inavouée d'équilibre entre la brutalité et la grâce, le vice et la vertu, Eros et Thanatos. L'amour et la guerre sont les deux chevaux d'un même attelage endiablé, jamais l'un ne s'emballe autant que lorsqu'il est talonné par le second.

Au début des années 1930, la crise économique, le chômage, les famines enterrent les années des folles espérances d'un monde en paix. Et tandis qu'en Europe des tyrans imposent leur volonté et s'apprêtent à mettre le continent à feu et à sang, aux Etats-Unis, ceux qui font trembler le pays et lui déclarent une guerre intérieure ne sont pas des dictateurs, mais des gangsters.

Ils moquent les institutions, respectent leur propre code d'honneur, édictent leurs lois non écrites, créant un pouvoir d'un ordre nouveau, la *mafia*. Ils ont un maître, Al Capone, un lieu, Chicago, un terrain, la prohibition.

Ils sont les pupilles d'une génération déboussolée, celle des totalitarismes et de toutes les transgressions, qui enfante aux Etats-Unis la violence de masse et le gangstérisme. Dans cette société où l'ultra-religiosité, la hantise du krach, l'usage intensif des armes à feu, l'immigration et les difficultés de l'intégration font écho à la nôtre, bondissent des personnages aux couleurs fauves : Al Capone, dit Scarface, John Dillinger, Clyde Barrow et leurs ennemis, Eliot Ness et J. Edgar Hoover. Le crime ne paie peut-être pas, mais il séduit.

Et dans la ville de tous les vices, où pullulent maisons de plaisir et de boisson, ces gangsters sèment partout autour d'eux des femmes prêtes à aimer, souffrir, mourir à leur côté. Ils défraient la chronique et soulèvent dans une traînée de poudre les cœurs de jeunes amoureuses avides de vivre des passions que la société leur interdit.

Nées avec le siècle dans Chicago la magnifique, on les appelle les « fiancées de la poudre » : elles sont la bête noire des agences de renseignements du pays qui voient en elles des corruptrices, des femmes trop libres pour la société encore victorienne et puritaine qui est celle des Etats-Unis. Elles s'appellent Ada, Minna, Mae, Buda, Kathryn, Evelyn ou Bonnie. Troquant la vertu pour le vice, ces Miss Flinguette ont l'esprit de sédition chevillé au cœur. Elles rêvent d'amour libre, loin des normes imposées à leur sexe, seule transgression pour ces insoumises éprises de liberté autant que de danger en des temps où l'ordre sert de paravent à leur mise au pas. Ces Ladies Scarface brisent les schémas établis du couple, inversent les rôles à une époque d'apogée du machisme, s'affranchissent de la morale et font fi de tous les dangers, au péril de leur propre vie. Depuis les clubs de jazz de la prohibition, entre braquages et enlèvements, courses-poursuites et enterrements, elles ont choisi une maxime :

se rebeller ou mourir. Méfiance, l'on peut tout attendre et tout craindre d'une femme amoureuse.

Pour la première fois, l'histoire intime de la naissance du Syndicat du crime est racontée ici à travers celle de son plus illustre parrain, Al Capone, et de sa mystérieuse épouse Mae. Tirées de recherches parmi les archives déclassifiées du FBI, d'Alcatraz, des journaux de l'époque, ainsi que d'entretiens avec des descendants et de documents inédits, les pages qui vont suivre ne sont ni celles d'un livre d'histoire, ni celles d'une encyclopédie de la mafia. Elles racontent une aventure, une épopée, une conquête, une génération d'or et de plomb de femmes incarnant les heures chaudes du Syndicat du crime par amour, par défi, par panache. Féministes par la poudre à canon plus que par les urnes, elles vont changer le cours de l'Histoire en faisant trembler l'Amérique par leur fronde.

Voici l'invraisemblable parcours d'une poignée de femmes en cavale engagées dans une course folle pour la liberté. Le Syndicat du crime n'est pas une affaire d'hommes, il est aussi le théâtre d'insoumises qui passent, pour la première fois, de l'ombre à la lumière.

WANTED

Mary Josephine Coughlin Capone, dite **« Mae »**,
née le 11 avril 1897, à New York, épouse d'Al Capone,
ennemi public numéro un.

Ada et Minna Everleigh,
nées Simms, respectivement le 15 février 1864
et le 13 juillet 1866, à Greene County, Virginie,
sœurs et tenancières de la plus célèbre maison close
de Chicago, le Club Everleigh.

Helen Julia Godman,
dite **« Buda »**, née le 4 décembre 1888, à Chicago,
Illinois, reine du gang des maîtres chanteurs.

Margaret Collins,
dite **« la Fille au baiser mortel »** ou **« Meg la Folle »**,
née en 1899 ou 1900 à Chicago, Illinois, veuve noire.

Louise May Rolfe,
danseuse de cabaret, dite **« l'Alibi blond »**,
née le 7 mai 1906 à Indianapolis, Indiana,
épouse de Jack « la Sulfateuse » McGurn,
membre du gang de l'Outfit.

Kathryn Kelly,
née en 1904 à Saltillo, Mississippi,
épouse de George « Machine Gun » Kelly.

Mary Evelyn Frechette,
dite **« Billie »**, chanteuse et serveuse
née le 15 septembre 1907, à Neopit,
réserve amérindienne du Wisconsin,
compagne de John « Jackrabbit » Dillinger,
membre du gang de Dillinger.

Bonnie Elizabeth Parker,
dite **« la Juliette au revolver »**
née le 1er octobre 1910, à Rowena, Texas,
compagne de Clyde « Champion » Barrow,
membre du gang Barrow.

Edna Murray,
« la Lapine » à la fourrure, également surnommée
« la Bandit baiseuse », née le 26 mai 1898
à Marion, Kansas, femme de Jack Murray,
puis compagne de Volney Davis,
membres du gang Barker-Karpis.

Virginia Hill,
née le 26 août 1916, à Lipscomb, Alabama,
dite **« le Flamant rose »**, membre de l'Outfit,
spécialiste des paris illégaux,
maîtresse de Benjamin « Bugsy » Siegel.

Comtesse Dorothy Taylor di Frasso,
née le 13 février 1888, à Watertown, New York,
entremetteuse mondaine, vendeuse d'explosifs,
maîtresse de Benjamin « Bugsy » Siegel
et de Gary Cooper.

LES IMPÉRATRICES DU VICE

« Le vrai nom de l'amour, c'est captivité. On est fait prisonnier par l'âme d'une femme. Par sa chair aussi. »

Victor HUGO, *L'homme qui rit.*

L'évadée d'Alcatraz

BAIE DE SAN FRANCISCO, 28 FÉVRIER 1938, 10 HEURES

Contre les vitres opaques de la berline qui stationne devant l'embarcadère, les photographes se pressent, se bousculent. Dans l'habitacle, les cheveux blonds au carré crantés et coiffés d'un chapeau noir de Mae. Elle ajuste ses gants de cuir, remonte nerveusement le col de sa fourrure marron et tente de dissimuler son visage aux éclairs des objectifs qui la mitraillent. Impossible de se cacher lorsque l'on est la femme de l'homme le plus redouté du pays, l'ennemi public numéro un. Mae se tétanise face à cette faune qui l'attend dehors. Combien de flots, de remous devra-t-elle encore affronter ?

Elle extirpe ses jambes nues de la voiture. Ses escarpins à talons noirs filent entre les flashs et les questions. Aucun commentaire, Mae garde le silence. On ne parle pas quand on est femme de mafieux. On ne voit et on n'entend pas non plus. Son instinct lui ordonne de fuir l'attroupement croassant, éructant, de s'échapper de San Francisco, cette ville étrangère pour elle. La voici traversant la passerelle de bois et prenant place à bord du ferry à vapeur spécialement mis à sa disposition pour la traversée, le *General Frank M. Coxe*. A peine 2,4 kilomètres la séparent encore de son but, de son homme.

A mesure qu'elle s'enfonce dans la baie, l'île, minuscule, se précise. Dans un ballet incessant, des centaines de pélicans – *alcatraces* en espagnol – dansent dans le ciel. A bord, les passagers s'évitent du regard avec application. Le soleil californien ne réchauffe guère les esprits de ses rayons. Soudain libérés de la brume matinale, apparaissent Alcatraz et son fort-prison couvert de fientes, l'austère et gigantesque complexe d'où l'on ne s'échappe pas vivant.

Comment imaginer qu'il est retenu là, sur ce caillou battu par les vents, seul, sans elle ? Elle tente de le chercher des yeux, tandis qu'elle descend sur le quai de bitume. Le vent, le guano, les murs épais, humides autant qu'infranchissables, voilà les premières impressions de Mae.

L'ancienne forteresse qui se dresse devant elle est la réponse musclée que le Département de la Justice a trouvée pour rassurer l'opinion publique consécutivement à la hausse de la criminalité qui met le pays à feu et à sang depuis le début des années 1920. Les plus dangereux malfrats se trouvent emmurés dans ce purgatoire pour hors-la-loi, véritable modèle de sécurité maximale. Les privilèges accordés aux détenus sont inexistants, les conditions d'incarcération impitoyables. Quelques droits élémentaires trouvent grâce : recevoir à manger, être habillé, abrité, et bénéficier d'une assistance médicale si le besoin s'en fait sentir. Les douches chaudes, seule véritable bienveillance dont ils bénéficient, ont elles aussi une visée stratégique, dissuasive de toute évasion : impossible à qui aurait l'idée de s'échapper d'habituer son corps à une température suffisamment fraîche pour affronter celle des courants glacés entourant la prison…

L'époux de Mae, particulièrement, ne doit jouir d'aucune faveur durant sa peine. Il y va de la crédibilité du gouvernement, présidé pour la seconde fois par Franklin Delano Roosevelt. Si la presse relayait la moindre entorse au règlement, si une seule de ses combines avait cours en ce lieu, c'est toute l'administration qui serait la risée du pays. Lui qui disposait jusqu'alors des pleins pouvoirs dans son royaume, se déplaçait en voiture blindée flanquée de gardes du corps, faisait couler l'alcool et flamber l'argent n'est plus ici, sur le « Rock », qu'un poisson hors de l'eau. Habitué à signer des arrêts de mort, il se contente de rayer les noms des prisonniers qu'il a dans le nez et auxquels il refuse la prérogative de lire ses magazines une fois qu'il aura fini de les compulser[1]. Les visites de la famille sont restreintes à une fois par mois, quarante minutes seulement. Le courrier est heureusement autorisé.

« A ma chère femme.

« Bonjour Ma', comment vas-tu et comment va notre cher Sonny ? [...] Maintenant, ma très chère, oublions le travail et les événements déplaisants et laisse-moi te dire, chérie, que je t'aime et t'adore plus que jamais, et mon amour grandit chaque jour un peu plus, et comme je te l'ai déjà dit, quand ton "papa chéri" aura la chance de rentrer à la maison dans tes bras merveilleux, ce sera un tout nouveau papa, seulement rien qu'à toi, alors, s'il te plaît, crois-moi, ma chérie, parce que je te le prouverai bientôt [...].

« *Love*, ton mari[2]. »

Jamais il ne lui a écrit de si belles lettres que depuis qu'il est loin d'elle, loin de tout. C'est fou comme l'enfermement rend aux hommes le lyrisme amoureux dont ils sont dépourvus au quotidien. Difficile hélas, une fois le papier à lettres décacheté, l'émotion des mots retombée, de rester la chef d'un clan dont le parrain est derrière les barreaux. Difficile d'élever seule leur fils, Sonny, et de faire ses propres choix, loin du gang, d'affronter le jugement des autres parents, des voisins, de tous ceux qui pour asseoir leur respectabilité lui lancent des regards méprisants.

Mais la belle Irlandaise de 40 ans, aux yeux bruns en amande soulignés par de longs et fins sourcils tombants, aux pommettes hautes et au toujours large sourire ne s'en laisse pas conter. Tout en elle – sa posture, sa voix, son maintien toujours impeccable – fait montre d'une sérénité qui semble à toute épreuve :

« Mon cher mari,

« Il est maintenant 15 h 30 [...]. Le fiston est resté à l'école pour jouer au handball. [...] Nous n'avons rien ici-bas dont nous devrions avoir honte et nous sommes fiers de notre "papa". Ainsi je veux que notre fils aille de l'avant dans ce monde, affronte ce qui vient, je veux que chacun sache qui il est et l'accepte pour ce qu'il est. Il y aura beaucoup d'obstacles qu'il devra affronter sa vie durant et je suis sûre qu'il les affrontera et en ressortira grandi. Oh mon chéri, je pourrais continuer à t'écrire sans fin sur les choses que j'ai à l'esprit, mais je sais que tu comprends ce que je ressens, et ce que je veux pour lui est d'être un homme respecté par tous [...] parce qu'il a droit à la même chance que tous les autres dans ce monde, ainsi je ne le décourage jamais dans ce qu'il veut entreprendre et essaie au contraire de l'encourager. Personne ne s'est préoccupé de ses succès ou de son bien-être jusqu'à présent, et je ne m'y attends pas. On s'en sortira. Bien, mon doux, j'espère que tu vas bien. Après tout, il n'y a que deux personnes sur terre dont je me soucie et pour lesquelles je vis, ce sont mon mari et mon fils. Dieu te garde. Je t'aime.

« Amour et baisers. Toujours.

« Ta femme et ton fils[3]. »

La mystérieuse blonde attire les regards dans les couloirs de la prison. Au contrôle, elle confie son sac à main aux agents qui en analysent le contenu avec minutie et anxiété, avant de passer au détecteur de métaux et de décliner son identité : « Capone. » On prévient le prisonnier, le personnel est en alerte, Mme Alphonse Capone est arrivée.

Dans sa cellule, Al, 39 ans mais en paraissant 50, trépigne d'impatience. Il a perdu beaucoup de poids et de cheveux depuis la dernière fois qu'elle l'a vu. Elle devra chercher ceux qui restent près de ses oreilles à présent, mais il a toujours ses yeux bleu ciel rieurs et ses lèvres charnues prêtes à croquer tout ce qu'on leur présente, par gourmandise ou par rage, on ne sait. Pourtant quelque chose en lui semble abîmé, fêlé. Trois semaines auparavant, le samedi 5 février 1938, il a écrit à leur fils : « Tous les trois, nous serons les plus heureux de la Création... Donne à ta mère un million de baisers pour moi[4]. » Décidé à sortir bientôt de prison en homme converti, transcendé par l'amour, il s'habille deux jours plus tard de son uniforme bleu réservé aux dimanches. Un des gardiens, effectuant sa ronde ce matin-là, s'approche pour lui faire une remontrance sur cette liberté vestimentaire. Al ne répond pas, il est au sol, pris de spasmes, incohérent. La suite est tue par le personnel. Déjà les journaux mentionnent un Capone divaguant, frappant les gardes tel un forcené, crachant sur ses codétenus, éructant en italien[5].

Depuis Miami Beach, en Floride, où elle réside dans leur propriété du 93 Palm Island, Mae a appris la nouvelle en même temps que le reste de l'Amérique. Elle a écrit sans tarder, le jour même, un télégramme à James A. Johnston, le directeur de cette nouvelle prison fédérale que son mari est un des premiers à avoir le « privilège » d'expérimenter : « Cher Monsieur, étant donné les rumeurs, je souhaiterais venir pour être plus près de mon mari si jamais quelque chose arrivait et qu'il avait besoin de moi. Mais je ne voudrais pas faire le voyage et découvrir qu'il a déjà été transféré [...]. Mme Alphonse Capone[6]. » Prêcher le faux pour savoir le vrai et savoir réellement ce qu'il en est de l'état de son mari, le procédé n'est pas tout à fait réglementaire, mais Mae sait qu'aucun prisonnier autant que son mari à elle ne concentre les enjeux politiques et médiatiques du pays.

Rien de pire pour l'opinion publique qu'une épouse inquiète qui éclabousserait les journalistes de ses larmes. Le directeur envoie un télégramme qui se veut rassurant à peine quelques minutes plus tard. Il faut stopper l'hémorragie ; ce qui se passe à Alcatraz ne doit pas sortir d'Alcatraz. Johnston tient à garder éloignée des murs de son pénitencier l'une des épouses les plus scrutées du pays. Il en va de même, cela va sans dire, pour les hommes d'Al prêts à venger leur patron au cas où ce dernier viendrait à décéder sous sa surveillance. « Les médecins m'avisent que votre mari est calme, il communique et coopère. Il semble comprendre son état et l'importance de suivre les ordres des médecins et qu'il est nécessaire de le maintenir à l'écart pour faire taire les rumeurs. En revanche, ils ne peuvent pas déterminer quels changements pourraient se produire et ne peuvent prédire son évolution. En ces circonstances, je vous suggère d'attendre d'autres nouvelles et de rester en contact avec le bureau de la justice, à Washington[7]. » A trop fréquenter les prisons pour messieurs, le bon directeur semble avoir perdu tout rudiment de psychologie féminine ! C'est mal connaître Mae et la détermination à la mesure de la discrétion qui est la sienne. Si Al a besoin d'elle, rien ne pourra l'empêcher de se trouver à ses côtés. Le temps d'obtenir l'autorisation de Washington et de traverser le pays en train de côte à côte, elle peut enfin se tenir ce 28 février 1938 en face de ses yeux bleus cernés. Il est absent mais en vie.

Les minutes s'écoulent comme des secondes, quelques instants volés à la surveillance du gouvernement, pas assez pour partager une intimité. On ne sait rien des mots murmurés entre eux, déjà le bateau sonne l'heure de la retraite. Mae doit le quitter, de nouveau, sans pouvoir lui promettre de revenir bientôt.

Sur le chemin du retour, elle devra affronter une fois encore les curieux, les agents du gouvernement, la ville, le monde. Elle restera digne, silencieuse, comme si la langue lui était coupée. Personne ne doit connaître son état, Al doit rester Capone.

La terre ferme sitôt regagnée, une heure à peine après son arrivée, Mae s'engouffre dans un taxi, escortée par un policier ; elle est prise en chasse à travers le trafic par une nuée de journalistes qui ont fait le guet, jusqu'à l'autre côté de la baie, dans la petite ville de San José. Là, croyant les avoir semés, elle autorise enfin le chauffeur à s'arrêter pour faire le plein[8]. Les reporters s'approchent et fondent sur leur proie, piégée dans leurs filets sans gardes du corps. Les objectifs inquisiteurs se saisissent enfin de son regard, de sa peur, de son souffle. La victime relève son manteau de fourrure une fois encore et ne laisse échapper qu'un œil traqué, hagard, perdu dans le vide, le même que celui d'Al quelques heures plus tôt[9]. Puis elle remonte son col jusqu'à s'en faire un capuchon qui lui couvre toute la tête et dont elle tient fermées les extrémités, recroquevillée.

« Si je parle, me laisserez-vous tranquille ? » finit-elle par leur demander. Les journalistes acquiescent naturellement aux conditions émises par Mme Capone, sidérés d'entendre un mot de cette grande femme muette. Les braillards retiennent leur souffle. « Al va bien », annonce-t-elle enfin. « Il n'a pas perdu la tête et sera éligible à une libération anticipée pour bonne conduite l'année prochaine[10] ! » leur lance-t-elle en relevant la vitre fumée.

Comment pourrait-elle leur dire ce dont souffre son mari quand elle-même ne le sait pas encore et attend les résultats d'une batterie d'examens médicaux auxquels il doit être soumis ? Mais déjà le diagnostic avancé et sa flopée de mots savants – dont elle retient ceux d'« attaque », « paralysie », « psychose » – suffisent à éveiller en elle de terribles angoisses.

Les journalistes, tout juste rassasiés, la laissent enfin s'éloigner. Al Capone est vivant. Mais est-il encore le maître du *Chicago Outfit*, la famille du crime organisé la plus puissante de la ville, qui depuis la prohibition règne sur la contrebande d'alcool et les maisons closes ? Mae Capone, la plus mystérieuse et la plus secrète des femmes de la pègre, ne dira pas un mot de plus ; sa voiture est déjà loin. Elle est l'héritière d'une histoire commencée trois décennies plus tôt, lorsque des femmes, à la naissance du XXe siècle, ont décidé de conquérir le pouvoir au sein de ce milieu interlope, avec ou contre les hommes, prêtes, par amour ou passion du pouvoir, à mentir, tuer, changer d'identité ou, pire… de couleur de cheveux !

Nous sommes deux sœurs jumelles nées sous le signe du bordel

CHICAGO, 1er FÉVRIER 1900

En ce début de XXe siècle, l'ancien marécage de Chicago est devenu une ville-champignon, passée en trente ans de 299 000 à 1,7 million d'habitants. Chaque jour, les gares y déversent des milliers d'âmes, des émigrés en provenance de tout le pays, mais surtout d'Europe ; des travailleurs désireux de profiter de sa croissance, la plus rapide des Etats-Unis.

Au cœur de l'hiver, un froid glacial souffle sur la cité, immobilisant les voitures dont les chevaux ont les membres saisis. Dans le quartier chaud de Levee, où la rumeur jamais ne s'arrête, non plus que les talons des femmes sur le trottoir et les pas titubants des hommes s'échappant de leurs bras ou des tavernes, la soirée s'annonce prometteuse.

Au 2131 South Dearborn Street, deux sœurs finissent d'ajuster leur tenue. La cadette, Minna, ferme sa robe de soie à la traîne bouffante et au col en dentelle brodée. Elle accroche son collier ras de cou en diamant et des broches serties de brillants en forme de papillon ; quoi de mieux que les carats pour une tenue d'apparat !

Elle adore la délicatesse de ces bestioles aux ailes nervurées, si fines et pourtant infatigables. Elle a tant de lépidoptères que sa robe scintille comme un lustre à pampilles. Ses cheveux roux relevés en un large chignon dégagent ses yeux bleu acier, on dirait une comtesse en grande pompe doublée d'une institutrice prête à faire la dictée.

Minna aime les livres de psychologie, ainsi que d'art, et ne tolère pas de passer une journée sans s'instruire. C'est elle qui commande à Ada, sa grande sœur. Avec son visage plus rond, ses yeux sombres, l'aînée est une de ces femmes au charme discret qui ne suscitent aucune passion immédiate, mais laissent un souvenir durable dans l'esprit des hommes[1].

Les deux sœurs ont payé rubis sur l'ongle les 55 000 dollars exigés par le propriétaire pour reprendre l'exploitation de l'immeuble, et elles ont vu grand. Après des mois de travaux de décoration, tout est fin prêt pour la grande ouverture de l'opulent Club Everleigh, dont les lourdes portes promettent plaisirs et secrets. Au premier étage, dans le hall, les bancs en acajou massif rappellent le plafond de bois de couleur sombre sculpté aux motifs Art nouveau. Les sculptures de déesses grecques aux corps de marbre que viennent effleurer des palmiers jouent à cache-cache avec les rideaux de brocart.

Les heureux visiteurs sont ensuite guidés vers un imposant escalier, lequel, une fois emprunté, les mène vers un salon de musique où un musicien flatte le clavier d'un piano doré à la feuille d'or. Pour ceux dont les mœurs déjà adoucies souhaitent se passer de concert, un salon-bibliothèque et une galerie d'art abritant des portraits à la mode européenne ont tout pour divertir, ou presque. Enfin, une galerie des glaces, avec des miroirs au plafond, accueille les plus timides, dont les sens ont besoin d'un traitement plus explicite pour être mis en appétit.

C'est à l'étage suivant que les alcôves privées et insonorisées font tout l'intérêt du lieu. Equipées chacune d'un crachoir en or et de fontaines parfumées, elles recèlent mille surprises pour ceux qui auront les moyens de s'y aventurer. Car, au Club Everleigh plus qu'ailleurs il faut avoir les moyens de ses ambitions – en l'espèce, de ses désirs. L'entrée seule coûte 50 dollars, à une époque où une nuit d'hôtel coûte 1,5 dollar et où le salaire moyen annuel d'un employé s'élève à 449,50 dollars[2] ! Les hôtes, une fois cette somme acquittée, peuvent demander la Chambre bleue, garnie d'oreillers de cuir bleu, la Chambre d'or, agrémentée de meubles dorés uniquement, ou encore la Chambre chinoise, égyptienne, japonaise ou turque. Le tour du monde en trois étages et quelques enjambées.

Ada et Minna veillent aussi à satisfaire les papilles. Avant d'aller s'encanailler, les clients peuvent se restaurer dans la salle à manger, où un chef leur sert des collations de pintade, faisan, chapon, pigeonneau, ou encore un dîner tardif d'huîtres, de crabe, de homard et de caviar pour se remettre de leurs harassants efforts. Le tout présenté dans de la porcelaine dorée à l'or fin, avec des verres en cristal et des serviettes en lin[3]. La bière est interdite, on ne boit évidemment que du vin ou du champagne. Ces deux Belles du Sud savent faire en sorte qu'un homme ne parte pas de chez elles sans qu'un seul de ses désirs n'ait été satisfait et prétendent, à peine débarquées en ville, devenir les reines du quartier.

Derrière la porte d'entrée, attendant le signal, les trente « papillons » se tiennent prêtes[4]. Elles ont été triées sur le volet et recrutées parmi de nombreuses candidates. Et pour Ada, certaines compétences sont requises : « Une fille doit avoir un beau visage et une belle silhouette, doit être en parfaite santé et comprendre ce que c'est de se comporter comme une dame. » Minna donne ses instructions : « Soyez polies, patientes, et oubliez ce pour quoi vous êtes ici. Les hommes ne sont des gentlemen que lorsqu'ils sont correctement traités. Chaque fille sera présentée dans les règles de l'art à chaque hôte. Vous ne vous mettrez pas en ligne pour être sélectionnées, comme dans d'autres maisons. Il ne doit pas y avoir de pleurs dans les chambres lorsqu'ils arriveront. Soyez patientes, c'est tout ce que je vous demande. Et rappelez-vous que le Club Everleigh n'a pas de temps à perdre avec les éléments brutaux, les commis en goguette ou les hommes sans carnet de chèques. » Un dernier conseil avant l'ouverture des portes : « Votre jeunesse et votre beauté sont tout ce que vous avez. Préservez-les. Soyez respectables en tout point. Nous connaissons les hommes mieux que vous. Ne les pressez pas, ne les volez pas. [...] Nous fournissons les clients, vous les divertissez comme ils n'ont jamais été divertis jusqu'alors. Donnez, mais donnez de manière subtile et avec mystère. Je veux que vous soyez fières d'être dans le Club Everleigh. C'est tout. Maintenant, refaites-vous une beauté et ayez l'air fabuleuses. »

Les deux quartets se mettent à jouer, le vin prend corps, le champagne fait sauter les bouchons, les premiers invités arrivent. « Aucune demeure d'aucun courtisan n'a jamais été si richement meublée, si bien présentée et si continuellement placée sous le patronage d'hommes fortunés mais à la morale légère[5] », s'enthousiasment les journalistes, conviés pour l'occasion. Qu'est-ce que quelques passes gratuites contre l'assurance d'un bon service de presse ?

Alors que les femmes n'ont pas encore le droit de vote, les opportunités de créer son entreprise et de mener grand train sont rares lorsque l'on porte un jupon, et se réduisent souvent à se résigner à un mariage avec un homme aisé. A moins, pour les résistantes au purgatoire marital imposé, de faire commerce des charmes que la nature leur a donnés, avec l'espoir de prendre du galon et de devenir une « Madam », une mère maquerelle, sorte de contremaître de la sexualité tarifée. La soirée connaît un franc succès, et un reporter s'exalte : « Minna et Ada Everleigh sont au plaisir ce que le Christ fut au christianisme[6]. » Les apôtres de la nouvelle maison close sont déjà légion et ses prophétesses se construisent une identité en conséquence.

Ada et Minna Lester n'existent dans aucun registre officiel. Elles disent être nées en 1876 et 1878, filles d'un avocat du Kentucky. Leurs 20 ans à peine fêtés, les deux sœurs épousent deux frères dont la violence brise bien vite leurs jeunes illusions. Le corps meurtri de coups, les voilà déniaisées sur la nature humaine et sa cruauté. Subir ne fait guère partie de leur vocabulaire et demeurer des épouses soumises par la force n'est pas dans leurs intentions. Le temps d'ourdir un plan pour échapper à leurs obligations conjugales, et voilà les demoiselles gagnant Omaha, dans le Nebraska. Hors du Kentucky, elles ne peuvent légalement être contraintes à retourner auprès de leurs époux, si jamais on venait à les retrouver.

Dénuées d'éducation et de qualification et encore plus d'argent, l'espoir est mince. Mais une révélation est toujours possible ! Elles apprennent par un prospectus qu'une exposition itinérante fait halte dans la ville pour présenter les cultures du monde entier, une Exposition universelle miniature, en somme. Une attraction particulière retient leur attention : les « rues du Caire ». On peut y faire un tour de chameau, s'y faire couper les cheveux à la mode égyptienne, assister à un combat de sabre ou admirer des danseuses qui présentent des performances variées et colorées. Une vision assez onirique de l'Egypte rêvée par un érotomane. Les publicités dans la presse savent appâter le chaland et promettent « les danseuses avec les c... les plus délurés ». Alors que les robes des femmes de la bonne société ne dévoilent jamais plus qu'une cheville, voilà de quoi assurer un succès immédiat à l'attraction ! Au vu de ce battage et de la foule qui se presse pour regarder onduler les nombrils enfiévrés, Ada et Minna voient la possibilité de faire des affaires et ouvrent, en marge de ce Caire fabulé, un petit bordel familial. Les spectateurs mis en appétit par le spectacle auront sans doute à cœur de goûter les spécialités locales.

Lorsqu'à la fin de l'année l'exposition reprend le rail, les deux sœurs ont gagné assez d'argent pour développer leur affaire à elles et voler de leurs propres ailes. Mais elles savent qu'elles doivent leur réussite à l'affluence générée par l'événement. Une petite ville ne saurait leur offrir des revenus confortables, et il est hors de question de se prostituer pour quatre sous. Elles deviendront riches et profiteront des hommes qu'elles mettront à leurs pieds, ou rien. Il leur faut une capitale en pleine croissance. Chicago leur tend les bras, son quartier de Levee regorge de saloons et de bordels à faire s'étrangler les notables et les grenouilles de bénitier. C'est décidé, elles seront les demoiselles de Chicago et feront table rase du passé !

Elles ont découvert, dans le décor pharaonique des « rues du Caire », que la vérité ne fait pas rêver ; l'illusion rend la vie plus attrayante, et l'exotisme les femmes irrésistibles. Car, en réalité, elles ne s'appellent pas Lester et n'ont jamais été mariées.

Ada et Minna ont dix ans de plus que l'âge que leur coquetterie veut bien déclarer et s'appellent en réalité Simms. Originaires de Virginie, elles appartiennent à une fratrie de quatre sœurs et trois frères, dont la mère et les deux autres sœurs sont décédées très jeunes. Leur père, endeuillé, a perdu pied, ainsi que la plantation familiale, dont il n'arrivait plus à payer les charges[7]. Mais qu'importe l'âge d'une femme tant qu'elle a de l'allure. Qui se soucie de son nom tant qu'on l'appelle « chérie » la nuit tombée ? Elles s'appelleront désormais Everleigh, en souvenir de leur grand-mère qui signait les lettres qu'elle leur adressait de la formule *« Everly yours »*, « Eternellement vôtre ». Et ce soir, pour leur grande ouverture, elles sont finalement devenues les maîtresses de l'illusion.

Au Club Everleigh, Ada s'occupe des paiements, Minna des clients. Cette dernière vient jusqu'à la porte, la démarche assurée, prenant des poses entre chaque pas, lorsque la sonnerie retentit, et accueille celui qui pénètre dans son antre d'un détaché : « Comment ça va, mon garçon ? »

Bientôt l'endroit bouillonne de politiciens, poètes en vogue, banquiers, magnats en tout genre et autres aristocrates décadents. Une clientèle huppée. C'est que, chez les sœurs maquerelles, seul le fait de respirer est gratuit. Les produits y sont nombreux, raffinés et onéreux. Il faut dire que les frais de fonctionnement sont élevés. Outre les dépenses usuelles, il faut encore soudoyer les autorités de la ville, comme le conseiller municipal du quartier, John Coughlin, alias « John Bains Publics », ainsi surnommé pour avoir commencé sa carrière en tant que masseur dans un établissement de bains. En contrepartie d'une généreuse donation annuelle de 20 000 dollars[8], ce responsable politique très concerné ferme les yeux sur l'illégalité de leur activité et assure leur protection.

Car les ennemis des deux sœurs sont nombreux et puissants. Les moralistes et les religieux voient en elles l'incarnation du mal, les responsables des turpitudes qui rongent le pays et corrompent sa jeunesse. Certains tentent de forcer l'entrée du club, qui leur est interdite, et de faire constater par des enquêteurs la dépravation à laquelle on s'y livre, la dégénérescence de ce Sodome et Gomorrhe. Minna les accueille de bonne grâce : chacun de ses « papillons » est décemment rémunéré et est parfaitement maître de son destin. Deux femmes libres ne vont tout de même pas en aliéner d'autres ! L'un de ces prêcheurs de la bonne parole s'agenouille devant les jupes de satin de l'une des filles et l'implore, au nom du Tout-Puissant, de renoncer à sa vie honteuse, ce qui provoque l'hilarité des autres papillons dans un bruissement de tissu. Minna intervient, elle sait qu'elle ne doit pas offenser ceux qui peuvent lui nuire : « Les filles ont peut-être été vulgaires, justifie-t-elle, mais elles n'ont pas été hypocrites. Elles savent quel genre de vie elles mènent. » Le terme d'« hypocrisie » dans sa bouche n'est pas un mot choisi au hasard, elle a bien conscience que ces parangons de vertu le jour constituent la majeure partie de sa clientèle la nuit !

Loin de la bravade affichée par Minna, tout ne se passe pas, en réalité, sans quelques écarts de conduite au Club Everleigh. Un des papillons, venu de l'Iowa, pimpant, élancé, les yeux bleus, les cheveux blond vénitien et quelques taches de rousseur, répondant au nom de Myrtle, n'ignore pas la force de son pouvoir de séduction. Si elle doit un jour raccrocher les talons, ce sera pour un millionnaire, pas moins.

Myrtle a pour passion secrète les armes à feu, dont elle fait une petite collection dans sa chambre qu'elle veut bien montrer aux heureux élus qui ont le privilège de monter l'imposant escalier avec elle. « Je crois que je serais la plus heureuse de cette ville si je trouvais un revolver incrusté de diamants », dit-elle un jour à un nigaud qui ne trouve rien d'autre à faire que de lui en commander un, espérant par ce truchement conquérir son cœur pour mieux posséder son corps. Mais la volubile Cendrillon a également parlé de son désir de revolver de vair à un autre habitué. Les deux hommes se retrouvent un soir face à face, dans la Chambre dorée, et se tiennent en joue. « Battez-vous pour moi, les encourage-t-elle, j'adore ça ! » Par le bruit alertée, Minna intervient. Grimpant les escaliers quatre à quatre, elle se rue sur... les lampes et plonge tout le monde dans le noir ! Les deux hommes se tétanisent. « Messieurs, vous êtes dans le bordel le plus connu du pays. Voudriez-vous que vos proches et amis voient vos noms dans les premières pages des journaux demain matin ? » Lorsque enfin la lumière est, les esprits sont soudainement apaisés.

Le pire est évité ce soir-là, mais le club attire de plus en plus l'attention. Il est en effet devenu un des endroits les plus réputés, si bien que lorsque le prince Henri de Prusse, frère de l'empereur d'Allemagne Guillaume II, arrive à New York pour une visite officielle, il demande à faire une excursion à Chicago pour découvrir ce lieu de raffinement, et sème aussitôt la panique parmi sa garde et les services chargés du bon déroulement de son séjour ! En ce début du mois de mars 1902, les deux sœurs mettent les petits plats dans les grands pour la visite princière, planifiant une véritable bacchanale : l'orchestre joue *Le Beau Danube bleu*, tandis que les papillons effectuent une danse en l'honneur de Dionysos, divinité romaine des plaisirs. Enivrées par la musique, les filles montent sur les tables pleines de victuailles et mêlent leurs mouvements au festin de chère. Hélas, la charmante pantoufle de l'une d'elles échappe à son pied et finit sa danse... dans les coupes de champagne ! Un des serviteurs du prince voit là l'occasion de renouveler la manière de déguster le breuvage et descend d'une traite le précieux liquide ayant rempli la chaussure[9] ! Cette sophistication décadente force l'admiration des apprenties vestales comme des propriétaires du lieu.

Un soir, un homme vient s'encanailler auprès de l'un des papillons de nuit et se vante d'avoir des sacoches pleines de billets de banque fraîchement volés. Sa nymphe, n'ayant jamais vu autant d'argent de toute sa vie, ne peut s'empêcher de glousser de bon cœur. Un son qui ne trompe pas Minna, dont l'oreille semble pourvue du don d'ubiquité. Elle intervient une fois encore et la prend à part : « Nous ne répondons pas aux besoins de ce genre d'individus. Il est nerveux et suspicieux. Dis-lui n'importe quoi et débarrasse-t'en. Je te donne dix minutes. » Elle craint un piège tendu par des concurrents jaloux ou des politiques en quête de notoriété morale et prêts à les faire tomber. Après que le contenu de chaque sac a été vérifié par Minna, le voleur quitte le club. Il est retrouvé quelques jours plus tard dans une allée non loin de là, la tête fracassée par un marteau. Questionnée par la police sur l'identité possible du meurtrier, Minna trouve la parade : « Je ne connais aucun vendeur d'outils parmi nos habitués. » Une fois de plus, les nouvelles demoiselles de Chicago passent entre les mailles du filet.

Mais en février 1910, l'évangéliste anglais Rodney « Gipsy » Smith, le « messager de Dieu sous une tente de gitans[10] », décide de passer à l'offensive. Pour cet homme à la foi chevillée au corps, la finalité vertueuse de l'existence est de tout tenter pour rendre meilleure la vie de son prochain, grâce à l'amour christique : « Ce vieux monde manque d'amour. Il y a plus de gens qui meurent d'en être privés que d'en trop recevoir. Ne l'étouffez pas, laissez-le jaillir. » Hélas, les papillons du club ne diffusent pas l'amour, mais le vice. Smith réunit quelque 1 200 chrétiens dans le quartier. Aux portes du Club Everleigh, il galvanise la foule, pressant les deux sœurs de mettre fin à l'ère d'immoralité qui règne dans ces bas-fonds. Minna fait encore montre de son style libre et acéré : « Nous vous remercions de veiller à nos affaires, mais je suis déçue de voir tant de beaux jeunes hommes venir ici pour la première fois[11] ! » La pirouette reste inaudible face à la foule présente scandant les propos de Smith.

La pression de l'opinion devenant trop forte, le Club Everleigh, dont le profit faramineux s'élève à 2 millions de dollars, doit fermer. Tout comme les six cents bordels de Chicago ! La politique est elle aussi un art de l'illusion. Les pouvoirs publics doivent donner l'impression de reprendre en main la ville. Les hôtels de passe et les maisons closes sont comme souvent les premiers visés. Il faut une mesure phare qui calme les conservateurs mécontents. Le maire ordonne la fermeture du Club Everleigh, il veut faire passer un message fort, le crime n'a plus sa place à Chicago[12].

CHICAGO, CLUB EVERLEIGH, 24 OCTOBRE 1911

Ce soir, l'orchestre joue plus fort que d'habitude en cette dernière nuit que les deux sœurs offrent à leurs clients. Des couples montent et descendent l'escalier, le protocole s'efface derrière l'alcool et la fébrilité. « Laisse-les aller aussi loin qu'ils veulent », glisse Ada à Minna. « Encore plus de vin pour les journalistes ! » ordonne-t-elle. Saouler les représentants de la presse, voilà un excellent moyen pour s'attirer de nouveaux obligés et en préserver de petits. Minna a mis ses plus beaux bijoux, elle scintille de la tête aux pieds et tire sur son fume-cigarette en or. Elle monte sur une chaise ; l'instant est solennel, le discours… un peu moins : « Mes chéris, nous avons eu du bon temps ici, n'est-ce pas ? [...] Je vais fermer cette boutique et marcher vers la sortie le sourire aux lèvres. » A 1 heure du matin, les agents de police ordonnent la fermeture immédiate. Les portes du Club Everleigh sont cadenassées.

Des bas-fonds des grandes villes peuvent émerger les plus grandes richesses, et les vils instincts humains judicieusement guidés générer la fortune. Huit millions de dollars en dix ans. Les impératrices du vice, devenues plus riches que leurs meilleurs clients, prennent la direction de la côte Est, avec dans leurs valises un million de dollars en liquide. Ce sera New York, où, une fois encore, une nouvelle identité leur offrira une nouvelle vie, sans maris, sans codes imposés. A présent, le trône de la luxure abandonné par les impératrices du vice est vacant. Mais pas pour longtemps.

Million Dollar Buda

NEW YORK, SEPTEMBRE 1916

Dans le très chic quartier de l'Upper West Side, au 2109 Broadway, Alice Williams entre dans le prestigieux hôtel Ansonia. Le plus grand palace de la ville vient d'être érigé par Paul E. Dubois, un architecte français, et donne à Manhattan des allures haussmanniennes. L'établissement, au raffinement européen, est fréquenté par Igor Stravinsky, Enrico Caruso ou encore Arturo Toscanini, et l'on trouve sur son toit une petite ferme qui alimente les résidents en légumes et produits frais, avec un régiment de cinq cents poulets, des canards et des chèvres, et même un ours apprivoisé. La jeune femme est impressionnée par le luxe qui l'entoure, tandis qu'elle arpente le long couloir qui mène à sa chambre, précédée de son chevalier servant pour la nuit, Edward West, un veuf du quartier huppé de Hyde Park à Chicago, millionnaire importateur de thé et café[1].

Elle l'a rencontré quelques jours plus tôt, à l'hôtel Blackstone de Chicago où, repérant le magnat au premier coup d'œil, elle s'est présentée comme une demoiselle timide à peine sortie du couvent, désireuse, à 27 ans, de connaître enfin la vie, le monde, les hommes. Saisissant l'opportunité de se consoler de la perte de son épouse, le riche homme d'affaires ne réfléchit pas un seul instant quand sa nouvelle conquête lui demande, lors de leur premier tête-à-tête, de l'emmener avec lui à New York. Là, ils pourront s'adonner au plaisir d'être à deux sans que sa réputation immaculée soit mise à mal dans une ville où l'on risquerait de le reconnaître.

La porte de la suite refermée, Alice se montre plus entreprenante que timorée, la soirée promet bien des délices. Seulement, quatre hommes s'invitent à la fête et font soudainement irruption dans le couloir. Ils s'arrêtent devant la suite, à l'écoute de chaque bruissement, à l'affût du moment compromettant pour intervenir. L'attente est de courte durée. « Ouvrez, au nom de la loi[2] ! » tambourinent-ils. A l'intérieur, les voix se taisent. Edward West ouvre courageusement la porte, tandis que la jeune femme, tremblante, se cache derrière lui. Badge officiel sur leurs vestes, les quatre hommes se présentent comme des agents fédéraux avant de pénétrer dans la chambre et de commencer à la passer au crible.

Il n'est pas besoin de réunir plus de preuves, leur simple présence suffit à placer le couple sous le coup de la loi Mann. Depuis 1910, en effet, il est illégal de passer une frontière et de voyager dans un autre Etat avec « toute femme ou fille à des fins de prostitution ou de débauche, ou pour tout autre motif immoral[3] » sous peine d'accusation de « traite des Blanches ». Les officiers ont un mandat d'arrêt : « Nous savons tout, monsieur West. Amener cette jeune femme depuis Chicago jusqu'à New York, cela revient à passer la frontière d'un Etat et c'est un crime fédéral. » Edward West est prié de se rhabiller avant de les suivre. Le pauvre veuf est plus éploré que jamais. Hystérique, Alice implore et supplie. Si elle est arrêtée, non mariée, dans une chambre d'hôtel en compagnie d'un homme, ses parents la répudieront. Elle sera perdue, déshonorée, conspuée, aucun homme de bien ne voudra plus l'épouser !

Les inspecteurs semblent sensibles au joli minois en détresse de la brunette et entament avec l'homme d'affaires une discussion qui prend rapidement un tour pragmatique. La somme de 15 000 dollars suffirait à déchirer le mandat et à faire oublier toute l'affaire. Peu cher payé pour un millionnaire, et deux réputations sauvées ! Le quatuor encaisse avant de se retirer et laisse les tourtereaux déflorer la loi Mann tout leur saoul.

Mais Edward West, homme de grande moralité, se sent honteux d'avoir ainsi soudoyé des agents fédéraux. Sitôt de retour à Chicago, il se rend dans le bureau de l'inspecteur en chef William C. Dannenberg pour se confesser. Hélas, le policier a beau chercher, il ne trouve aucune trace de l'incident et s'étonne de la manière de procéder desdits agents. Il répond de ses hommes, aucun n'aurait ainsi tiré un avantage personnel d'une si fâcheuse situation. La chose lui paraît évidente, Edward West a été dupé par la jeune femme !

Car l'effarouchée Alice s'appelle en réalité Helen Julia « Buda » Godman. Et l'officier Dannenberg la connaît pour être l'« appât à un million de dollars » du syndicat du chantage[4]. Buda est née à Chicago le 4 décembre 1888, fille d'un opérateur du télégraphe passionné de courses de chevaux et de paris, pour lequel sa beauté et sa vivacité d'esprit la rendent plus imprévisible encore qu'un pur-sang. La famille fondant de grands espoirs sur ses capacités, Buda est envoyée dans une école catholique, la St Joseph's

Academy, à Adrian, dans le Michigan. La jouvencelle s'y ennuie ferme et préfère, le 4 novembre 1907, à 18 ans, épouser le célèbre chanteur Tell Taylor, qui se produit dans les vaudevilles de Chicago avec son titre *Down by the Old Mill Stream,* dont la partition, publiée par Forster Music Publisher Inc., est un des succès commerciaux de ce début de siècle et s'écoule à plus de 4 millions d'exemplaires[5] !

Elle rencontre Tell deux ans plus tôt, lorsque celui-ci est invité à se produire à son école. Impressionnée par sa prestation, sa prestance et sa présence, elle ne pense dès lors plus qu'à lui. Mais, prisonnière de son couvent, comment le retrouver ? Sa scolarité terminée, alors qu'elle se rend à un spectacle dans un théâtre de Chicago, elle le reconnaît sur scène. Buda écrit en hâte, la main tremblante, un mot sur un papier tiré de son sac à main et le lui fait passer dans sa loge. Lui non plus ne l'a pas oubliée[6]. Elle ne compte pas lui laisser le temps de se raviser ; les voilà très vite mariés.

Moins de trois ans plus tard, en 1910, la star montante du music-hall demande, hélas, le divorce. La raison invoquée montre que Tell a bien vite déchanté : « J'ai épousé Buda alors que nous étions tous les deux saouls et j'ai découvert qu'elle était totalement incapable d'être loyale à qui que ce soit. » A son contact, Buda avait développé elle aussi un goût du music-hall et fréquenté d'un peu trop près d'autres comédiens sitôt son époux en tournée, ce qui n'avait étrangement pas réjoui ce dernier.

La jeune femme ne s'embarrasse pas de ressentiment et fait alors la connaissance d'un artiste d'un autre genre, un certain James Christian. Celui-ci est recherché de la côte Ouest à la côte Est par les autorités fédérales pour chantage exercé à l'encontre de riches victimes ; son gang fait les gros titres pour avoir tiré de ses méfaits un million de dollars en 1916[7]. James a eu la roublardise de détourner la nouvelle loi Mann pour en faire son arme fatale et, sans haine ni violence, détrousse les hommes les plus fortunés du pays en instrumentalisant leur attrait pour de belles jeunes femmes et leur honte face à une possible déconvenue sociale. Il a besoin pour cela d'un « appât » de grande qualité qui sache interpréter des rôles de composition avec brio et improviser avec tact et doigté. On ne décide pas un homme à vous suivre par un seul joli sourire. Encore faut-il l'exciter par la promesse d'une étreinte inoubliable et surtout, pour l'amadouer, le rendre sensible à votre fragilité afin de le pousser à négocier pour vous sauver, une fois découverts par les complices. Buda, qui a gardé de son éducation religieuse de bonnes manières et une élocution distinguée, possède un pouvoir peu répandu alors, celui de mystifier des hommes parmi les plus raffinés, dans les bars des hôtels les plus chics, où elle n'a aucun mal à prendre ses habitudes.

Chicago ayant alors la réputation d'une moderne Babylone où la prostitution et la luxure fleurissent, elle surprend ses proies en jouant d'emblée à contre-emploi. La belle refuse leurs avances, s'en offusque même et joue de son innocence. Ils se confondent en excuses ; elle accepte alors d'engager la conversation, se montre impressionnée. Soudain la magie opère ; dans son regard, les mâles dominés se voient plus grands, plus jeunes, plus beaux qu'ils ne le sont. Elle distille ensuite des mots d'amour, puis suggère enfin un voyage dans une autre ville, afin de ne pas risquer de se faire reconnaître.

Buda a trouvé une autre manière que les sœurs Everleigh de faire commerce de son charme. Elle a choisi le chantage. Après tout, la prostitution n'a pas le monopole de l'amour tarifé !

Certes, jamais aucun officier n'a réussi à lui mettre la main dessus, mais l'inspecteur Dannenberg se rappelle d'emblée son mode opératoire lorsque le pauvre veuf vient lui narrer son histoire. Il identifie aussitôt le procédé de celle qu'il traque sous le séduisant sobriquet de « reine de la bande des harceleurs », dont le quartier général se situe à l'hôtel Tyson, au sud de Chicago. Enfin, il tient un témoin qui ne craint pas de parler, voilà l'opportunité qu'il attendait pour pouvoir l'arrêter !

Le 25 septembre 1916, quelques jours seulement après la mésaventure de l'hôtel Ansonia, James Christian est appréhendé à New York et amené sous bonne garde à Chicago. Il est détenu « *incommunicado* » à l'hôtel Alexandria, autrement dit sans avoir le droit de communiquer, pas même avec un avocat, une semaine durant[8]. Le geste est fort, les inspecteurs attendent de le faire craquer pour qu'il livre le nom de ses complices. Le procédé est illégal, mais payant.

Le 8 novembre, Buda comparaît à New York devant le juge Thomas, flanquée des cinq autres membres du gang. Les preuves l'accablant, on l'incite à plaider coupable. Afin de réduire sa peine, elle devra témoigner contre son amant, la tête pensante du gang. Plutôt aller sur-le-champ en prison que de trahir James ! Celui-ci a perdu sa virginité juridique depuis fort longtemps et, déjà condamné à plusieurs reprises, ne reverrait plus la lumière du jour avant de longues années. Le juge rappelle à l'accusée la peine à laquelle elle s'expose, dix-huit mois de prison ferme au minimum. Elle acquiesce, l'amour en vaut la chandelle. Persuadé de son manque de moyens, le magistrat libère la jeune femme contre une caution de 10 000 dollars[9] en attendant qu'elle comparaisse devant la cour le mois suivant. Il a négligé un détail, Buda ne séduit pas que les hommes : elle passe un coup de fil à une amie qui s'empresse de régler la somme, une certaine Rena Morrow récemment acquittée dans l'affaire de l'assassinat de son mari[10] !

James Christian plaide coupable et la déclare totalement innocente. Il dresse d'elle le portrait d'une comparse, simple outil d'un complot dont il est l'unique cerveau. Il espère qu'elle fera de même et que, se protégeant l'un l'autre, leur peine sera moins longue, adoucie par l'espoir de se retrouver bientôt. Mais à peine libérée, Buda s'envole et disparaît, ne se présentant pas à son procès. James est condamné à 18 mois de prison, tandis qu'elle profite de la douceur des plages de La Havane, à Cuba[11] ! Elle aura ainsi mystifié son amant, faisant montre jusqu'au bout des mêmes capacités de manipulation. Une parfaite illustration de la fable de l'arroseur arrosé !

Le Dahlia blond

Amusée par l'histoire de Buda qu'elle découvre dans les journaux, Margaret Collins se hâte de coiffer sa courte chevelure cuivrée et d'ajuster sa robe pour rejoindre deux couples d'amis pour dîner dans un restaurant des plus branchés. Elle conjugue un regard piquant et déterminé à un sourire nourri d'innocence. Mais Margaret n'est pas qu'une beauté classique légèrement mélancolique, les apparences sont parfois aussi trompeuses qu'une couleur de cheveux. Deux ans plus tôt, elle arpentait elle aussi New York où elle était fiancée à un homme qui finit assassiné dans de mystérieuses conditions. En deuil, et en rébellion contre la ville qui avait brisé son avenir, elle avait alors quitté la côte Est pour Chicago. Depuis la fin de l'ère des sœurs Everleigh, « Windy City » a bien changé ; tout n'est que violences et abattoirs dans la porte du Midwest.

La fermeture des maisons de prostitution ayant pignon sur rue a provoqué une explosion de la criminalité. La suppression des bordels indépendants a ouvert la voie aux ténors professionnels du crime. Des « proxénètes » président à présent au commerce des charmes féminins. Des syndicats organisés prennent désormais le pouvoir sur les affaires « familiales ». Faisant le choix de la corruption politique, ce sont les immigrés italiens implantés dans la ville qui s'emparent de ce marché des plus rentables, exploitant la misère comme les méandres de l'âme humaine. Eux, autrefois considérés comme une main-d'œuvre utile et à bas coût, dérangent, à présent qu'ils possèdent de nombreux commerces florissants aux quatre coins de la cité. Les Etats-Unis sont en plein essor. La croissance économique, soutenue par le développement incroyable de l'industrie, attire les immigrants venus de toute l'Europe, et surtout d'Italie. Depuis 1880 en effet, une vague de nouveaux venus en provenance de la Péninsule fait déferler sur Chicago des milliers de jeunes hommes, souvent illettrés, aux très bas revenus, faisant de la ville la troisième cité italienne des Etats-Unis. Alors qu'ils n'étaient que 1 357 en 1880, ils sont en 1920 plus de 60 000 ! Les Italiens se répartissent des quartiers entiers et se regroupent dans des enclaves selon leur origine. Les Siciliens se massent dans le Near North Side, quartier auquel les fumées d'usine, les rats des villes et les poubelles valent le nom pittoresque de Little Hell, littéralement « petit enfer ». Les Napolitains élisent domicile dans le Near West Side, partageant un bidonville avec les Juifs russes et grecs[1]. Ils possèdent à présent 500 épiceries, 257 restaurants, 240 pâtisseries et de nombreux autres commerces de bouche dans les quartiers qu'ils détiennent[2], imposant leurs codes et leurs traditions dans un environnement multiethnique en équilibre précaire.

Mais le 29 janvier 1919, un événement majeur s'apprête à changer le cours de l'histoire. Supposé réduire la déliquescence morale qui mine le pays et faire baisser la corruption sur l'ensemble du territoire, le XVIIIe amendement de la Constitution instaure... la prohibition. Il est dès lors interdit de fabriquer, transporter, importer, exporter ou vendre de l'alcool !

Les Italiens ne sont en effet pas les seuls à immigrer en masse aux Etats-Unis : Irlandais et Ecossais apportent sur le sol américain leur savoir-faire ancestral en matière de distillation. Ce flot de whisky et de bière soudainement déversé sur les Années folles décuple la violence naturelle des hommes. La situation dégénère et oblige à une reprise en main : l'alcool est banni de la vie des Américains.

Lors d'opérations spectaculaires, des agents en charge de la salubrité publique massacrent à coups de hache des tonneaux d'alcool que de bien intentionnés patrons de bar ont cachés, histoire de rendre service. Les descentes de police deviennent quotidiennes, la sobriété générale est décrétée. Là comme partout, la tyrannie de la vertu ne fait qu'exacerber les vices et les Irlandais voient l'occasion de faire profiter le pays de leurs talents !

Officines clandestines, contrebande en provenance du Canada voisin ou des Caraïbes par bateau ou par avion, arrière-boutiques transformées en cabarets de fortune, pots-de-vin aux autorités locales largement arrosées, les enjeux économiques sont tels que des groupes rivaux se font la guerre pour gagner la suprématie sur des territoires, des quartiers entiers. Les Italiens n'entendent pas rester en dehors de ce nouveau commerce flirtant lui aussi avec l'illégalité sous couvert d'amusement.

Dès lors, deux gangs ennemis s'opposent dans la ville, les Irlandais et les Italiens. Et entre les Capulet et les Montaigu de cette tragédie américaine, Margaret a choisi les premiers. Personne ne connaît le secret de son âge. Née en 1899 ou 1900, elle a les qualités que recherchent ces hommes durs, habitués au monde de la nuit : l'impertinence et la témérité, le tout avec un attrait marqué pour la violence. Détenant même sa propre arme à feu, elle devient rapidement la chérie de la nouvelle pègre.

Et elle met peu de temps à taper dans l'œil d'une petite frappe du gang du Nord, celui des Irlandais, John Sheehy, récemment promu expert en contrebande. Celui-ci compense son manque d'envergure par un physique avantageux et une allure toujours soignée qui lui valent dans le milieu le surnom de « Dandy Jack ». Il se fait une joie de promener à son bras la poupée à la coupe garçonne sur laquelle tous les regards se posent. Si les origines de Margaret sont incertaines, « ses yeux bleus », rapporte un journaliste, semblent « être faits d'un verre que l'on viendrait d'essuyer avec un linge humide. Ses traits sont durs, glaçants, ses lèvres, fines[3] ». Quelque chose de fragile et de déterminé à la fois se dégage de la jeune femme qui suscite le désir autant que la crainte.

Le 7 décembre 1923, Dandy Jack emmène sa nouvelle conquête fêter son anniversaire au café Rendez-Vous à Chicago, au 626 Diversey Parkway, un cabaret naturellement tenu par son gang, connu pour le raffinement de son ensemble musical et ses danseurs[4]. Ce soir-là l'établissement compte cinq cents invités triés sur le volet parmi les notables de la ville. Le jazz retentit, la fête bat son plein, les amants boivent du gin.

Mais Margaret a une petite faiblesse, une fâcheuse habitude. Lorsqu'elle a un coup dans le nez – ce qui lui arrive assez fréquemment –, elle aime jeter des glaçons sur les musiciens. Pour peu qu'ils soient roux, la tentation devient incontrôlable et son plaisir est décuplé. Alors que l'orchestre s'apprête à entamer les premières notes, Margaret bondit d'excitation et presse le bras de son chéri : ils sont en veine, le pianiste est rouquin ! « Apportez-moi un seau à glace ! » hurle-t-elle au serveur qui, ne jugeant pas la commande des plus urgentes, ne se montre pas empressé à la satisfaire. L'orchestre commence à jouer, Margaret à s'impatienter. Vexée, lésée, l'impétueuse fait de sa déconvenue une affaire personnelle. Et le premier à trinquer dans ce cas-là ? Son cavalier, bien sûr ! Comment ? On ose contrarier ses besoins ? Peut-être n'est-il pas le si gros bonnet qu'il prétend être s'il est incapable de faire respecter ses désirs ! Sans doute devrait-elle changer de crémerie !

Piqué au vif, le jeune apprenti de la pègre de 27 ans promet à sa belle de trouver tout ce qu'elle souhaite et se dirige vers la cuisine, un revolver dans chaque main. La posture a l'avantage de provoquer la panique immédiate chez ceux qui le voient évoluer ainsi, bien qu'elle manque relativement de pragmatisme : comment se saisir d'un seau à glace quand vos deux mains sont prises par une arme ? Dandy Jack finit par tuer le serveur qui ne répondait pas assez vite à son attente, ainsi que l'intendant qui se trouvait sur son chemin.

La police, alertée par les coups de feu, intervient sur-le-champ et dégaine à peine la porte du club passée. Des tirs éclatent des deux côtés. John blesse un officier qui, prompt à répliquer, l'atteint de plusieurs balles. Sanguinolent, Dandy Jack titube et tente de se rattraper aux tables. Un homme vient à son aide et lui tend une main qu'il repousse d'un geste de dédain, avant de s'écrouler sur le sol. Il décède à l'hôpital le lendemain[5]. Ses derniers mots sont : « Dites-leur que j'étais plein de gnôle et que je ne savais pas ce que je faisais. » Une épitaphe digne des plus grandes déclarations d'amour, qui laisse Margaret sur sa soif.

Arrêtée, elle est questionnée par la police. Que peut-elle leur dire, sinon qu'elle n'y est absolument pour rien ? Revolver à la main, jeu de vilain. Le 10 décembre 1923, elle est disculpée par le juge Eberhardt, chargé de l'affaire, et repart libre comme l'air[6].

Bien connu des services de police, totalisant près de vingt chefs d'inculpation possibles contre lui, Dandy Jack avait jusque-là, en dix ans de brigandage, déjoué toutes les arrestations et toutes les tentatives de règlements de comptes. Margaret lui achète une magnifique pierre tombale au cimetière du Mont-Carmel[7] et prend les habits de veuve. Mais le noir ne va pas si bien à la jeune femme qui a le chagrin de courte durée.

CHICAGO, NORTHERN LIGHTS CAFÉ, 24 AOÛT 1924

Deux semaines plus tard, Margaret apparaît, blonde cette fois-ci, au bras de John Phillips, trentenaire prometteur qui évolue lui aussi dans les cercles intimes du crime, en qualité de fournisseur d'alcool aux *speakeasies*, bars clandestins où, pour ne pas éveiller l'attention de la police, les patrons demandent à leurs clients de parler à voix basse lorsqu'ils commandent d'illicites breuvages. L'été venu, au bout de quelques mois de relation, il emmène sa conquête au Northern Lights Café, au 6342 Broadway Street, un cabaret tenu par le gang du Sud, celui des Italiens. Margaret, dont la susceptibilité ne s'est guère arrangée, se sent bientôt insultée par la présence d'un des musiciens sur scène, dont la tête ne lui revient pas. Elle demande à son gangster servant de veiller avec une ardeur plus manifeste à son honneur. Ces hommes, il faut décidément tout leur dire et les forcer à jouer des poings ! John intervient et sermonne l'imprudent, lui demandant de se tenir à carreau. Pour souligner ses propos, il commence à tirer sur toutes les ampoules des lustres au plafond ! Les gérants de l'endroit accourent et tentent de le faire sortir. Une bagarre générale se déclenche. John gifle à la demande de sa belle la chanteuse, qui essaie sur la scène de divertir les invités, avant de sortir à nouveau son arme et menacer les tenanciers. Alors que la police arrive, loin de reculer, il prend deux agents en otage, essayant de les embarquer de force dans son automobile garée en face du cabaret, l'arme pointée sur eux. Mais il est stoppé net dans son échappée par la balle d'un de leurs coéquipiers[8]. Et Margaret de retrouver le chemin des pompes funèbres. Ce nouveau deuil lui vaut dans le milieu le surnom de « la Fille au baiser mortel », aussitôt doublé d'une réputation de femme vénéneuse avec laquelle il ne faut fricoter que si l'on en a assez de la vie et que l'on souhaite regarder la mort en face.

Plus rapide à changer de couleur de cheveux que ses amants à éviter les balles, c'est en rousse incendiaire que Margaret finit de se préparer un soir d'octobre 1924 pour le dîner auquel elle est conviée, organisé par l'homme le plus puissant de la ville, Dean O'Banion. Le mafieux, d'origine irlandaise, n'est nul autre que le chef du gang du Nord en personne. Dans chacun de ses costumes, Dean a pris l'habitude d'avoir trois poches supplémentaires pour y ranger chacune de ses armes, c'est dire s'il pèse lourd. Il est de surcroît ambidextre – pour le tir plus que pour l'écriture, s'entend. Ses yeux bleus rieurs sont prêts à faire feu à la moindre provocation. Impliqué dans une vingtaine d'assassinats, il n'a jamais été inquiété jusqu'alors. Il contrôle les nombreux Irlandais et a fait main basse sur les urnes. Aussi les démocrates de la cité, désireux de s'assurer ses bonnes grâces, ferment-ils les yeux sur ses travers. Habillé façon milord anglais en toute occasion, les ongles manucurés par une professionnelle, les cheveux ondulés, Dean porte une raie sur la gauche. Enfin un puissant à la hauteur de ses ambitions ! Un homme capable de protéger l'honneur d'une vraie dame comme de la couvrir de bouquets ! Car Dean a un véritable métier. Il est... fleuriste. Ses relations privilégiées dans le milieu en font le fournisseur attitré en cas de règlements de comptes. Il n'a en effet même pas besoin d'attendre l'annonce officielle d'un décès pour préparer les gerbes. Son goût pour les plantes lui serait-il venu à l'âge de 5 ans, alors qu'il assistait à l'enterrement de sa mère, cérémonie baignée de noir, où seuls les arrangements floraux apportaient un semblant de vie ?

Enfant de chœur durant sa jeunesse, Dean relègue au second plan tous ses principes religieux, aveuglé par l'attrait du vice. Il devient chanteur de saloon avant de laisser de côté les vocalises et de faire parler la poudre, prenant la tête du gang du quartier Nord, à deux pas de Little Hell, où les Siciliens sont toujours en force. Sur seulement quelques rues, le voisinage dépasse tous les records d'inventivité criminelle, comptant entre dix et vingt morts par jour.

Mais Dean a su conserver intact son sens de l'altruisme. Sa voiture chargée de victuailles, il arpente les quartiers les plus pauvres et distribue aux personnes âgées comme aux orphelins qu'il croise de quoi se vêtir ou quelques billets pour leurs frais médicaux. Il offre ainsi à Margaret un soutien moral et financier, une sorte de pension de veuvage qui fait éclore dans le milieu des rumeurs de liaison. Seulement, Margaret est amie avec Viola, l'épouse de Dean. Rester fidèle à un homme, cela s'appelle de l'amour, mais demeurer loyale aux autres femmes de gangsters est une question d'honneur, une vertu qui domine parmi ces « Miss Flinguette ». Or Dean et Viola forment l'un des couples les plus stables et les plus enviés du Syndicat du crime.

La veuve coquelicot

Helen Viola Kaniff est née le 27 mars 1901 à Chicago, dans une famille de quatre enfants et de parents irlandais très dévoués au culte catholique. Craignant de voir les mœurs viciées de la ville s'attacher au vert bourgeon de sa jeunesse, ces géniteurs bien intentionnés envoient leur fille dans un internat de province, en Iowa. Ainsi pensent-ils l'éloigner de l'influence délétère que Chicago peut exercer sur leur progéniture à l'instinct aventurier et au caractère bien trempé[1]. Quelle formation doit-elle suivre pour être capable de subvenir honnêtement à ses besoins ? Ce seront des cours de secrétariat qui, depuis l'invention de la machine à écrire en 1714, sont délaissés par les hommes et ouvrent une voie d'émancipation toute relative à la gent féminine.

Mais les parents de Viola, dévoués aux saints sacrements, ont oublié une vérité propre à la jeunesse, à savoir que le meilleur moyen de se délivrer d'une passion est de s'y adonner. A peine retournée en ville pour les vacances d'hiver, en décembre 1920, Viola se rend à un bal de Noël organisé dans un cabaret du quartier Nord. Elle y rencontre Dean, un habitué. Après avoir diverti les patrons, ce dernier leur fait les poches dès que l'occasion se présente, selon leur état d'ébriété. Il glisse parfois aux usagers peu coopératifs un Mickey Finn[2], une boisson contenant de puissantes drogues qui les rend inconscients, donc plus faciles à voler. Il n'est pourtant pas, tant s'en faut, dans le besoin. La contrebande d'alcool lui rapporte jusqu'à un million de dollars par mois, si bien qu'il s'impose rapidement comme le maître incontesté en la matière. Véritable alchimiste de la prohibition, il transforme l'alcool en or.

Viola a 19 ans, lui presque 29, mais qu'importe, il veut l'épouser sans attendre. Le mariage est célébré le 5 février 1921 à la bien nommée basilique Notre-Dame-des-Douleurs, sur Jackson Boulevard, par le révérend Vincent M. Healy, avec pour témoin un tenancier de maison de jeu. Sans bijoux, les cheveux coupés court et au carré, dans une robe unie à large ceinture sur les hanches, arrivant à mi-mollets et au col bénitier, des chaussures à brides et de petits talons, Viola retrouve son homme dans l'immense sanctuaire inspiré de la Renaissance italienne. Lui est en costume sombre trois-pièces, cravate et pochette, les cheveux plaqués, avec son immanquable raie sur le côté[3]. Il porte toujours un smoking dans le cadre de ses « fonctions » et encourage ses hommes à s'habiller élégamment. Le respect est l'antichambre de la peur. Lorsque Dean invite Viola au restaurant ou au théâtre, il prend soin d'être à la hauteur de sa compagne. La nuit de noces a lieu dans une suite luxueuse du Drake Hotel, au 140 East Walton Place. Dans l'une des six cents chambres de cette bâtisse de style Renaissance surplombant le lac Michigan qui vient d'être inaugurée après des travaux s'élevant à 10 millions de dollars – soit 107 millions d'euros[4] –, Viola et Dean unissent leurs corps pour la première fois, avant de partir en lune de miel en Californie.

Alors que Dean possède une maison dans le quartier Nord, le jeune couple s'installe dans un appartement cossu de douze pièces au 3600 North Pine Grove Avenue, à quelques pas du lac. Pour Viola, Dean est le mari idéal qui lui offre une vie idyllique. Il ne fume pas et, étonnamment pour un contrebandier d'alcool sous la prohibition, ne boit pas. Elle lui est totalement dévouée ; il lui est fidèle, mais déteste se justifier, l'a-t-il prévenue. Elle ne pose donc pas de questions. Là où les autres voient un criminel, elle aime un homme sensible, amoureux des fleurs au point d'en faire son métier, du moins celui qu'elle lui connaît, en achetant des parts dans le magasin de fleurs Schofield, situé dans North State Street, face à la cathédrale du Saint-Nom où il a été enfant de chœur quatre années durant.

Durant la journée, elle le trouve à la boutique, appliqué à réaliser des compositions, à prendre les commandes par téléphone, à flatter un pétale de ses doigts pleins de pollen et de poudre. Il rentre à la maison toujours à l'heure pour dîner, un œillet blanc ou un brin de muguet à la boutonnière. Pour elle il renoue avec son ancienne passion pour le chant, donnant de la voix pour l'accompagner au piano Player à 14 000 dollars qu'il lui a offert. Il installe non loin le Gramophone Victrola et s'échine à jouer le même air que celui diffusé par l'imposant appareil de bois, ce qui amuse follement Viola[5].

Certains jours, il faut fermer les yeux un peu plus fort pour continuer à aimer Dean sans poser de questions. Le couple vient d'acheter une grande quantité d'armes à Denver, dont trois pistolets-mitrailleurs Thompson modèle 1921, le *nec plus ultra* en matière d'arsenal létal. Surnommé « Tommy Gun » ou encore « bébé mitraillette », son canon court lui permet d'être placé dans un étui à violon, transformant nombre de gangsters en musiciens appliqués. Le Thompson possède une particularité tristement innovante, il est automatique, et permet de tirer en rafale à la vitesse de sept cents coups par minute, ce qui lui vaut d'avoir été rebaptisé « Chicago style ». Viola fait de la place parmi ses affaires pour accueillir ces nouveaux rejetons, les seuls que Dean lui a donnés pour l'instant. Mais peu importe, la famille viendra, c'est un mari si charmant.

Viola salue donc sans suspicion aucune Margaret lorsque cette dernière fait son entrée au Friar's Inn, un night-club très à la mode où l'on vient écouter du jazz dans le sous-sol du Chicago Loop, centre névralgique de la ville où se mêlent gangsters et amateurs de cette nouvelle musique noire aux rythmes endiablés. Dean a convié deux de ses gorilles, ainsi que Mike Carrozzo, un de ses hommes de main accompagné de son épouse. Ces messieurs discutent des affaires courantes lorsque soudain Mme Carrozzo fait remarquer à Margaret son manque de chance avec les hommes qui finissent tous six pieds sous terre. Existe-t-il jamais remarque qui soit innocente entre deux femmes ? Margaret, « un peu alcoolisée et émotive », prend mal le persiflage de Mme Carrozzo et « gifle celle-ci en pleine bouche », tandis que Mike « commence à frapper Margaret en retour et à la poursuivre »[6] à travers le restaurant. Les deux tigresses s'empoignent chacune d'un côté de la table. Mike finit par agripper Margaret et la sépare de sa femme tout en lui administrant de copieuses rations de claques. Dean se rue vers lui et tous sortent leurs armes[7]. L'équilibre de la terreur calme les esprits, et la soirée se termine sans effusion de sang. Mais les deux mâles sont dès lors ennemis. Avant l'arrivée de la police, tout le monde a disparu. Les sourds concurrencent les muets parmi les autres clients, personne n'ayant naturellement rien vu ni rien entendu. Hélas, l'honneur bafoué ne se lave pas ainsi chez les parrains de la pègre, il ne se répare pas ni ne se brise. Quelques semaines plus tard, Mike Carrozzo est victime d'une tentative d'assassinat. La police, dès lors, s'attend à une vague de règlements de comptes qui fera prospérer le petit commerce de Dean O'Banion. Une certaine idée de l'honneur alliée à la poudre fait fleurir plus qu'aucune saison les chrysanthèmes.

CHICAGO, CIMETIÈRE DU MONT-CARMEL, 13 NOVEMBRE 1924

Quelques jours plus tard, Margaret est debout, loin derrière Viola qui, dans le froid, peine à suivre le cercueil. A l'intérieur ne repose pas Mike Carrozzo, mais Dean O'Banion. Parmi la foule réunie au cimetière, elles sont les seules à pleurer sincèrement Dean, retrouvé criblé de six balles dans la tête et la poitrine, le nez dans ses fleurs, à midi, le 10 novembre, tandis qu'une voiture abritant trois assaillants faisait crisser ses pneus et fuyait à vive allure.

Autour de l'assassinat de Dean un lourd silence mêlé de tristesse et de peur se fait. La police se tourne alors vers une blonde cuivrée qui, d'après des témoins téméraires, aurait eu une altercation avec la femme d'un de ces gangsters. La presse, décidément mieux renseignée que la police, fait de l'affaire son titre principal du jour : « Une femme clé du meurtre d'O'Banion ». « On recherche une blonde et Carrozzo pour une histoire de rixe[8] », indiquent les journaux, arguant que « des équipes entières d'enquêteurs ont ratissé la ville la veille au soir à la recherche de Margaret Collins, aux cheveux dorés coupés au carré et à la réputation de femme de la nuit, et de Mike Carrozzo, Italien au teint basané, représentant syndical ». Les recherches menées par le procureur de l'Etat portent à croire que ni l'alcool ni les jeux d'argent ne seraient à l'origine de ce meurtre. La police n'en revient pas : dans ce milieu qui mêle politique, pouvoir, argent, sexe et alcool, un seul échange de gifles entre femmes suffirait à faire tomber une tête aussi importante que celle de Dean O'Banion ? Voilà qui leur facilite le travail ! Bientôt ils n'auront plus qu'à laisser les mafieuses en jupons se crêper le chignon à leur aise et les rues seront épurées des voyous. Or, l'affaire piétine, tant et si bien qu'elle se retrouve bientôt enterrée. Rarement dans la mafia trouve-t-on un assassin pour chaque corps.

Chicago assiste ce jour-là aux plus grandes funérailles jamais célébrées en son sein. Le « roi de la pègre » gît dans le salon funéraire du juge John Sbarbaro. Le cercueil est ouvert, les trous de balles et brûlures de poudre maquillés par les embaumeurs, un rosaire placé entre les mains de Dean, devant lequel 40 000 personnes viennent s'incliner en signe de dernier hommage. Certains veulent s'assurer que l'Irlandais est bien froid. Une journaliste couvre l'événement et n'en croit pas ses yeux : « Les fleurs arrivent par camions entiers au funérarium. Il en arrive tellement que couronnes et paniers sont entassés dans les salles annexes et il ne reste plus comme espace libre que l'allée centrale de l'une des ailes[9]. » Tous suivent le convoi jusqu'au cimetière du Mont-Carmel. La police a donné l'ordre de tirer à vue au premier signe de débordement et d'abattre toute personne faisant montre de résistance[10].

Viola n'est hélas pas au bout de ses peines. Car si Dieu est amour et pardon, ses ministres sur terre ne semblent pas tout à fait à son image : au regard des activités du défunt, le cardinal George Mundelein a interdit que l'on célèbre une messe en son honneur. Pis, il s'oppose férocement à un enterrement dans un sol consacré. Viola est effondrée. Si elle doit abandonner Dean, au moins doit-elle le confier à Dieu. Elle ne peut le laisser errer dans les limbes. Son mari doit à tout prix reposer en paix, elle n'aura pas de répit tant qu'elle n'y sera pas parvenue.

Pour l'heure, elle observe, impuissante, le cercueil en argent et bronze à 10 000 dollars apporté spécialement depuis Philadelphie et déposé sur un socle en marbre portant une inscription tirée de l'évangile de Luc : « Laissez les enfants venir à moi. » Sur l'imposante stèle, une montagne de fleurs, dont un panier de roses avec une carte signée d'un nom encore inconnu, Al Brown.

L'orchestre symphonique de Chicago accompagne l'événement en musique. C'en est trop pour Viola. « Pourquoi, oh, pourquoi[11] ?! » hurle-t-elle, tandis qu'un cortège long de 3 kilomètres escorte la dépouille jusqu'à la section non consacrée du cimetière. Vingt-quatre automobiles pleines de fleurs entourent les cent vingt-deux corbillards et les voitures des particuliers. Certains voisins font payer un dollar aux curieux pour profiter du point de vue depuis leur immeuble. Les membres des deux gangs rivaux, Irlandais et Italiens, sont présents. Tout le gratin du milieu est regroupé, on retient son souffle. Une simple étincelle peut embraser l'événement et transformer le cimetière en charnier. Ce n'est pourtant pas le temps de la vengeance, mais celui du chagrin. Chaque sentiment a sa saison.

Sur le terrain réservé aux excommuniés de l'Eglise, le porte-parole de l'archidiocèse rompt le silence : « Celui qui refuse le ministère de l'Eglise dans sa vie ne doit pas l'attendre dans la mort. O'Banion était un criminel notoire. L'Eglise ne l'a pas reconnu dans ses jours de hors-la-loi et, puisqu'il est mort sans prendre le temps de se repentir de ses iniquités, il ne pouvait prétendre aux derniers sacrements pour sa mort. » La condamnation tombe comme un couperet sur l'assemblée. Etre la femme d'un gangster signifie non seulement mener une vie tourmentée, mais également affronter le déshonneur jusque dans l'au-delà.

Pendant que les fossoyeurs jettent leurs dernières pelletées de terre, un des prêtres défie la directive. Le père Patrick Molloy, de l'église St Thomas de Canterbury, s'agenouille devant la tombe fraîche et récite des prières à la vierge Marie : « Une bonne action en mérite une autre en retour », prend-il soin d'ajouter, faisant référence à l'aide fournie par Dean aux familles pauvres du quartier Nord.

Mais Viola n'a pas encore dit adieu à son époux comme elle le souhaitait. « Dean aimait sa maison et y passait la plupart de ses soirées. Il aimait s'asseoir en chaussons, jouant avec la radio, chantant des chansons, écoutant le pianiste. Il ne buvait jamais. Il n'était pas le genre d'homme à courir la nuit avec d'autres femmes. Il ne sortait que pour m'amener voir un spectacle. J'étais sa seule chérie. Jamais une de ces poules ne l'a appelé pour sortir. Il était à la maison, aimant, voulant ses amis auprès de lui, et ne quittant jamais le foyer sans m'avoir dit où il allait ni m'avoir embrassée[12]. » Alors comment accepterait-elle qu'il soit ainsi abandonné en retour ?

Cinq mois plus tard, avec le retour du printemps, Viola fait exhumer dans la plus grande discrétion le corps de Dean et le fait transporter dans le sol consacré du cimetière. Elle pousse même la vengeance jusqu'à le faire ensevelir tout près du mausolée abritant les ossements de trois hauts dignitaires de l'Eglise, le plaçant ainsi sous bonne garde. Coup de grâce, elle fait ériger un obélisque gigantesque avec des ailes d'ange sur les côtés ! Le cardinal Mundelein, découvrant le tombeau, en a des haut-le-cœur : « Regardez-le maintenant, à 20 mètres d'un évêque ! » Mais ce que femme veut, Dieu peut-il le défaire ? L'archidiocèse force Viola à enlever son obélisque, elle obtient d'en faire élever un plus modeste, sans ailes. La veuve a obtenu gain de cause mais, après l'enterrement, elle n'est plus la même. Elle a perdu sa boussole, son astre, sa raison de vivre. Renfermée sur elle-même, recluse, elle fuit cette ville qui lui a enlevé son mari.

Le deuil et le célibat peuvent chez une femme soumise révéler des traits de personnalité inattendus et libérer les vices jusqu'alors enchaînés. La veuve O'Banion devient un chauffard notoire : elle collectionne les amendes et arrestations, faisant à son tour les gros titres des journaux. « Mme O'Banion insulte un policier et est encore arrêtée », peut-on lire, ou bien : « Mme Viola O'Banion, veuve de Dean O'Banion, chef de gang et roi de la contrebande d'alcool, a été arrêtée encore une fois ce matin pour excès de vitesse et conduite dangereuse. Elle sortait de Ridge Avenue quand elle a été prise en chasse par un agent et interpellée. » L'on n'est pas femme de gangster sans avoir quelque caractère. « Après avoir dit à l'agent ce qu'elle pensait de lui – de manière très peu flatteuse –, elle a été amenée au poste de police de Rogers Parks. N'ayant aucune espèce pour payer sa caution, elle a été transférée[13]. »

Margaret, quant à elle, retrouvée et interrogée par la police, est rapidement innocentée. Si au pire elle porte la poisse, elle n'est pas en revanche une meurtrière. La Fille au baiser mortel, l'amoureuse des mauvais garçons, ne change pourtant pas le moins du monde ses habitudes.

En décembre 1924, quelques semaines après la mort de Dean, elle se lie très intimement à Irving Schlig, qui s'accommode de la réputation de « poisse des gangs » que lui valent ses tragédies sentimentales qui la font passer désormais pour une veuve noire karmique. Irving est un jeune homme exalté qu'aucun danger ne détourne du but qu'il s'est fixé. Quelques années plus tôt, en 1920, âgé de 16 ans, alors simple commis dans une usine du quartier Nord, fréquentant les cabarets et découvrant les douceurs du tord-boyaux, il décida un soir, après avoir abusé de spiritueux, de braquer un tenancier d'établissement avec deux complices. A peine une heure plus tard, il était arrêté aussi loin que ses pieds saouls avaient pu le porter, c'est-à-dire à quelques mètres de là. Allongé sur le sol du commissariat de Rogers Parks, à demi conscient après l'interrogatoire musclé de cinq agents auquel il avait été soumis, il finit par lâcher : « C'est bon, je vais cracher le morceau[14] », mais ajouta une précaution d'usage, avant de s'évanouir : « Souvenez-vous bien de ceci, je vais vous faire payer cette bavure, même si j'y passe ma vie. A partir de maintenant, je vais vous faire payer chaque once de ce que vous m'avez fait subir. » Au tribunal, les conditions plus que douteuses d'obtention des aveux invalidèrent le dossier de l'accusation. Malgré sa culpabilité évidente, il se retrouva libre le jour même. Or Irving est doté d'une grande qualité qu'on ne peut lui enlever, il n'a qu'une parole ! A peine libéré, il achète deux voitures et commence une carrière dans la livraison de boissons éthyliques. Les affaires sont florissantes en raison d'un mode opératoire diablement efficace : Irving vend l'alcool à des épiciers et distributeurs peu scrupuleux et revient le lendemain, arme au poing, pour le leur voler et le revendre à un autre gogo. Et au moment même où la police multiplie les interventions et les barrages routiers pour couper à la source les fournisseurs des établissements hors la loi, l'alcool afflue plus que jamais sur Chicago. Rien de plus normal, Irving a acheté… un avion ! Et il fait littéralement voler la gnôle en escadron au-dessus de la ville. A 20 ans, il est devenu l'un des contrebandiers les plus spectaculaires. Il engage pour se défendre les meilleurs pénalistes. Là encore, il sait faire preuve de persuasion et de style : « Voici une petite pièce que j'ai trouvée dans ma poche, vous pouvez la prendre comme acompte », lance-t-il aux avocats du prestigieux cabinet Clarence Darrow. « Au cas où je me ferais prendre, ça me paiera un *habeas corpus* », conclut-il, tout en agitant un billet de 1 000 dollars tandis que l'ensemble du cabinet lui donne déjà du monsieur et l'assure de son entière dévotion.

Dès que l'on commence à voir l'invincible contrebandier volant au bras de la charmante Margaret, les paris sont ouverts sur le temps qu'il lui reste à vivre. Irving a de quoi plaire à sa nouvelle conquête. Il ne se contente pas du commerce d'alcool, mais officie de surcroît dans le vol de bijoux. Il tient la belle littéralement par les diamants, qui eux, au moins, sont éternels. Au mois de janvier 1925, les deux amants résident ainsi quelque temps à l'hôtel Parkway et mènent grand train. Peu de temps après leur passage, la salle des coffres de l'hôtel est vidée de ses bijoux et objets précieux pour une valeur de 200 000 dollars. Irving est interrogé au quartier général de la police et en ressort à nouveau en homme libre grâce à ses avocats. Il rit au nez des enquêteurs qui lui parlent de la malédiction du baiser de Margaret !

A son habitude, la jeune femme se sort elle aussi des griffes de la police avec un sourire en coin. Son alibi est parfait, ce n'est pas de sa faute si les lumières de la ville l'ont induite en erreur et l'ont poussée dans les bras de mauvais garçons. « Je suis juste une pauvre fille, une veuve qui tente de s'en sortir dans la vie[15] », lance-t-elle au chef de la police Schoemaker qui considère avec étonnement son manteau en hermine à 2 000 dollars, sa robe dernier cri et ses nombreux diamants. « Est-ce là le fruit de votre travail ? » lui lance-t-il, dubitatif, suggérant sa condition de prostituée. « Oh non », répond-elle en grimaçant, « je suis plutôt, voyez-vous, du genre économe », avant de presser le pas hors du commissariat et de remonter dans son joli petit coupé.

Les amants terribles semblent inséparables, leur idylle dure déjà depuis plusieurs mois, pour un peu on commencerait à croire qu'Irving a su faire mentir les probabilités. Du moins jusqu'à ce que monsieur rencontre une jeune brune qu'il fait entrer dans la danse de ses nuits et de ses crimes. Terrible erreur !

Le 28 août 1925, à 6 h 45 du matin, Irving, 21 ans à peine, est retrouvé mort dans la banlieue, un sourire figé sur son visage criblé de balles, après avoir été jeté d'une voiture en marche. A côté de son corps, une petite valise noire comportant des appareils de navigation et un nécessaire de pilotage. La faux de la mort venait encore de moissonner un membre de l'escorte de la belle aux cheveux, autant qu'à l'humeur, changeants.

La fille aux bijoux

Le jour même, après avoir expédié Margaret, que sa réputation de « poisse » dispense d'un interrogatoire approfondi, les enquêteurs traquent l'identité de la dernière conquête d'Irving. Pauline Livingston, une jeune brune de 24 ans, originaire de Nashville dans le Tennessee, sténographe de profession, est amenée au poste de police[1]. Questionnée par le capitaine John Stege, celle qui aimait secrètement l'Arsène Lupin de Chicago joue la partition traditionnelle de l'innocente. Arrivée à 19 ans de sa campagne, fille d'un fermier, elle se décrit comme respectueuse de la loi. Elle n'est qu'une simple sténographe ! L'interprétation est en tout point parfaite... excepté peut-être les diamants qu'elle porte à ses mains et à son cou, qui scintillent et éblouissent l'officier. Elle dit avoir follement aimé Irving, le malheureux malfrat occis, confesse avoir eu un coup de foudre immédiat lorsqu'elle l'a rencontré quelques mois plus tôt chez un policier corrompu, George Connell, dit « le Lapin[2] ». Hélas, son amoureux était un grand taiseux, jamais il ne lui a parlé de ses activités criminelles, qu'elle condamne, cela va de soi ! « Il m'a juste dit qu'il avait un métier dangereux », confie-t-elle. Le capitaine coupe court à la mascarade : « Pourquoi ne nous dites-vous pas plutôt la vérité ? », montrant du regard les bijoux qu'elle porte. Quels bijoux ? Il ne lui en a jamais offert ! L'inspecteur pointe à son doigt l'alliance en platine incrustée de diamants. Elle ne sait plus, « une si petite babiole »... Il la questionne alors sur la bague qui brille à son autre main et ne comporte pas moins de trente diamants : « Oh, c'est un cadeau de ma sœur », lui assure-t-elle. Continuant son auscultation, il remarque une superbe écharpe en soie noire qui suit la ligne de son décolleté et sous laquelle luit un pendentif orné d'un diamant taillé en poire. « J'avais oublié celui-là », avoue-t-elle, « oui, c'est Irving qui me l'a offert. » La fille scintillante est soulagée de sa parure afin qu'en soient soumises les pièces au fichier des bijoux volés. Elle trouve soudain une justification : il lui a dit être bijoutier de métier, elle n'y a donc pas vu de malice ! Et une femme a-t-elle besoin d'en savoir plus ? Elle l'a cru parce qu'elle l'aimait et qu'il l'aimait en retour, et si son métier était autre, quelle importance, puisque seuls comptent les sentiments ! Le sergent reste coi, hermétique à ce genre de babillage. Les yeux baignés de larmes, elle entame sa scène finale, espérant regagner sa sympathie : « J'ai eu un si mauvais pressentiment hier matin en me levant. » Les pierres précieuses sont mises sous séquestre et les pleurs n'y font rien. Mais il lui reste une chance de sauver sa liberté si elle collabore de bon gré à l'enquête .

La voilà escortée jusqu'à leur nid d'amour, un appartement de quatre pièces qu'ils partageaient déjà sous le nom de M. et Mme J. C. Ferguson. Tapis orientaux au sol, meubles cossus, décoration raffinée, Pauline oublie un instant l'objet de sa visite et vante à l'inspecteur les mérites de son intérieur, lui faisant remarquer son goût et sa coquetterie, qui font sa fierté ! Elle ouvre les placards et offre à sa vue les vingt costumes d'Irving qui lui allaient si bien. A trop vouloir jouer les veuves éplorées, elle finit par agacer !

Dans son enquête, l'officier recueille des témoignages qui lui permettent de retracer le parcours des ultimes heures du disparu. La veille du meurtre, le couple a passé la soirée au café Rendez-Vous, puis Irving a proposé de ramener un des convives. Son au revoir était un adieu. La perquisition de l'appartement ne permettant pas de la lier au meurtre, Pauline est relâchée et peut se rendre aux funérailles de son amant secret.

A l'enterrement, le visage baigné de mascara mêlé de larmes, on retrouve Margaret qui se souviendra d'Irving en ces termes : « C'était un ami privilégié et un soutien très important, mais il avait un caractère terrible[3]. » Elle se réfugie à Cincinnati, où, imagine-t-elle, le bruit de sa malédiction ne sera pas parvenu.

Elle y rencontre David Jerus, alias « Bates le Juif », qui, après avoir été impliqué dans une bagarre dans un hôtel avec deux autres gangsters, est abattu tandis qu'il essayait d'en racketter un troisième. Comprenant que les bandits ne sont pas plus verts ailleurs, elle revient à Chicago où elle fait la connaissance d'un certain Johnny Philips, revendeur de bière, lui aussi éliminé en quelques mois, victime d'un règlement de comptes[4]. La litanie macabre ne s'arrête pas pour autant.

Sept mois après la mort d'Irving, Margaret découvre Eugene « Red » McLaughlin, l'« homme aux cent crimes », réputation qui lui confère un immédiat pouvoir de séduction sur la veuve noire[5]. A 23 ans, il est en effet spécialisé dans le kidnapping et le braquage de bijouteries. Eugene est un homme complet, qui a réglé à sa manière la guerre des taxis entre les deux compagnies, Yellow Cab et Checker Cab, où il a des parts, en tuant le directeur de la compagnie adverse. Car le droit à la concurrence n'a pas cours dans le milieu. Le 22 mars 1926, alors qu'il est en train d'étrangler le vendeur d'une bijouterie afin de lui subtiliser 75 000 dollars de marchandise, il est arrêté par la police, alertée par le voisinage. « Tout va bien », tente-t-il de rassurer les forces de l'ordre, « ce type est en train d'avoir une crise, je fais en sorte de le calmer. » Peu satisfait de la réponse obtenue, un agent lui ordonne de lâcher immédiatement le vendeur. Reprenant son souffle, celui-ci les détrompe, c'est un hold-up ! Interrogé comme il se doit, Eugene McLaughlin est finalement inculpé pour un autre motif... Le meurtre d'Irving Schlig ! Les enquêteurs trouvent en effet au domicile du nouvel amant de Margaret les preuves de sa complicité dans le cambriolage de l'hôtel Parkway où le couple avait dérobé 200 000 dollars[6] ! A cette époque, Margaret, séjournant avec Irving à l'hôtel, avait probablement repéré son prochain béguin et n'avait pas laissé ce dernier insensible. Hélas, le dévoué Eugene est retrouvé mort quelque temps plus tard dans un canal où, au passage d'une écluse, un remorqueur a buté sur quelque chose. C'est lui, ou du moins ce qu'il en reste ! Son corps est lesté de 30 kg de fer, sa montre platine sertie de quarante diamants toujours au poignet. Dans la poche intérieure de sa veste, on trouve la photo d'une jeune femme avec, écrit au dos : « Je t'aimerai toujours, Gene », mais le séjour prolongé du défunt dans l'eau ne permettra jamais de l'identifier formellement[7]. Tout occupée à repêcher les cadavres semés par la Fille au baiser mortel, la police n'a pas pris la mesure d'un autre événement qui va semer le trouble, faire parler la poudre et enflammer la guerre des gangs.

Jure de m'aimer, et je ne serai plus une Capulet

CHICAGO, 24 JANVIER 1925

Alors que Margaret et Irving filaient encore le parfait amour à l'hôtel Parkway, tandis qu'Eugene McLaughlin en vidait les coffres, Anna Torrio revient d'une virée emplettes dans le quartier du Chicago Loop, centre culturel et commercial de la ville. Son mari Johnny, alias « le Renard », l'a accompagnée en traînant les pieds. Le chef du gang du Sud, celui des quartiers tenus par les Italiens, a bien d'autres préoccupations en tête, mais sa femme passe avant les affaires. Dès l'ouverture des magasins, il l'a emmenée dans leur limousine avec chauffeur satisfaire son envie de shopping. Après l'assassinat de Dean O'Banion et les attaques successives qui ont moissonné depuis ses meilleurs féaux à tour de bras, Johnny a décidé de faire blinder son véhicule. Mais son bolide est au garage et les époux ont dû prendre la Lincoln noire prêtée par un collègue.

Peu importent ces détails logistiques, Anna est aux anges, son mari a enfin un peu de temps à lui consacrer. Si peu. Car en réalité, elle évolue seule parmi les étoles et les produits de luxe, les hommes de Johnny, les ayant rejoints sur le chemin, discutent affaires avec lui à quelques mètres de là. Rejointe enfin par son mari, Anna, le col en renard gris de sa veste en moleskine relevé, trottine devant lui, en manteau de fedora gris et bleu nuit, jusqu'à la voiture. Johnny l'aide à s'y installer, les bras chargés de paquets. Anna ne remarque pas la Cadillac garée en faction au coin de la rue depuis plus d'une heure, moteur allumé.

Peu après 16 heures, tandis que le crépuscule vient chasser le jour, les époux arrivent dans leur quartier, au 7011 South Clyde Avenue, rue bourgeoise où ils occupent un triplex à quelques pas du très aristocratique South Shore Country Club. Ils y sont M. et Mme Langley, des voisins ordinaires et charmants. On le pense courtier dans la finance[1]. La grande Lincoln ralentit. La Cadillac se rapproche dangereusement et lèche bientôt la roue de la voiture du couple. Johnny saute du véhicule à peine arrêté, traînant littéralement Anna par le bras. Il a reconnu à son bord les hommes du gang du Nord, qui continuent de sévir après la mort de leur chef O'Banion. Anna court comme elle peut, enjambant deux à deux la douzaine de marches qui la séparent de la porte d'entrée. Une dizaine de tirs se font entendre. L'un des assaillants, se jetant de la Cadillac encore en marche, fond sur eux, un revolver dans chaque main. Le second, tenant une carabine à canon scié, fonce droit vers la Lincoln. Johnny Torrio s'effondre sur le sol, tandis que déjà les têtes des voisins apparaissent aux porches et aux fenêtres alentour. Le premier tueur continue d'approcher, pointe son arme sur sa tempe pour lui donner le coup de grâce. Anna, impuissante, est paralysée. Johnny a toujours été son phare, jamais elle ne l'a vu flancher et le voilà maintenant au sol, vulnérable, réduit à l'état d'animal blessé. Elle ferme les yeux pour ne pas être hantée par la scène qui va suivre. Mais elle n'entend rien. Le chargeur de l'assaillant est vide. Le chauffeur klaxonne et l'homme revient au pas de course vers la Cadillac qui les enlève à toute allure. Anna tire à son tour son mari à bout de bras, par les épaules, jusque dans le vestibule. Johnny est touché à plusieurs endroits, le sang coule si fort qu'elle ne sait pas d'où il provient, l'aine, la poitrine, le ventre, peut-être de partout à la fois[2].

Hystérique, Anna crie à l'aide, le couvrant de son corps prostré et tentant de faire pression sur les blessures. Il ouvre les yeux et lui demande de faire venir un médecin au plus vite. Celui-ci arrive enfin et, à demi conscient, Johnny lui crie ses directives : « Cautérisez les plaies ! Cautérisez les plaies[3] ! » A l'agonie, il se souvient d'une rumeur qui angoisse le milieu ; les balles de plomb qui lui brûlent les entrailles contiendraient un poison mortel. Les tueurs à gages de Sicile, pense-t-on alors, ont importé de leur île un savoir-faire artisanal local, une technique imparable d'assassinat : faire bouillir les balles dans de l'eau d'oignon et les entourer d'ail, censé provoquer au contact du plomb une nécrose fatale, une gangrène incontrôlable. Cette seule évocation fait trembler les assassins les plus endurcis. Johnny continue d'implorer que l'on cautérise ses blessures pendant tout le chemin qui le mène au Jackson Park Hospital. Anna ne comprend pas pourquoi il parle d'ail bouilli à cet instant précis. Ce n'est guère le moment de causer condiments, à moins qu'il ne délire.

La séduisante rousse originaire d'une petite ville près de Lexington, dans le Kentucky, avait, en 1912, à l'âge de 22 ans, épousé Johnny Torrio, de huit ans son aîné. Personne dans le clan ne sait dire comment diable il a rencontré cette jeune femme gracieuse, intelligente, de bonne famille et surtout… irlandaise ! Un comble pour un Italien en pleine guerre des gangs de Chicago ! Sitôt marié, Johnny quitte son hôtel au centre du sulfureux quartier de Levee pour offrir à son épouse un appartement et la mettre ainsi à l'abri de l'agitation marécageuse de la pègre. Car Anna n'est pas une reine de la nuit et encore moins une impératrice du vice. Elle exige d'un mari qu'il dîne avec elle, en famille, chaque soir que Dieu fait. Ainsi tous les jours, à 18 heures, Johnny quitte son « bureau » toutes affaires cessantes et file chez lui rejoindre Anna. Le couple passe ses soirées en pantoufles, s'adonnant à la lecture des journaux, tout comme son ennemi juré O'Banion le faisait avec Viola, preuve que dans la mafia, l'aspect petit-bourgeois de la vie privée va souvent à l'encontre de la brutalité requise par le métier de gangster.

Johnny est pour Anna le « meilleur et le plus cher des maris », et leur union est à ses yeux une « longue lune de miel sans nuages ». Pour sûr, en ces temps troubles, il a tout d'un époux idéal, un paradoxe à deux jambes : lui, revendeur d'alcool, ne boit pas, il est en outre un proxénète qui ne trompe pas sa femme. Il ne s'intéresse qu'à Anna. Satisfaisant les vices des autres, il n'en a lui-même aucun. Il évite même tout juron, elle déteste en entendre et elle lui en défend l'usage dans leur foyer[4]. Mais loin s'en faut que l'Irlandaise soit une matrone doublée d'un bonnet de nuit. Lorsque Johnny est retenu par ses affaires ou se sent trop fatigué, on la retrouve le soir à jouer des parties de poker endiablées et alcoolisées avec les filles en vogue, dont l'épouse de Lou Gehring, le premier champion de la ligue de base-ball[5]. Jamais cependant elle n'a passé une seule journée, une seule nuit sans son Johnny. Elle ne sait rien de ses affaires et s'en félicite, elle admire même sa capacité à segmenter sa vie, laissant son sinistre milieu hors de la maison, où le loup n'est plus que docile agneau. Pourtant, cet après-midi, les prédateurs les ont retrouvés dans leur propre tanière.

Sur le brancard qui l'emporte à l'hôpital, Johnny trouve encore la force de demander à être placé loin d'une fenêtre et plus loin encore de toute issue de secours. Il craint que les deux tueurs ne viennent finir le travail pour lequel ils ont été engagés. Anna se tient là, dans le couloir, comme pour le protéger, silhouette mince dans un ensemble bleu, ses diamants étincelant.

Les quotidiens tiennent là le scoop de la saison. Pensant que la solidarité féminine lui permettra d'obtenir des confessions de l'épouse du patron du Syndicat du crime naissant, un des journaux envoie une reporter à l'hôpital. « Je sais que vous êtes journaliste », dit Anna lorsque cette dernière prend place à ses côtés en salle d'attente. « Et je sais ce que les gens disent à propos de mon mari… Je vais vous parler de lui. C'est un homme merveilleux, réfléchi, prévenant. Notre vie de couple, ce fut douze années de bonheur ininterrompu. Il m'a donné de la gentillesse, du dévouement, de l'amour, tout ce qu'un homme bon peut donner à une femme. Regardez ce qu'il a fait pour sa mère ! L'année dernière il l'a ramenée dans sa ville natale en Italie ! Elle a quitté le pays pauvre paysanne, elle est revenue femme la plus riche du village. »

La curiosité de la journaliste est piquée au vif. C'est la première fois qu'une femme de la mafia se confie et rompt l'*omertà*, elle doit s'engouffrer dans la brèche. « Je comprends, poursuit-elle, mais je me questionnais au sujet de Capone, que j'ai vu ici. N'est-il pas vrai que votre mari et Capone sont de bons amis ? » « Ils sont associés d'affaires, répond Anna sur le ton de l'énervement. Je n'ai jamais rencontré Capone avant ce soir. Il n'est jamais venu dans notre maison », ajoute-t-elle, consciente d'en avoir déjà trop dit. L'entretien tourne court, Anna congédiant du regard la plume curieuse[6].

L'imposante couronne de fleurs qui recouvraient de leurs pétales le cercueil de Dean O'Banion est signée de la main d'un certain Al Brown. Tel est le pseudonyme d'Alphonse Capone, le jeune associé de 26 ans de Johnny Torrio. Ensemble, ils veillent aux intérêts du gang du Sud, le gang Torrio-Capone ; le rêve américain de deux Italiens est alors en pleine expansion. Après la prostitution, leur petite entreprise s'est lancée dans une autre sorte de service à la personne, la contrebande d'alcool. Mais la concurrence fait rage, et les Irlandais redoublent d'inventivité pour emporter à la mitraillette des parts de marché.

Johnny Torrio venait de préparer un coup imparable. Proposer de fournir en alcool en exclusivité l'ensemble des cabarets et maisons de plaisir qui le souhaitaient à des prix défiant toute concurrence. En cas de refus, l'établissement recevrait une expédition punitive de ses hommes. Le *discount* ou le cercueil ! Entre territoires italien et irlandais, ce n'est pas une bataille mais bien la guerre spiritueuse qui est déclarée. Le gang du Nord de feu Dean O'Banion importe son whisky du Canada voisin et n'entend pas se soumettre à la loi italienne. L'antipathie ethnique renforcée par la prohibition aidant, les Irlandais contre-attaquent en proposant à cinquante gérants de saloon de se fournir chez eux à un prix encore plus bas que celui proposé par leurs rivaux.

Les forces en présence dans la guerre des gangs dépassent le simple enjeu de la contrebande. Italiens et Irlandais sont alors plongés dans une rivalité poussée à l'extrême. Le catholicisme, qui les réunit dans la foi, les divise en deux communautés antagonistes dans la réalité. Les Irlandais, habitués à la répression religieuse, à une éducation stricte et à une piété intérieure, sont excédés par ces Italiens extravertis sujets aux excès et aux plaisirs, à la paresse et aux démonstrations affectives. Surtout, pour les Irlandais, le sexe est réservé au cadre marital. Or, les Italiens, à la tête de bordels et de lieux de plaisir, sont à leurs yeux des croyants dévoyés, pervertis. Que l'on se rassure, les Irlandais inspirent aux Italiens le même mépris. Ces insulaires d'une petite nation famélique en pleine guerre civile n'ont pas d'hygiène, pas de plaisirs, pas d'arts majeurs. De plus, les lointains descendants de Jules César rétorquent que le Vatican siège à Rome, et non à Dublin ! Des combats de rue à coups de couteau et ponctués de lancers de briques voient ainsi s'affronter les deux clans et laissent souvent le sol maculé de dents et d'hémoglobine.

Peu avant sa mort, en mai 1924, Dean convoque Torrio et Capone à la demande de Viola pour conclure un marché : il souhaite se retirer des affaires et partir ouvrir un ranch avec sa femme dans le Colorado, et donc leur remettre officiellement sa part de gâteau. Or la police, prévenue de la réunion au sommet, les attendait sur place. Torrio et Capone se sentent trahis, pris au piège. La haine et l'esprit de vengeance l'ont emporté. Adieu, veau, vache, ranch et Colorado. Alphonse s'est empressé de couvrir de fleurs l'ennemi opportunément disparu et de commenter, sibyllin, la mort de Dean O'Banion : « C'était un homme bien. Mais il a pris la grosse tête. Johnny Torrio lui a appris tout ce qu'il savait, puis Dean a pris nos meilleurs hommes et a décidé de devenir le patron des patrons de Chicago[7]. » A ses risques et périls. Plus haut on s'élève au-dessus des autres, plus vite on retombe, et quand on s'écrase, nombreux sont ceux à vous regarder choir.

Les deux assaillants ayant décampé, le chauffeur d'Anna et Johnny, dont les blessures n'ont pas touché d'organes vitaux, s'enfuit avec la Lincoln jusqu'à un drugstore, quelques pâtés de maisons plus loin. Il appelle Al Capone, qui se trouve alors à l'hippodrome Hawthorne, à Cicero, près de Chicago. A bout de souffle, il l'informe de la terrible nouvelle : son mentor est tombé. Les vengeurs de Dean O'Banion voulaient voir Johnny Torrio mourir de la même façon que leur boss.

Capone le discret, l'homme invisible que personne n'a encore jamais remarqué, arrive en larmes dans un costume à carreaux des plus voyants[8]. Il pare aux questions des journalistes mais ne peut contenir ses émotions : « Est-ce qu'ils ont eu Johnny ? L'ont-ils eu ? » vocifère-t-il dans les couloirs de l'hôpital. « Le gang l'a fait, le gang l'a fait ! » lâche-t-il, avant de se reprendre. Anna, elle, garde son maintien et son calme, bouche close, au chevet de Johnny, lequel semble frappé d'une amnésie bien sélective lorsque la police l'interroge. Elle chasse ces agents trop insistants, arguant que son mari est un grand blessé qui a besoin de repos.

Cinq jours plus tard, la police revient à la charge, espérant trouver plus de compréhension chez l'épouse que chez le malfrat. Mais Anna, sans rien savoir des détails des affaires de son mari, ne connaît que trop bien les règles de Chicago. « Je ne vous aiderai pas. Hors de question. Cela ne provoquerait rien de bon[9] ! » Qu'à cela ne tienne, si elle ne veut pas parler, ils trouveront un moyen détourné de la faire collaborer. Les policiers amènent l'un des deux tireurs qu'ils ont appréhendé jusqu'au lit du malade, guettant la réaction d'Anna. En vain ! Elle demeure impassible. Ils lui demandent de l'identifier. « Non, ce n'est pas l'un d'eux », lâche-t-elle simplement. C'est bien les femmes, de parler sans cesse, mais jamais quand on les y oblige ! Les agents se rabattent sur Al, qui est arrêté et questionné toute la nuit.

A 2 heures du matin, des hommes armés à bord de trois voitures se présentent à l'hôpital. Ils demandent à l'infirmière de garde à voir leur ami Johnny Torrio. Elle les informe que Mme Torrio a donné des instructions interdisant les visites à ceux qui ne sont pas de la famille proche. Devant leur insistance, la nurse zélée rétorque que deux policiers veillent le malade dans sa chambre et que, s'ils persistent, elle se fera un plaisir d'aller les chercher. Quelques heures plus tard, à peine arrivée et mise au courant de ces visiteurs nocturnes, Anna félicite chaleureusement celle qui vient de sauver son mari d'une seconde tentative d'assassinat.

Sorti de garde à vue, Capone entend lui aussi parler de l'intrusion et trouve une solution radicale au problème : il emménage à proximité de la chambre de son ami ! « Tant que je suis là », dit-il, « personne ne s'en prendra à lui. » L'argument fait mouche sur Anna, qui le laisse entrer.

Johnny Torrio occupe une suite de trois chambres. Anna occupe la chambre de droite, Al celle de gauche. Il campera là tant qu'il le faudra, même s'il doit pour cela laisser sa femme seule avec leur petit garçon. Les premiers jours sont peu encourageants. Fièvre et infection font craindre le pire quant au sort du blessé.

LA MARRAINE

« Un bon mariage serait celui d'une femme aveugle avec un mari sourd. »

MONTAIGNE, *Les Essais.*

La petite maison dans la prairie

CHICAGO, MAISON D'AL CAPONE, DIMANCHE 25 JANVIER 1925

Le sommeil est léger lorsque l'on craint chaque nuit que la sonnerie du téléphone n'annonce une terrible nouvelle. La disparition de Dean O'Banion et l'attentat contre Johnny Torrio n'ont pas laissé indemne Mae Capone. Al vient quelques jours plus tôt, le 17 janvier, de fêter son vingt-sixième anniversaire, et il s'en est fallu de peu que ce ne soit le dernier. Ce dimanche-là, de nombreux convives sont venus dîner dans la maison du couple. Les hommes boivent beaucoup, mangent trop, parlent fort et jouent aux cartes. Puis Mae, toujours aussi timide, prend congé de ces Italiens décidément bien volubiles. Vers 3 heures du matin, Al demande à son chauffeur de reconduire chez eux deux de leurs invités, que les parties endiablées auront sans doute étourdis. La grosse Packard du patron roule sur la neige fraîche qui recouvre la ville, déserte à cette heure-là, quand une voiture arrive à leur niveau et les prend en chasse. Les rideaux des fenêtres arrière dissimulant les passagers ne s'écartent que pour laisser entrevoir le canon d'une arme. Un bruit de revolver se fait entendre, le chauffeur est touché, la voiture s'immobilise, puis s'en va sans un bruit. Le téléphone sonne chez les Capone. Le capitaine de police James Allman pense que c'est Al qui se trouvait au volant de la voiture. Mae écoute ses mots la main tremblante, avant de retrouver son mari sain et sauf à l'intérieur de la maison.

Désormais, elle ne peut plus croire à un simple accident, elle se sent en sursis. Combien de fois Al passera-t-il encore au travers de la *vendetta* ? Un seul être peut le savoir, Lui qui sait tout et voit tout, le Tout-Puissant. Mae a besoin de Lui confier ses angoisses, ses espoirs, de communier avec Lui. Dans la vie de Mme Capone, l'église tient une grande place. Elle y vient chaque jour, accompagnée de Teresa, la mère d'Al, veuve, avec laquelle vit le jeune couple[1]. Arrivée dans l'église St Columbanus non loin de chez elle, Mae s'agenouille. L'édifice colossal avec sa tour gothique domine le voisinage, nonnes et prêtres animent les rues alentour. Les mains jointes, elle implore Dieu de veiller sur son mari. La fatigue nerveuse et l'anxiété rendent l'esprit vulnérable aux plus effrayantes suppositions et l'imagination inquiète ne se repaît que d'une chose, le pire.

Mae prie surtout le Seigneur de soulager leur petit garçon, Sonny, né le 4 décembre 1918. En l'inscrivant à l'école catholique, elle se plaît à imaginer qu'elle est en bonne posture pour être exaucée. Au Père céleste, elle peut tout avouer de la peine et de l'inquiétude qui rongent son cœur de mère : Sonny est atteint de mastoïdite, une infection grave donnant rougeurs, inflammation et douleurs derrière les oreilles et qui le rend pratiquement sourd, mais peut en outre, en cas d'évolution défavorable, paralyser son nerf facial ou provoquer une méningite potentiellement fatale. Mae a tendance à le couver plus que de raison et à le couvrir d'attentions diverses, pour stimuler sa curiosité envers un monde dont il est partiellement coupé. Tout en cachant ce secret, elle veille à ce que son développement soit celui d'un enfant normal. Mais comment être tout à fait comme les autres lorsque l'on est le fils unique d'un des patrons emblématiques de la nouvelle pègre ? Est-ce la volonté de Dieu d'éprouver Sonny pour racheter les crimes de son père ? Et puisque

Al est souvent absent, Mae reporte toute son affection sur le petit être sourd aux ragots comme aux tourments de la ville.

Née à Brooklyn, New York, le 11 avril 1897, Mary Josephine Coughlin a grandi avec ses quatre sœurs et ses deux frères dans une modeste maison à deux étages au 117 Third Place, à quelques rues du front de mer, de ses docks et de ses batailles rangées qui font flotter un parfum de violence sur l'ensemble du quartier. Son père, maçon de profession, est respecté dans le voisinage pour sa piété et sa droiture, sa mère, dévouée à ses enfants. La petite fille se métamorphose en adolescente prometteuse. Grande, mince, un visage aux traits bien dessinés, des pommettes hautes, des yeux marron étincelants, on espère pour elle une carrière d'actrice ou de modèle.

Hélas, la jeune femme souffre d'une surocclusion prononcée, un défaut de la mâchoire inférieure qui donne un menton fuyant, ce qui ne l'aide pas à sourire en public et augmente sa timidité maladive. Alors minauder face à une caméra ou un objectif ! Le projet est vite abandonné. Inconsciente de sa beauté, Mae n'est pas la seule à avoir un complexe physique. Al souffre lui aussi d'une imperfection qu'il tente de cacher quand ils se rencontrent, lors d'une soirée dans un club souterrain de Carroll Street, à Brooklyn, en 1918.

La Grande Guerre est finie, les hommes mobilisés commencent à rentrer au pays, la mémoire pleine de scènes d'horreur que l'alcool, la musique et les femmes consommés à fortes doses tentent de leur faire oublier. Dès lors, les jeunes bandits leur offrent des lieux où satisfaire ces besoins. On loue la devanture d'un magasin qui offre l'image d'un commerce innocent et derrière, dans la réserve, on parie, on boit, on danse et l'on fait des rencontres qui vous font tourner la tête et vous vident le portefeuille.

Alphonse prend soin de cacher de la main les deux grandes cicatrices qui lui barrent le visage[2], la troisième le cou, souvenirs indélébiles hérités d'une bagarre. L'année précédant sa rencontre avec Mae, alors qu'il était serveur au Harvard Inn, un saloon-dancing de Coney Island, son regard avait été attiré un soir par un couple, en l'espèce une belle Italienne escortée par un homme. « Chérie, tu as un beau pétard, laisse-moi te faire ce compliment », ne trouve-t-il rien de mieux à dire pour l'aborder. Hélas, l'homme qui accompagne la brune incendiaire n'est autre que son frère à elle, un membre influent du milieu pour lequel le séant de sa sœur n'est pas un sujet de compliment. Le truand, très éméché, se rue sur Capone et le cogne. Al réplique avec hargne mais le gangster, plus rapide, sort un couteau et entaille profondément sa joue gauche, laissant les stigmates qui lui valent bientôt dans le milieu de la nuit le surnom, qui passera à la postérité, de *« Scarface »*, « face balafrée ». Depuis cet incident, Al prend l'habitude de toujours se présenter du côté droit et tend au regard son bon profil, masquant son visage mutilé qu'il tente de faire oublier en parlant fort et en offrant inlassablement un large sourire généreux et des yeux bleus charmeurs[3].

Al est le fils de Gabriele Capone et Teresina Raiola, tous deux originaires d'Angri, dans la province de Salerne. Gabriele vit de petits emplois : commis dans une épicerie, artisan en pâtes, lithographe. Teresina est couturière, catholique fervente et, comme lui, pauvre. Le couple donne naissance à un premier enfant puis, alors que Teresa tombe enceinte d'un deuxième, ils décident de fuir la misère du sud de l'Italie pour aller vivre le rêve américain de l'autre côté de l'océan. C'est avec deux enfants dans les bras et bientôt un troisième que Teresa s'installe à Brooklyn, en 1894, dans le quartier proche du chantier naval. Gabriele réussit à ouvrir une échoppe de barbier et à être naturalisé américain, garantissant ainsi à ses neuf enfants une vie meilleure. Pourtant Al, né en 1899, ne semble pas passionné par l'idée de se construire un avenir et quitte l'école paroissiale à 14 ans après avoir frappé un professeur. La famille déménage au 21 Garfield Place, mais Gabriele décède en 1920. Sa disparition achève de déséquilibrer le jeune homme, naturellement rétif à toute autorité.

Dès lors, privé de repères, il se sent attiré par ce qui lui semble une autre famille, la « pieuvre » riche de solidarité, mais aussi de violence, de sexe et d'aventures ; un cocktail irrésistible pour un être à la dérive en quête de sensations fortes et d'argent facile. Un de ses voisins, Johnny Torrio, qui contrôle la loterie du quartier ainsi que plusieurs tripots, l'engage pour de petites « livraisons ». Al fait ses armes dans la guerre opposant les Italiens de Brooklyn aux « mains blanches », les racketteurs irlandais, dont résultent une centaine de meurtres non élucidés entre 1915 et 1925.

Mae Coughlin a 21 ans, soit deux ans de plus que lui, qui lui donnent une maturité dont il a soif. Elle travaille comme vendeuse dans un magasin du voisinage[4]. Mais surtout elle est irlandaise ! Les mariages interethniques sont rares en ce début de siècle, encore plus entre deux nationalités rivales. Beaucoup de femmes irlandaises se sentent pourtant secrètement attirées par les Italiens, ces derniers chérissant l'idée du mariage et cherchant même à convoler assez tôt, là où les Irlandais traînent les pieds à la vue de l'église. Pour les Italiens, épouser une Irlandaise est un signe d'ascension sociale, la garantie d'une femme soumise et pieuse, dévouée autant aux principes des saints sacrements qu'à son mari, sachant en outre se tenir en dehors des affaires. D'ailleurs, le parrain d'Al, Johnny Torrio, semble très satisfait de son épouse irlandaise, Anna. Al voit donc dans cette rencontre un heureux présage. Mae vient d'une autre culture, d'un autre monde que le sien, elle est calme, sa voix posée le rassure, rien ne semble l'atteindre. « J'étais juste un gentil garçon qui avait grandi avec elle à Brooklyn, et elle était une douce petite Irlandaise qui m'a pris pour le meilleur et pour le pire[5] », dira-t-il.

Mais à seulement 19 ans, Alphonse n'est pas encore tout à fait un homme. Il vit toujours avec sa mère Teresa à Garfield Place, à quelques rues de Mae. Et les parents de la fiancée impromptue ne l'entendent pas ainsi. Si épouser une Irlandaise est un signe de raffinement pour un Italien, l'inverse n'est pas vrai, c'est même tout le contraire. Les maris italiens ont mauvaise réputation parmi les familles irlandaises, qui y regardent à deux fois avant de leur confier la prunelle de leurs yeux : ils battraient leur femme, boiraient à outrance et seraient infidèles. Les préjugés vont bon train, mais sont vite balayés par la réalité. Au mois d'avril, Mae est enceinte.

Al, encore mineur, doit demander l'autorisation à ses parents pour convoler. Hélas, il n'en a pas le temps. Le 4 décembre 1918, Mae donne naissance au petit Albert Francis, bientôt surnommé Sonny, dont le parrain n'est autre que Johnny Torrio.

Dans ce milieu catholique, un enfant né hors mariage n'est pas du meilleur goût, et la pression est mise sur Capone pour qu'il répare ce péché en officialisant leurs liens. Il obtient de l'Eglise une dispense de publication des bans et le mariage est prévu pour le 30 décembre 1918[6]. Tous deux mentent sur leur âge, elle se donnant une année de moins, lui une de plus. Les femmes ont la pudeur du temps quand il s'agit d'amour, et chacun fait un pas vers l'autre, comme Napoléon Bonaparte l'avait fait pour épouser Joséphine, veuve Beauharnais.

Trois semaines après la naissance de leur fils, Mae et Al se marient donc à St. Mary Star of the Sea, l'église fréquentée par la famille de l'apprenti empereur de la pègre. Mais entre le couple, qui manque cruellement d'expérience pour calmer un bambin en pleurs, et les deux clans familiaux que tout oppose, à commencer par la langue, la noce n'est pas des plus joyeuses ! Tous les Irlandais savent que Mae, qui vient d'épouser le clan Capone, n'est déjà plus des leurs. Il lui faudra, en tant qu'épouse et mère, délaisser les siens pour rejoindre sa belle-famille[7], elle, l'étrangère qui ne pipe pas un mot d'italien.

Mais Mae embrasse d'un sourire timide sa destinée et cet homme qui vient de lui offrir le plus beau des cadeaux avec la naissance précipitée du petit Sonny. Pour elle, il est l'enfant du miracle et, peu importent ses difficultés, sera comblé, même s'il doit devenir le centre exclusif de son attention.

Al doit assurer une vie décente à sa femme, il veut la choyer et donner ce qu'il y a de mieux à leur garçon : « Que voudrais-je que mon fils Albert devienne lorsqu'il sera grand ? Eh bien avant toute chose, je veux qu'il soit un homme. Un homme brave qui puisse regarder tout le monde dans les yeux et se tenir debout, peu importe ce qui se présente. Je veux un homme avec des nerfs, même s'il est du mauvais côté du flingue. Je veux qu'il ait tout ce que je n'ai jamais eu. Je veux qu'il aille à l'université. J'ai commencé à travailler à 13 ans. Je veux qu'il connaisse les belles choses de ce monde. Je ne veux pas qu'il soit un contrebandier d'alcool, je préférerais qu'il soit docteur, avocat ou homme d'affaires. Tout ce qui lui donnera une vie plus facile que celle de son vieux père. Ce que je voudrais qu'il pense de moi ? Je veux qu'il sache que je l'aimais assez pour risquer ma vie afin de le mettre à l'abri du besoin [...] et, plus que tout, ce que je veux pour cet enfant, c'est une femme comme la mienne [...] pour faire de n'importe quelle main un jeu gagnant[8]. »

Seulement, les désirs d'un homme diffèrent parfois, et de beaucoup, de la réalité. Il ne peut à ce jour offrir à Mae la vie qu'elle mérite et qu'il lui a promise. Pour l'instant, il la laisse seule chaque soir avec le bébé et part jouer dans un club les serveurs ou les rabatteurs, avec ses vêtements de milord, son gros visage poupin, ses cheveux bruns déjà clairsemés plaqués en arrière, le bon mot facile, toujours prêt à divertir et haranguer le chaland qui se faufile à l'intérieur, parmi la fumée de cigare et les femmes en talons qui paradent.

Lorsque son mentor Johnny Torrio et sa femme Anna lui annoncent quitter la côte Est et New York, trop chaotique, pour Chicago la prometteuse, afin d'y créer leur territoire, Alphonse y voit l'opportunité qu'il attendait et décide de les suivre.

Le couple de jeunes parents se met à la recherche d'une maison, la première de la famille, et arrête son choix sur celle, en brique, du 7244 South Prairie Avenue, au sud-ouest de la ville. Ils sont tous deux séduits par le quartier, composé de maisonnettes à deux étages aux grandes fenêtres carrées qui inondent de lumière les chambres, entourées d'épiceries de quartier, d'étals de fruits et légumes fournis et colorés. Si à Brooklyn ils vivaient dans un environnement surpeuplé, ici ils profitent de l'absence de voitures, de passage, de bruit, l'environnement rêvé pour élever un enfant! Mae ne peut qu'approuver la collaboration d'Al avec Johnny: leur situation financière s'est considérablement améliorée grâce à lui. Ils ont enfin leur propre maison, d'une valeur de 15 000 dollars tout de même! Al a payé en liquide les trois quarts, le couple débloquant un crédit de 4 000 dollars, cosigné par Teresa, qui fait évidemment partie du voyage.

Le couple emménage ainsi dans la demeure à deux étages en brique rouge à l'été 1923. Al fait poser d'épaisses barres en métal aux fenêtres pour protéger sa famille et la porte d'entrée est lestée d'une lourde grille en fer forgé. Mae tente pour sa part de transformer le lieu en un foyer à l'âme familiale et chaleureuse. Ce qui est loin d'être facile car, la maison étant sans cesse remplie des frères et sœurs Capone, les moments d'intimité sont rares! Il y a Ralph « la Bouteille » et Frank, qui travaillent avec Al, deux as avec chacun leur spécialité. Comme son surnom l'indique, Ralph est le roi de la mise en bouteille de tout liquide; Frank, lui, sait comment faire taire la concurrence. Tandis qu'Al cherche toujours un compromis, une négociation dont il pourrait tirer intérêt, Frank est plus soupe au lait et applique à la lettre sa devise: « Un cadavre ne parle jamais. » Il y a également James, qui a servi en France durant la Première Guerre mondiale et est devenu agent anticontrebandier. Suivent Matthew, John, Umberto et, pour assurer un peu de compagnie féminine, Mafalda et Rose, les sœurs d'Al, et naturellement Teresa, sa mère. Hélas, même avec sa propre belle-famille, Mae ne parvient pas à dépasser sa timidité. Comment s'imposer face à une dizaine d'Italiens qui parlent tous dans leur dialecte et s'emparent de la cuisine en un ballet désordonné si bien rodé qu'il en devient poétique ! Et le même rituel se produit chaque fin de semaine.

Les dimanches après-midi, en effet, les Capone se réunissent dans la maison. Teresa, qui vit au premier étage, cuisine, Mafalda fait office de second. Les autres femmes présentes aident à porter les plats et mettre la table. Mais la cuisine est le territoire de Teresa. Les cheveux courts teints en noir de jais, elle ne parle qu'en italien, bien qu'elle comprenne l'anglais. La nourriture vient de chez les meilleurs bouchers du coin et d'Italie, la famille lui envoyant d'Angri de petits paquets de précieux mets.

Mae préfère rester dans sa chambre que de jouer des coudes à la cuisine ; elle s'occupe du bébé, qui a pris toute la place dans son univers, ou s'adonne à sa passion secrète, la lecture. Les hommes boivent, fument, jouent au *sette e mezzo,* black-jack populaire en Italie, tandis que Teresa réalise ses recettes de *braciole* ou de boulettes de viande à l'ail[9]. C'est elle « qui dirige tout le monde dans la famille et dit à Al de s'asseoir à l'heure du dîner et de nettoyer son assiette[10] », se souvient la nièce du patron du crime. Il manque toujours quelque chose pour cuisiner à cette armada et Mae doit souvent aller emprunter aux voisins le sucre ou la farine que réclame sa belle-mère en cuisine.

Les femmes de la famille forment autour d'Al un cercle de protection dont Mae n'est pas encore la meneuse. Comment le serait-elle ? « Lorsque les femmes du clan veulent parler, on leur dit de se taire, de s'occuper de leurs affaires[11]. » Elles passent si peu de temps avec leurs maris qu'il serait de mauvais goût de gâcher celui qui reste en les questionnant sur leur « travail », alors qu'ils tentent de se détendre. Mae descend enfin pour le repas et aide à débarrasser en silence. Puis, alors qu'hommes et femmes cancanent et jouent aux cartes en buvant de l'anisette, elle s'excuse, prend congé et retourne faire défiler les pages consacrées aux sciences de l'éducation ou aux chevaux.

Mais les affaires du gang se corsent dès lors que la politique s'en mêle. Pas de criminalité prospère sans hommes politiques gagnés à la cause par la corruption. Or Chicago vient d'élire un nouveau maire, William Dever, qui compte faire respecter la prohibition à la lettre. Il déclare la « Grande Guerre de la bière » et vise ainsi directement le clan Torrio-Capone. Qu'à cela ne tienne, le duo décide de contourner le problème : ils vont créer bordels, casinos et cabarets dans une banlieue voisine et narguer son autorité. S'ils ne peuvent être les maîtres de Chicago, Chicago viendra jusqu'à eux s'encanailler. En l'espèce à Cicero, située à l'ouest de la ville. Pour s'assurer l'impunité des autorités, Al et Johnny décident de placer un de leurs hommes liges à la tête de la mairie locale.

Le 1er avril 1924, en pleine campagne électorale, Frank Capone engage un vaste processus d'intimidation et déclenche une vague de terreur sur Cicero. Pour protéger les intérêts du clan, il envoie des factions d'hommes avec mitraillettes et fusils de chasse s'assurer des intentions de vote des résidents. Il veille à leur bon sens démocratique en leur faisant comprendre l'impérieux besoin de voter pour leur candidat et oriente lourdement leur choix en émettant l'hypothèse d'une mort malencontreuse pour les moins coopératifs. Il place d'autres nervis devant les bureaux de vote et mène une attaque contre le quartier général d'un des adversaires un peu trop bien placé dans les intentions de vote. L'un de ses assistants est touché d'une balle dans chaque jambe, avant d'être pris en otage, avec huit autres collaborateurs, jusqu'à la fermeture des bureaux. Une démocratie très participative en quelque sorte. La police envoie sur le terrain soixante-dix policiers en civil qui se livrent à la mi-journée à une bataille rangée avec les phalanges de Capone. Puis trente policiers à bord de voitures arrivent en renfort. Pensant qu'il a affaire à un commando punitif des hommes du gang du

Nord, Frank tente de sortir son arme, mais les agents font feu et l'abattent d'une dizaine de balles. Al ne laissera pas le meurtre de son frère impuni. A la fin de la journée, son candidat, Joseph Klenha, triomphe, tandis que quelques officiels sont enlevés en représailles[12].

Le 4 avril 1924, dans la petite maison dans la prairie, c'est une foule colossale que Mae doit accueillir, en bonne maîtresse de maison, pour les funérailles de son beau-frère. Al a acheté pour 20 000 dollars de fleurs chez son rival Dean O'Banion qui, par respect pour le clan adverse, a mis ses plus beaux arrangements sur le cercueil plaqué argent, que suit un cortège de cent cinquante voitures en direction du cimetière du Mont-Carmel. Al donne l'ordre de fermer les lieux de jeu et de plaisir de Cicero deux heures durant en l'honneur de son frère. S'il pleure, la ville entière doit pleurer.

Teresa inconsolable, les frères d'Al rongés par la colère, Mae la timide ne peut que refermer ses bras sur le petit Sonny pour le soustraire à toute cette violence. Elle reste volontairement étrangère aux hostilités qui l'entourent et prie plus fort, plus intensément, lorsque l'orage tempête pour que le calme revienne dans sa maison.

Mais l'assassinat de Dean O'Banion puis, quelques semaines plus tard, en ce début d'année 1925, la fusillade qui a blessé le parrain d'Al, Johnny, ont rompu l'équilibre précaire de la maison de South Prairie Avenue. Al a perdu son père, son frère, et ne pourrait, nerveusement, supporter de perdre son mentor. Maintenant que son mari passe tout son temps à son chevet, Mae se retrouve seule dans sa propre maison.

En moins d'une semaine, grâce aux bons soins de l'infirmière et de sa femme, Johnny est de nouveau sur pied. Mais Torrio le terrible n'est plus. Tout le monde sait désormais qu'il est mortel. Or, le patron du crime doit demeurer invincible pour maintenir sa position et continuer d'inspirer la peur. Dès lors que son flanc, percé d'une lance, a saigné, il n'est plus qu'un homme que le dieu du vice a abandonné. Dans cette jungle urbaine, il devient un animal blessé, déjà condamné, qui appelle les crocs.

Le 9 février 1925, Al emprunte l'issue de secours de l'hôpital, après avoir vérifié que la voie est libre de tout danger, et exfiltre Johnny dans une Sedan. Le même jour, la mâchoire toujours bandée, Johnny comparaît de nouveau devant le juge : il semble content de payer une amende de 5 000 dollars et, sans la moindre protestation, accepte une sentence de neuf mois ferme à la prison de Lake County, à Waukegan, à 50 kilomètres au nord. Là au moins, en sécurité derrière les barreaux, personne ne viendra attenter à sa vie.

Le shérif local autorise Anna à meubler la cellule à son goût. Aussitôt sont livrés un lit en cuivre, des tapis et fauteuils pour recevoir, ainsi qu'une bibliothèque, un Gramophone et une radio pour se distraire. Des rideaux sont posés aux fenêtres, elles-mêmes remplacées par du verre pare-balles. Anna a le droit de rejoindre son homme pour des déjeuners cosy dans ce foyer improvisé et tous deux peuvent passer l'après-midi dans les rocking-chairs qu'elle a fait également apporter. Ainsi la peine s'écoule-t-elle dans la joie, tandis que les plaies cicatrisent. Anna a tout le temps, maintenant qu'il ne voit qu'elle, de persuader Johnny de prendre sa retraite. Elle partira avec lui, peu importe le lieu où il décidera de se cacher. L'essentiel est qu'il décroche pendant qu'il en est encore temps.

La peine de Johnny purgée, escorté par deux voitures remplies d'hommes de main, le couple quitte la ville dans une limousine blindée qui le conduit dans le plus grand secret à la première gare, juste au-dessous de la frontière de l'Indiana. Les hommes d'Al patrouillent dans la station arme au poing jusqu'au départ du train[13]. Voilà nos tourtereaux qui s'envolent pour un vaste tour d'Amérique et des Caraïbes, en direction de La Nouvelle-Orléans, La Havane, les Bahamas, Palm Beach, avant de rentrer dans l'Italie natale de Johnny qui prend à 43 ans sa retraite.

Dean O'Banion sous terre et Johnny Torrio parti, Al Capone est désormais le nouveau maître de Chicago. Le vertige du crime et du pouvoir pousse parfois les hommes à la méditation : « A quoi pense un homme quand il tue un autre homme dans la guerre des gangs ? Peut-être à la loi de l'autodéfense telle que Dieu la conçoit et dans un sens un peu plus étendu que les textes de loi l'établissent. Peut-être que cela signifie tuer l'homme qui te descendrait s'il te voyait en premier. Peut-être que cela signifie tuer un homme pour défendre ton *business*, ce grâce à quoi tu gagnes de l'argent pour prendre soin de ta femme et de tes enfants. Vous ne pouvez pas me blâmer de penser qu'il y a dans le monde des types bien pires que moi[14]. » Mme Capone goûte-t-elle ces lapalissades ?

Sa réalité est bien différente. Sonny, l'enfant choyé, âgé maintenant de 7 ans, souffre toujours de l'infection qui gêne son audition et qui pourrait emporter sa jeune vie. Sa mère amène le petit consulter de nombreux praticiens, mais tous convergent. Seule une chirurgie radicale pourrait le soulager. Une procédure risquée, mais inévitable. Mae et Al font le tour des meilleurs spécialistes qui ne peuvent que confirmer tour à tour la terrible nouvelle : l'opération, si elle réussit, lui sauvera la vie, mais rendra sans doute le garçon définitivement sourd. Existe-t-il plus déchirante décision à prendre pour une mère que de laisser opérer son enfant, sachant qu'on l'expose à un handicap dont il lui faudra porter la responsabilité sa vie entière ?

Un mari idéal… ou presque

NEW YORK, 24 DÉCEMBRE 1925

Le couple choisit New York, où il espère bénéficier d'un traitement de pointe et d'une main experte. Il se rend dans le cabinet du docteur Lloyd, à St Nicolas Place. « Je vous donnerai 100 000 dollars si vous le sortez de là », promet Al au praticien, bien que les frais ne s'élèvent qu'à 1 000 dollars. Quand on aime, on compte mal.

L'intervention est pratiquée la veille de Noël. Mae redouble de prières jusqu'à ce qu'elle soit exaucée ! Sonny s'en sort indemne, il ne sera que partiellement sourd et pourra toujours percevoir des bribes du monde grâce à un nouveau petit bijou de technologie, un appareil auditif. L'équipe médicale conseille au couple de rentrer se reposer et de ne revenir que le lendemain. Le soir venu, un des amis de Capone lui propose de sortir boire une bière à l'Adonis Social Club, situé au 152 de la 20th Street à Brooklyn, *speakeasy* mixte qui accueille Irlandais et Italiens. Avec le plein accord de Mae, toujours soucieuse du bien-être de son cher mari, Al s'octroie un moment de détente bien mérité dans ce club de deux étages dont le sous-sol est entièrement peint en noir et le niveau supérieur en jaune. Mais le reste de la soirée ne se passe pas comme prévu : le gang des mains blanches, groupuscule d'Irlandais bien décidés à contrecarrer l'influence croissante des Italiens, fait irruption dans la salle et, déjà copieusement aviné, traite les Italiens de métèques, cherchant à les provoquer. Al et ses amis se tiennent à carreau jusqu'à l'arrivée dans le bar de trois Irlandaises accompagnées de leurs fiancés italiens. Un des membres du gang leur lance : « Revenez donc goûter des hommes blancs, nom de Dieu[1] ! » L'insulte raciale passe encore, à condition qu'on n'y mêle pas les femmes ! Les lumières s'éteignent et, l'instant d'après, les tables volent, les balles fusent. Lorsque l'éclairage réapparaît, on découvre sur le sol du sang de trois Irlandais panaché avec celui de plusieurs Italiens. Arrêté par la police et questionné, tout ce petit monde est frappé d'une sévère et incurable amnésie[2]. Al est inculpé : « Ma femme m'a dit d'y aller, que ça me ferait du bien. Nous étions à peine entrés que six types ont fait irruption dans la salle et ont commencé à tirer. Mon ami m'avait pris au dépourvu ; dans le feu de l'action, deux de mes camarades ont été tués et un autre a reçu une balle dans la jambe. Du coup j'ai passé les vacances de Noël en prison[3]. »

Voilà un beau réveillon ! Sonny à l'hôpital et Al en prison ! Mae ne peut ignorer plus longtemps la guerre des gangs qui la poursuit jusqu'au soir de Noël. Mais Sonny ne souffrira plus, c'est à cette heure la seule chose qui compte pour elle.

Comment ne pas lui pardonner ? Quand il n'est pas en prison, Al est un si bon mari. Chaque fin d'année, il ne manque pas de se rendre à l'école privée de sa sœur Mafalda pour jouer les Pères Noël chics et chocs. Les enfants, à l'arrivée de la berline remplie de cadeaux, se ruent aux fenêtres. Al sort du véhicule, portant feutre et costume sombre sur mesure, et commence la distribution de paniers pleins de bonbons et présents, veillant à ce que tous soient également gâtés. Il n'oublie pas non plus les enseignants qui auront à cœur, tout le reste de l'année, de soigner le carnet de notes de Mafalda[4]. Les autres parents s'interrogent-ils sur ce mystérieux bienfaiteur ? Si peu ! La suspicion ne se porte étrangement que sur les mauvais payeurs, rarement sur les généreux donateurs. Pour l'ensemble de son voisinage, l'homme à la cicatrice est un homme d'affaires avenant qui se dit marchand de meubles et dont on ne sait pas grand-chose, mais dont on gobe les mensonges en faisant mine de les croire. Il flâne autour de la maison en peignoir et chaussons, joue au ballon avec Sonny ou remplace Mae en cuisine pour préparer des spaghettis à l'intention des invités de dernière minute, tout en remuant la sauce énergiquement, tandis qu'il lampe quelques gorgées de chianti.

Pourtant, depuis la passation de pouvoir de Johnny Torrio, cet homme d'intérieur si parfait est le maître du Syndicat du crime. Celui dont le nom circule à chaque descente de police, dans chaque bordel, chaque *speakeasy*, dont l'ombre plane sur chaque cadavre retrouvé, sans qu'on le voie jamais apparaître nulle part. Al Capone est insaisissable et mouvant – deux qualités qui éperonnent l'intérêt des journalistes et du public. Un après-midi de janvier 1927, un reporter ose l'impensable : frapper directement à la porte du gangster redouté par tous. Il tombe nez à nez avec lui vêtu seulement d'un tablier rose et d'un caleçon en tissu satiné, une casserole de pâtes à la main[5]. Il croit à une erreur, mais les cicatrices ne mentent pas.

Mae sort rarement de la maison et ce n'est pas Al qui va l'y pousser. Pour elle, c'est un mari joyeux, bon vivant, plein d'attentions, doublé d'un excellent père. L'innocence de sa femme est ce pilier qui le tient en équilibre. Elle lui confère la virginité affective dont il a besoin pour ne pas être contaminé par le milieu et les noirceurs de l'âme humaine dont il a fait son métier. Elle est une madone, une femme idéale qui ne doit rien connaître de son autre vie, celle qui se déroule loin de leur petite maison de Prairie Avenue.

Et cette vie-là est des plus remplies. Depuis le flambant neuf hôtel Lexington, au 2135 South Michigan Avenue, où il a installé son quartier général, il dirige la ville d'une main de plomb dans un gant de satin. Dans le hall d'entrée, des hommes de main sont assis en permanence sur les fauteuils, faisant mine de lire le journal, une mitraillette Thompson posée sur leurs genoux. D'autres jouent au minigolf, chacun son passe-temps. Sur les dix étages, il en occupe trois. Au quatrième, la suite 530 abrite son bureau privé. A l'étage du dessous se trouve son centre de commandement; à celui du dessus sa chambre privée avec fauteuils club et mobilier Art déco. On l'appelle la « chambre du vice ». Il y a également un restaurant pour ses invités, une salle de bal, un cinéma et, au sous-sol, une chambre forte en cas d'attentat.

A l'entrée de la suite, une plaque avec les initiales A. C. a été incrustée dans le parquet en chêne. Tout est de « mauvais » goût : les murs sont enduits de tonalités or et rouge, un tapis ancien aux motifs vifs couvre le sol et, au milieu de la pièce, un immense chandelier aux verres fumés diffuse une lumière tamisée. Le bureau est encadré de deux portraits : un du président George Washington, un autre du maire, délicate attention. La salle de bains n'est pas en reste. Il l'a fait carreler de tuiles vertes couleur Nil aux ornements violets. Al s'y promène en pyjama de soie bleu, avant de s'habiller pour recevoir politiques et célébrités, lors de soirées durant lesquelles il fait la tournée des clubs où il a des intérêts, de l'alcool ou des filles. Sitôt arrive-t-il quelque part que son service de sécurité ferme l'endroit au public. Lorsque M. Scarface souhaite dîner dans la suite de six pièces qui lui a coûté 18 000 dollars, une cuisine spéciale apporte les victuailles sur des chariots et son chef du personnel prend soin de vérifier la provenance de chaque aliment. Car Al est bien le roi de Chicago. Lorsqu'il n'est pas au téléphone à suivre les comptes du *business* avec ses associés ou avocats, il fait un saut au mythique champ de courses de Miami, le Hialeah Park, et divertit ses invités lors d'une partie de pêche à bord d'un bateau sur la mer des Caraïbes, en toute simplicité. Il aime la compagnie des hommes pour jurer, fumer et boire, mais aussi celle des femmes. Al disparaît ainsi parfois pendant des jours pour « affaires » ou rencontres intimes. Seulement, lorsqu'il rentre, il enlace, embrasse Mae. Bien sûr il y a d'autres femmes, mais jamais il ne se laisse prendre en photo avec, jamais elles n'entreront dans le cercle intime où la légitime, seule, trône.

La reine ne vient d'ailleurs partager sa couche du Lexington que très rarement, elle ne se sent pas à l'aise avec tous ces molosses armés. Les maîtresses introduites dans la suite du patron discrètement par ses hommes y sont en revanche les bienvenues. L'une d'elles, une jeune blonde pulpeuse, rescapée d'un bordel de banlieue, est surnommée « la Grecque ». Hélas, elle se plaint un jour de douleurs très mal placées. Al l'envoie consulter le médecin de confiance dont il s'alloue les services, et le silence, pour la modique somme de 85 000 dollars par an[6]. Ce dernier pose un diagnostic familier : elle est atteinte d'une affection pouvant passer pour sulfureuse en Europe, tant les artistes qui pratiquent l'amour libre en sont affligés, la syphilis. Un traitement à base d'arsenic, le Salvarsan, sert alors de panacée digne de Diafoirus. La maladie qu'on ne sait pas encore soigner provoque notamment des morts subites du nourrisson, des fausses couches ou la stérilité. Elle est invalidante et se manifeste par des troubles neurologiques importants, dont l'issue est la folie ou la mort. Un des remèdes pratiqués alors consiste en des injections d'arsphénamine – un composé d'arsenic. Le médecin, connaissant le lien biblique qui unit la patiente à son client, invite Al à faire un examen lui aussi. Mais le roi de la ville qui ne tremble devant rien chancelle à la vue d'une aiguille. La simple idée de la petite pointe pénétrant sa chair l'horrifie au plus haut point. Même la perspective des symptômes douloureux et invalidants décrits par le médecin ne suffit pas à le décider ; sa peur de l'aiguille est plus forte que celle des gros calibres. Il se sent parfaitement bien, aucune raison de s'inquiéter le moins du monde.

Lorsqu'il n'est pas au Lexington, Al, toujours bien mis, se rend au Hawthorne Inn, à Cicero, là où il a établi l'antichambre de ses affaires. Sa maison à trois étages en brique beige dont il a fait l'acquisition, au 1600 South Austin Boulevard, a été transformée en une véritable forteresse. Un mur de huit pieds de haut ferme la cour, un souterrain relie le garage à l'intérieur de la maison, la porte d'entrée est blindée d'acier. Ses amis viennent y boire et y passer du bon temps. Al se plaint à la presse que ce jeu permanent du chat et de la souris, toujours entre deux villes et sur le qui-vive, gâche sa vie de famille. Depuis qu'il a déménagé le centre névralgique de ses affaires à Hawthorne, il ne voit plus Mae que quatre à cinq fois par semaine. Surtout, il déteste le surnom de Scarface que la presse lui a attribué et dont le public se délecte. A choisir, il préfère être appelé The Big Fellow, « le Grand Manitou ». Il joue de sa réputation pour enjôler son monde et faire passer un moment si charmant à ceux qui croisent son chemin qu'ils en oublient ses cicatrices[7].

Comment Mae réagit-elle à ce besoin pathologique qu'éprouve son mari de séduire, de régner, sur les hommes comme sur les femmes d'ailleurs ? Un des proches de Capone répond : « Personne ne sait si elle était trop intelligente pour se plaindre ou si elle préférait ne pas parler. Tout ce qu'elle savait, c'est que son mari était dans le commerce de fruits ou avait un magasin de fleurs ou un magasin de viande quelque part, c'est tout. La plupart de ces hommes étaient très respectueux de leur famille et Al se sentait parfois mélancolique quand il disait qu'il n'avait pas vu la sienne depuis longtemps. Il aimait son fils et avait peur pour lui. Le plus étonnant est que personne ne s'inquiétait jamais de la femme d'Al, ou des femmes à ses côtés. Vous n'entendiez jamais parler de leurs blessures ; ils avaient un code éthique qu'on ne peut comprendre[8]. » Peu importent les écarts de conduite et les coups de canif dans le contrat de mariage, Al finit toujours par rentrer à la maison et prend soin de panser l'amour-propre blessé de Mae.

HOT SPRINGS, ARKANSAS, 14 MARS 1927

Au printemps 1927, il l'emmène en Arkansas, dans la petite ville thermale de Hot Springs réputée pour ses sources et la beauté du parc national naturel qui l'entoure. Là, toujours en costume sombre à veste croisée, cravate nouée et chapeau de feutre, Al prend la pose avec son épouse, comme de simples touristes, tous deux à bord d'une calèche de fortune attelée à un âne visiblement rétif, devant la source du « Trou joyeux ». Il aime y prendre des bains, jouer au golf, s'adonner aux plaisirs simples de la bourgeoisie[9] et de la vie maritale... le jour. Mais le soir venu, il joue au casino : 50 000 dollars volatilisés en une nuit et 58 000 la suivante ! Quant aux parties de golf, ce n'est pas avec Mae qu'il les dispute, mais contre son nouveau rival, Vincent Drucci, qui a pris la succession de Dean O'Banion à la tête du gang du Nord[10]. Celui qu'on appelle « le Planificateur », né en 1898, au regard noir téméraire, aux épais sourcils bruns négligés, a servi deux ans dans la marine américaine durant la Première Guerre mondiale. De retour à Chicago, il a commencé par fracturer des cabines téléphoniques afin d'en voler la monnaie, avant de vouloir prendre sa part de l'empire financier offert par l'alcool et la contrebande.

Drucci ne se trouve pas sur le chemin du parrain par hasard. Il est de ceux qui ont tendu une embuscade au chauffeur de Capone, qui a été kidnappé puis assassiné. Il faisait également partie de la bande qui a attaqué Johnny Torrio. Si Al décompresse en vacances, c'est que l'élection du nouveau maire de Chicago approche. Il espère enfin se débarrasser du démocrate William Dever qui a déclaré la « Grande Guerre de la bière » et l'a forcé à s'implanter à Cicero. Il souhaite voir la victoire de William Thompson, un républicain surnommé « Big Bill », gagné à sa cause et dont il soutient activement la campagne. Ce dernier ayant remporté, le 22 février 1927, le premier tour, Al préfère se tenir loin de la fureur de la ville en attendant le second, le 5 avril suivant.

Vincent Drucci voit dans l'isolement momentané d'Al à Hot Springs l'opportunité de supprimer son adversaire avant qu'il ne change le cours de l'histoire en s'acoquinant avec la future municipalité. Aussi, outre les clubs de golf, a-t-il emporté dans ses bagages des fusils à canon scié, des armes automatiques, un véritable arsenal. Le 14 mars 1927, dans cette ville considérée comme « ouverte » dans le milieu, terrain neutre où aucun gangster ne vient armé, il tente de tirer sur Al en plein air[11] ! Mais une fois encore les prières de Mae sont exaucées, Al s'en sort indemne, l'assaillant comme le visé se gardant de révéler les détails de cette nouvelle tentative d'assassinat[12]. L'heure est au *statu quo*. Les bons règlements de comptes font les bons ennemis. Il faut dire que le bureau du procureur fédéral de Chicago estime à 105 millions de dollars le chiffre d'affaires du gang de Capone, l'Outfit, littéralement le gang du costume, un nom de code destiné à préserver le secret de l'organisation.

Le 4 avril 1927, Vincent Drucci est arrêté par la police de Chicago, alors qu'il était en train de mettre à sac un bureau de vote dans le but de déstabiliser le scrutin, prévu pour le lendemain. Deux quartiers généraux de candidats sont bombardés, cinq mille policiers sont disposés dans toute la ville, des escouades de tireurs d'élite disséminées. Bref, l'élection est placée sous haute surveillance[13]. L'agent l'embarque de force dans la voiture qui doit les conduire au tribunal et le maintient fermement par le bras. « Le Planificateur » n'aime pas qu'on le cajole ainsi. Il insulte le policier, qui lui répond par une volée en plein visage. Le ton monte, des poings se lèvent, Drucci, menotté, se débat. Le pistolet de l'officier finit par régler l'affrontement. Touché à la jambe, au ventre et au bras, Drucci s'effondre. Il a droit, comme son prédécesseur Dean O'Banion, à un enterrement de première catégorie organisé par le milieu au cimetière du Mont-Carmel : cercueil en argent à 10 000 dollars, 30 000 dollars de fleurs recouvrant du sol au plafond la maison funéraire Sbarbaro et cortège d'apparat[14]. Capone a doublement gagné. Son ennemi est éliminé et son favori, William Hale Thompson, vient d'être élu à la mairie de Chicago. Les affaires reprennent.

Pour se remettre de ces émotions, le couple décide de prendre d'autres vacances, cette fois à la mer. Le 8 décembre 1927, accompagné de deux gardes du corps, il monte en toute discrétion à bord d'un train. Al a annoncé à tout le milieu se rendre à St Petersburg, en Floride. Et pour être sûr de se faire entendre, avant de partir il a convoqué les journalistes à une conférence de presse tenue dans un hôtel. « 90 % des gens à Chicago boivent et jouent. J'ai essayé de leur servir de l'alcool décent et des jeux réglo. Mais je ne suis pas apprécié », se plaint-il. « J'ai passé les meilleures années de ma vie à être un bienfaiteur public, et tout ce que je récolte, c'est l'existence d'un homme traqué. On me traite de tueur. Eh bien, dites-leur que je m'en vais à présent. Je suppose que les meurtres s'arrêteront. Il n'y aura plus d'alcool. Vous ne trouverez plus une seule table de craps ou une petite roulette[15]. » Al prend soin de notifier aux habitants qui l'abhorrent à quel point il va leur manquer s'il s'en va pour de bon : « Laissons les dignes citoyens de Chicago se procurer leur alcool par leurs propres moyens. Je suis fatigué de ce travail[16]. »

Il se plaint de son image. « Aujourd'hui, j'ai reçu une lettre d'une femme d'Angleterre. Même là-bas, on me voit comme un gorille. Elle a offert de me payer mon voyage à Londres si je voulais bien tuer quelques voisins avec lesquels elle se disputait. » Soucieux de donner un tour chevaleresque et prophétique à ses adieux, il déclare aux journaux de Chicago : « Ma femme et ma mère en ont tant entendu. Vous n'avez qu'à tous devenir des soiffards[17]. » Il quitte la capitale du vice. Mae y voit le geste d'un romantique en quête de rédemption conjugale. Lassé du froid de Chicago et de la guerre des gangs qui moissonne ses proches, le jeune parrain de 28 ans décide d'emmener sa femme en vacances dans un endroit qu'il n'a encore jamais visité. Il faut plusieurs jours aux journalistes pour retrouver leur trace non pas en Floride, mais à Los Angeles, en Californie, à 2 800 kilomètres de là.

LOS ANGELES, CALIFORNIE, 10 DÉCEMBRE 1927

Ils sont enregistrés sous le pseudonyme d'Al Brown, à l'hôtel Biltmore, un établissement de style Renaissance au cœur du quartier d'affaires de Downtown. Les fontaines de marbre et les chandeliers en cristal, les fresques et le lourd plafond sculpté de bois précieux rappellent un luxe tout italien, ce qui met Al en joie. Il emmène Mae visiter un studio de cinéma et improvise même un tour guidé des maisons de stars. Puis cap sur Tijuana, au Mexique, pour assister à des courses de chevaux dans l'hippodrome[18]. Une chance que Mae se passionne pour l'équitation ! Partout où ils vont, la réputation de Scarface les précède et le couple est vite reconnu. Des protestations publiques contre leur présence commencent à agiter la ville. Vingt-quatre heures à peine après leur arrivée, le directeur du Biltmore leur demande très poliment de bien vouloir quitter l'établissement. Mae rassemble leurs affaires, tandis que les gardes du corps à l'extérieur de la chambre montent la garde, l'œil aux aguets. En sera-t-il ainsi partout où ils iront ?

Le chef de la police de Los Angeles, James Davis, donne au couple douze heures pour partir. Les mots sont sans ambiguïté : « Vous n'êtes pas les bienvenus ici. » Il prend soin de joindre l'acte à la parole et dispose lui-même quelques officiers auprès des indésirables qui viennent aider Mae à faire le plus vite possible leurs valises. Les agents escortent ensuite cordialement les Brown jusqu'à la gare de Santa Fe. Le comité d'accueil laisse cruellement à désirer ! Al est outré : « Nous sommes des touristes et je croyais que vous, les gars, vous aimiez les touristes », se plaint-il aux journalistes. La harangue et son ironie permettent comme souvent d'emporter l'assentiment de ceux qui lui sont hostiles mais qu'il fascine néanmoins : « J'ai beaucoup d'argent gagné à Chicago à dépenser ici. Qui a déjà entendu parler de quelqu'un chassé de Los Angeles avec de l'argent en poche ? » L'argument fait mouche, les reporters couchent ses mots sur le papier, le sourire aux lèvres.

Avant de quitter la ville, Al a une intuition. Il appelle son frère Ralph, qui a été renseigné : la police de Chicago les attend de pied ferme à la gare. Il change *in extremis* leur itinéraire. Le couple s'arrêtera à Joliet, dans l'Illinois. Ralph viendra les chercher en voiture pour les reconduire à Chicago en toute discrétion. Dans le train, les autres passagers tentent de se tenir éloignés du tandem et ne peuvent retenir des œillades inquiètes. La moitié des passagers sont des gardes de Capone qui s'est enfermé dans un compartiment, visiblement ulcéré.

Le 16 décembre 1927, le train arrive à peine à quai en gare de Joliet[19] que les policiers arrêtent cinq gardes du corps. Ils ont été vendus ! Al essaie de s'échapper et traîne Mae par la main, couverts tous deux par un garde du corps qui leur ouvre la voie. Une fois n'est pas coutume, Al porte sur lui un revolver. D'autres agents les prennent en chasse et les immobilisent. Les deux hommes sont arrêtés pour port d'arme illégal et amenés au poste. Libéré au bout de quelques heures, Al doit cependant être jugé. C'est la première fois qu'un chef d'accusation peut être retenu contre lui, la première fois qu'il s'expose à des poursuites judiciaires. Plusieurs jours durant, Mae est dans l'incertitude la plus totale. Al a toujours été du bon côté de la loi, du moins à ses yeux, il n'a jamais été sur le banc des accusés. Elle l'imagine derrière les barreaux ; que fera-t-elle, seule sans lui, que dira-t-on d'elle et que dira-t-elle à Sonny ?

Mae est autorisée à rentrer à Chicago. Elle doit laisser son mari dans une cellule avec deux clochards – une image qui la hante tout le long du trajet retour. Quelle tristesse pour une femme de voir choir un homme de son piédestal ! Al demande aux officiers la permission de payer les cautions de ces pauvres hères, afin qu'ils soient libérés. L'acte n'est pas totalement désintéressé : leur odeur le dérange. Quitte à être en prison, autant y rester seul. Il n'a fort heureusement que quelques jours à tenir. Le 22 décembre 1927, il plaide coupable devant la cour. Capone s'en sort avec une tape sur les doigts, une amende et un sermon du juge qui lui assène : « J'espère que cela vous servira de leçon. — C'est certainement une leçon m'apprenant à ne plus avoir de revolver avec moi à Joliet », rétorque-t-il avec crânerie. La réponse irrite naturellement le juge, mais qu'importe si Scarface commet d'autres méfaits ; tant qu'ils ne se déroulent pas dans sa juridiction, il s'en lave les mains !

A Chicago, Mae tremble plus que jamais pour lui. Il n'est plus en sécurité, elle peut le sentir. Al a séjourné en prison, et ce précédent bouleverse la donne. Quelques instants durant, de maître, il s'est retrouvé esclave ; la dialectique a changé. Les bénéfices considérables de l'Outfit provoquent la jalousie dans le milieu autant que parmi les autorités. Le crime a besoin de l'ombre et la publicité tue, car elle expose et nourrit le penchant à la mégalomanie. Or Capone a pris goût à la notoriété. Nombreux sont ceux qui, des années durant, ont cherché un chef d'accusation suffisamment important pour le soustraire à la lumière et lui faire ravaler de sa superbe. Et qui cherche bien finit toujours par trouver ; aucune puissance ne résiste au temps et à la pugnacité.

Miami Vice

MIAMI, FLORIDE, 9 JANVIER 1928

« Le climat de Miami est plus sain que celui de Chicago, plus chaud que celui de Californie. C'est pour ça que je suis là[1] », déclare Al aux journalistes qui font office de comité d'accueil sur la côte Est. Pour sûr, son arrivée est mieux perçue qu'à Los Angeles ! Les reporters, qui sont toujours un bon thermomètre de l'opinion, semblent animés d'une curiosité enthousiaste à sa vue. Pour plus de précaution, Mae n'est pas venue immédiatement. Al est parti seul en éclaireur vers le sud. Il plonge ses mains dans les poches de son pantalon à pinces bleu soigneusement repassé et continue, l'air détaché : « J'aime tellement Miami que je vais rester ici tout l'hiver. En fait, j'attends justement ma femme, ma mère et mon fils, qui arrivent par le train cet après-midi, nous planifions d'acheter une maison. » La scène serait des plus sérieuses si elle ne se déroulait pas... devant le commissariat de police ! Al s'y est rendu de sa propre initiative, à peine sorti du train, pour couper l'herbe sous le pied des autorités et devancer toute arrestation. Il assure à l'inspecteur en chef que son séjour est uniquement motivé par un besoin désespéré de soleil. Pas de quoi, donc, le mettre à l'ombre. Il jure sur l'honneur de ne faire sous sa juridiction aucune affaire crapuleuse, il jouera cartes sur table avec le chef de la police de Miami.

Le couple loue un bungalow meublé en bord de mer 2 500 dollars pour la saison[2]. Mae peut promener Sonny librement et sortir sans se sentir épiée ni suivie. L'air marin lui procure une impression de liberté qu'elle n'a pas ressentie depuis qu'elle a quitté Brooklyn. Hélas, la propriétaire est horrifiée d'apprendre bientôt que le couple

Brown n'est autre que M. et Mme Alphonse Capone. Elle redoute déjà des orgies de femmes de petite vertu et appréhende un raz de marée armé et alcoolisé dans son intérieur qu'elle imagine naturellement ravagé. Elle ignore que Mae Capone, véritable fée du logis, prend soin de ranger et briquer l'endroit, ayant qui plus est la mansuétude de laisser derrière elle plusieurs services en porcelaine accompagnés d'argenterie qu'elle a achetés pour recevoir les quelques amis qui viennent leur rendre visite, ainsi que plusieurs bouteilles de vin à la cave. L'inquiète loueuse est priée par la *first* mafieuse de bien vouloir accepter ces modestes cadeaux en dédommagement pour le dérangement que leur présence a pu lui causer. Elle a cependant la mauvaise surprise de recevoir peu après leur départ une facture de téléphone s'élevant à plusieurs centaines de dollars, Al ayant passé des appels longue distance à Chicago. Voilà l'occasion que tout le monde attendait pour jeter l'anathème sur la conduite du couple. Mais la loueuse n'a pas le temps de persifler dans les journaux qu'une Cadillac Cunningham se présente avec à son bord une femme mince, blonde et hâlée, qui en descend et vient frapper à sa porte. « Je suis Mme Capone », s'excuse la voix frêle, arguant vouloir payer son dû au plus vite. « Gardez la monnaie », dit-elle en lui donnant 1 000 dollars, « nous avons pu casser quelques petites choses, mais ceci devrait les couvrir. »

Loin de quitter la côte, le couple décide de s'y installer. Al choisit une maison à Palm Island, un petit morceau de terre sur la baie de Biscayne, à mi-chemin entre le continent et Miami Beach. Au 93 Palm Avenue, ils ont eu le coup de cœur pour une propriété de style néoclassique à deux étages de stuc blanc avec un toit plat en tuiles vertes, une large véranda, des patios en mosaïque entouré d'une dizaine de palmiers et des chemins menant à un embarcadère privé. La demeure a été construite par un magnat de la bière en 1922, une ironie de l'histoire qui n'est pas pour déplaire au nouveau maître des lieux. Quatorze chambres, une maison d'invités au-dessus du garage, le tout pour la modique somme de 40 000 dollars que Capone accepte de payer en quatre annuités, à un taux d'intérêt fixé à 8 % avec l'appui du maire. Mais Al est prudent et ne laisse jamais aucun papier derrière lui. Il n'a ni compte bancaire, ni licence, ni titre de propriété. La discrétion, on l'a dit, conditionne sa survie.

Le 4 avril 1928, la bâtisse est ainsi enregistrée au nom de Mae Capone[3]. Al fait bâtir des murs d'enceinte en béton hauts de 2,5 m pour se protéger tout autant de la presse que de ses ennemis, et notamment pour éviter les rafales de mitraillettes embarquées. L'extérieur protégé, Mae s'occupe de la décoration intérieure. Afin de s'approprier son nouveau royaume, elle commence, priorité esthétique entre toutes, par faire installer un étang aux nymphéas avec un pont en arche qui n'est pas sans rappeler les compositions de Monet. Un ponton est aussi aménagé, tout comme une piscine ornée de carreaux verts, une des plus grandes de la côte. Un cabanon à deux étages permet aux invités de se changer en toute discrétion. Dans son *home sweet home*, Mae accroche de nouveaux rideaux, des tentures et des luminaires en laiton. La salle de bains du premier étage, destinée aux invités, est carrelée en noir et or dans le style Art déco ; porcelaine noire pour les toilettes et appliques en laiton sont de rigueur. Mae profite de pouvoir enfin marquer son territoire et tient à laisser son empreinte sur ce lieu qui n'est pas celui du clan, mais le sien. Palm Island sera son œuvre, son nid, son Trianon. Elle aime les copies de meubles français, surtout de style Louis XVI, en ornements de fleurs et en dorures – un véritable péché mignon –, achète du mobilier Art déco, des torchères en cristal, des éléphants ou autres miniatures en ivoire – le tout assorti aux services de table dorés à la feuille d'or. Libérée du poids de Chicago, elle est prise d'une envie compulsive d'achats. Jamais en manque de liquide, elle fait la joie des commerçants. Al, de son côté, se constitue une garde-robe digne de son rang. Capone le Magnifique est de retour.

Pourtant le couple n'a aucunement l'intention de s'intégrer à la grande bourgeoisie locale. Lorsqu'il reçoit, il n'invite que des amis proches, ou susceptibles de le devenir. Certains sont surpris de voir des armes – non héraldiques, s'entend – trôner sur les meubles Louis XVI de madame. C'est que, sans ses frères autour de lui pour assurer ses arrières, Al a dû engager des gardes du corps dûment équipés. Mae se plaint de ces gorilles indésirables qui les suivent à chaque sortie en ville avec une large caisse de contrebasse cachant une mitraillette, au cas où un petit *staccato* de balles s'improviserait.

Al endosse volontiers le rôle d'hôte, même à l'égard des invités en culotte courte. Un jour, à l'occasion d'une fête donnée pour Sonny, cinquante garçons et filles de sa classe ont été conviés dans leur demeure palatiale de Palm Island. Sur invitation, ils passent l'après-midi à chahuter dans la maison du gangster spécialement décorée pour l'occasion de ballons, crécelles et autres serpentins. Les enfants batifolent dans l'immense piscine, sauf Sonny, qui ne peut pas se baigner. Mae veille et incite les autres enfants à ne pas le laisser seul. Poulet frit, gâteaux et sodas ne manquent pas. La demande avait été faite par les enfants eux-mêmes, *via* le directeur de l'école, d'aller nager un jour dans la gigantesque piscine du parrain. The Big Fellow avait répondu qu'il serait ravi de pouvoir divertir les amis de son fils, à condition qu'auparavant les parents aient stipulé leur accord par écrit[4].

De plus en plus, Al reprend son rôle de mari, de père, et passe du temps avec Mae qui le regarde s'amuser sur le hors-bord qu'il vient d'acquérir. Dix jours plus tard, le couple organise un « dîner musical » et y convie une cinquantaine de personnalités. La liste des invités est tenue secrète, mais la tactique fait mouche ; montrer aux élites locales, qui regardent avec défiance leur installation dans ce petit paradis aux eaux claires, qu'ils sont simplement comme eux, un couple uni, des parents attentionnés aux goûts raffinés. Mae découvre presque pour la première fois le rôle de notable qu'elle remplit pleinement. Sans Mafalda ni Teresa pour tenir la maison, elle est la digne maîtresse de ce domaine, aux côtés d'Al qui s'accoutume aux relations de bon voisinage. Ici, en Floride, elle mène enfin sa vie rêvée, à la fois mère et épouse émancipée, avec chauffeur et Cadillac bleue, cuisiniers et domestiques, tous d'origine noire américaine[5].

Mais la paix retrouvée sera de courte durée. Jamais la vie de femme de mafieux ne connaît la sérénité et les dessous de la transaction immobilière éveillent bientôt les soupçons. L'acte notarié parvient entre les mains des journaux qui révèlent le pot aux roses : Mae est la propriétaire officielle du domaine. Les citoyens sont excédés et le couple, qui comptait se faire discret, devient l'objet d'un scandale : nombreux sont ceux qui appellent à la démission du maire qui a toléré pareil montage.

Sur les instances du conseil municipal, cinq hommes de la police filent Capone partout où il va. Mae ne trouve décidément la tranquillité que dans sa propriété devenue véritable *locus amoenus*. Jamais à l'abri d'une fusillade, harcelé par les autorités, menacé par ses rivaux, Al demeure indemne, mais pour combien de temps ? Aux journalistes qui l'interrogent sur une éventuelle blessure par balle à la jambe qu'il cacherait, l'ennemi public répond avec sa facétie légendaire : « Un homme qui a été touché à la jambe ne peut pas danser » et, joignant le geste à la parole, se lève et entame une gigue endiablée[6]. Mais sur ces entrefaites, un événement explosif se prépare à Chicago. Quand Al n'est pas là, les gangsters dansent.

L'ALIBI ÉTAIT BLOND

« La femme a la passion du calcul : elle divise son âge par deux, double le prix de ses robes, triple les appointements de son mari et ajoute cinq ans à l'âge de sa meilleure amie. »

Marcel ACHARD, *Auprès de ma blonde.*

Joyeuse Saint-Valentin, Georgette !

CHICAGO, JANVIER 1929

Georgette regarde son mari lui expliquer qu'il doit s'absenter quelques jours pour conclure une affaire de la plus haute importance. Avant qu'elle n'ouvre la bouche et l'assomme de questions, il tente de la rassurer et prend les devants en lui jurant qu'il n'y a pas lieu de s'inquiéter. C'est mal connaître sa femme... Gus Winkler, 27 ans, a déjà infligé un paquet de nuits blanches et de sueurs froides à son épouse. Spécialisé dans le braquage à main armée et le meurtre commandité, il est l'un des tueurs à gages de l'Outfit et s'est gagné le respect d'Al lors d'une banale affaire de kidnapping. Winkler avait enlevé un ami de Capone, un amateur de paris illégaux de Detroit, et l'avait séquestré à Chicago. Al lui avait proposé de laisser repartir son camarade sain et sauf et de venir exercer son goût pour la gâchette au sein de son gang. Depuis, Gus avait rejoint les rangs du Syndicat du crime. Mais le sang-froid dont il fait preuve au travail fond littéralement sous le regard de Georgette. Et plus il feint l'indifférence, plus la jolie blonde de 33 ans se laisse gagner par un sentiment d'inconfort et de suspicion[1].

Née à Louisville, dans le Kentucky, en 1898, Georgette a raboté quelques années à l'âge inscrit sur son certificat de mariage, coquetterie féminine oblige. Ses parents étant décédés durant sa petite enfance, elle et ses quatre frères et sœurs se retrouvent confiés à de la famille éloignée installée à St Louis, dans le Missouri. Elle y ouvre bientôt une pension qui attire une faune de jeunes vétérans de la Grande Guerre et de petits hors-la-loi sans foyer. On y joue aux cartes et, entre deux lampées de whisky, on se lamente sur la violence de la société dont on se trouve désormais en marge.

Gus, rencontré au début des années 1920, fait lui aussi partie de cette faune. Né le 28 mars 1901, il s'est engagé à 16 ans, en 1917, dans les tranchées de France et a réussi à en revenir la gueule intacte, mais l'âme cassée. Il a tout du prince charmant : une raie au milieu, bien nette, qui sépare parfaitement ses cheveux bruns et l'un de ses yeux étonnamment plus petit que l'autre donnant l'impression qu'il fait en permanence un clin d'œil. Petit détail : il est déjà marié à une jeune femme dont le manteau de fourrure volé lui a valu un séjour en prison. Elle s'appelle Perle, elle est belle, vole occasionnellement à l'étalage et fréquente les gangsters de St Louis. Elle les lui présente comme des modèles, arguant qu'ils ont toujours de l'argent sur eux pour subvenir aux besoins d'une dame qui veut avoir de l'allure. Entre naïveté et désir, Gus est impressionné. Il veut faire partie de leur monde. La bravoure et la témérité de l'ancien soldat conquièrent le milieu… en un clin d'œil. Sitôt cette ambition satisfaite, Gus se tourne vers la plus discrète Georgette, qui sait accueillir les hommes à la dérive sans exiger d'eux d'extravagantes preuves d'amour. Les jeunes fiancés décident alors de suivre la flambée du crime plus au nord et de rejoindre Chicago. Ils ne sont toujours pas mariés et Georgette ne se fait plus d'illusions, la demande ne viendra pas pour le jour de la Saint-Valentin ; ce n'est pas ce genre de « surprise » qu'il prépare.

Quelques jours plus tard, Gus franchit à nouveau le pas de la porte, flanqué de deux de ses hommes. Un troisième sonne, avec un curieux paquet entre les mains. Georgette le conduit vers la chambre à l'arrière de la maison, où ils se sont calfeutrés. Ce n'est pas la première fois que ces messieurs jouent à cache-cache chez elle, pas de quoi s'alarmer. Assise dans son fauteuil, elle remarque soudain contre le mur extérieur un homme en uniforme. Aux aguets, il semble prêt à bondir au moindre mouvement. Cette fois ça y est, la maison est cernée ; la police ! Qu'a-t-il fait encore ?

Elle ne peut retenir un hurlement. Tétanisée par la peur, c'est le seul moyen qu'elle a trouvé pour alerter Gus et lui donner une chance de s'enfuir. Un éclat de rire retentit. L'agent n'est autre qu'un des deux zouaves de Gus, déguisé en policier. Fier de son petit effet, le voilà mimant une descente dans la maison. Georgette rit jaune. Après cet entracte d'un goût plus que douteux, les hommes disparaissent plusieurs jours durant.

Le 14 février 1929, jour de la Saint-Valentin, il est midi environ quand Gus arrive, toujours escorté d'un de ses « *boys* ». Georgette trouve son mari plus taiseux encore qu'à l'accoutumée. Lorsque enfin il ouvre la bouche, c'est pour l'envoyer chercher les journaux. Elle chancelle sur ses escarpins devant le kiosque et manque de défaillir en posant les yeux sur les gros titres. Les premières pages du jour sont toutes dédiées à une fusillade qui a eu lieu le matin même. Six hommes du gang du Nord ont été assassinés. L'adresse attire son attention : 2122 North Clark Street, un des entrepôts utilisés par un certain Bugs Moran pour dissimuler l'alcool de contrebande. Le gang du Nord, en effet, a survécu aux assassinats de Dean O'Banion et de Vincent Drucci, et Moran a repris le flambeau face aux Italiens de Capone. George Bugs Moran, dit « le Branque », est le fils d'un maçon originaire d'Alsace-Lorraine[2] ayant immigré dans le Minnesota et d'une mère québécoise. Il s'est fait repérer par le milieu en amochant sévèrement un tailleur qui avait eu le malheur de se moquer de ses origines étrangères. Il lui cassa les deux bras et les deux jambes[3], ce qui lui valut immédiatement de prendre du galon.

La main de Georgette se crispe sur le papier en découvrant un détail macabre : les tueurs portaient des uniformes de policier. Elle ne peut plus fermer les yeux et fait défiler les lignes, hébétée. En ce matin glacial, vers 10 heures environ, quatre hommes ont fait irruption dans le garage de Moran et ses hommes. Ils prétendent opérer une descente et alignent les gangsters, qui se laissent désarmer sans opposer la moindre résistance, face contre le mur blanc, mains en l'air[4]. Quatre-vingt-dix balles de mitraillette, fusil et revolver sont tirées, les corps lestés de métal s'effondrent au sol comme de vulgaires poupées de chiffon. Les assaillants prennent la poudre d'escampette à bord d'une Cadillac noire, sirènes hurlantes[5], laissant derrière eux le plus grand massacre de sang-froid de l'histoire de la pègre.

Le nom d'Al Capone est dans tous les esprits, mais les bouches restent closes. Le seul obstacle à la mainmise de Scarface sur le Syndicat du crime vient de tomber dans une mare de sang. Le gang du Nord éradiqué, il devient le maître incontesté de Chicago. Certes, Bugs Moran n'était pas présent, mais ses principaux associés tombés, c'en est fini de ses activités illégales. Or, Al est avec Mae, il n'a pas bougé de Palm Island, il a un alibi en béton.

Georgette, folle de rage, claque la porte, puis scrute le visage de Gus. Elle lui jette les journaux en pleine face, le fusillant du regard. Elle ne dit pas le moindre mot. On ne fait pas une scène à un gangster devant ses *boys*. Elle part se réfugier dans sa chambre, trop anéantie pour verser la moindre larme.

L'ambiance se refroidit nettement les mois suivants. Le dimanche de Pâques, Georgette s'apprête à se rendre à la messe du matin. Elle arrange ses cheveux blonds, arbore une tenue noire – nombreuses sont les occasions de la rentabiliser depuis quelques années. Gus est encore au lit, il a l'audace d'avoir le sommeil du juste. « Le Gaucher », un de ses hommes, tambourine à la porte, à bout de souffle. La police le pense coupable des meurtres survenus le jour de la Saint-Valentin et est à ses trousses. Georgette réveille son mari et le regarde s'habiller sans hâte, puis s'installer pour prendre son petit déjeuner. « Le Gaucher » est au bord de la crise d'angoisse et le supplie de quitter la maison sur-le-champ, de le suivre à Cicero où il sera en sécurité ! Georgette ne compte pas changer ses plans et se rend comme convenu à la messe. L'amour de Dieu passe avant celui des gangsters. A son retour, Charlotte, la femme d'un garde du corps personnel d'Al Capone – Louis Campagna, qui passe la nuit devant la porte de sa chambre à l'hôtel Lexington –, l'attend de pied ferme. Les hommes se sont réfugiés à Cicero durant son absence, les deux femmes doivent leur apporter un paquet que Gus tient caché dans un de ses placards.

Bien qu'elle fasse la poussière régulièrement, argue Georgette, elle n'a jamais vu le paquet que Charlotte lui décrit. Après quelques considérations ménagères, toutes deux retournent les placards de la maison. Le paquet enfin débusqué, elles le donnent à Gus, qui une fois de plus échoue en tentant de se montrer rassurant : « Ne t'en fais pas chérie, je m'occupe de tout, ça va passer, on est en sécurité ici. » A peine achève-t-il sa phrase que la sonnerie du téléphone fait voler en éclats cette certitude. Ils sont démasqués, il faut fuir.

Charlotte et Georgette, le précieux paquet dans les bras, viennent demander asile à la mère de la première et envisagent de lui confier l'embarrassante marchandise, mais trouvent porte close. Connaissant les fréquentations de sa fille, la mère refuse de prendre à son domicile un objet qui est probablement synonyme de prison à vie. Elles essaient encore, en vain, sollicitant plusieurs amis dans un inlassable porte-à-porte. Que peut bien contenir ce paquet ? Ni l'une ni l'autre n'a la force de l'ouvrir et de se confronter à la réalité. Mieux vaut un doute tenace qui vous obsède la nuit plutôt qu'une certitude qui vous laisse piégée pour l'éternité.

Les deux complices déroutées appellent le Syndicat, qui leur conseille de prendre un hôtel. Elles empruntent deux robes de chambre et un petit sac à une amie, afin de ne pas éveiller les soupçons, car elles n'ont guère eu le temps de rassembler leurs affaires. Arrivées au Paradise Hotel – tout un programme – sous un orage rugissant, elles se présentent trempées jusqu'aux os devant le garçon d'étage et s'enregistrent comme deux sœurs. L'une est une grande brune, l'autre une petite blonde, les Laurel et Hardy des femmes de gangsters, et la minceur de leurs bagages a de quoi éveiller la suspicion. Heureusement pour elles, le commis, ce soir-là, a l'esprit mal tourné : croyant à une escapade saphique, il leur adresse un clin d'œil et les laisse entrer.

Le jour arrivant enfin, les deux sœurs d'infortune se dirigent dans les magasins pour acheter quelques nouveaux vêtements afin de tenir le siège. Au moment de payer, Georgette voit le revolver dans le sac de Charlotte près de se faire la malle. « Oh, ce n'est rien, répond celle-ci, guère affolée, j'en ai toujours un quand je suis avec Louis. — Eh bien, il n'est pas là, tu devrais donc laisser cela à l'hôtel. » Les gens ont décidément une drôle de manière de vouloir la rassurer ! Etre la femme d'un mafieux implique décidément un sang-froid à toute épreuve doublé d'un copieux sens de la repartie, deux qualités rarement réunies en une même personne.

Enfin les hommes du gang viennent chercher les deux femmes. Et le mystérieux paquet finit par révéler son secret sous leurs yeux ébahis : un uniforme de policier et deux gilets pare-balles. Toutes les forces de l'ordre sont mobilisées pour retrouver les coupables du massacre de la Saint-Valentin qui les ont particulièrement humiliées en commettant l'outrage de revêtir leurs uniformes.

Ma sulfateuse s'appelle Louise

CHICAGO, STEVENS HOTEL, 27 FÉVRIER 1929

Dans leur chambre d'hôtel, Louise, danseuse de cabaret aux cheveux platine et au corps de liane, et son petit ami Jack s'en donnent à cœur joie, pendant que les sirènes de police résonnent de toutes parts. Ils sont descendus dans cet établissement luxueux ouvert il y a deux ans à peine et qui est le plus grand du monde, avec 3 000 chambres, ses salles de bal et de réception, un restaurant et des magasins, sans oublier son minigolf sur le toit – le bâtiment occupe un quartier tout entier à lui seul[1]. L'endroit parfait pour un couple sulfureux qui souhaite assouvir ses désirs sans avoir à quitter son lit.

Jack et Louise se nourrissent de *room service* et ne s'intéressent au reste du monde que quelques minutes par jour, le temps de lire les journaux qu'ils se font livrer chaque matin, avant de demander à ne surtout pas être dérangés, si bien que le personnel de l'hôtel ne sait dire si les occupants de la chambre 1919A sont en lune de miel ou en cavale[2].

Ce matin, grâce aux nombreux avis de recherche lancés à travers toute la ville, un des employés signale leur présence à la police. Jack McGurn, 26 ans, alias « la Sulfateuse », est un des hommes clés du gang de Capone[3]. Ancien boxeur italo-américain d'origine sicilienne, petit et nerveux, il a la détente facile. Sa dextérité à aplatir des nez et à fracturer des mâchoires sans ciller en fait une recrue de choix pour Scarface.

Son beau-père, un épicier sans histoire, se fait un jour sauvagement assassiner par trois hommes. Jack, à peine majeur, traque les meurtriers jour et nuit jusqu'à leur faire avaler leur bulletin de naissance. Il a la vengeance par le sang dans la peau, un leitmotiv qui colle parfaitement à l'organisation de Capone, dont il devient l'un des gardes du corps personnels avec pour mission de ne jamais le lâcher d'une semelle. Jack possède également des parts dans un club de jazz où l'on peut boire et danser, le Green Mill, au beau milieu du territoire du gang du Nord. Ce n'est pourtant pas pour des activités de contrebande que le couple est recherché.

A la minute où les enquêteurs découvrent les corps sans vie des gangsters de Moran baignant dans leur sang, Jack devient un des principaux suspects. Les hommes du quartier Nord avaient par deux fois tenté de l'assassiner quelque temps auparavant et, connaissant le peu d'inclination du mafieux à pratiquer le pardon chrétien, les forces de police s'étaient mises à sa recherche. Depuis le 14 février, ces dernières ratissent la ville en vain quand elles s'aperçoivent que l'homme qu'elles recherchent loge à quelques étages en dessous de leur propre quartier général lui aussi installé au Stevens Hotel !

Une descente est organisée dans la chambre des amoureux. Les policiers attendent patiemment que le couple commande de quoi se sustenter au *room service*, puis décident d'habiller un officier en serveur. Des renforts sont disposés tout autour de la porte. Louise ouvre en nuisette à celui qu'elle pense être le garçon d'étage. Arme au poing, les hommes s'engouffrent aussitôt dans la brèche. Jack, en robe de chambre, ne tente même pas de se saisir des deux pistolets posés sur le bureau[4]. Louise regarde la scène, terrifiée et étrangement excitée. Son manteau en fourrure d'écureuil et sa robe sont passés au peigne fin, avant qu'on l'autorise à s'habiller. Menottée, elle garde la tête haute, alors qu'on l'amène au commissariat de Cicero[5]. On ne sait jamais, si des photographes sont présents, elle doit être impeccable. Ce n'est pas tous les jours que l'on a la chance d'avoir son portrait dans les journaux ; l'opportunité d'être repérée et de devenir une star se présente rarement deux fois. La jeune femme de 22 ans compte bien s'en saisir.

Louise a vu juste ; l'arrivée dans les locaux du commissariat de Cicero a lieu sous une avalanche de questions des journalistes et le crépitement des flashs des photo-reporters. Le massacre est à la une de tous les médias, la pression politique exercée en vue de l'arrestation des coupables achève de le hisser au rang d'affaire d'Etat.

Jack est immédiatement intégré à une file de vingt suspects potentiels qui sont présentés à une femme ayant assisté au funeste carnage. L'accusation repose sur ses courageuses épaules que l'on imagine en sursis. Or, elle identifie immédiatement Jack McGurn comme l'un des assaillants. Mais l'interrogatoire du « présumé coupable » ne donne rien. A la question : « Avez-vous commis ce crime ? », il se contente de répondre : « Non. » On le questionne sur l'identité des tueurs : « Une bande de flics véreux, certainement. » Les enquêteurs sont sur les dents. Ils exigent de lui qu'il décline l'identité de la femme qui se trouve à ses côtés. « C'est ma femme », répond-il. « Elle doit avoir éclairci ses cheveux à merveille alors, parce que votre femme a les cheveux aussi noirs que ses yeux », rétorque l'agent, tout fier de sa repartie. « A votre guise », le nargue encore Jack.

Dans une cellule voisine, Louise fait sensation. Elle minaude, joue de son charme et bat des cils à l'attention de tous les hommes qui osent porter le regard ou leur objectif sur elle. Assise sur le bureau de l'officier, elle pose à loisir pour les photographes, croise et décroise ses jambes en escarpins à talons ; sa fourrure marron est jetée sur un fond de robe noire à dentelles, une coiffe est engoncée sur son carré platine et ses sourcils sont dessinés d'un simple trait de crayon. La manipulation des hommes est si facile quand on sait jouer d'une candeur scandaleuse : « Bien sûr, Jack n'a rien à voir avec ce massacre. Il était au lit toute la nuit. Et jusqu'à midi[6] », dit-elle bien haut pour que tous puissent entendre, avant de tirer sur son fume-cigarette, le regard bleu azur en dessous, et de continuer sur le ton d'une confidence pleine de volutes : « Quand vous êtes avec Jack, voyez-vous, vous ne vous ennuyez jamais[7]. »

Jack affirme de son côté ne pas être sorti de la chambre du 13 février au matin jusqu'au 15 à midi et ne pas avoir quitté Louise un instant, car celle-ci voulait une Saint-Valentin romantique et intense. L'enquêteur s'adresse à Louise, toute l'affaire est suspendue à ses lèvres. Va-t-elle corroborer parfaitement les propos de Jack ? On lui fait mention de la peine de prison pour complicité de meurtre à laquelle elle s'expose si elle le couvre. Leurs histoires coïncident parfaitement, elle ajoute même quelques détails, pour le plaisir : il lui a offert la Saint-Valentin la plus exquise qu'elle ait jamais connue[8]. L'enquête est au point mort. Mais ni la presse ni la justice ne sont dupes : « McGurn et la fille qui s'est présentée comme sa femme se sont enregistrés au Stevens Hotel le 31 janvier. McGurn dit qu'il n'est pas sorti de sa chambre entre ce jour et celui du massacre, bien qu'il ait été aperçu fréquemment dans la rue depuis lors. Les employés, malheureusement, disent le contraire[9] », précise le procès-verbal. On les comprend.

Très vite, l'interrogatoire tourne à l'interview d'une jeune première de cinéma. Louise explique avoir quitté le lycée pour tenter de réussir son diplôme de mannequin. Elle donne aux journalistes son adresse et son numéro de téléphone, au cas où un imprésario serait intéressé par sa prestation. Du tribunal au plateau de cinéma, il n'y a qu'un pas ! L'auditoire, exclusivement masculin, est électrisé à chaque croisement de jambes.

Par-delà la rubrique des chiens écrasés, Louise accède en quelques minutes à la notoriété. Celle que l'on nomme dans la presse l'« Alibi blond » de McGurn vient d'innocenter un des principaux suspects du plus grand crime commis à ce jour par la mafia.

L'alibi était blond

Louise May Rolfe est née le 7 mai 1906 à Indianapolis, capitale de l'Indiana. Sa mère a seulement 18 ans au moment de sa naissance et ne peut se reposer sur son mari, absent du foyer. Ce dernier privilégie sa carrière plutôt que sa femme, qui reporte son entière affection et son dégoût pour les hommes sur sa fille. Elle étouffe dans son intérieur et se venge sur la nourriture pour se réconforter, prenant de plus en plus de poids. Le « couple » déménage à Chicago, au 632 West Addison Street, dans un appartement de trois chambres, dans le quartier nord. L'amour n'égaye pas le foyer, mais peu importe, Louise décide que la beauté rachètera cette tristesse originelle et sera pour elle une promesse d'amour fou, total, passionné.

Très vite, elle apprend à manœuvrer la gent masculine en jouant sur le sentiment de culpabilité de son père, qui se reproche de l'avoir abandonnée en délaissant le domicile conjugal. Louise décide très tôt qu'on ne lui dira plus jamais non et raye ce mot du vocabulaire qu'elle entend. Sa mère essaie de lui inculquer les principes indispensables à toute jeune femme respectable de l'époque : se tenir éloignée de l'alcool comme de la peste, ne jamais sortir seule le soir – liberté réservée aux filles de joie –, se couvrir avec pudeur, ne pas flirter, ne pas rire à gorge déployée ni croiser et décroiser les jambes. La chasteté doit être cultivée comme le plus précieux des jardins ; il ne s'agit pas de s'offrir à un homme, mais de s'en faire respecter.

Les oreilles farcies de recommandations, Louise compte bien prendre le contre-pied des directives maternelles. Son père, avare de mots comme de conseils mais généreux en cadeaux, lui semble être un cobaye masculin bien plus attrayant. Faible et lâche par nature, un homme doit vous couvrir d'attentions dispendieuses et ne jamais tenter de vous dicter votre conduite. Voilà comment les autres devront se comporter avec elle s'ils veulent obtenir ses faveurs ! Et s'il faut minauder, feuler pour cela, quoi de plus naturel !

Etre regardée, désirée, adulée, n'est-ce pas le meilleur moyen d'accéder au bonheur ?

A l'âge de 10 ans seulement, Louise gagne ses premiers concours de beauté et rêve de devenir mannequin ou actrice. A 15, l'un de ses clichés est retenu comme support d'une publicité pour un corset – le début de la gloire ! On lui conseille de quitter le lycée et d'intégrer une école de mannequinat. La mère y voit une pente douce conduisant droit au bordel ; la fille y distingue le rêve d'une vie de star, loin du quotidien sordide de femme au foyer.

Au grand dam de ses parents, Louise est plus intéressée par l'alcool, les garçons et les dancings que par les études. Elle n'écoute que du jazz, cette musique noire qui corrompt l'esprit par ses vibrations et endiable les corps des jeunes filles blanches de la *middle class*. Le « King » Oliver et son célèbre Creole Jazz Band résonnent chez elle, le volume poussé au maximum, Louise piétinant d'impatience d'avoir l'âge et les moyens d'aller l'écouter dans les clubs, ces cafés où l'on consomme de l'alcool interdit, on séduit, on danse, on fume et où la jeunesse vit des années folles.

Le 27 mars 1921, quelques semaines avant son anniversaire, lasse de faire le pied de grue chez elle, Louise vole la limousine Cadillac de son père et, avec une amie, part chercher deux jeunes gens qui ont pris soin de se fournir en liqueurs. Ne maîtrisant pas encore l'art de boire et conduire, elle perd le contrôle du véhicule dans un tournant et percute une autre automobile. Plusieurs personnes sont blessées ; pire, un des passagers décède peu après l'accident. Un homme de loi, comme un fait exprès. Son physique à la blondeur innocente lui vaut la sympathie du tribunal qui lui donne l'occasion de tester ses aptitudes à la comédie. Son père, fou de remords, dépense sans compter pour la sortir de ce mauvais pas et en est quitte pour une amende de quelques milliers de dollars. C'est certain désormais, elle sera actrice !

Louise claque définitivement la porte du lycée et commence à fréquenter la jeunesse dorée de Chicago, titubant de fête en fête. Son père qui a demandé le divorce entre-temps veille toujours à ce qu'elle ne manque de rien, l'invitant à se divertir dans son country club où elle apprend à jouer au golf, mais surtout à dérober des bouteilles et à s'enticher de gosses de riches. Enfin, au Club Paris, elle peut voir en chair et en os King Oliver, ou écouter Louis Armstrong au Friar's Inn qu'affectionne Al Capone, ou encore Benny Goodman au Sunset Café.

C'est lors d'une de ces interminables soirées qu'elle rencontre un jeune homme de 23 ans, Harold Boex. Propre sur lui, timide, d'origine allemande, il n'inspire pas la passion au premier abord, mais tombe sous le charme du déhanché endiablé de Louise. Comme elle, il affectionne le théâtre et la comédie, cela fera l'affaire. Après une poignée de rendez-vous, elle l'embarque à quelques dizaines de kilomètres avec en tête l'idée de l'épouser à la sauvette à Waukegan, dans l'Illinois. Elle présente de faux papiers dans lesquels elle apparaît comme étant majeure. L'acte à peine signé, la jeune mariée se retrouve enceinte et donne bientôt naissance à une fille, Bonita. Hélas pour l'apprentie mannequin, le sevrage de la vie nocturne est des plus difficiles et la transformation en mère modèle impossible. L'hédonisme l'emporte de loin sur l'amour filial. Mais son nouvel époux, prenant son rôle de père de famille très au sérieux, n'entend pas céder à ses incessantes demandes de sorties. Qu'à cela ne tienne, elle ira seule. Sitôt accouchée, la voilà fuyant ses obligations pour retrouver les vibrations du jazz. La lune de miel s'éclipse bientôt, à ce rythme-là. Louise, sa fille sous le bras, rentre s'installer chez sa mère et renoue avec son rêve de gloire. Elle enchaîne les publicités en petite tenue, talons hauts, cigarette au bec, tailleur haute couture façon française, dévore les magazines sur Hollywood, attendant le moment où la célébrité viendra l'enlever à la vie médiocre du commun des mortels.

Harold n'était pas fait pour elle, il avait la peau trop fragile. Il lui faut un aventurier, un dur avec les moyens de ses désirs. Et où trouver ce genre d'oiseau rare ? Dans les cabarets où ils aiment s'encanailler. Pourquoi dès lors ne pas joindre l'utile à l'agréable et devenir danseuse dans les bars où elle passe de toute façon ses soirées à danser gratuitement ?

En août 1928, alors qu'elle vient auditionner au Green Mill pour une place de *showgirl*, le patron, Jack McGurn, jeune garde du corps de Capone, ne peut détacher son regard de la liane frénétique qui s'agite devant lui, prête à se briser, semble-t-il, dès qu'elle s'arrêtera de bouger[10]. Depuis qu'il a épousé une Italienne au type méditerranéen prononcé, Jack a étrangement développé un goût pour les blondes aux yeux clairs. Il glisse un mot dans la loge où elle se change pour l'inviter à le rejoindre à sa table le temps d'un verre. Elle est sublime, piquante et avec de l'esprit, elle le trouve délicieusement dangereux et magnétique. Bref, le coup de foudre est réciproque. De la table du cabaret, elle le rejoint dans la chambre 854 de l'hôtel Lexington, l'antre de Capone, et y emménage, tandis que la chaleur de l'été n'est pas encore dissipée. Le 13 septembre 1928, le couple s'y enregistre sous un nom d'emprunt. Ils seront M. et Mme George McManus. Jack récolte chaque semaine près de 14 000 dollars au Green Mill et en garde 3 000 pour lui, donnant le reste à Capone ; ce dernier lui verse en plus 300 dollars de salaire hebdomadaire. Pour Louise, il dépense sans compter : manteaux, étoles, bijoux, coiffure et maquillage. Tant que ces babioles peuvent la tenir à l'écart de sa vie de gangster et qu'il peut garder le secret sur ses missions, il paie ! Mais un soir, sa vie maritale vient l'extirper de son idylle. Alors qu'il est au Green Mill, un officier gagné à sa cause le prévient que quelqu'un a tiré des coups de feu sur sa maison, où sa femme se trouvait. Jack abandonne Louise sur-le-champ et court rejoindre celle qu'il a délaissée et qui a manqué d'être tuée à cause de lui, car sans protection. Si une enquête de police est ouverte, il risque de se faire arrêter, alors que l'attaque sur le gang du Nord se prépare. L'adultère est alors un crime puni par la loi. Jack est tiraillé entre ses désirs et son devoir.

Louise a elle aussi ses secrets. Un homme se présente un jour à la réception du Lexington et demande à parler à McGurn qui descend le rejoindre. Il argue que sa femme – Louise Boex de son vrai nom – a été malencontreusement vue en sa compagnie et, craignant qu'elle ne le soit toujours, demande quelques éclaircissements. Jack lui rit au nez, il y a méprise. L'homme n'en démord pas et lui décrit par le menu la charmante danseuse qui l'attend dans son lit[11]. Louise est obligée d'affronter Jack et d'avouer qu'elle aussi est mariée. Mais une fois de plus, elle retourne la situation à son avantage en lui racontant combien s'est révélée terrible l'union avec cet homme qui ne pensait qu'à boire et traîner, l'abandonnant avec son enfant, sans même subvenir à leurs besoins. La suspicion et la colère de Jack retombent pour laisser place à la pitié et l'affection : comment un homme peut-il manquer à ses devoirs financiers et affectifs ? Contre toute attente, cette confession finit par le décider à révéler à son épouse Helena ses sentiments pour Louise et à faire voler en éclats son mariage.

Le 22 décembre 1928, il embarque celle qui est désormais son officielle à bord d'un train en direction de Miami, pour cinq semaines de fusion sous le soleil de Floride, au Dallas Park Hotel. Au même moment, Al est également à Miami avec Mac. Les deux hommes jouent au golf et en profitent pour se mettre d'accord sur la suite des opérations : dans les semaines à venir, Al ne doit pas avoir avec Chicago le moindre contact qui permettrait à la police de le relier au meurtre qui se prépare. Ici aussi, sans doute ivre de soleil, Louise manie le volant avec intrépidité. Elle se fait arrêter pour excès de vitesse, mais Jack veille sur elle. Il paie ses amendes, s'amuse de ses bêtises et jamais ne lui dicte sa conduite, l'homme idéal...

Le 30 janvier 1929, le couple est de retour à Chicago et s'enregistre au Stevens Hotel sous le nom de M. et Mme Vincent d'Oro[12], originaires de La Havane, sur l'île de Cuba. Ils exigent une chambre avec une vue imprenable sur le lac Michigan, on les installe au dix-neuvième étage où ils s'empressent de se lover. Mais, ce 27 février 1929, deux semaines après l'attentat de la Saint-Valentin, contre toute attente, les menottes de leurs parties fines retrouvées par les femmes de chambre[13] sont remplacées par celles que leur passent les officiers de police !

Louise comparaît devant le juge Peter H. Schwaba[14]. La beauté blonde qui se fait désormais appeler dans les médias par son nom de scène, Lulu Lou, est passée au peigne fin. Elle s'est changée et porte à présent une robe de crêpe noir avec un jabot en dentelle blanche et de petites manchettes assorties, des pantoufles de luxe, tandis qu'elle fait courir sa main sur le long sautoir en perles autour de son cou et joue avec son bracelet de cheville en or. « Il y a mon nom marqué dessus ; comme cela, on ne peut pas me perdre », s'amuse-t-elle. Son style, sa nonchalance, son pouvoir de séduction font mouche. Jack a le meilleur des alibis, une femme qui connaît les hommes et en tire ce qu'elle veut. Elle dit être d'origine française, anglaise et indienne. La machine à exotisme et à fantasmes se révèle un puissant aphrodisiaque. Elle tend sa main pour montrer ses ongles aux bouts totalement rongés, signe du stress qui l'accable ! Alors qu'elle replace sans cesse ses boucles blondes, un journaliste lui demande pourquoi elle n'a pas eu le temps de prendre quelques épingles à cheveux. « Mais, quand les agents sont entrés, j'ai pensé que c'étaient les serveurs[15] ! » Même le reporter de l'éminente Associated Press ne peut rester objectif face à l'Alibi blond. « Avec sa sophistication, sa maîtrise du maquillage, sa complaisance totale et même son comportement blasé, il y a chez cette jeune femme de 22 ans une touche de nostalgie qui n'est pas étrangère à la maternité. » Car Louise a en effet une botte secrète, une dernière carte à jouer : elle est mère. La ligne de défense est hasardeuse, d'autant plus que pour l'Amérique rigoriste elle est une mère indigne que les hautes autorités morales voudraient voir derrière les barreaux. Ce n'est pas tant le crime de complicité avec un mafieux que l'on juge chez elle, que le mode de vie dépravé d'une femme qui a choisi le plaisir plutôt que le devoir familial. Sa caution est fixée à 15 000 dollars. Jack sort une liasse de billets de sa poche et repart avec Louise à son bras, libre.

A peine font-ils quelques pas qu'un agent fédéral les accoste : un mandat d'arrêt vient d'être délivré à leur encontre pour fornication. Ils se sont enregistrés comme mari et femme, alors qu'ils ne le sont pas. Les voilà à nouveau placés en détention ! Le gouvernement souhaite gagner du temps pour rassembler les preuves de l'implication de Jack McGurn dans le septuple meurtre. Le bras de fer avec les autorités est serré. Jack, flegmatique, s'acquitte de la nouvelle caution de plusieurs milliers de dollars en liquide, semblant produire les billets d'un coup de baguette magique.

Les amoureux de la Saint-Valentin sont pour l'heure libres, mais en sursis. Les services de police du pays entier comptent tout mettre en œuvre pour trouver les coupables et décident d'intensifier la pression sur les membres influents du gang. L'étau se resserre autour de Scarface[16].

Le coup de la panne

MIAMI BEACH, 27 FÉVRIER 1929

Ce même jour, tandis que les forces de l'ordre pincent Jack et son Alibi blond, Al est à Miami Beach. Il doit lui aussi se trouver un bon alibi et multiplier les apparitions publiques afin de prouver à l'opinion qu'il n'a plus rien à voir avec Chicago et ses gangsters distributeurs d'hémoglobine. Il doit aller se faire voir, au sens propre. Quoi de mieux pour cela que d'assister au combat de boxe de la décennie qui doit opposer sur le ring de Flamingo Park deux champions poids lourds ? Young Stribling, qui a déjà par deux fois concouru pour le titre de champion du monde, fait figure de favori. L'année précédente, il a disputé trente-huit combats et raflé autant de victoires. Aucun de ses derniers adversaires n'a pu dépasser les deux premiers rounds face au 1,85 m de muscles auréolé d'un regard d'acier de Stribling qui, à 23 ans, a totalisé plus de combats et de K.-O. que n'importe quel autre boxeur de l'histoire[1]. Son adversaire Jack Sharkey enchaîne alors des combats de plus de dix rounds durant lesquels il épuise, esquinte et allonge les plus grands champions. Plus de 40 000 personnes sont attendues au Flamingo Park, la ville regorge de journalistes venus des quatre coins du pays pour couvrir l'événement.

Une bonne occasion pour ne pas passer inaperçu ! Al en profite pour se faire photographier à tour de bras en toute décontraction, chapeau de paille, costume clair, nœud papillon et cigare à la main, sur une marche perché, avec l'outsider d'1,83 m à la large mâchoire. Hélas, la veille du moment tant attendu, l'organisateur du combat décède subitement. Qu'à cela ne tienne, Al le bon

Samaritain se précipite pour le remplacer et donner la fête de précombat… dans sa propre maison ! Pour être sûr de figurer en bonne place dans les quotidiens du lendemain, quoi de mieux que d'inviter des dizaines de journalistes chez soi ? Al est un hôte charmant à l'égard de ceux qui pénètrent au 93 Palm Island, après – cela va de soi – avoir été dûment fouillés. Tout fier, il fait visiter sa cave à vins. La fête bat son plein quand l'épouse d'un pousse-crayon décide de piquer une tête dans la piscine qui lui tend les bras. Cherchant où se changer, elle se dirige vers la maisonnette à l'autre bout du jardin et, la main curieuse, dégage une bâche. La voilà poussant des hurlements perçants qui alertent les gardes du corps d'Al. Ces derniers accourent et la trouvent face à une pile d'armes, revolvers et mitraillettes. La pauvre âme sensible est reconduite, mais c'est bientôt Mae qu'il faut à son tour contenir. Profitant de l'esclandre, quelqu'un s'est introduit dans sa chambre à coucher et a dérobé des bijoux d'une valeur de 300 000 dollars ! Il faut un sacré culot pour oser voler l'empereur de la pègre sous son toit. Al a les moyens de se venger et entend bien le démontrer en temps opportun. Pour l'heure, le généreux mécène doit rester dans son rôle d'un soir et faire profil bas, sa maison étant truffée de plumes curieuses[2].

Le gouvernement perçoit l'entreprise de relations publiques et la médiatisation d'Al comme une provocation. Ses activités criminelles ont attiré l'attention du nouveau président Herbert Hoover. Ce quaker de l'Iowa, orphelin précoce, a traversé seul, à l'âge de 11 ans, le pays tout entier en direction du Nord-Ouest et de l'Oregon, terre de pionniers qui un siècle auparavant était occupée par les peuples amérindiens, où son oncle directeur d'école a pris en charge son éducation. Pour les quakers, l'expérience de Dieu est personnelle et intérieure, aussi ne nécessite-t-elle ni clergé ni sacrements ; ils prônent en toute matière la simplicité, la sobriété, l'honnêteté et l'égalitarisme. C'est dire si, intimement, le Président abhorre le crime et ce que les gangsters représentent.

Dans la foulée de son élection, en novembre 1928, Herbert Hoover, sans s'en douter, a approché de très près l'homme que toute l'Amérique veut voir derrière les barreaux. Avant d'intégrer la Maison Blanche, il prend en effet quelques mois de vacances à Belle Isle et à Miami Beach, chez un ami dont la propriété se trouve à un kilomètre à vol d'oiseau de celle du couple Capone.

Dès le mois de son investiture, en mars 1929, quelques jours seulement après le combat, Herbert Hoover reçoit à la Maison Blanche une délégation d'éminents citoyens de Chicago, dont le président de la Commission du crime de la municipalité[3]. Ils lui font part de leurs griefs : « Chicago est aux mains des gangsters, la police et les magistrats sont totalement sous leur contrôle, le gouverneur de l'Etat n'est qu'un fétu de paille, le gouvernement fédéral est la seule force par laquelle la ville peut se relever[4]. » Hoover s'enquiert auprès de son secrétaire au Trésor, Andrew Mellon, du cas Scarface : « N'avez-vous pas encore attrapé ce monsieur Capone ? Je veux voir cet homme en prison[5]. »

Le 12 mars 1929, Al est sommé de se présenter devant un grand jury. Il doit venir témoigner, sous peine d'emprisonnement, et livrer ce qu'il sait sur le massacre de la Saint-Valentin. La veille, ses avocats soumettent au juge un certificat médical justifiant le report de son témoignage. Capone souffrirait d'une broncho-pneumonie contractée à Miami, où il serait resté cloué au lit du 13 janvier au 23 février inclus, un alibi en bonne et due forme. Sa santé pourrait encore aujourd'hui, vu son état de fragilité, pâtir d'un voyage à Chicago. Qu'à cela ne tienne, la cour fait preuve de mansuétude, il sera convoqué le 20 mars ! Le répit accordé est de courte durée. A la demande du procureur général, les agents fédéraux obtiennent la preuve que Capone le souffreteux a assisté à des courses hippiques à Miami, puis s'est rendu aux îles Bimini, ainsi qu'à Nassau, dans les Bahamas, avec quelques amis, apparaissant toujours au mieux de sa forme à ces occasions. S'il ne se présente pas le 20 mars, il y aura matière à aller le déloger de sa tanière. Enfin le gouvernement pense tenir l'homme aux cicatrices.

Mais Al se présente à sa convocation et revient même de bonne grâce compléter son témoignage la semaine suivante, le 27 mars 1929. L'une des administrations les plus puissantes au monde, persuadée du lien entre le gang et le massacre, ne peut rien produire de suffisant pour faire tomber Capone le Grand. Il ne peut en être ainsi. Il faut gagner du temps et mettre la pression sur les siens pour le faire craquer. L'édifice, à force de vaciller, finira par s'écrouler. Alors que le prévenu quitte le tribunal, des agents l'interpellent. Motif ? Outrage à la cour. Une offense punissable d'un an d'emprisonnement et de 1 000 dollars d'amende. Al a toujours sur lui de quoi pourvoir aux petits imprévus et laisse 5 000 dollars sur la table avant de tourner les talons. La chasse à l'homme a commencé.

Loin de l'image du mari modèle retraité de Miami, Al compte bien asseoir son empire en l'élargissant. Il assiste, dans le plus grand secret cette fois-ci, à la première réunion des patrons du crime organisé qui se tient du 13 au 16 mai à Atlantic City, sur la côte Est des Etats-Unis où fleurissent les casinos. Le sommet réunit alors plus de quarante gangsters dans les hôtels de luxe. Mais les parrains de Chicago, New York, Philadelphie ou encore Detroit sont assemblés dans un but précis : ils viennent discuter du partage de l'empire de l'alcool et de son avenir. Mafias juive, italienne, irlandaise, américaine, toutes décident d'unir leurs forces contre le gouvernement dans une nouvelle fédération, le Syndicat du crime.

Quittant ses associés, Al et ses gardes du corps gagnent le Nord, en direction de New York, lorsque leur voiture tombe en panne au sud de Camden, dans l'Etat du New Jersey, en banlieue de Philadelphie. Les hommes atteignent la gare avec l'intention de prendre le premier train en direction de cette dernière. Ils décident de tuer le temps avant le départ en allant voir un film au Stanley Theater. A 20 h 15, la salle à peine rallumée, ils tombent nez à nez avec deux officiers de police qui reconnaissent Capone[6]. Al, qui n'a pas été assez échaudé par la mésaventure de Joliet, porte à nouveau ce jour-là un calibre 38 dans sa poche, tout comme son garde du corps Frankie Rio. « Bonsoir », leur sourit-il, « j'ai une arme sur moi. — En ce cas, je vais devoir vous la prendre », s'entend-il répondre. Il n'en faut pas plus aux forces de l'ordre, qui les arrêtent tous deux. Al est immédiatement déféré devant un juge. Le magistrat le met en garde : « Les autorités de certaines villes vous craignent, mais pas celles de Philadelphie. Al Capone, Philadelphie n'a pas peur de vous ! Et moi non plus ! Vous êtes un tueur et mon seul regret est que vous ne soyez pas présenté devant moi avec des charges qui me donneraient le droit de débarrasser les Etats-Unis d'une personne comme vous[7]. » Appuyant ses dires, il fixe la caution à un montant de 35 000 dollars. Al apprécie la somme d'un bref sifflement. Enfin on lui confère une valeur digne de son rang.

Avec seulement 30 dollars en poche, il n'a d'autre choix que de passer la nuit en prison, situation peu usuelle pour un homme qui a toute la police de Chicago à ses pieds. Le lendemain matin, il comparaît à nouveau devant le juge. En moins de douze heures, il est passé de parrain à prisonnier. « Eh bien, voilà ce que j'appelle une ville. Ils travaillent vite ici », s'amuse Al. Il fait montre d'une confiance qui confine à la morgue face aux journalistes, affirmant qu'il sera rapidement « blanchi[8] », et proclame même aux enquêteurs, triomphant : « Aucune charge n'a jamais été retenue contre moi qui n'ait été réduite à néant. » Deux hommes le maintiennent par les bras. « Pourquoi portez-vous un flingue, Al ? » lui demande l'un des enquêteurs. « Je suis visé », s'explique-t-il en changeant d'attitude, « menacé de mort, voilà pourquoi. » La justice n'a que faire de ses justifications, Al Capone est condamné à un an de prison. Un choc pour tout le pays, une première victoire pour le gouvernement.

Al ne lui donnera pas le plaisir de crier, de supplier, de se montrer vaincu. Aller en prison n'est pas une mauvais chose, cela lui permettra de régenter son empire tout en étant protégé. Aussi prend-il la condamnation avec philosophie. Il confie ses états d'âme à l'assistant du procureur : « Je suis comme tous les hommes. J'ai été assez longtemps dans le racket pour comprendre qu'un homme dans ma position doit parfois se reposer des infortunes de la guerre. Trois de mes amis ont été tués ces trois dernières semaines à Chicago. Cela ne conduit pas à la tranquillité d'esprit. Je n'ai pas eu de tranquillité d'esprit depuis des années. Chaque minute, j'étais en danger de mort. Même lorsque nous sommes dans une retraite paisible, nous devons nous cacher des autres racketteurs. Voilà pourquoi, en arrivant à Atlantic City, je me suis enregistré sous un faux nom[9]. » Il lui avoue vouloir quitter le milieu depuis quelques mois, mais en vain : « Il semblerait que lorsque tu es dans la mafia, tu y sois pour toujours... »

En d'autres termes, ce n'est pas le gouvernement qui condamne Capone à la prison, mais plutôt Capone qui s'offre des vacances derrière les barreaux. La guerre des gangs est avant tout une bataille de communication. Qui gagne, qui perd, tout n'est qu'une question de perception, un numéro d'illusionniste tendu par le rapport de force. C'est surtout à Mae qu'il pense. « J'ai une femme et un petit garçon de 11 ans que j'idolâtre et une belle maison en Floride. Si je pouvais aller là-bas et oublier tout le reste, je serais le plus heureux du monde. Je suis fatigué des meurtres de gangs et des fusillades. C'est une vie dure à mener, vous savez. » L'assistant du procureur en serait presque peiné. Al lui demande une dernière faveur avant de prendre congé : d'avertir immédiatement et en premier lieu Mae, au cas où un « malheur » lui arriverait en prison. Il arrache une bague en diamant de son doigt et la lui remet avec pour instruction de l'expédier à son frère Ralph. Le lendemain matin, les journaux décrètent que Capone n'aurait jamais été assez stupide pour se faire prendre avec une arme sur lui, à moins qu'il n'ait voulu lui-même aller en prison. Aurait-il eu peur d'être victime d'un règlement de comptes pour accepter si facilement de se mettre à l'abri derrière les barreaux loin de Chicago ?

Du côté des femmes du clan Capone, la nouvelle fait l'effet d'un coup de tonnerre. Elles doivent mener campagne pour Al, lancer une contre-offensive visant à infléchir l'opinion publique. Au 7244 South Prairie Avenue, elles convoquent la presse. Teresa accueille les journalistes vêtue d'une élégante robe de soie noire et les conduit au salon aux lumières tamisées et aux tapis de velours raffinés, où ils peuvent rencontrer des Italiens à cran qui expriment leur peine et leur affliction. Dans un mélange d'italien et d'anglais[10], elle n'hésite pas à ajouter à la fin de chaque entretien quelques compliments sur son *bambino*, avant de conduire ces messieurs dans la chambre de Mafalda, qui, ayant contracté un rhume, les reçoit en tenue légère et alitée. Entre le candélabre de porcelaine ancienne de Dresde, les tapisseries murales et le grand crucifix en or, Mafalda, à l'orée de ses 18 ans, est alanguie sur son lit recouvert d'un tissu de satin rose, en déshabillé vert clair. Evidemment les reporters tombent sous le charme de cette « hôtesse radieuse », qui n'a rien perdu de sa verve malgré la maladie : « Bien sûr, Al porte une arme. Quelqu'un s'attendrait-il à ce qu'il marche dans les rues, n'importe où, sans protection[11] ? » La guêpe fait mouche. Les journalistes deviennent des sympathisants. « Probablement la police de Philadelphie et le juge aussi ont-ils cherché à se faire un peu de publicité. Quand ils se seront calmés, ils le laisseront partir, parce qu'ils ne peuvent pas s'attendre à ce qu'il se déplace désarmé. » Tandis qu'elle change de pose, elle assène le coup final à ces messieurs : « Si les gens le connaissaient comme je le connais, ils ne diraient pas ces choses sur lui. Je l'adore et il est tout pour ma mère. Il est si bon et si gentil pour nous. Vous qui le connaissez uniquement par les articles de journaux ne réaliserez jamais l'homme qu'il est vraiment. » On s'étonne de ne pas voir la femme du chef. Mafalda explique que Mae et Sonny viennent de quitter leur maison de Floride et sont en chemin.

« Al ne va jamais en prison », atteste sans ambages Mae depuis la Floride. Jamais il ne se laisserait arrêter intentionnellement. « Pourquoi voudrait-il aller en prison ? Il aime parler de l'Europe, de Palm Beach, des grandes courses automobiles, des grands combats, mais la prison, ça non, ce n'est pas pour Al. Je ne savais même pas qu'il était à Atlantic City ou à Philadelphie. La dernière fois que je l'ai vu, c'était à Chicago, à notre retour de Miami. Il a dit qu'il s'absentait un moment, mais il n'a pas dit où ni pourquoi. » Et comme d'habitude, elle n'avait pas demandé.

Le monde de Mae bascule. Ses certitudes sont mises à rude épreuve. Est-il si facile d'enfermer celui qui fait trembler l'Amérique ? Il avait bien été arrêté à Joliet pour port d'armes, pour suspicion de meurtre à New York, ainsi que pour violation de la prohibition à Chicago[12] – des bagatelles en somme ! Mais il n'avait jamais été retenu loin d'elle contre sa volonté. Qu'il lui échappe des nuits entières en raison de ses activités, elle s'y est habituée ; mais imaginer Al derrière des barreaux est tout simplement au-dessus de ses forces.

Outrée, hors d'elle, c'est la première fois qu'elle décide de sortir de son silence pour plaider la cause de son mari. La première fois aussi qu'elle donne une interview, elle, l'Irlandaise timide et réservée, la discrète femme de l'ennemi public numéro un. Ce n'est pas en tant qu'épouse mais en tant que mère de famille qu'elle prend la parole ; elle compte attendrir le cœur de l'Amérique. Leur petit Sonny est victime des moqueries et railleries de ses camarades, explique-t-elle. Il rentre chaque jour de l'école en larmes, les autres enfants accusant son père d'être un gangster et un meurtrier. « C'est plus qu'il ne peut en supporter ; c'est plus que je ne peux en supporter », déclare-t-elle. « Ce n'est pas juste, il a le cœur brisé et il ne peut pas comprendre. Je suis une vraie mère et je souffre avec lui. Peut-on faire quelque chose ? »

Accompagnée de Teresa et Mafalda, elle trouve la force de lui rendre visite à la prison de Philadelphie. Elle est prête à déménager là-bas pour être auprès de lui le temps de sa peine. Hélas, à quoi bon, le pénitencier d'Holmesburg n'autorise qu'une seule visite mensuelle. Les prisonniers peuvent recevoir du courrier à loisir, mais ne peuvent écrire que deux fois par mois. Les trois drôles de dames de Scarface sont impuissantes.

Réflexion faite, Al n'a nullement l'intention de purger sa peine. Il fait savoir que tout avocat ou tout groupe de personnes qui le fera sortir de prison recevra 50 000 dollars de récompense. « Je veux sortir de là. Le pire pour moi est que l'on rappelle constamment au public que je suis en prison. Moins j'en dis, plus vite le public oubliera[13]. » Mais Al ne sait plus se faire oublier. « Ils veulent me jeter en prison pour rien, quand je cherche à rendre visite à ma femme et mon fils [...] je me sens très mal, très très mal, je ne sais pas ce que c'est que tout ce remue-ménage. Comment vous sentiriez-vous si la police, payée pour vous protéger, agissait envers vous comme elle agit envers moi ? Je vais retourner à Chicago, personne ne peut m'arrêter. J'ai le droit d'être là-bas. J'y ai une famille. Ils ne peuvent pas me garder hors de Chicago, à moins de me tirer une balle dans la tête. Je n'ai jamais rien fait de mal. Personne ne peut prouver que j'aie fait quelque chose de mal. Ils m'arrêtent, ils me fouillent, ils me chargent de tous les crimes, mais il n'y a aucune preuve. Les policiers savent qu'il n'y a pas de marque noire sur mon nom, et pourtant ils annoncent publiquement qu'ils ne vont pas me laisser vivre dans ma propre maison. Quelle sorte de justice est-ce là ? Eh bien, j'ai longtemps été un bouc émissaire. Ça doit s'arrêter. Je suis dos au mur. Je vais me battre. »

Il faut attendre le mois d'août pour qu'Al soit enfin transféré à l'Eastern State Penitentiary, une impressionnante prison de Philadelphie en pierre de style néogothique, avec ses tourelles médiévales, aux conditions de visite plus souples. Mae peut désormais venir plus fréquemment[14], son anxiété commence enfin à se dissiper. On prend soin, à cette fin, de lui taire les véritables raisons de ce transfert : des rumeurs de tentatives d'assassinat dans la prison surpeuplée[15] ont fait craindre le pire aux autorités.

Al, visiblement satisfait, accepte de revêtir l'uniforme de toile bleue et s'attaque à la lecture d'une biographie d'un autre « Italien » célèbre, Napoléon Bonaparte, en attendant les visites de Mae et de sa mère[16]. Sa cellule est vite redécorée par ses soins, et l'atmosphère y devient chaleureuse : tapis fait main, peintures de choix, une radio, un secrétaire en bois massif, un confortable fauteuil capitonné et un lit. Ce n'est plus une geôle, mais une suite ! A l'extérieur, enfants et admirateurs se pressent pour entrapercevoir le bienfaiteur, qui, Noël venu, offre aux prisonniers vingt-cinq paniers de nourriture et achète jusqu'à 1 500 dollars de tickets de tombola pour soutenir un hôpital de la région.

Les portes du pénitencier

CHICAGO, RESTAURANT LITTLE FLORENCE, 17 MARS 1930

Des hommes, chapeau de feutre gris vissé jusqu'aux yeux, les mains engoncées dans les poches, font les cent pas dans le couloir. L'endroit est fermé pour la soirée. A l'étage, Al Capone accueille les invités : « Mettez-vous à l'aise, les autres ne vont pas tarder. » Il vient enfin d'être libéré pour bonne conduite. A seulement 31 ans, il a encore tout le temps d'être un bon mari et un bon père et de faire oublier à tous ses mois d'absence. Sans preuves ni témoins, l'enquête sur le massacre de la Saint-Valentin est au point mort, et l'opinion publique semble avoir porté son émoi sur d'autres sujets.

Le petit dîner intime organisé pour fêter sa sortie de prison prend des allures de banquet et de démonstration de puissance. Deux cents personnes sont attendues, la salle a été spécialement aménagée pour l'occasion, les alcôves servent de vestiaire improvisé et les tables sont réunies en une seule grande tablée centrale. Des compositions de fleurs sont disposées à intervalles réguliers entre les pièces d'argenterie sur la nappe immaculée.

Teresa, Mae et Mafalda font leur entrée toutes trois d'un même pas, provoquant un regain d'enthousiasme. On s'accueille et s'embrasse. Dans une arrière-salle, un bar clandestin sert champagne et bière à gogo, le tintement des verres n'a jamais été si joyeux. Un gâteau sort des cuisines avec l'inscription triomphale : « Bienvenue à la maison, fils. » Al préside en bout de table, Teresa à sa droite, et il lui glisse quelques mots à l'oreille en italien. Face à lui, Mae trône.

L'un des convives s'étonne de l'entente entre les deux femmes que tout opposait au début du mariage. Le contraste entre elles est frappant : « La mère de Capone était ronde et très brune, la masse de ses cheveux noirs seulement faiblement teintée de gris. Elle souriait et inclinait continuellement la tête comme les invités la félicitaient, les diamants pendant de ses oreilles étincelant à chaque mouvement de tête. Elle était en robe de soirée noire et, mis à part ses boucles d'oreilles et son alliance en or, ne portait aucun bijou. Mae était tout à fait le type irlandais. Grande, mince, aux manières raffinées, elle ne devait pas avoir plus de 28 ans, mais ses cheveux étaient largement striés de gris. Elle parla peu, ses yeux mélancoliques regardaient sobrement son mari, tandis qu'il buvait son champagne. Et quand il en demanda plus, elle fit une mimique de protestation. Il rit d'elle et elle sourit, mais les petites rides d'inquiétude permanente restèrent autour de ses yeux[1]. »

Car Mae craint que la fête ne tourne court. Elle a désormais le cœur en sursis. A sa sortie de prison, le chef de la police a été clair, Capone n'est plus le bienvenu dans la ville. Il doit la quitter ou il sera arrêté à la première occasion. Quelques jours à peine après sa libération, la police a fait une descente dans la villa de Miami et s'est saisie de tout l'alcool qu'elle y a trouvé. A Chicago, plus de trois cents hommes soupçonnés d'être à son service sont arrêtés, certains avec des armes et des casiers judiciaires particulièrement fournis.

Mais le monde attendra. Al passe le reste de la soirée bien tranquille avec Mae dans sa suite sécurisée du Lexington où il reçoit une journaliste le lendemain matin. Il lui avoue comme seul crime « vendre de la bière et du whisky à des gens très bien[2] ». Comment l'en blâmer ? « Je n'ai jamais eu de matricule, avant qu'on ne m'arrête dans la cité de l'amour fraternel pour port d'armes, ou plutôt non pas pour port d'armes, mais parce que mon nom est Capone. Je n'ai jamais été inculpé auparavant. Pourquoi le serais-je ? Tout ce que j'ai fait a été de répondre à une demande qui était très populaire. On me reproche de ne pas être dans la légalité. Pourquoi, madame ? Personne n'est dans la légalité. Vous le savez aussi bien qu'eux. Si votre frère ou votre père se mettait dans le pétrin, que feriez-vous ? Vous tourneriez-vous les pouces et les laisseriez-vous sur le bord de la route ou tenteriez-vous de les aider ? » Le bon Samaritain presse l'interphone sur son bureau et une porte s'ouvre derrière laquelle se tient un garde du corps. « Demandez à ma femme et à ma sœur de venir ! » La journaliste trépigne d'impatience, elle va enfin voir la mystérieuse femme de Capone ! La porte s'ouvre à nouveau, deux silhouettes s'avancent : « L'une est grande et mince, c'est Mme Capone. L'autre, petite et pulpeuse, c'est Mafalda, la sœur. »

Après les présentations d'usage, les politesses échangées et quelques plaisanteries, elles repartent avec des chutes de tissu de soie bleue. La journaliste ne saisit pas bien où est le scoop.

Al enchaîne :

— Avez-vous remarqué les cheveux de ma femme ?

— Oui, tout à fait, ils sont brillants et légers.

— Non, je veux parler des mèches grises. Elle a seulement 28 ans et a des cheveux gris à cause de l'inquiétude et des affaires ici, à Chicago. Dès qu'un feu brûle, c'est moi qu'on accuse.

Le gouvernement et le chef de la police de la ville ont en effet programmé la mort du crime organisé. Et s'ils ne peuvent envoyer chaque membre de l'Outfit en prison, ils feront en sorte de les étouffer, de les garder en résidence surveillée, de devenir leur ombre à chacun de leurs pas. Mae a de quoi se faire des cheveux gris. Son mari est tombé sur un ennemi plus puissant que tous ceux qu'il a rencontrés jusqu'alors, un homme chargé par le président des Etats-Unis en personne de le faire tomber.

UN DIABLE NE FAIT PAS L'ENFER

« La fausse vertu est à la portée de tout le monde. Un beau vice, non. »

André SUARÈS, *Ce monde doux-amer.*

La femme de « l'Incorruptible »

Mae ne le sait pas encore, mais la condamnation d'Al pour port d'armes n'était qu'un prétexte, un préliminaire. Dans l'ombre, Herbert Hoover met tout en œuvre pour trouver un motif d'inculpation valable afin que Capone soit mis hors d'état de nuire. Il ordonne à toutes les agences fédérales de concentrer leurs efforts sur Scarface and Co. Mais on l'informe qu'aucun chef d'accusation véritable et probant ne peut être retenu contre lui à ce jour. L'argent achète l'impunité. Le Président trouve la parade : si la puissance financière de Capone lui donne un tel pouvoir politique, c'est alors à son capital qu'il faut s'attaquer. « C'était ironique qu'un homme coupable de centaines de meurtres, certains pour lesquels il avait mis la main à la pâte personnellement, doive être puni simplement pour manquement au règlement des impôts sur l'argent qu'il avait gagné grâce à ces meurtres[1] », s'étonnait le Président.

La création d'une équipe de forces spéciales destinée à faire tomber Capone est décidée. Le gouvernement s'adresse à Alexander Jamie, un des agents les plus respectés de la division du bureau d'investigation à Chicago, l'ancêtre du FBI, pour trouver la perle rare qui mènera à bien cette mission. Il conseille son beau-fils, vivant encore chez ses parents et gagnant 2 800 dollars par an comme agent en charge de la prohibition. Le jeune loup possède les qualités qu'ils recherchent, « faisant preuve de sang-froid, d'agressivité et de témérité dans les descentes[2] ». Son nom : Eliot Ness. La raie au milieu toujours impeccable, les traits fins, ce fils d'immigrés norvégiens, diplômé d'économie, a un physique de gendre idéal plus que de casse-cou et de gros dur. Mais les apparences sont trompeuses.

Le 28 septembre 1929, Ness se voit présenter son ordre de mission par le substitut du procureur : traquer et détruire les opérations de contrebande d'alcool planifiées par la mafia à Chicago, collecter toutes les preuves contre Al Capone de violation des lois sur la prohibition, toucher ainsi au cœur ses ressources, estimées désormais à 75 millions de dollars par an. Asséché financièrement, l'homme traqué perdra sa protection politique et son empire s'écroulera.

Eliot Ness[3] a reçu carte blanche du procureur pour constituer son équipe, une dizaine d'hommes sûrs, extérieurs à Chicago, qui poursuivront Capone dans l'ombre, sans jamais avoir eu l'occasion d'être achetés par le Syndicat du crime. Car Ness comprend rapidement que la corruption des agents de la prohibition constitue son principal obstacle. Entre 1921 et 1928, sept cents agents sont renvoyés à travers le pays. A Chicago, un tiers des trois cents agents de la ville ont été corrompus par les hommes de Capone. Le candidat idéal doit « avoir moins de 30 ans, un mental et un physique à toute épreuve, pour pouvoir travailler de longues heures, et un courage hors du commun, pour utiliser ses poings si nécessaire ». Surtout, il doit être célibataire. La mission obligera à un engagement de tous les instants, il faudra aller jusqu'à la confrontation physique avec le clan Capone, autrement dit prendre le risque de perdre la vie pour une poignée de dollars.

Contrevenant à ses propres instructions, Eliot Ness vient pourtant de se marier avec son amour de lycée, Edna Staley[4]. S'il l'a rencontrée à l'école élémentaire, ils n'ont fait réellement connaissance que lorsqu'ils se sont croisés dans le bureau de son beau-frère Alexander Jamie, où elle est secrétaire. Après quelques mois de fréquentation assidue, Ness lui avait fait sa demande dans un grand restaurant de Chicago où ils célébraient ensemble les 23 printemps de la jeune femme. Le mois suivant, le couple échangeait ses vœux, à l'occasion d'une modeste cérémonie civile.

Celui qui va bientôt se lancer dans la chasse judiciaire du siècle passe ses soirées avec son épouse, écoutant des airs d'opéra ou lisant les ouvrages d'Arthur Conan Doyle, s'étirant au sol, avec leurs six chats, à discuter tous les deux cinéma ou littérature, calfeutrés dans leur modeste villa de la banlieue de Cleveland[5]. Parfois il l'emmène passer la fin de semaine sur les rives du lac Erié ou dîner en ville dans les meilleurs restaurants, comme le Vogue Room. Edna aime ce confort bourgeois discret, où la sécurité et la stabilité fortifient les liens du mariage et sont les garants d'une union réussie.

Le 17 mars 1930, tandis que Scarface célèbre sa liberté retrouvée au restaurant Little Florence, Ness et ses hommes sont prêts à l'affronter. Ils savent que la proie ne se laissera pas faire, menacera ou réagira par la violence aux descentes des forces fédérales pour protéger son empire d'or et de sang. La première passe d'armes ne se fait pas attendre. Par un intermédiaire, le gang envoie à Ness une enveloppe avec deux billets de 1 000 dollars. Il lui promet la même livraison chaque semaine pour qu'il ferme les yeux sur les brasseries illégales de l'Outfit. Loin de mordre à l'hameçon, Ness est furieux ! Il renvoie d'un geste de dédain teinté d'humiliation l'enveloppe à l'émissaire et adjoint une recommandation sans équivoque : « Dis-leur que Ness ne peut être acheté. Pas pour 2 000 par semaine, ni pour 10 000, ni pour 100 000. Pas pour tout l'argent qui soit jamais passé entre leurs mains poisseuses. » Le nouveau shérif veut faire savoir que ses agents ne se laisseront pas corrompre par Capone et ses hommes et que, s'il ne doit rester qu'eux, ils demeureront incorruptibles.

Hélas, incorruptible ne rime pas avec invincible. Les écoutes de membres de la mafia ne laissent aucun doute, le gang envisage de se débarrasser de Ness d'une manière plus radicale. Eliot se dépêche de mettre Edna à l'abri : elle ira se cacher avec ses six chats dans un hôtel au sud de la ville, où des hommes armés monteront la garde. Adieu mariage bourgeois, dîners à heures fixes et soirées canapé ! Elle vivra désormais, tout comme Mae, avec le souffle court et l'angoisse dans la peau.

Un soir qu'Eliot vient la chercher pour aller dîner dans un des restaurants en vogue[6], les hommes de Scarface sautent sur l'occasion. A la fin du repas, leur cible emmène Edna faire une virée en voiture dans la campagne environnante. A peine ont-ils roulé quelques kilomètres que Ness distingue des phares dans son rétroviseur. Il tente de semer la voiture en optant pour des chemins de traverse, rien n'y fait. Il n'ose se lancer dans une course-poursuite ou risquer qu'une balle perdue touche sa femme, dont la présence l'incite à la prudence. Ness paie le fait de n'avoir pas suivi son propre commandement : un bon agent doit rester célibataire. Edna finit par s'étonner de rouler ainsi des heures durant, dans le noir, à travers bois et chemins. Ness ne lui dit rien du danger qui les guette et trouve un prétexte pour la ramener à l'hôtel. A peine a-t-elle franchi la porte qu'il s'apprête à affronter ses poursuivants. La Sedan qui les a talonnés s'approche de sa voiture, un coup de feu est tiré ! Ness démarre en trombe, prend en chasse les assaillants, son arme sortie du holster. Un second coup de feu est tiré, il braque pour l'éviter et, quittant un instant le véhicule du regard, perd sa trace dans la nuit.

A l'intérieur, Edna se retrouve seule une fois de plus. Elle a épousé un fonctionnaire, pas un marathonien de la lutte contre le crime. Chaque semaine, on manque d'assassiner son mari : un jour, une auto tente de le renverser ; un autre, on place de la dynamite sous son pot d'échappement. L'Outfit décide de jouer avec ses nerfs et de harceler le couple, qui reçoit régulièrement des menaces de mort par lettres et appels téléphoniques interposés. Ness est préparé, il tient bon, mais Edna craque. La série d'attaques joue dangereusement avec son équilibre mental, elle se retire dans leur maison à Cleveland et disparaît de la scène publique.

CHICAGO, MARS 1931

Dopé par l'adversité et déterminé à gagner la bataille de l'opinion, Ness continue ses descentes dans les brasseries de Capone, réputées imprenables. En mars 1931, il décide de frapper un grand coup. Ayant reçu l'information qu'Al cache un entrepôt d'importance au 1632 South Cicero Avenue, Ness fait défiler dans la neige, peu après l'aurore, une longue ligne de Sedan noires. A leur tête, un camion. Eliot, sur le siège passager, enfile un casque en cuir semblable à celui porté par les footballeurs américains. Si les portes des brasseries sont infranchissables, qu'à cela ne tienne, il les enfoncera à la voiture-bélier. Il donne le signal de la main, s'accroche à son siège et dans un déluge de bruit, de bois, d'acier et de pneus éventre l'empire de Capone[7]. Une autre fois, il s'offre même un défilé, arborant fièrement à travers rues ses prises de guerre. Une parade des fûts de bière confisqués qu'il fait défiler sur des camions devant le quartier général de Capone au Lexington Hotel. Et pour veiller à ce que Capone ne manque pas le spectacle, Ness appelle le Lexington le matin même et demande à être mis en relation avec son ennemi. Il le prévient qu'à 11 heures précises, quelque chose susceptible de l'intéresser va se dérouler sous ses fenêtres. Ness pousse le vice à l'extrême : chaque camion est briqué comme un sou neuf. Une voiture avec à son bord « les Incorruptibles » ouvre le bal, les véhicules des gangsters saisis assurent le final. En attendant de faire tomber Al, le maître d'œuvre de la cérémonie souhaite lui infliger une correction psychologique. Au passage du convoi, Al entre dans une colère mémorable et il faut l'intervention de nombre de ses acolytes pour le calmer.

Ness a obligé Scarface à mettre un genou à terre, il est galvanisé par son défilé de la victoire. Mais ses habitudes de travail obsessionnelles épuisent son épouse. Edna se sent reléguée au second plan et isolée également. Le couple a en effet choisi un cottage sur le lac à Bay Village, à Cleveland[8]. Hélas, pour se rendre en ville, il faut une heure de conduite. Usé par ses seize heures de travail quotidien, Ness ne rentre jamais à la maison avant 23 heures et les fins de semaine où le couple se rend chez leurs voisins et prend plaisir à jouer avec leurs rejetons ne parviennent pas à effacer les longues heures rongées par l'attente, la peur au ventre. Surtout, il n'a pas réussi à lui donner d'enfants. Edna a un tel désir de s'accomplir en tant que mère, un tel besoin d'aimer un enfant, son enfant, qu'accorder ne serait-ce qu'un sourire à la progéniture des autres lui crève le cœur. Et chaque sortie dans ce voisinage familial lui donne la sensation d'être une femme vide. Le vide affectif se creuse. Les disputes éclatent et Ness finit par quitter le domicile conjugal. Il confie aux reporters déjà au courant de la séparation : « C'était une décision partagée. Nous avons tous les deux réalisé qu'une erreur avait été faite et nous avons décidé de la corriger[9]. » La population est choquée par cette séparation et l'apparente désinvolture de Ness. Edna a le cœur brisé. Quoi de plus terrible que de divorcer d'un homme que l'on aime toujours ? Elle conservera le nom de son seul amour et décidera de ne jamais se remarier. Fragilisé par cette épreuve, Eliot se met à boire, le comble pour l'agent qui incarne la prohibition, l'utopie politique d'une Amérique sobre.

A quelques centaines de kilomètres l'une de l'autre, Mae et Edna ont toutes deux perdu la tranquillité d'esprit et subissent l'entêtement de leurs maris engagés dans un combat à mort. Edna a lâché prise là ou Mae tient bon, peut-être grâce à son amour total pour Sonny. Al vient d'être nommé officiellement par le gouvernement « ennemi public numéro un », il est le premier dans le pays à bénéficier de cette insigne marque d'intérêt. Tandis qu'il parade, les fédéraux ont trouvé de quoi le faire tomber, cette fois son empire est bien sur le point de vaciller.

Un diable ne fait pas l'enfer

Huis clos

CHICAGO, 6 JUIN 1931

La lecture des journaux du matin finit de faire blanchir les cheveux de Mae. Le plus important quotidien du pays, le *New York Times*, titre « Capone inculpé de fraude fiscale ». Al est accusé d'avoir trompé le fisc américain à hauteur de 215 080 dollars, ainsi que d'avoir fait du trafic d'alcool, en violation des lois de la prohibition. L'article relate les propos du procureur général qui se déclare prêt à affronter le puissant Capone dans un tribunal afin de l'empêcher définitivement de nuire[1]. Le dossier d'accusation est solide. Il repose sur deux années d'investigations menées par les hommes de Ness. Les revenus de Scarface des années 1924 à 1929 ont été repris et étudiés dans le détail. La pression politique est désormais trop forte, et les membres du gang commencent à parler pour se sauver pendant qu'il est encore temps. Capone n'est plus intouchable, son aura décline au fur et à mesure que l'échéance se rapproche. En signe d'avertissement, Ralph, son frère, vient d'être condamné à trois ans d'emprisonnement pour le même chef d'accusation. Al se rend au *marshal* de la ville, accompagné de son avocat qui le libère contre une caution de 50 000 dollars.

Le lendemain, le 7 juin 1931, à Miami, le shérif fait une descente dans la maison du couple à Palm Island et procède à une saisie des meubles, notamment du précieux mobilier choisi par Mae : un avocat réclame à son mari 50 000 dollars d'impayés[2], et puisque Capone cache son pactole habilement, le gouvernement a autorisé un prélèvement à la source. Dans le code d'honneur du milieu, la famille est le dernier bastion qu'on laisse en dehors des règlements de comptes. Le message est clair, plus aucun tabou n'est en vigueur concernant Scarface ; sa femme et son fils peuvent désormais être atteints. Les lois de la mafia ne font plus autorité.

Le 17 juin 1931, Al annonce à la cour présidée par le juge Wilkerson qu'il compte plaider coupable des faits qui lui sont reprochés. Ses avocats espèrent obtenir une condamnation à trois ans de prison, le maximum pour ce genre de crime. Sa venue au tribunal, dans un costume couleur soufre[3], est une nouvelle victoire dans la campagne menée par Eliot Ness, une victoire sur la contrebande, l'argent et les mœurs faciles qui polluent l'Amérique. Le 30 juin, Al obtient du tribunal un délai d'un mois supplémentaire pour rester près des siens, en particulier de son fils qui est malade[4]. Le procès est prévu pour le 6 octobre suivant.

TRIBUNAL DE CHICAGO, 6 OCTOBRE 1931

Ce jour-là, Al se réveille à 7 h 45 dans sa suite de l'hôtel Lexington. Il se douche, se rase et se glisse dans un costume bleu. Mae et Sonny, venus de Miami pour l'occasion, sont naturellement présents. Bien que la présence de sa femme ajoute du capital sympathie à l'accusé, Al décide, après concertation avec ses avocats, qu'elle l'attendra ici, dans sa chambre. Mae est à leur sens trop timorée pour venir témoigner et être exposée aux photographes[5]. Elle ne tiendrait pas le choc et son air si triste, fuyant, ne susciterait pas l'empathie du jury. Elle le regarde s'éloigner et partir, seul, pour la cour.

Jusqu'à ce jour, Al avait toujours montré un visage serein. Mais il se rend compte qu'il va devoir comparaître face à une justice intransigeante. « Ils veulent du spectacle, avec des ruses et des effets de manches, des cris et des pleurs, et tout ce qui va avec, déclare-t-il.

C'est totalement impossible pour un homme de mon âge d'avoir commis toutes les choses dont je suis accusé. Je suis un fantôme né d'un million d'esprits[6]. »

Ce premier jour du procès, une quarantaine de policiers attendent Al de pied ferme devant le tribunal. Une foule se masse et se presse ; tous veulent voir le grand Scarface, l'ennemi public numéro un. On dirait un carnaval, les confettis en moins, tant il y a d'animation devant les marches. L'accusé ne porte pas de bagues, remarquent, dépités, certains badauds. Ses cicatrices sont à peine visibles, s'aperçoivent d'autres, visiblement déçus. A son habitude, Al fait preuve d'une confiance et d'une hardiesse à toute épreuve, hume un cigare et entre en scène. Ses pas résonnent sur le marbre blanc de la salle d'audience du juge Wilkerson aux colonnes antiques. Al tient encore debout pour l'instant, bien mis dans son costume à la pochette blanche impeccablement assortie, une fine chaîne en or fixée par de petits diamants rejoignant sa poche intérieure, le tout magnifié par une cravate marron et blanc. Il tente de sourire, il faut séduire le jury avant tout. Mafalda, au fond de la salle, se cache sous un voile noir, mais ne le quitte pas des yeux.

Chaque jour il change de tenue, à chaque audience on attend avec impatience le défilé de mode masculine. Un costume à fines rayures, voilà ce qui marque les esprits et fait jaser la salle qui bourdonne de commentaires, tandis qu'on épluche les dépenses du couple. L'argent est devenu l'obsession majeure de l'opinion publique. On le déteste, le maudit, le conspue depuis qu'il vient à manquer, on le renifle sur ceux qui ont l'audace d'en posséder encore. Durant les Années folles, l'économie américaine a connu une croissance fantastique, avec une augmentation étourdissante de la production industrielle de près de 50 %. Hélas, la spéculation boursière est prise du mal des hauteurs : à Wall Street, les cours des titres augmentent plus que les bénéfices nets des entreprises. Dès lors, l'argent ne s'investit plus dans l'économie réelle, qui ne rapporte pas assez comparée aux actions, la spéculation se développe, les capitaux affluent à la Bourse. Pourquoi investir dans une industrie en attendant de toucher des dividendes éventuels, quand on peut acheter à crédit des titres de cette même société, avec la possibilité de les revendre à tout moment en réalisant une importante plus-value, sans s'occuper ni de masse salariale ni de coût du travail ?

Le jeudi 24 octobre 1929, à Wall Street, la panique s'empare de ce système à l'équilibre fragile. Des millions de titres sont mis à la vente, mais ne trouvent pas preneurs ; les cours s'effondrent. Une émeute éclate à l'extérieur de la Bourse de New York. La rumeur enfle, des spéculateurs se seraient suicidés, la Bourse de Chicago aurait fermé, celle de New York serait sur le point de le faire ! Les jours suivants, le plus vieil indice du monde, le Dow Jones, perd 30 milliards de dollars, soit dix fois le budget de l'Etat fédéral américain. Les investisseurs qui ont spéculé à crédit ne peuvent plus rembourser leurs emprunts, les banques accusent des pertes sèches et ne prêtent plus aux entreprises, dont les trésoreries se retrouvent vides. Celles-ci ne peuvent plus payer leurs employés qui se précipitent aux guichets retirer leur argent. Le cercle vicieux devenu incontrôlable torpille l'économie, la crise contamine l'ensemble de la société au début de l'année 1931. La Grande Dépression commence : le chômage explose, la misère sociale jette partout sur les routes des milliers de familles qui traversent le pays à la recherche d'un emploi ou de quoi subsister.

Et c'est cette même Amérique de la crise qui doit maintenant juger Scarface. L'accusation n'a pas beaucoup à faire pour brosser le portrait d'un couple vautré dans un luxe sans vergogne. Madame aurait payé en liquide une piscine et un garage dans leur « palais d'Hiver » de Miami pour la modique somme de 6 000 dollars, tandis que monsieur honorait une facture de téléphone de plus de 3 000 dollars pour la seule année 1929. Certes, il faisait dans le même temps des dons à l'église de 15 600 dollars et contribuait au fonds de pension des veuves et orphelins de la police à hauteur de 58 000 dollars[7], mais la générosité, surtout quand elle est calculée, fascine moins que le vice. Le jury, face au déballage de montants exorbitants dans la vie d'un contribuable moyen de l'époque, est scandalisé. Le 24 octobre 1931, après pas moins de neuf heures de délibérations, le jury est sur le point de rendre son verdict. Dans sa suite du Lexington, Al est prévenu au beau milieu de la nuit. Il se met en route pour le tribunal. Vêtu d'un fedora blanc et d'un costume violet sombre à la pochette blanche, il est prêt à entendre le sort qui l'attend. Mae retient son souffle. Il est 10 heures du matin lorsque la sentence tombe : Capone est condamné à onze ans de prison et 80 000 dollars d'amende. Les yeux d'Al s'obscurcissent et disparaissent dans leurs orbites, ses doigts se crispent. Le coup est terrible. Mais Scarface ne craque pas, il ne se donne pas en spectacle et tente de faire bonne figure.

Alors qu'Al quitte la salle d'audience, sonné, un homme lui tend un document : une demande de deux hypothèques sur leur propriété de Miami, une à son nom, l'autre à celui… de sa femme ! Le gouvernement compte récupérer les 215 000 dollars d'impôts impayés[8] coûte que coûte, aussi faut-il empêcher Mae de vendre la propriété durant son internement et de transférer des fonds avant qu'il n'ait pu payer son dû. Al qui s'est jusqu'à présent contenu se met hors de lui, hurle des obscénités aux oreilles de l'impudent messager et tente de lui donner des coups de pied. Les journalistes qui le suivent sur le chemin de la prison sont pendus à ses lèvres : « C'est vraiment une honte de décevoir le public, déclare-t-il, de détruire un de ses mythes populaires. » Il évoque la Grande Dépression qui sévit dans le pays : « Ça va être un hiver terrible », prophétise-t-il. « L'Amérique est à la veille de son plus grand bouleversement social[9]. » Les tire-poire veulent à tout prix immortaliser l'événement, Al Capone derrière les barreaux. « S'il vous plaît, pensez à ma famille, ne me prenez pas ainsi en photo », leur demande-t-il. Tous respectent sa volonté et baissent leurs appareils, sauf un.

La réaction ne se fait pas attendre : « Je vais te démonter ! » lui hurle Capone, essayant de lui jeter un seau d'eau. Les gardes interviennent[10].

Le Père Noël est une roulure

PRISON DE COOK COUNTY, ILLINOIS, 24 DÉCEMBRE 1931

Le nouvel établissement pénitentiaire de haute sécurité qui vient d'être construit fait la fierté de la ville. Sur plus de 390 000 mètres carrés, la plus grande prison d'Amérique accueille près de 9 000 détenus sous son toit anti-effraction et anti-évasion. Le directeur, David Moneypenny, en fait l'éloge dans les journaux, il est impossible aux prisonniers de sortir de ces murs sans la complicité des gardiens[1] et aucun traitement de faveur n'est toléré. Une maison d'arrêt sûre et intransigeante, voilà la mise en pratique de la politique du gouvernement pour lutter contre le crime organisé à Chicago. Pourtant, tous les élèves du château ne sont pas logés à la même enseigne.

Mae Capone tient par la main le petit Sonny, tandis qu'ils passent devant les cellules des prisonniers. Une femme si belle dans un endroit si malfamé, quelle aubaine. Elle s'arrête devant la geôle. Derrière les barreaux, Al est là, jovial, comme à l'accoutumée, et sourit en ouvrant les bras. Il a obtenu de Moneypenny l'autorisation d'organiser… un repas de fête ! Ce sera un Noël à la Capone ou ce ne sera pas, et peu importe que l'on soit en prison, l'instant doit avoir du style et de la classe. Aussitôt il fait transférer à la prison une partie de la décoration de sa suite de l'hôtel Lexington[2], recréant, à grand renfort de lampes à abat-jour, mobilier Art déco, tapis, radio et tableaux au mur, son intérieur coquet et douillet. Il place des guirlandes de Noël sur le sapin coiffé d'un ange qui trône au milieu de la petite pièce. Mae et Sonny s'installent en attendant les autres invités. Al a fait livrer le dîner et a prévu un majordome noir pour le service. Il semble prêt à passer une belle soirée.

Depuis son arrivée deux mois plus tôt, le 24 octobre, Scarface a bénéficié d'un traitement digne d'un invité de marque. Il a obtenu une des plus grandes cellules au cinquième étage, au calme, dans une aile où une dizaine de détenus seulement sont présents, tandis que les hommes se marchent les uns sur les autres dans le reste de la prison surpeuplée[3]. Mae lui fait livrer chaque jour des plats tout droit sortis de sa cuisine, comme du ragoût ou des rognons encore chauds, du pain et du beurre. Elle aussi reçoit des arrivages particuliers. Chaque semaine, des « livreurs » viennent lui déposer de l'argent fourni par le gang pour lui garantir un train de vie décent. Ainsi Mme Capone recevra-t-elle 25 000 dollars par an jusqu'à sa mort, une sorte de fonds de pension de la part de la mafia pour la femme du chef[4].

Ce soir, c'est le premier Noël que Mae fête en prison et ni les meubles ni l'argent ne suffisent à lui faire oublier ce choc. Al a toujours veillé sur elle personnellement jusqu'à présent. Les avocats vont faire appel, ils ont déposé une requête auprès de la Cour suprême des Etats-Unis. Voilà le dernier espoir qui la tient en vie et pour lequel elle prie.

Al a installé son quartier général dans sa cellule, d'où il continue à diriger l'Outfit. Il utilise le système de télégraphe de la prison et appelle ses proches. Et puisque Capone ne peut aller aux gangsters, les gangsters viennent à lui. La prison n'a jamais connu autant d'allées et venues. Comme on pouvait s'en douter, l'avisé Moneypenny a su trouver son intérêt dans les quelques privilèges accordés à Capone[5].

Ainsi, deux jours plus tôt, le 22 décembre 1931, le directeur de la prison est surpris au volant d'une Cadillac 16 cylindres sur la route reliant Springfield à Chicago. Ayant un peu trop poussé son nouveau jouet, il a cassé le moteur. Le garagiste qui prend en charge le véhicule est surpris de découvrir le nom du propriétaire : Mae Capone ! Estomaqué, il prévient les autorités, mais Moneypenny réussit à étouffer l'affaire[6]. Sans doute Mae a-t-elle trouvé le moyen de faire parvenir ainsi à son mari, en toute discrétion, ses deux repas par jour cuisinés avec amour, un échange pétrole contre nourriture en bonne et due forme. Victime collatérale d'une lutte qui la dépasse et menace de l'écraser, c'est bien le moins qu'elle puisse faire pour lui. Le soir de Noël, on ne parlera ni affaires ni politique, pas devant les femmes.

Les autres invités arrivent. Louise Rolfe, l'Alibi blond au bras de Jack McGurn ! Depuis le massacre de la Saint-Valentin, les médias traquent leurs moindres faits et gestes, s'invitant aux fêtes données par monsieur à son cabaret, guettant les sorties de madame, commentant chacune de ses tenues.

Le procès de Jack et Louise pour fornication et prostitution a commencé quelques mois plus tôt, le 25 mai 1931. Leur ligne de défense est des plus élémentaires : ils étaient au moment des faits de simples amants, elle ne fournit pas d'amour tarifé et il n'est pas un maquereau. Mais ils doivent pouvoir prouver clairement qu'ils forment bien un couple. Et quelles preuves matérielles donner pour justifier l'existence d'un amour véritable ? Bien que l'épouse de Jack, Helena, ait rempli depuis longtemps les papiers du divorce, il est toujours à quelques jours du procès un homme marié, ce qui fait de Louise une femme violant les lois de la décence morale. L'argument joue terriblement en sa défaveur et risque de l'envoyer en prison. Le temps des miracles arrive, le divorce est prononcé *in extremis* le 2 mai 1931 ! Jack renoue avec le célibat ; enfin, pas pour longtemps. Le lendemain, il épouse Louise en hâte afin d'étayer la seule preuve tangible de leur relation par le mariage. L'amour n'attend pas, surtout quand la justice s'en mêle.

Ainsi, le 3 mai 1931, le couple se présente devant le juge à Waukegan, Illinois, et en repart une heure plus tard mari et femme. Pour Louise, la scène a comme un goût de déjà-vu, c'est dans cette même ville qu'elle avait fui pour épouser Harold Boex, alors qu'elle n'avait pas encore l'âge légal de convoler. Qu'importe, elle aime son Jack comme elle n'a jamais aimé. Mais leur mariage ne suffit pas à arrêter la machine judiciaire. Le procès est maintenu, comme en a décidé le bureau d'investigation[7]. Son intraitable et bientôt légendaire directeur John Edgar Hoover s'en assure personnellement : « Je peux vous garantir que ce dossier est notre priorité numéro un et que les agents spéciaux dédiés à cette affaire savent parfaitement que nous voulons voir cet homme rester longtemps en prison[8]. » Il n'a pu inculper Jack pour le septuple meurtre de la Saint-Valentin, mais l'accusation de fornication est un moyen de prendre sa revanche.

Exceptionnellement, le procès s'ouvre sans jury, en raison de l'obscénité des scènes qui pourront y être décrites. Des employés du Stevens Hotel, où Jack et Louise ont passé la Saint-Valentin dans un marathon d'amour physique, sont cités à comparaître comme témoins. Certains, face à Jack, sont comme frappés d'une amnésie soudaine et ne sont plus très sûrs de pouvoir les identifier.

Qu'à cela ne tienne, l'accusation a d'autres témoins venus du Dallas Park Hotel à Miami, où le couple illégitime était descendu durant son séjour en Floride. Sans doute seront-ils moins frileux. L'un d'eux se souvient de Louise qui s'était présentée à la réception assurant que son mari viendrait la rejoindre peu après et s'était enregistrée sous un faux nom. Puis, poursuit-il, Jack était arrivé au volant d'une Packard jaune connue pour appartenir à Al Capone.

Le procureur requiert la peine maximale contre McGurn : quatre années de prison, dont deux ferme et la possibilité d'une libération anticipée en cas de bonne conduite. Quatre mois de prison ferme sont requis à l'encontre de la jeune mariée. Au bout de deux mois d'instruction, le juge fait une déclaration qui résonne comme une damnation aux oreilles de Louise : « Quel triste état de fait pour notre civilisation qu'il y ait tant de violations similaires ! Tant que nous croyons aux principes du mariage monogame, je dois déclarer les deux accusés coupables. Les vœux du mariage sont les fondements de notre loi morale. C'est un crime grave. » Ce jour de l'été lui semble le plus long de toute sa vie, le plus tragique aussi. Les amants sont coupables. Leur belle romance faite de liberté touche à sa fin.

Leurs avocats décident immédiatement de faire appel et, contre une caution de 15 000 dollars, pour lui, et de 3 000 dollars, pour elle, parviennent à les faire libérer pour quelques jours encore. Sur le parvis du tribunal, Louise déclare : « Je suis aussi coupable que lui[9] ! » Jack semble indifférent à sa peine de prison et s'inquiète surtout pour Louise, qu'il pense encore frêle et fragile. Il referme la porte de la voiture dans laquelle l'Alibi blond, moins prompte à poser devant les photographes que d'habitude, s'est engouffrée et repart avec elle vers le Lexington. Pétrifiée à l'idée d'aller en prison, elle s'en fait tout autant pour lui. Il ne supportera jamais d'être enfermé deux années entières. Surtout, qu'adviendra-t-il de leur rêve ? Celui que Louise a bâti pour eux ?

Au 1224 North Kenilworth Avenue, dans le quartier d'Oak Park, l'un des plus prisés de la ville pour sa qualité de vie, le couple vient d'acheter une petite maison d'un étage et de quatre chambres. L'extérieur est modeste, mais tous deux ont voulu un style opulent à l'intérieur. Louise a écumé les magasins de décoration, dépensant sans compter pour finaliser la maison de leurs rêves où ils pourront enfin être ensemble sans avoir à se cacher. Ils y sont M. et Mme Vincent d'Oro, voisins charmants, toujours très élégants.

Louise y joue de bon gré les ménagères bourgeoises, déjeune avec ses voisines, reçoit ces dames pour le thé, tient salon pour celles qui s'étrangleraient avec leur madeleine si elles savaient qu'elles picorent chez un des gangsters les plus célèbres de la ville. Le couple modifie son apparence pour se distinguer des photographies judiciaires en noir et blanc qui inondent les journaux. Toute cette peine sera vaine s'ils sont condamnés.

Il ne leur reste plus qu'une seule chance, un recours auprès de la Cour suprême des Etats-Unis. Au nom de leur amour, ils iront ensemble plaider devant la plus haute instance et affronteront le gouvernement des Etats-Unis d'Amérique. Mais que diront ces hommes d'âge mûr représentant la sagesse du pays ? Le garde du corps de l'homme le plus puissant de l'Outfit paraît sur le point d'être enfermé. Le message du bureau d'investigation à l'intention de Capone est sans ambiguïté. McGurn ne sera désormais plus là pour le protéger.

Ce soir, Mae et Louise assises à la même table partagent le même espoir : que la Cour suprême empêche leur homme d'aller en prison pour de bon. Voilà le cadeau de Noël qu'elles espèrent.

Neuf juges en colère

Mais en ce Noël 1931, le ciel s'obscurcit pour Mae. Le bureau d'investigation reçoit un télégramme anonyme l'informant que Capone sert du whisky à ses invités dans sa cellule et qu'un proxénète appelé Bon-Bon lui fournit des filles qui viendraient adoucir sa solitude toute relative. Une enquête est lancée. Moneypenny, l'avisé directeur, nie les faits : aucune femme, hormis celles du clan Capone, ne rend visite au prisonnier ; certes son épouse lui envoie deux fois par jour des repas, mais ce n'est pas un délit. Le Département de la Justice l'entend autrement. La Maison Blanche fait pression sur les autorités de Chicago pour déplacer ce prisonnier qui prend trop de libertés. La place de Scarface est dans une prison fédérale, où il sera isolé et mis sous surveillance[1]. Or, rien ne peut être fait avant l'examen du cas Capone par la Cour suprême, prévu pour le 2 mai 1932. Mais, à la fin du mois de février, l'appel est rejeté sans un mot d'explication. Al ne sortira pas de prison avant onze ans. Il n'existe plus aucun recours légal. Mae est anéantie.

Elle tente de réconforter Al du mieux qu'elle peut, avec quelques mots et beaucoup d'amour dans un télégramme : « Cher Al, je suis tellement désolée que l'affaire ait échoué. Il y a toujours un espoir, alors supporte cette épreuve. Je penserai toujours à toi et prierai pour t'avoir avec nous, Sonny et moi, très bientôt. Amour et bonne chance. Ta femme[2]. »

Le 1er mars 1932, l'enfant de 20 mois de Charles Lindbergh, l'aviateur le plus célèbre du monde pour avoir été le premier pilote à relier seul et sans escale New York à Paris à bord du *Spirit of St Louis*, est enlevé dans son berceau. Une autre forme de nuisance criminelle est apparue avec la Grande Dépression : l'enlèvement ciblé. Quand une société s'appauvrit d'un coup, les nantis deviennent aux yeux de ceux que la faim et le désœuvrement taraudent non plus des héros, mais des cibles. Le 5 mars, depuis sa prison de Cook County, Al Capone convoque un éminent journaliste[3] et désapprouve publiquement cet acte ignoble : « C'est la chose la plus outrageante que j'aie jamais entendue de ma vie. Comment Mme Capone et moi-même nous sentirions-nous si notre fils était kidnappé ? J'offre 10 000 dollars à quiconque pourra donner des informations conduisant à l'enfant sain et sauf. »

Al ne se contente pas de condamner : « Je peux faire bien plus que personne sur terre pour retrouver ce bébé. » Il voit là l'occasion d'obtenir la libération qui lui a été refusée. « Je n'ai absolument rien à voir là-dedans. Je pense pouvoir le prouver. Mais je suis affirmatif, une mafia l'a fait [...]. Si j'ai raison, tout le monde sait que je suis capable de changer le cours des choses dans cette affaire. Eh bien, je suis volontaire, allons-y[4]. » Il ne demande en contrepartie que trois fois rien, une simple grâce présidentielle pour tous ses méfaits. Magnanime, il propose de déposer 250 000 dollars de caution pour prouver ses bonnes intentions et de placer un de ses frères en prison à sa place. L'article, publié le lendemain dans tous les journaux, déchaîne les passions. N'y a-t-il qu'un gangster capable de faire le travail de la police ? Découvrant les mots de Capone, Charles Lindbergh prend contact avec le secrétaire du Trésor. Si Scarface dit vrai, il appuiera sa demande. Le sujet est discuté sérieusement à la Maison Blanche, mais le président Herbert Hoover refuse la proposition. Les autorités impuissantes retrouveront le corps sans vie deux mois plus tard. L'Amérique est sous le choc, la mort du nourrisson frappe au cœur tout un pays, qui retourne sa haine contre ceux qui incarnent ce crime : les gangsters.

Le plus célèbre d'entre eux purgera sa peine dans un établissement où il ne sera plus le chef de l'Outfit : on s'apprête à le transférer à Atlanta, en Géorgie, vers la prison la plus stricte qui soit.

WASHINGTON D.C., COUR SUPRÊME, 1ER NOVEMBRE 1932

Louise aura-t-elle plus de chance ? Son cas doit être entendu le 1er novembre 1932 par la Cour suprême. Elle est l'affaire numéro 97, Vincenzo Gibaldi, alias « Jack McGurn », alias « Jim Vincent d'Oro », et Louise Rolfe contre les Etats-Unis d'Amérique ». Elle voulait une passion romantique et dangereuse, la voilà bravant le gouvernement en son sein. Le couple a rempli ensemble les vingt-cinq pages du dossier de réclamation, ne laissant rien de côté de l'historique de sa liaison, au nom du droit à s'aimer librement. Il n'y a plus qu'à attendre sagement. Hélas, la patience n'est guère une qualité de Louise. La nuit du 30 au 31 octobre, alors que l'on fête Halloween, elle est à nouveau arrêtée pour excès de vitesse et tentative de fuite. Refusant d'obtempérer à un contrôle de police, elle arrive en trombe dans son quartier cossu et se fait finalement intercepter par une seconde voiture. Ce serait mentir que prétendre qu'elle était sobre ce soir-là, un euphémisme de dire qu'elle avait bu. Les avocats du couple plaident le stress et la démence passagère.

Décidés à plaider leur cause en personne, Jack et Louise embarquent donc comme si de rien n'était à bord du train Baltimore & Ohio direction Washington. Ils savent que si les sages se prononcent contre eux, ils seront séparés. Il ne pourra plus la protéger, et à baigner dans le milieu carcéral et à ne pas savoir nager en eaux troubles, elle s'y noiera. Son caractère léger et enjoué ne lui sera d'aucune aide derrière les barreaux et fera d'elle une proie facile, pense-t-il.

Louise se présente devant les juges chapeau cloche enfoncé sur la tête, collier ras du cou noir et vêtue d'une robe blanche, les yeux maquillés. Face aux respectables hommes d'âge mûr garants de la bienséance morale, elle apparaît comme une libertine, symbole d'une jeunesse déréglée et ivre de plaisir. Cependant elle n'est pas qu'une danseuse entichée d'un voyou, mais aussi une épouse légitime, signe d'une rédemption. Jack, derrière elle, dans un costume sur mesure, a bien plaqué ses cheveux en arrière et tente de garder son calme. Louise jette un regard menaçant à l'armada de reporters ; elle n'a pas envie de poser en cet instant. Le procureur tente de pointer du doigt la conspiration des deux amants « en ce qu'ils ont eu des relations sexuelles sans que la vraie Mme Gibaldi en ait eu connaissance ». La bataille est serrée. Le 7 novembre 1932, la décision tombe, la cour les reconnaît non coupables. Les avocats ont bien fait leur travail. Une femme ne peut être accusée de conspiration ou de racolage uniquement parce qu'elle a consenti à un rapport avec un homme. Jack et Louise sont libres, rendus à leur rêve, leur confort bourgeois et leur célébrité adoubés par la loi.

Son appel rejeté par la Cour suprême des Etats-Unis, Al empaquette ses affaires dans sa cellule et passe la journée en famille. Le 3 mai 1932, il doit dire au revoir à Mae et Sonny, puis Teresa et Mafalda. On rit, pleure, mange. Le lendemain, à 10 h 30, l'escorte musclée chargée de mener le prisonnier jusqu'à la gare est prête. Six voitures pleines d'agents armés jusqu'aux dents l'attendent. Eliot Ness en personne a tenu à en être. Al ne remontera plus en cellule à Cook County, il passe de l'autre côté de la clôture, acclamé par les prisonniers qui lui font des signes, crient, lui souhaitent bon voyage. « Vous avez cru que c'était Mussolini qui passait par là ?! » leur lance-t-il. « Je suis sûr que Mussolini n'a jamais eu un adieu aussi chaleureux[5] ! » A l'extérieur, il sourit aux photographes et pose menotté. « Je suis impatient de commencer », se réjouit-il. Al défie l'autorité, la morosité, la Dépression et la morale. On peut être entravé, mais libre, question de posture. La gare est bondée à l'arrivée du convoi spécial. Les agents peinent à se frayer un chemin parmi les centaines de curieux présents pour l'événement.

A Atlanta, Al a droit à une coupe de cheveux qui ne lui plaît guère, quelques millimètres seulement, et à un costume de bagnard. Une purge pour un homme si coquet. Il travaille huit heures par jour dans l'atelier de cordonnerie et joue au tennis après s'être essayé sans succès au base-ball. Trente minutes de visite sont autorisées tous les quinze jours. Les femmes du clan ne comptent pas les manquer. Les langues étrangères étant interdites, Teresa doit s'asseoir avec les autres visiteurs, face à la longue table, et lui bredouiller quelques mots d'anglais à travers le grillage. Mae et Sonny viennent tous les mois. Pour les anniversaires et les fêtes, Al ne manque pas d'envoyer un télégramme. Pour la fête des Mères, il compose un poème à son épouse :

« Il y a un jour spécial pour les mères
entre tous les jours de l'année
Et je veux témoigner ma gratitude à quelqu'un de précieux et cher
Et souhaiter toute la joie et le bonheur à la plus douce des femmes — ma femme
Parce que tu fais partie de la fête des Mères
Et est la plus grande partie de ma vie[6]. »

Et il le termine par un petit mot plein de tendresse maritale : « Avec le temps, je réalise la dette que j'ai envers toi, ma gratitude ne cesse de grandir, mon amour est plus profond et plus fort pour toi, Dieu puisse te bénir et je vous aime tous. Ton cher mari, Al. » Il adressera exactement la même note à une autre femme… sa mère ! D'un poème, deux coups !

La distance sépare les amours transitoires, mais renforce les cœurs fidèles. C'est fou de voir à quel point les barreaux transforment des maris distraits en merveilleux repentis. Capone est enfermé avec Morris Rudensky, originaire d'une famille juive de Manhattan, qui avait commencé sa carrière de gangster en volant des bagels, avant de travailler à la fois pour Capone et pour le gang du Nord. Devenu le roi de l'évasion après de nombreux séjours à l'ombre, maintenant qu'il est dans une prison fédérale hautement sécurisée, Morris s'échappe par l'écriture. Il encourage Al à faire de même.

Ecrire à Mae, lui exprimer ce qu'il ressent, voilà ce qu'Al n'a jamais fait, mais il n'est pas trop tard. Alphonse peine à former les mots, le tracé du stylo est pénible, sa main tremble, il doit s'y reprendre à plusieurs fois. « Bon Dieu, Rusty, j'ai du mal à écrire une lettre. Le crayon a l'air de peser une tonne[7]. » Al a seulement la petite trentaine, il semble pourtant usé comme un vieillard. Garder le contact avec sa famille, avec Mae et Sonny, devient son obsession permanente. Il écrit au directeur de la prison pour une affaire de la plus haute importance : Mae lui a envoyé cinq photos d'elle, toutes dans des poses différentes. Mais Al s'inquiète de ce qu'on lui a signifié : « J'ai été informé que je ne pouvais en garder qu'une et que je devais renvoyer les autres [...]. Monsieur, si je ne suis pas autorisé à les garder, je vous demande de venir et ainsi je pourrai les détruire en votre présence, car je ne veux pas qu'elles atterrissent dans une rédaction avide de les publier[8]. » Le grand Scarface qui faisait trembler l'Amérique mendie des clichés de sa femme auprès du directeur d'une prison fédérale. L'affaire réglée, Al tend à son colocataire pénitentiaire la photo du petit et s'interroge : « Comment diable un gros machin comme moi peut-il avoir un fils aussi beau ? »

De son côté, Mae doit élever seule Sonny, affronter les regards, la presse, le clan. Elle doit se protéger, avancer dans le noir un jour après l'autre sans penser à la peine totale qu'il doit purger, ni à l'âge qu'aura leur fils à sa sortie, ni à tout ce qu'il n'aura pas pu faire avec lui, comme lui transmettre son expérience de la vie d'homme. Il faut se raisonner, Al est vivant, c'est tout ce qui compte. Car la mort rôde autour de l'Outfit et sème des veuves de gangsters à tour de faucheuse.

LES ENNEMIES TRÈS INTIMES DE J. E. HOOVER

« Le vice, c'est le mal qu'on fait sans plaisir. »

COLETTE, *Claudine en ménage.*

Le retour de la Fille au baiser mortel

CHICAGO, 26 JANVIER 1933

Le fiancé numéro huit de Margaret Collins, alias la Fille au baiser mortel, est entre la vie et la mort à l'hôpital Saint-Cabrini fondé par des sœurs missionnaires au beau milieu du quartier italien. Sol Feldman, 25 ans, s'affairait à briser la vitrine d'un magasin sur Michigan Avenue pour y dérober deux manteaux de fourrure[1], quand un policier a surgi dans son dos, le sommant de se rendre, avant d'ouvrir le feu.

Depuis la mort d'O'Banion, Margaret a pour une veuve un emploi du temps des plus chargés : mises en plis, nouvelle couleur de cheveux à chaque nouveau petit ami, interrogatoires de police et surtout fleurissement de tombes – elle en a déjà sept à entretenir. Dans chacune gît le corps d'un gangster qu'elle a aimé. Il lui reste pourtant encore suffisamment de larmes pour pleurer à gros bouillons s'il le faut à l'enterrement suivant et loin d'elle la volonté d'entrer au couvent, bien au contraire[2] ! En juin 1931, elle avait été arrêtée avec une amie en train de voler des robes de couturier dans une boutique et s'était retrouvée condamnée à des travaux d'intérêt général. Bien qu'elle soit tout à fait séduisante, les gangsters de Chicago ne se pressent plus pour la courtiser. Ils craignent de plus en plus qu'elle ne soit porteuse d'une malédiction, une poisse qui décime les parrains. Son prénom est alors synonyme de glamour autant que de mort subite.

En novembre 1932, elle avait pourtant rencontré Sol Feldman, un gangster des plus fleurs bleues, voire chrysanthème. Le *curriculum* de Sol, surnommé « le Bouledogue », fait de lui un mauvais garçon aux multiples talents criminels, spécialisé dans les agressions avec coups et blessures. Il a gagné son surnom en mordant l'oreille d'un homme lors d'un corps à corps et en la gardant entre ses mâchoires jusqu'à obtenir la victoire. Pour le moment, Sol mord la vie à pleines dents et se moque de la prétendue poisse de la belle blonde platine qu'il vient de rencontrer. La mécanique fatale est enclenchée, il finit en janvier 1933, après trois mois de relation, la peau trouée !

Les journaux s'emparent de l'affaire : « Le "Baiser de la mort" a encore frappé et la police se demande s'il réserve une fin terrible à Sol Feldman[3] ! » La police « a vu le "Baiser de la mort" embrasser Feldman l'autre soir à l'hôpital, où il tente de se remettre d'une blessure par balle causée par un policier qui le soupçonnait de bris de fenêtre ». Mais avec Sol, tout sera différent ! Margaret lui rend visite chaque jour pour veiller sur lui et rompre le sort.

La malédiction finit par être brisée : au bout de deux semaines, voici Sol rétabli et autorisé à sortir des soins intensifs. Seulement, le 5 avril 1933, présenté devant un juge pour ses méfaits, il lâche un cri avant de s'effondrer, inconscient. L'avocat de la défense, maître Samuel Hoffman, révèle à la cour l'identité de la maîtresse de son client après que celui-ci s'est évanoui, provoquant un bruit sourd d'effroi. Les juges n'ont plus le cœur à le condamner, craignant qu'il ne rejoigne tout de go, six pieds sous terre, ses prédécesseurs dans le funérarium de la fille à la poisse[4].

Sol finit par se réveiller, une fois encore, à l'hôpital. La plaie au poumon s'est infectée et a provoqué un abcès, voilà tout, pas de quoi appeler un exorciste. Son procès est reporté au début du mois de juillet 1933, le temps qu'il se remette sur pied et, éventuellement, rompe avec sa petite amie. Mais l'audience venue, Feldman ne se présente pas devant la cour. Quelques jours plus tôt, le couple a assisté au mariage de la sœur de Sol. Margaret, à son habitude, a dansé avec un autre gentleman, d'un peu trop près au goût de Sol. Pris de jalousie, ce dernier s'est saisi d'une bouteille de bière et, voulant punir l'impudente, la lui a fracassé sur le crâne. Margaret a perdu connaissance. Trois jeunes médecins qui se trouvaient parmi les convives, oubliant leur serment d'Hippocrate, se sont alors jetés sur lui et l'ont roué de coups. Quelques bleus et côtes cassées plus tard[5], il survit, mais son amour-propre a pris lui aussi quelques coups au passage. Interrogée le soir de la noce par la police, Margaret affirme tout pardonner à son Bouledogue et se dit prête à le reprendre sur-le-champ, victime du syndrome « Je t'aime moi non plus ». Sol Feldman, en revanche, se déclare totalement guéri de sa blonde, dont l'amour toxique aurait fini par avoir sa peau. Les histoires d'amour de gangsters finissent mal en général. Margaret, le cœur brisé, change d'identité, de couleur de cheveux bien entendu, et quitte la ville avec la ferme intention de disparaître à jamais.

Diamants et munitions sur canapé

WASHINGTON D.C., 22 JUILLET 1933

Il est presque minuit lorsque la ligne d'urgence sonne au domicile du directeur du bureau d'investigation. Une voix de femme halète, cherche ses mots[1]. J. Edgar Hoover n'a pourtant que très peu de compagnie féminine, et encore moins nocturne[2]. A 38 ans, il vit avec sa mère. A l'autre bout du fil, l'épouse d'un magnat du pétrole d'Oklahoma essaye de reprendre ses esprits, son mari vient d'être enlevé.

Le 22 juillet 1933, Charles Urschel, l'une des plus grandes fortunes de l'Etat, joue en ce samedi soir au bridge avec son épouse et un couple de voisins dans le solarium de leur propriété cossue d'Heritage Hills, à Oklahoma City. La partie va bon train et le petit groupe ne prête aucune attention à la voiture qui s'avance dans l'allée, peu après 23 heures. Quand soudain la moustiquaire se déchire comme un éclair, deux hommes armés de mitraillettes font irruption dans cette douce soirée de luxe, cartes et volupté. Couvrant son acolyte de son Tommy Gun, l'un d'eux va droit au but : « Lequel est Urschel[3] ? » Sans réponse des convives, le gangster se saisit des deux hommes sous les yeux de leurs épouses médusées. La voiture démarre en trombe et disparaît dans la nuit. L'assistant kidnappeur a alors une lueur de génie, fouiller les portefeuilles de ces messieurs pour découvrir leur identité. Le voisin rapidement démasqué se fait éjecter au bord de la route où il est retrouvé tétanisé mais sain et sauf. Les deux hommes détiennent Urschel.

En quelques minutes, J. E. Hoover est déjà sur le pied de guerre. Depuis l'élection du nouveau Président, Franklin Delano Roosevelt, le 8 novembre 1932, son sort ne tient en effet qu'à un fil. Le gouverneur de New York a battu dans les urnes le républicain Herbert Hoover, dont le mandat affaibli par l'éclatement de la crise financière de 1929 et l'impossibilité d'éviter au pays de sombrer dans la Grande Dépression ont ouvert la voie à une volonté de profond changement politique. Le démocrate compte bien incarner là comme ailleurs un New Deal, une nouvelle donne, et il exige des résultats immédiats en matière de lutte contre la criminalité.

Directeur du bureau d'investigation depuis le 10 mai 1924, J. E. Hoover – simple homonyme de l'ancien Président – est mis à mal par le changement d'administration à la tête de l'Etat, car les gangs pullulent de côte à côte. L'arrestation de Capone n'a rien changé, pis, elle a aggravé la situation. Il faut dire que le pays connaît une vague de criminalité sans précédent depuis le début de la grande crise économique. Depuis qu'il n'y a plus un seul ennemi public pour maintenir la criminalité sous son joug, une foultitude de cliques ont pris le relais pour régenter les vices des grandes villes tout en se livrant une guerre acharnée entre elles. Comme une hydre, sitôt que l'on coupe une tête, il en pousse plusieurs autres. La contrebande d'alcool occupe toujours une bonne place dans le palmarès des exactions commises, mais comme l'argent se fait plus rare encore que la boisson, les braquages de banques deviennent légion. Le président Roosevelt l'annonce : « L'Amérique est engagée dans une guerre qui menace la sécurité du pays… une guerre contre les forces du crime organisé[4]. » Il en appelle publiquement au « bras puissant du gouvernement pour leur suppression immédiate[5] ».

Depuis l'affaire du bébé Lindbergh, l'attention de l'opinion publique a été portée sur les difficultés du bureau d'investigation à gérer la criminalité et à protéger les citoyens les plus illustres. J. E. Hoover ne peut se permettre un nouveau scandale de cet ordre. Mme Urschel est conduite au poste de police, où on lui fait passer en revue un catalogue de photographies d'identité judiciaire qui lui glacent le sang. Bruns et d'apparence étrangère, voilà tout ce qu'elle peut dire des agresseurs. Ils n'ont laissé aucune empreinte derrière eux, ont lâché peu de mots permettant de distinguer une signature vocale. L'enlèvement semble avoir été réalisé par des professionnels, l'avertit l'officier, ils connaissent leur affaire ; l'épouse peut ainsi être rassurée[6] : on n'en veut qu'à leur argent, il est peu probable que Charles soit tué. Evidemment l'argument ne provoque pas l'effet escompté, et la pauvre femme chancelle à la sortie du commissariat. L'ensemble du bureau d'investigation est aux aguets, à la recherche des deux mystérieux kidnappeurs.

A 300 kilomètres de là, à Fort Worth, au Texas, deux inspecteurs ont une idée très précise de la personne à pister. Et ce n'est pas un homme. Quelques semaines auparavant, une belle brune sophistiquée d'1,75 m au teint de rousse et aux yeux noisette piquants, épouse d'un braqueur de banques et contrebandier d'alcool de faible envergure, les avait conviés à une petite sauterie à son domicile, une maison cossue de Mulkey Street. Les croyant corrompus ou aisément corruptibles, elle leur avait fait part au détour d'une conversation badine d'un projet de kidnapping et leur avait demandé s'ils seraient intéressés d'y participer. Les deux inspecteurs ayant décliné poliment l'offre, ils s'étaient alors vu proposer un second scénario par l'insistante hôtesse. A défaut d'aider, du moins pourraient-ils, contre un généreux dédommagement, lui garantir une issue de secours. D'un battement de cils, la Belle du Sud leur avait demandé, au cas où son mari se ferait épingler durant l'opération, de venir le réclamer au poste de police et de prétendre devoir le ramener au Texas, où il était activement recherché pour braquage. Ainsi pourrait-il s'échapper durant le transfert, grâce à leur faible vigilance finement négociée par Boucle brune. « Vous venez, vous demandez à l'emmener. J'ai votre accord[7] ? » Les deux hommes avaient fait mine d'acquiescer. Ils étaient dès lors au parfum, celui de Kathryn Kelly. Une fragrance qui berçait habituellement la naïveté masculine.

Kathryn est née Cleo Brooks en 1904, près de Saltillo, dans le Mississippi. Pressée de commencer sa carrière amoureuse, elle convole à l'âge de 15 ans avec un homme qu'elle connaît à peine et donne naissance à une petite fille. Mais le couple adolescent ne survit pas à l'arrivée de l'enfant, Cleo part rejoindre ses parents au Texas, Etat du Sud frontalier du Mexique, où l'on vient de découvrir les premiers gisements de pétrole – l'« or noir ». Son beau-père y possède une ferme, à Paradise, où il officie dans l'hôtellerie participative, hébergeant des gangsters pour 50 dollars la nuit. Cleo travaille en ville comme manucure dans un hôtel et feuillette avidement, entre deux clients, les illustrés dans lesquels brillent les étoiles du cinéma d'Hollywood. Greta Garbo, Marlène Dietrich, Ginger Rogers, Louise Brooks ou Katharine Hepburn ont l'air si libres, elles font de leur beauté un art de vivre, une promesse de bonheur qu'elle voudrait faire siens. Elle reproduit avec application leur coiffure, imite leur maintien et leur sourire mystérieux, tandis qu'elle ne peut que pâlir d'envie devant leur garde-robe.

Aux âmes tourmentées le goût des fausses identités n'attend pas le nombre des années ; Cleo se fait bientôt appeler Kathryn. Elle trouve que ce nom lui donne de l'allure, de la prestance ; il sonne comme celui d'une star hollywoodienne et surprend les hommes rencontrés à l'hôtel. Le prénom ne fait certes pas la femme, mais sa nouvelle personnalité donne subitement aux galants l'envie de lui offrir de nouvelles parures, bijoux et vêtements, véritables passeports pour faire son entrée dans le monde de la nuit, celui des clubs de jazz de Fort Worth.

Kathryn, trop occupée à multiplier les alias pour pouponner, confie l'éducation de sa fille à sa mère, Ora Shannon. Le 30 novembre 1929, elle se fait arrêter sous le nom de Dolores Whitney pour vol à l'étalage. Sa fiche signalétique arrive sur le bureau de J. E. Hoover qui n'y prête qu'une attention limitée[8]. Encore une femme perdue, sans mari, une créature de la nuit qui maraude le jour. Vite relâchée, par manque de preuves autant que d'acharnement à en trouver, Kathryn retourne à son marathon incessant d'hôtels de luxe et de cabarets clandestins. Les hommes qui tentent de lui courir après sont vite distancés ! Un fiancé de passage n'en revient pas, jamais il n'a rencontré pareille tornade. Cette fille à l'air innocent connaît « plus de *speakeasies*, de repaires de contrebandiers, de trous de serrure que je ne pensais qu'il en existait au Texas ». Mieux – ou pire, c'est selon –, « elle peut boire de l'alcool comme de l'eau[9] ».

Mais un contrebandier texan semble mieux équipé et se détache du lot. Il s'appelle Charlie Thorne. Pour fixer la girouette qui lui a fait tourner la tête, il l'épouse avant qu'elle ait le temps de dessaouler. Ni l'alcool ni les fêtes ou les cadeaux ne manquent à ce mariage, mais les disputes deviennent fréquentes. Kathryn veut un autre train de vie : elle pense à une vaste propriété, à un solide compte en banque et, cela va de soi, à des bijoux. Sinon à quoi bon se marier ? Pour solde de tout compte, elle récolte des yeux au beurre noir quand ses crises se font trop bruyantes. La superficialité esthétique n'empêche pas la profondeur des sentiments. Kathryn n'est pas seulement matérialiste, c'est aussi une passionnée doublée d'une jalouse maladive. Apprenant un jour par quelque commère du milieu que son mari l'aurait trompée, elle s'arrête faire le plein de sa Cadillac à une station-service et fulmine. Elle n'a pas la colère discrète. Le pompiste l'interroge : « Je suis condamnée à retourner à la ferme familiale, je vais tuer ce maudit Charlie Thorne[10]. » Par un terrible coup du sort, l'époux est retrouvé mort par balles à leur domicile. Charlie a laissé une lettre d'adieu dans laquelle il dit ne plus pouvoir supporter de vivre avec elle ni sans elle. Touchante attention, preuve d'amour ultime s'il en est, pour un homme quasi illettré. Le légiste conclut à un suicide.

Un trafiquant de perdu, dix de retrouvés ! Kathryn, à qui le célibat ne sied guère, devient la maîtresse d'un autre contrebandier, « Little » Steve Anderson. Ces deux-là auraient pu filer le parfait amour si l'homme ne s'était associé à un repris de justice, un de ces bruns aux yeux clairs qui vous donnent envie de n'être plus regardée que par eux.

George Francis Barnes est né le 18 juillet 1895 à Chicago. Comme Kathryn, il a un passé trouble. Son père, agent d'assurances, a fait déménager sa petite famille à Memphis dans le Tennessee avant ses premières dents de lait. Là il grandit comme les autres enfants de la moyenne bourgeoisie catholique. Quand sa mère décède alors qu'il est encore adolescent. George est bouleversé, la normalité de sa classe sociale lui semble désormais absurde. Il s'inscrit à l'université du Mississippi en agronomie, mais il est un étudiant peu motivé, dont la meilleure note – un C – est obtenue pour gratifier son hygiène physique. Il quitte définitivement l'établissement et la promesse d'une vie bien rangée au bout d'un semestre. L'amour l'appelle, et sa voix semble bien plus prometteuse.

Il a rencontré celle qu'il veut épouser, Geneva Ramsey, la fille d'un millionnaire, à laquelle il s'empresse de faire deux enfants. Pour être un gendre à la hauteur, il accepte une place de chauffeur de taxi à Memphis, mais il aime l'argent et les belles choses, non le travail qui ne permet de se les procurer qu'au compte-gouttes. Or la période regorge d'opportunités si l'on ne craint pas de s'éloigner des sentiers de la loi. Convoyer de l'alcool, outre l'attrait de l'illégalité, rapporte autrement plus que transporter des passagers. La contrebande devient une passion, il en fait son métier avant d'être pincé marron sur le tas. La belle héritière le quitte et George, esseulé, tente en vain de se suicider en avalant une bouteille de bichlorure de mercure. Même la mort ne semble alors pas vouloir de lui. La fuite valant mieux que la prison, il achète un camion et commence à transporter de l'alcool à travers le pays, jusqu'au Nouveau-Mexique[11]. Pour préserver le nom de sa famille et faire oublier les photos judiciaires qui ont immortalisé son délit, il change lui aussi d'identité et adopte le nom de George R. Kelly.

Prêt à recommencer une nouvelle vie, il arrive dans la petite ville de Cartoosa, en territoire indien, où les paris, la prostitution et l'alcool sont en pleine explosion. Hélas, en un rien de temps il se retrouve à la case prison ; arrêté en 1928, il est condamné à une peine de trois ans au pénitencier de Leavenworth. A sa sortie, il arrive à Oklahoma City avec la réputation d'être un contrebandier qui boit plus qu'il ne livre, n'a jamais menacé personne et se fait arrêter tous les quatre matins.

Cette réputation de petite frappe fait l'affaire de Little Steve qui pense avoir trouvé en lui un associé malléable. Mais George tombe immédiatement sous le charme de l'incendiaire maîtresse de son nouveau mentor, la belle Kathryn. Le forban rentre un jour chez lui et se rend compte que George lui a pris sa femme, sa voiture de luxe, mais aussi son bouledogue de race avec pedigree. Magnanime, il se lamente auprès d'un journaliste : « Je m'en fiche que ce sale bâtard prenne ma femme et ma voiture, mais j'aurais aimé qu'il me laisse le chien[12]. »

Le couple s'enfuit se marier à Minneapolis en septembre 1930[13], avant de s'installer dans la maison construite par le défunt Charlie Thorne sur Mulkey Street. George effectue six cambriolages les deux premières années de leur union – des noces d'argent en somme, au lieu de celles de cuir – et achète une Cadillac 16 cylindres qui fait la jalousie des voisins et la fierté de Kathryn. Il subtilise 40 000 dollars à la Central State Bank Sherman en 1931, puis autant quelques mois plus tard à Tupelo, dans le Mississippi, ce qui leur assure un revenu plus que confortable. Ce n'est pas seulement le gain qui intéresse George Kelly, mais plutôt l'ivresse de puissance que confère l'usage de la violence. Il aime l'idée d'entrer dans une banque et de tenir les employés en joue, de semer la peur avant d'essaimer les dollars. Kathryn ne se contente pas de tenir la caisse. Elle s'habille parfois en homme et se place en faction, jouant les chauffeurs, prête à faire vrombir son moteur pour arracher son homme aux sirènes de police[14].

Hélas, la crise de 1929 est toujours présente. On entre dans la quatrième année de la Grande Dépression qui continue d'assécher l'économie américaine. Les billets viennent à manquer, même dans les coffres-forts. Les banques sont à court de liquidités et Kathryn doit trouver de nouvelles opportunités professionnelles. Ambitieuse, séductrice et déterminée, elle a d'autres plans pour son mari que de le voir patauger dans l'alcool frelaté ou de risquer sa vie pour quelques dollars de plus. Le nouveau crime à la mode, c'est le kidnapping. Il serait ringard de continuer à pratiquer les délits de la saison dernière.

Avec un collègue de fortune, George enlève en janvier 1932 un couple après avoir provoqué la sortie de route de leur voiture. Il demande 50 000 dollars de rançon. Mais au bout de deux jours, l'homme parvient à le persuader qu'il est lui aussi frappé par la crise et qu'il ne dispose pas d'une telle somme. Il pourra en revanche assurément se les faire prêter et les lui envoyer sitôt qu'il les aura libérés. Bon cœur et bon fond, George s'exécute et attend que son ex-otage lui envoie les espèces. Ce que ce dernier se garde bien de faire. Décidément, les hommes de parole sont rares. Kathryn enrage.

George est beau en diable, mais il a besoin d'une tête pensante. Elle voit grand, lui a la vue courte. Peu importe, elle sait comment lui attirer le respect : le faire craindre dans le milieu. Elle rapporte en février 1933 à son cher et tendre un cadeau qui devrait l'y aider et, peut-être, pallier son manque de stratégie ; une mitraillette Thompson, le fameux « Tommy Gun », payée 250 dollars[15], acquise dans l'échoppe d'un prêteur sur gages de Fort Worth[16].

Il a besoin d'acquérir une réputation qui fera trembler à sa seule évocation. La technique ? Les rumeurs. Kathryn l'entraîne au tir, en l'exerçant à viser des noix posées sur une barrière dont les coquilles éventrées sont autant de cadeaux souvenirs qu'elle adresse à ses amis des *speakeasies* et clubs de jazz. Elle remplit les cartouches et conserve les douilles de ses séances d'entraînement qu'elle distribue en guise de cartes de visite. L'adresse n'est rien sans une bonne stratégie de communication. Il lui faut avant tout un nom de ring. Elle lui en trouve un : « Machine Gun » Kelly, Kelly la Mitraille. De quoi rapidement faire oublier au milieu la mésaventure de son enlèvement raté ! Chaque soir, elle module sa voix pour obtenir plus d'effet quand elle présente ses petites offrandes très personnelles : « Voilà un souvenir que j'ai rapporté pour vous. C'est une cartouche tirée par George Machine Gun, Machine Gun Kelly, vous savez[17] ! » S'ils savaient que George est si fébrile qu'il lui arrive de vomir avant un hold-up[18] !

Mais, reflux gastriques ou pas, c'est entraîné et conditionné par sa maîtresse femme que George vient d'enlever Urschel, ce 22 juillet 1933. Les yeux bandés, le millionnaire est emmené à Paradise, au Texas, dans la ferme des parents de Kathryn. Il sera leur otage. Soucieuse de se fournir un alibi, Kathryn invite le lendemain à leur domicile l'un des deux agents qu'elle avait tenté de corrompre. Elle l'accueille sur le pas de la porte, l'humeur guillerette, et lui dit rentrer à l'instant d'un déplacement à St Louis, au nord, dans l'Etat du Missouri. Mais en repartant, tandis qu'il se demande quel était l'objet de cette invitation, le limier aperçoit la voiture de son hôtesse devant la maison : sur le siège avant, les gros titres du *Daily Oklahoman* font mention de l'enlèvement qui vient d'avoir lieu. Sur les roues, il remarque de la boue ocre, typique de celle que l'on y trouve[19]. Encore faut-il plus que de la suspicion pour accabler un suspect…

Une demande de rançon parvient rapidement à Mme Urschel. Les ravisseurs réclament 200 000 dollars en petites coupures. La somme est exorbitante, la plus élevée alors jamais exigée dans un enlèvement. En comparaison, celle demandée pour le bébé Lindbergh n'était que de 50 000 dollars. Un mode opératoire des plus élaborés quant aux formalités de règlement lui est également précisé.

Le 27 juillet 1933, une petite annonce paraît dans la rubrique immobilière du *Daily Oklahoman* : « Ferme à vendre, 160 ha de terrain, 5 chambres, vaches, outils, tracteurs, 3 750 dollars pour vente rapide. Ecrire au *Daily Oklahoman* Box H-807. » Rien à voir avec la vente d'une ferme, il s'agit du signal donné par les ravisseurs afin qu'un émissaire avec une valise contenant 10 000 billets de 20 dollars se dirige vers le point de rendez-vous décidé pour l'échange[20]. Après avoir diverti Urschel en jouant aux cartes avec lui huit jours durant, George relâche son prisonnier. Ils sont deux à être riches désormais. C'est compter sans la mémoire inouïe d'Urschel, doublée d'un sang-froid à toute épreuve. Il a noté durant sa captivité chaque détail, comme le temps écoulé entre le passage de deux avions au-dessus de leur cache, le goût amer de l'eau, l'odeur de la terre et autres éléments minutieux qui renseignent si bien les agents sur sa captivité qu'ils ne mettent pas longtemps à cibler la ferme d'Ora Shannon, la mère de Kathryn.

PARADISE, TEXAS, 12 AOÛT 1933

Une opération d'envergure est lancée. Quatorze hommes encerclent le bâtiment. Urschel tient à être de la partie et à se confronter à ses tortionnaires qu'il veut voir à leur tour entravés. La mère de Kathryn est arrêtée, menottée. Elle hurle en dernière recommandation à son mari : « Ne leur dis rien[21] ! » tandis qu'on l'emmène au poste de police. Pas besoin de se mettre à table, Kathryn a commis une erreur. Elle a envoyé une lettre à sa mère adorée depuis St Paul, dans le Minnesota, alors qu'elle prétendait être à St Louis, dans le Missouri, à près de 850 kilomètres de là ! Terrible aveu de faiblesse. La géographie a son importance quand on prétend donner dans l'extorsion. Surtout, la veille de l'enlèvement, elle est allée récupérer sa fille, dont Ora Shannon a la garde depuis des années, signe qu'elle était indubitablement au courant de l'événement en gestation.

J. E. Hoover voit dans l'affaire Urschel l'occasion de briller, de marquer le nouveau Président, ainsi que l'opinion publique, en mettant les coupables au pilori. Un avis de recherche officiel signé de sa main est édité et transmis à toutes les agences, avec la photo de Kathryn et de George assortie de la mention « morts ou vifs ». J. E. Hoover propose une récompense de 10 000 dollars pour encourager les plus hésitants. Kathryn y est décrite comme pesant 63 kg, les cheveux bruns, le teint d'une rousse et avec pour signe distinctif de « porter beaucoup de bijoux de luxe ». George Kelly, 38 ans, est dépeint comme « musclé » et « expert en armes à feu ». L'entreprise de communication de Kathryn a donc fonctionné, même l'agence la plus puissante reconnaît à présent ses talents ! La description de leur Cadillac circule dans tout le pays. Le couple est en cet instant le plus recherché d'Amérique, que l'illustre *New York Times* identifie comme « des *desperados* du Sud, les plus dangereux jamais rencontrés[22] ». La chasse à l'homme commence, et pour une des toutes premières fois, à la femme aussi.

J. E. Hoover enrage contre Kathryn, cette envoûteuse tentatrice. Selon lui, George est terrorisé par celle qui, à 29 ans, non contente d'être « belle à regarder », a « un beau port et des manières plaisantes »[23]. Il ne faut guère s'y fier, derrière ce minois se cache l'« une des criminelles les plus froidement déterminées de [s]on expérience ». Il en est persuadé, c'est elle le cerveau capable de concevoir un enlèvement et de le mener à bien, « principalement grâce à la domination qu'elle exerce sur son mari qui, en dépit de son nom tout à fait terrifiant, ne peut que s'incliner devant ses tirades et faire ce qu'elle lui impose ». Cette succube devient dans son esprit une diablesse : « Si jamais il y eut un homme soumis, ce fut George Machine Gun Kelly. »

J. E. Hoover a bien sûr eu connaissance des faits et gestes des compagnes des membres du gang de l'Outfit. Il sait tout de Mae Capone ou de Louise Rolfe. Mais au début des années 1930, on considère ces aventureuses fiancées comme rien de plus que des gourgandines. Etre une Miss Flinguette signifie aliéner son destin à celui d'un gang en se liant à un bandit qui gagne sa vie, ou la perd, en hold-up et enlèvements, trafic d'armes et d'alcool, sans oublier les assassinats. Mais l'amour n'est pas un crime fédéral et ces jeunes écervelées ne restent en prison pas plus que le temps d'une nuit. Or Kathryn est une femme d'un genre nouveau, une « accro aux armes à feu[24] », « folle des hommes, folle des vêtements », une « sournoise perspicace comédienne criminelle ». Un beau palmarès !

L'échec du bureau d'investigation à enrayer la vague de criminalité fait monter la colère de l'« ami public numéro un » contre celle qui incarne à ses yeux la quintessence de la violence, en général, et de la « femelle », en particulier. Bref, l'incarnation du Mal : une femme légère, mauvaise mère, coureuse, matérialiste et avilie, douée de félonie et d'une intelligence qui lui permettent – pire que tout – de dominer un homme et de lui dicter ses volontés. Dégoûtant ! Il en est certain, « le commandement, le sarcasme, la ténacité que la famille Kelly a démontrés peuvent être uniquement attribués à l'attitude de Kathryn ». Une femme qui guide un homme ; au royaume des borgnes, une aveugle est reine ! « Elle a réellement pris le contrôle dictatorial de ses affaires… Il y a des preuves que Kathryn s'est embarquée dans ce qui pourrait être appelé une campagne de popularité dans le milieu des gangs, où elle vante son tireur d'élite de mari. » Elle devient la bête noire de Hoover, sa Némésis. Il compte bien intercepter cette créature pour l'empêcher de nuire. Encore faut-il la trouver.

Le couple a pris la tangente vers l'ouest et se réfugie dans un appartement de St Paul, dans le Minnesota, près de Minneapolis – sauf qu'il lui est difficile de tenir la cache… George, galvanisé par l'argent de la rançon, offre à son pygmalion une fourrure et des bijoux, un bracelet garni de deux cent trente-quatre diamants, ainsi qu'une bague avec huit diamants ronds[25]. Pour brouiller les pistes, ils font l'acquisition d'une nouvelle Cadillac. Le vendeur ne peut que confier aux agents qui les pistent la forte impression que lui a faite Kathryn, avec son « grand nombre de robes de style persan, signées Chanel », ainsi que sa « bague en diamant forme cocktail »[26]. Il leur dévoile surtout un détail sur le couple qui manque décidément de discrétion : ils ont mentionné devant lui leur intention de se rendre à Chicago. Les hommes d'Hoover n'ont plus qu'à les y cueillir.

Kathryn pense toujours avec un coup d'avance et dirige George vers Des Moines, en Iowa, où ils font halte au Fort Des Moines Hotel qui, avec ses trois ascenseurs, s'élève à 43 mètres au-dessus du sol.

Dans la suite cosy, elle allume la radio et prend un moment pour écouter les nouvelles fraîchement tombées. Elle apprend que sa mère a été arrêtée et ne sera pas relâchée avant d'avoir parlé. Comment ont-ils osé, les chiens ! Elle fulmine. La colère est mauvaise conseillère, incontrôlable quand elle devient trop puissante. Jurant de tout faire pour la sortir de prison, Kathryn traîne George vers le Sud, à Coleman, au Texas, où elle a un oncle qui pourra leur venir en aide et leur trouver un avocat digne de ce nom. A défaut de comprendre, l'oncle a l'intelligence de ne pas poser trop de questions au couple qui se présente à sa porte. Le lendemain, George dort quand Kathryn se lève avec l'aurore. Elle conduit jusqu'à une ville voisine et y achète une Sedan Chevy déglinguée, pour plus de discrétion, avant de se mettre, seule, en quête d'un bavard. On n'est jamais mieux servie que par soi-même, et si l'on attend d'être servie par son homme, on risque de manger froid ! Mais Kathryn ne revient pas. Les jours passent. George devient nerveux, il craint d'être dénoncé, l'œil de l'oncle commence à se faire inquisiteur. Le 23 août 1933, il se plante devant son hôte défiant, lui demande une feuille de papier. Il y griffonne quelques mots, referme l'enveloppe et laisse une seule instruction : « Donnez-la à Kathryn et dites-lui "Mississippi" », avant de disparaître à son tour. L'a-t-elle abandonné ? Viendra-t-elle le chercher jusque-là ? George prend la route, sans femme ni argent. Ce qu'il ne sait pas, c'est que Kathryn a pris soin d'enterrer la majeure partie de leur butin dans le jardin du ranch de son oncle.

La nation suspend sa respiration et suit cette traque durant un été brûlant. Kathryn a finement contacté un homme de loi à Fort Worth et rentre enfin chez son oncle. Elle ne comprend rien au départ de George. Quelle idée d'aller dans le Mississippi sans elle ! Comment l'y retrouver ? Il ne peut décidément prendre aucune décision seul ! Elle décide de revenir au Texas. Au début du mois de septembre, elle ressent le besoin de s'épancher auprès d'une amie. La vérité est trop lourde à porter : « Je ne sais pas où est George », se plaint-elle, insultant et pleurant son mari absent. « Mais j'essaie de le persuader de se rendre, ainsi ils libéreront ma mère et abandonneront les charges contre nous. »

Tel est en effet le terrible marché qu'elle a présenté à son baveux : négocier dans l'ombre avec le bureau d'investigation. Si elle parvient à leur livrer son mari, elle et sa mère seront hors de cause. Son cœur par la confidence allégée, l'infatigable Kathryn achète le lendemain matin une perruque rousse et s'enregistre à l'hôtel Hilton de Waco, d'où elle appelle son nouvel avocat pour savoir si sa proposition a retenu l'attention des fédéraux. Elle craint d'avoir été suivie et que ce dernier ne soit placé sur écoute : « Bonjour, c'est ta petite amie », lui dit-elle, provoquant l'incompréhension de l'habillé de noir qui lui demande laquelle. « La meilleure, celle avec les chiens pékinois. » Elle lui dit devoir le rencontrer en secret et lui demande de venir immédiatement à Waco. Or elle omet de lui révéler un détail essentiel pour la retrouver au plus vite – elle a opté pour le roux[27], aussi le malheureux arpente-t-il les rues et établissements de la ville sans succès.

Peu importent les dangers, elle doit tenter le tout pour le tout. Vêtue d'une robe de vichy bleu et de sa perruque, elle roule l'esprit anxieux quand elle aperçoit sur le bord de la route trois âmes en peine et en haillons. Luther Arnold, un travailleur agricole que la crise a laissé sans le sou, tente, avec sa femme et sa fille de 12 ans, de survivre en acceptant de maigres travaux çà et là. Kathryn a une idée. Phase un, les hommes dans le besoin sont susceptibles d'être poussés à tout, ils pourront lui servir. Elle s'arrête à leur hauteur et les incite à monter d'un sourire[28]. Phase deux, elle se gagne leur sympathie en emmenant les filles faire du lèche-vitrines et leur offre quelques babioles. Phase trois, après la distraction, les affaires. Elle s'adresse au mari, lui demandant si elle peut lui faire confiance. L'homme acquiesce. Après tant de générosité, il n'a pas le cœur à lui dire non. « Je suis Kathryn Kelly. Aucun doute, vous avez sûrement entendu parler de moi dans les journaux. Monsieur Arnold, je vais placer toute ma confiance en vous », le gratifie-t-elle en lui tendant un billet de 50 dollars. Elle le charge de se rendre à Fort Worth, chez son avocat, afin de lui rendre compte de l'avancée des négociations. Le pauvre hère s'exécute, mais revient avec de tristes nouvelles : les hommes d'Hoover n'ont pour l'instant pas donné suite.

Ce que femme veut, Kathryn l'obtient. Elle renvoie le lendemain Luther Arnold, avec cette fois-ci 300 dollars en poche, pour recruter un nouvel avocat. Le fermier, après des semaines de ventre vide, a à présent les mains pleines et ne compte pas rester sobre. Loin de respecter la marche à suivre, il entre dans le premier bar qu'il trouve et commande une boisson d'homme. Il réclame au tenancier de la compagnie féminine et part s'encanailler chez la demoiselle, qui lui est servie plus vite encore que son breuvage. N'y tenant plus, il demande à celle-ci d'inviter une connaissance désireuse de s'acoquiner elle aussi ! Après une nuit de débauche, le fermier s'annonce le lendemain, une femme à chaque bras, au prestigieux hôtel Skirvin, luxueux établissement d'Oklahoma, où il demande une chambre pour prolonger la fête !

Loin d'imaginer la débauche à laquelle s'adonne son drôle d'émissaire, Kathryn enlève la fille d'Arnold, âgée de 12 ans, qu'elle prend comme assurance vie, et abandonne Mme Arnold dans une cache d'où elle lui interdit de bouger. Elle retourne pied au plancher chez son oncle où elle espère que George sera finalement revenu. Il est enfin là, le benêt ! « Je ne sais pas si je dois te tuer ou t'embrasser[29] », lui lance-t-elle, avant de se décider pour les deux. Elle l'accable d'une volée de bois vert, le traite d'abruti, de satané idiot pour l'avoir laissée ainsi et l'accuse d'avoir filé rejoindre une ancienne conquête. Il se justifie, il n'a fait que chercher une cache discrète loin de l'attention et du milieu. Elle ne veut rien entendre. Après l'avoir bien travaillé au corps par une copieuse séance de culpabilisation, elle lui annonce son plan : il doit se rendre, pour les sauver, elle et sa mère. George acquiesce. A elle d'aller négocier ; comme d'habitude, il fera ce qu'elle dira.

En attendant, Arnold, mis sur les rotules par tant d'aventures inédites, se fait arrêter, titubant, à la sortie de l'hôtel. Guère entraîné à subir un interrogatoire, l'idiot livre immédiatement la cache des Kelly. Les hommes d'Hoover s'y pressent, mais ne trouvent sur place que Mme Arnold, lâchée là par Kathryn ! Cette femme est décidément infernale ! Le couple réuni s'est volatilisé avec la fille Arnold. Le bureau d'investigation perd de nouveau sa trace.

Pas pour longtemps. Kathryn apprend dans les journaux que le procès de sa mère commence le lendemain. Elle hurle, exige une revanche, elle ne peut en rester là. Pleine de fiel, elle écrit une lettre au procureur chargé du procès : « La famille Urschel dans son intégralité, ainsi que ses amis, vous tous serez exterminés bientôt[30]. » Le ton n'est pas forcément celui attendu d'une mère traquée, mais Kathryn continue sur sa lancée. Et pourquoi s'adresser au procureur plutôt qu'à ses victimes ? Au diable les intermédiaires, elle envoie plusieurs lettres de menace aux Urschel. Les experts graphologues employés par le bureau reconnaissent son écriture et attestent qu'elle est bien l'auteur des demandes de rançon qui la relient directement au crime[31].

Mais alors que sa mère est jugée, elle écrit une autre missive au procureur, qui ne sait plus sur quel pied plaider : « Elle m'a dit vouloir vivre une vie sereine et honorable et m'a demandé de m'occuper de tout, avec son accord. J'ai répondu que si elle désirait se rendre, il y avait plein d'officiers disponibles partout[32]. »

Le couple se cache chez un proche dans le Tennessee, à Memphis, la ville qui a vu grandir George. Après plus de cinquante jours de cavale, Hoover a réussi à les localiser et décide de donner l'assaut. Peu avant l'aube, ses hommes investissent la maison. Kathryn dort dans une des chambres, George, en sous-vêtements, lève son arme vers eux. Il les attendait. Rapidement convaincu de se rendre, il est désarmé et menotté. On lui laisse le temps d'enfiler costume, cravate et couvre-chef ; on ne va tout de même pas juger un homme en slip, même s'il est déjà condamné. Kathryn, réveillée du mauvais pied, met un temps de diva à se vêtir. Elle sort de la chambre en robe de soie noire, épaulettes en fourrure de singe et boutons orangés. Elle pleure et se jette dans les bras de George : « Chéri, je crois que c'en est fini pour nous. Les fédéraux ne nous laisseront jamais tranquilles[33]. » Alors qu'on l'embarque dans la voiture, elle charge un des agents d'une tâche des plus importantes : prendre soin de ses pékinois et de ses fourrures. Le couple est séparé pour interrogatoire. Kathryn est mise à l'eau et au pain sec, histoire d'affaiblir sa volonté[34].

TRIBUNAL D'OKLAHOMA CITY, 9 OCTOBRE 1933

La bête noire de J. E. Hoover fait une entrée fracassante dans la cour du juge Edgar S. Vaught, à Oklahoma City. Elle gifle un des gardes qui l'escortent pour avoir voulu l'empêcher d'embrasser son beau-père en lui demandant de hâter le pas. George, voyant sa femme se débattre, bondit, obligeant un autre agent à le maîtriser en l'assommant d'un coup de crosse de revolver derrière le crâne, tandis que Kathryn lui hurle de cesser de le frapper ! La furie, sommée par la cour de s'expliquer sur ce préambule musclé, explique qu'elle serait ravie de gifler à nouveau ce gardien[35]. George, la tête en sang, à côté d'elle, approuve. Dans un mouvement d'arrogance et de défi, ils rient.

L'audience commence. Kathryn calcule chaque mouvement et chaque pose comme une star de cinéma. Elle s'assoit, croise et décroise les jambes, sourit aux jurés, lance un regard au juge et aux caméras fixées sur elle, tout de noir vêtue, son chapeau ajusté sur ses cheveux parfaitement crantés. Le procureur l'interroge sur la connaissance qu'elle aurait des activités de son mari : « Il m'a toujours dit de ne pas me mêler de ses affaires d'aucune manière, ce que j'ai fait[36]. » Lui a-t-il parlé du kidnapping ? Puisque George va tomber, elle a décidé de sauver sa peau : « Il a dit qu'il allait le tuer, je l'ai supplié de ne pas le faire, de le libérer. » L'avocat de Kathryn enfonce le clou, elle n'est qu'une victime, toute la responsabilité repose entièrement sur son mari et les Urschel devraient même la remercier.

Il demande encore si elle aime toujours son mari : « Oui », acquiesce-t-elle. Lui fait-elle encore confiance ? « Non. » Un murmure parcourt la salle. « Il m'a déçue, je ne pensais pas qu'il gagnait sa vie malhonnêtement. » Le procureur bat en brèche l'argument : « Donc, tant que vous aviez de beaux vêtements, un bel endroit où vivre et une bonne nourriture, vous n'étiez pas particulièrement intéressée de savoir comment votre mari gagnait sa vie, n'est-ce pas ? » L'affaire s'annonce plus difficile qu'elle ne le pensait ; son charme, cette fois, reste inopérant.

Si elle ne peut convaincre le juge, elle peut tout de même essayer d'atteindre l'opinion publique. Elle donne ainsi une interview à un quotidien : « Rapide comme un lynx, la langue aiguisée comme une arsouille quand on l'excite, elle se cache derrière le plus désarmant des sourires », écrit le plumitif ensorcelé. Assise sur une des couchettes de la prison où elle est sous bonne garde, elle se confie : « Je ne suis pas inquiète pour mon sort, je ne l'ai jamais été, je le suis seulement pour ma mère. Elle n'a rien à voir avec cela. Une femme a le droit de rester chez elle et de vaquer à ses occupations, c'est tout ce qu'elle a fait. » Elle ne se prive pas là encore de charger son mari. « C'est la faute de Kelly si ma mère et papa ont été mêlés à tout cela[37]. » Elle demande une cigarette, qu'elle fume avec une grâce contrôlée, battant des cils, tout en se lamentant sur la qualité de la nourriture servie ici, préférant celle livrée de l'extérieur.

L'audience reprend. Les témoignages se suivent et se ressemblent, tous l'accablent. Le juge interroge Mme Arnold sur la participation de Kathryn à l'enlèvement : « Elle a dit qu'ils auraient mieux fait de tuer ce bâtard, qu'elle aurait voulu pouvoir le faire elle-même[38]. »

Le procureur conclut à charge : « Comment pouvez-vous croire qu'elle est la pudique, aimante et craintive épouse qu'elle prétend être, après avoir entendu qu'elle a couru le pays comme une fille ou une épouse de millionnaire en achetant des armes à feu ? [...] Pensez-vous qu'elle ait conspiré avec George uniquement par peur de lui ? Je vous le dis, elle est la conspiratrice en chef. » George, Kathryn et sa mère sont condamnés à la réclusion à perpétuité, une peine exceptionnelle pour une femme. Une première victoire d'importance pour le bureau d'investigation. Kathryn commente la décision avec ironie : « Même mes pékinois auraient pris perpète dans ce tribunal ! »

George est conduit au pénitencier de Leavenworth, au Kansas. Il prétend qu'il s'enfuira bientôt pour la retrouver. Il viendra la chercher à Noël, il fait toujours ce qu'il dit, se rassure-t-elle, tandis qu'on la conduit au Milan Penitentiary, dans le Michigan. Mille deux cents kilomètres les séparent à présent. Sa mère toujours à ses côtés, elle est placée dans la catégorie des « incorrigibles », là où sont recluses celles qui ont refusé de collaborer, de témoigner ou de se repentir.

La veuve noire

CHICAGO, 10 OCTOBRE 1933

Accompagnée d'un avocat, d'un médecin et d'une infirmière, une femme arrive à la morgue de la ville. Elle est vêtue d'un manteau en fourrure noire, d'une robe de soie noire, d'un chapeau et de chaussures assortis, d'un voile et de longs gants couvrant ses bras. Georgette Winkler voit son mari Gus pour la dernière fois. Trois jours plutôt, ils se sont donné rendez-vous dans le parc Lincoln. Il n'a pu rester que quelques minutes, la police le recherchant toujours depuis le massacre de la Saint-Valentin.

Puis il avait à nouveau disparu, jusqu'à ce coup de fil lui demandant de venir l'identifier. Son avocat lui emboîte le pas, mais le médecin légiste l'attrape par le bras pour le sortir de la pièce. L'homme de la mafia n'a pas peur d'abîmer son costume et rétorque : « Je me fiche que vous soyez le Président, je suis l'avocat de Winkler et je ne bouge pas d'ici ! » Le légiste riposte : « Vous représentez les voyous et vous ne devez donc pas être mieux qu'eux, vous êtes un voyou vous aussi ! »

Georgette, blonde de 35 ans, le visage marqué par les nuits blanches, ses rondeurs gainées dans une robe, en posture de deuil, se tient là, immobile, et regarde les deux hommes jouer les gros bras, tandis que son Gus est allongé dans une des boîtes. Assuré que l'avocat ne lâchera pas sa cliente, le médecin légiste improvise l'interrogatoire[1] :

— Combien de temps avez-vous parlé ?

— A peu près dix minutes.

— Saviez-vous où il allait ?

— Non.

— Avait-il l'air inquiet ?

— Pas du tout.

— Avait-il un revolver ?

— Non et il n'en portait plus depuis longtemps.

— A-t-il montré des signes de peur ?

— Non, il avait vu dans les journaux qu'il était recherché et m'a dit qu'il allait attendre le lendemain matin pour se rendre à un type, un agent fédéral, [...] il avait été absent de la maison les deux derniers jours.

— Avait-il reçu des menaces ?

— Non.

— Quelles relations entretenait-il avec la brasserie du 1414 Roscoe Street en face de laquelle la fusillade a eu lieu ?

— Aucune idée.

— Avait-il l'habitude d'y aller ?

— Je ne connaissais même pas son existence.

— Vous avez dit qu'il conduisait, avez-vous reconnu la voiture ?

— Je n'y ai pas fait attention. Je suis montée avec lui, nous avons parlé. Notre Lincoln était au garage et il n'avait pas notre chauffeur avec lui, je présume donc qu'il avait emprunté une voiture.

— Est-ce vrai que vous avez trois appartements ?

— Nous avons déjà de la chance d'en avoir un !

Questionnée en tant que témoin numéro un, Georgette se livre avec le légiste à une véritable partie de poker menteur, où il s'agit de répondre avec le moins de mots ou d'expressions possible afin de ne surtout rien révéler.

Gus avait pris la direction du gang du Nord quelques mois auparavant, après les morts successives d'O'Banion, de Vincent Drucci et de Bugs Moran. L'héritage ne lui avait guère réussi[2] et son règne avait été de courte durée.

La veille, le 9 octobre, à 13 h 30, Gus a garé sa voiture sur Roscoe Street sans prêter attention au camion de livraison vert stationné quelques mètres plus loin. Il descend, traverse la rue, s'apprête à s'engouffrer dans une brasserie, quand la première détonation se fait entendre. Les hommes ouvrent le feu méthodiquement. Ils ne visent pas la tête, mais tirent entre les épaules et les hanches, tout en vidant méthodiquement l'ensemble de leurs chargeurs. Gus Winkler reçoit soixante-douze balles dans le corps, mais aucune n'est tirée pour le tuer sur le coup. La vengeance est un plat douloureux, à cuisson lente. Les assaillants prennent la fuite à bord de leur estafette, les témoins sont formels, mais évidemment aucun n'a pu les voir et tous se montrent à regret bien incapables de les identifier. La police intervient. Gus respire encore, il est conduit à l'hôpital où il ne demande qu'une chose au médecin, appeler un prêtre, ce qui lui sera plus utile[3]. Ses vêtements viennent d'être entièrement découpés pour estimer l'étendue des blessures. L'homme d'Eglise arrive en hâte et s'étonne de le trouver encore en vie dans un tel état. Les soixante-douze balles logées dans son torse et ses membres sont un défi à l'étanchéité du corps humain. Rôti à la poudre, Gus lance un appel à la Providence pour le salut de son âme et, le souffle de vie lui échappant déjà, entame une prière : « Notre Père qui êtes aux cieux, que votre nom soit… »

La veuve prend congé. Elle n'a rien à dire à la police. Elle ne veut parler qu'au bureau d'investigation. Gus a été assassiné par le milieu car il était soupçonné de jouer un double jeu avec les autorités et d'informer le gouvernement sur les braquages du gang. Or Georgette est formelle : « Gus ne voulait pas les informer sur les casses. Il a été sacrifié pour quelque chose qu'il n'a pas fait. » Mais voilà, il a été vu plusieurs fois sortant du siège du bureau d'investigation de Chicago, et, pis encore, rencontrant certains de ses agents lors de rendez-vous secrets. Le Syndicat du crime avait tranché, il devait disparaître.

En réalité, Gus conduisait dans l'ombre un autre marché. Certes, il avait fourni aux hommes d'Hoover les preuves qui avaient permis l'arrestation… de Machine Gun Kelly et de sa femme Kathryn ! En échange, il entendait faire innocenter Capone dans son procès pour fraude fiscale et le faire sortir de prison. Winkler, après avoir négocié avec le gouvernement, croyait avoir une bonne nouvelle à annoncer au triumvirat – composé de Paul Ricca, ancien émissaire d'Al, Frank Nitti, dit « l'Exécuteur », un de ses anciens hommes de main, et Louis Campagna, son ancien garde du corps[4] – qui assurait l'intérim à la tête de l'Outfit. L'affaire Capone aurait pu être étouffée contre un versement de 100 000 dollars d'impôts. Mais les cerbères à la tête du gang s'étaient empressés de venir rendre visite à Georgette pour lui ordonner de convaincre son mari de renoncer à cette idée folle. « Ils voulaient voir Capone en prison[5] », se souvient-elle. Tout empire a une fin, il n'y a de pouvoir qu'éphémère, Scarface a été trahi par ses anciens lieutenants. Les uns après les autres, ses proches sont décimés. Et si la justice ne peut faire condamner les coupables du septuple meurtre, la loi de la jungle du milieu s'en chargera.

Le samedi suivant, c'est à St Louis qu'ont lieu les funérailles. Pas de profusion de fleurs ni de convoi exceptionnel, Gus a laissé à sa veuve à peine de quoi payer la facture de l'enterrement et, n'ayant trouvé que 300 dollars dans sa poche et quelques bijoux, elle doit compter sur la solidarité des amis du milieu. Elle a choisi un cercueil simple, avec une petite plaque en argent sur laquelle elle a fait graver « Gus », avec un petit cœur. Regarder les fossoyeurs recouvrir le corps de l'être aimé lui est insoutenable. Georgette s'enfonce peu à peu avec lui intérieurement.

Deux semaines plus tard, le 22 octobre 1933, le soir venu, elle allume le gaz de leur appartement du quinzième étage du 3300 Lake Shore Drive[6]. Le lendemain matin, elle est supposée comparaître devant un jury en tant que témoin dans l'affaire concernant l'assassinat de son mari. C'est au-dessus de ses forces. Elle appelle Bernice Burke, l'épouse du tueur à gages Fred « Killer » Burke, suspect principal dans le meurtre de la Saint-Valentin, qui purge alors une peine de prison à perpétuité. « Je vais faire un long voyage », lui dit-elle. « Viens me voir avant mon départ, mais dans une heure seulement. »

Bernice Burke connaît les tourments des femmes de gangsters et le vertige de leur solitude. Elle désobéit à son amie et se précipite chez Georgette. Elle trouve porte close, la veuve fragile ne répond pas. L'odeur de combustible a envahi tout le palier, l'amie dévouée alerte le gardien qui coupe l'arrivée de gaz de l'immeuble, puis prévient les secours qui entrent dans l'appartement. Ces derniers trouvent Georgette allongée dans la cuisine, inconsciente, habillée d'une robe de soirée noire. Les pompiers mettent une demi-heure à la réanimer ; quand enfin elle ouvre les yeux, elle les regarde, horrifiée, et se met à crier : « Gus, je veux mourir, je veux venir avec toi ! » Au docteur qui s'active auprès d'elle, elle lance : « Vous ne me rendez pas service en me laissant vivre, je veux mourir ! » Elle murmure également une phrase qu'aucun d'entre eux ne saisira : « Ils essaient de me crucifier. »

LA MAFIEUSE ÉTAIT PRESQUE FRANÇAISE

« L'instruction pour les femmes, c'est le luxe ; le nécessaire, c'est la séduction. »

Mme DE GIRARDIN, *Lettres parisiennes.*

Johnny, tu n'es pas un ange

CHICAGO, NOVEMBRE 1933

Evelyn coiffe ses cheveux bruns au bol, maquille son visage de poudre pour accentuer l'intensité de son teint hâlé, termine par un rouge carmin sur les lèvres avant de rejoindre le cabaret du quartier Nord où elle a trouvé un emploi de responsable du vestiaire. Y a-t-il travail plus agréable que celui qui permet, une fois son service terminé, de s'asseoir à une table pour boire et prendre du bon temps avec ses amis ? Et la captivante Amérindienne aux origines françaises ne manque jamais de compagnie.

Elle aperçoit entre deux éclats de rire un homme assis à l'autre bout de la pièce qui la dévisage. Il soutient le regard de la belle, qui esquisse un sourire boudeur. Interprétant cette moue comme une invitation, il s'approche de la table où il connaît une des jeunes femmes avec lesquelles elle s'encanaille. Celle-ci le lui présente : « Voici Jack Harris. » Evelyn ne relève pas le nom, elle sait bien que dans ce lieu tous les hommes ont une fausse identité, tout comme certaines femmes d'ailleurs... A commencer par elle ! De toute façon, elle ne le reconnaît pas, car elle ne lit pas les journaux.

Evelyn n'a pas idée que cet homme élégant à la fine moustache apprêtée vient de s'évader, le 12 octobre 1933, de la prison de

Lima, en Ohio, où il séjournait pour avoir braqué une banque, jusqu'à ce que trois de ses anciens codétenus surgissent, tirent sur le shérif, lui subtilisent les clés des cellules, enferment au passage la femme de ce dernier dans l'une d'elles et le libèrent de manière spectaculaire. Elle ne sait pas non plus que l'homme est activement recherché par toutes les polices du pays, ni qu'il a la gonorrhée, d'ailleurs[1]. Jack Harris s'appelle en réalité John Dillinger. Avec ses cheveux plaqués en arrière, habillé avec le dernier chic, il a la tête toujours légèrement penchée de côté, ce qui lui donne un air de dandy espiègle.

Tout ce qu'elle voit, c'est son regard : « Il y avait quelque chose dans ces yeux que je n'oublierai jamais. Ils étaient perçants et électriques, et pourtant il y avait aussi une étincelle d'insouciance amusée. Ils ont rencontré mes yeux et m'ont laissée hypnotisée un instant. » A 25 ans, elle a l'impression d'avoir été jusqu'alors comme en sommeil : « Soudain tout était différent. »

Ce soir-là, elle ne cherche pas à en savoir plus, il est juste Jack Harris, cet homme charmant qui la fait danser, lui sourit et lui dit : « Où étais-tu durant toute ma vie ? » Il a 30 ans et sait déjà y faire, il lui achète toutes sortes de bijoux, de voitures et d'animaux, la sort chaque soir, bref, il lui donne « tout ce qu'une fille peut vouloir ». John Dillinger est un vrai gentleman, pense-t-elle, « il me traite comme une dame ». La relation s'intensifie et le couple passe « trois ou quatre nuits par semaine en amis intimes[2] ». Ils se retrouvent au 901 Addison Street, dans un appartement occupé par plusieurs camarades de jeux de vilains, vivant la nuit, de fêtes et de larcins qui semblent encore innocents à la jeune femme[3]. Car Mary Evelyn Frechette n'est pas une Miss Flinguette comme les autres.

Née le 15 septembre 1907, dans le nord du Wisconsin, littéralement, le « lieu où il y a de l'herbe », elle a grandi au milieu d'une fratrie de cinq enfants. Son père, d'origine française, a succombé aux charmes métissés d'une native Amérindienne membre de la tribu des Menominee, qui avaient autrefois leurs terres de chasse entre le Wisconsin et le Michigan, près des Grands Lacs, et que l'on a surnommés les « mangeurs de riz sauvage ».

Evelyn a grandi dans la réserve de Neopit, où elle a suivi l'enseignement religieux dispensé par les missionnaires. Mais un événement tragique – la mort de son père – l'arrache brutalement au monde de l'enfance, alors qu'elle n'a que 8 ans. Esseulée, Evelyn n'a plus goût à l'apprentissage de la vie, à son quotidien dépouillé proche de la nature. Elle décide de changer son prénom et d'arborer celui de son père, Billie, pour ne jamais l'oublier. Mais lorsque les souvenirs deviennent trop lourds à porter, il faut quitter l'endroit où la famille a fait son nid. « Billie » abandonne donc sa terre et les siens pour aller au lycée à Flandreau, dans le Dakota du Sud.

A la veille de ses 20 ans, la belle Evelyn se sent étouffer dans son univers traditionnel, elle a soif de grand monde et jette son dévolu sur Chicago, une ville merveilleuse faite d'inconnus, de lumières, de possibles. Une autre raison précipite son choix, la nécessité de cacher à ses proches son état : elle est enceinte de deux mois. Là-bas, elle pourra trouver un centre qui lui permettra de « s'occuper » de son souci. Mais rares sont les endroits portant un regard bienveillant sur sa condition de pécheresse. Evelyn est chassée par deux fois d'hôpitaux qui lui suggèrent de se rendre à la Maison Beulah pour filles-mères au 2144 North Clark Street. Elle se présente seule dans cet endroit insalubre et délabré, tenu par de véreux docteurs tirant profit de femmes désespérées[4]. Le directeur, autoproclamé révérend, et sa femme, que les pauvresses enceintes jusqu'aux yeux doivent appeler « maman », se chargent des formalités d'adoption. Evelyn y accouche le 24 avril 1928 d'un petit garçon qu'elle leur confie. Hélas, les créatures indésirables sont envoyées dans ce que les journalistes appellent la « ferme de la mort », dans le Michigan, à plus de 300 kilomètres de la maternité. Le nourrisson y décède à l'âge de 5 mois dans des conditions mystérieuses, en même temps que dix-huit autres poupons[5]. Eprouvée par cet épisode traumatisant qui marque son adieu à l'enfance, Evelyn retourne auprès des siens dans la réserve. Mais elle ne fait déjà plus partie de ce monde où sa place, son rôle, sa vie seraient codifiés pour la façonner en épouse et mère. Les membres de la tribu la regardent avec mépris : elle aime les plaisirs terrestres, ce qui suffit à ternir sa réputation et à la placer au ban de la communauté.

Ses rêves, eux, lui tendent les bras, et Billie arrive au printemps 1932 à Chicago. Immergée au milieu de milliers d'anonymes, elle n'est plus cette femme instable, capricieuse et étrange qui souhaite mener sa propre vie, seulement l'une de ces nombreuses travailleuses que la crise économique a précipitées vers les grandes villes à la recherche d'un moyen de subsistance. Elle travaille – infirmière, aide ménagère et serveuse, peu importe –, mais surtout elle retrouve sa sœur. Celle-ci se produit comme comédienne et joue de l'exotisme de ses origines pour attirer les spectateurs. Elle s'habille de peaux, peint son visage et danse dans une troupe à la manière des Indiens, attisant la curiosité du Chicago des années 1930.

Enfin elle se sent vivre, si loin de l'ennui qui a entouré ses années d'enfance rythmées par les travaux ménagers et les saisons. Evelyn se produit à son tour dans des églises, lors de représentations au profit de démunis. Toutefois, médiocre actrice, elle délaisse vite le costume pour aider plutôt à nettoyer les assiettes et à préparer en cuisine des plats traditionnels indiens, du maïs séché et du riz sauvage.

L'ennui intime mêlé de solitude flétrit le cœur d'une femme, Billie est à la recherche de sentiments forts. Elle rencontre un certain Welton Spark. Il n'est pas l'homme de sa vie, elle le sait, mais il lui sert de parenthèse en attendant l'élu. Hélas, dans le Chicago de la Grande Dépression, tout va très vite, on brûle la vie par les deux bouts et il faut sauter sur les hommes avant qu'ils ne soient tués ou arrêtés. Peu de temps après leur rencontre, l'infortuné attaque un postier qu'il détrousse de ses colis et est condamné en juillet 1932 à quinze années de détention. Enfin quelque chose de romantique, de la passion, un amour impossible ! Ragaillardie par les barreaux, elle l'épouse un mois plus tard dans une cérémonie à la sauvette, à la prison de Cook County[6]. Le projet paraissait séduisant, mais la réalité est inverse, avoir un mari embastillé ne fait que raviver sa solitude. Son incarcération lui procure un sentiment d'échec et la renvoie à son propre vide, sa béance, justifiant son « attitude fuyante face à la vie[7] ».

Mariage au balcon, divorce en prison

John et Billie ont une chose en commun, la perte d'un être cher et l'empreinte qu'elle laisse en creux au fond de l'âme. John Dillinger est né le 22 juin 1903, à Indianapolis, en Indiana, au cœur du Midwest agricole. Il est le petit-fils d'un émigré allemand arrivé sur la terre de tous les possibles au siècle précédent, orphelin de mère avant l'âge de 4 ans. Aucune femme n'arrive dès lors à combler ses besoins, ni sa grande sœur qui se charge de son éducation, ni sa belle-mère, que son père épouse en secondes noces après cinq années d'un chaste deuil. John, aux émois préadolescents, nourrit pour cette étrangère des sentiments contradictoires, à la fois incestueux et colériques[1]. Il a envie de l'aimer et de la détruire tout à la fois, paradoxe que son jeune esprit ne parvient pas à supporter et qui ne trouve que la violence comme exutoire.

John a lui aussi déjà convolé. Il a épousé en avril 1924 Beryl Hovius, née le 6 août 1906 dans une famille pauvre de fermiers de Stinesville, en Indiana. A l'automne 1923, les Hovius ont déménagé dans la petite ville tranquille de Martinsville, où ils sont parvenus à survivre grâce à quelques aides sociales. Beryl était une élève assidue de la South District School, où elle était considérée comme une excellente étudiante.

Un jour, la jeune fille, enjouée et gaie de nature, rencontre lors d'une fête un nommé John Dillinger. Celui-ci est immédiatement séduit par sa beauté et sa candeur adolescente. Elle est impressionnée par ses manières du grand monde, sa prestance avec les femmes. Il lui ouvre les portes, celle de sa chambre en premier, lui tend son mouchoir lorsqu'elle en a besoin et trouve toujours un moyen de la faire rire. Comment résister ? Elle invite John à la rejoindre lors d'une fête pour célibataires à l'église du village. Véritable examen de passage, petits copains et maris potentiels s'alignent devant les tartes que les femmes ont préparées. Chacune est délicatement entourée d'un ruban de la même couleur que celle portée par sa préparatrice. Ainsi les hommes peuvent-ils remonter à la source et identifier celle qui a excité leurs papilles. Libre au gourmand une fois régalé de s'asseoir pour un tête-à-tête avec la dame qui a mitonné le plat dégusté. Dillinger s'apprête à prendre la dernière part de la douceur préparée par Beryl, mais un autre prétendant s'en saisit. Il est furieux, la violence étant souvent proche du sentiment amoureux. Mais Beryl sait comment lui parler : dans son four, elle a fait dorer une autre tarte qui l'attend chez elle. Ils quittent la fête main dans la main et courent dévorer de concert la pâtisserie en guise de vendetta[2]. *Enfin* une femme qui comprend ses besoins ! Pour la première fois, John est amoureux.

Le 12 avril 1924, ils se marient lors d'une cérémonie intime. Evidemment, elle a menti sur son âge et s'est vieillie d'une année. Qu'importe, les parents de Beryl adorent Dillinger, la vie semble se dérouler pour le mieux. Après la noce, John prend sa fiancée sous le bras et l'emmène chez son père pour la lui présenter. Décidé à assumer son nouveau rôle de mari, il trouve un emploi dans un magasin de meubles. Le couple loue son premier appartement et s'installe au 249 Eslinger Avenue, à Martinsville. La vie maritale semble lui réussir : il ne boit plus, travaille la journée dans la boutique, se montre toujours de bonne humeur, rapporte à son épouse de petits présents chaque semaine, notamment des bracelets. Tous deux passent leurs soirées tranquillement à la maison, parlent, écoutent la radio, lisent et commentent les journaux, ou bien jouent aux cartes. Monsieur donne même de la voix et pousse la chansonnette afin d'amuser madame lorsqu'elle est triste. Mais la nuit, pendant que Beryl dort, John laisse libre cours à d'autres aspects plus sombres de sa personnalité[3].

Au début du mois de septembre 1924, Dillinger dit un soir à Beryl qu'il part jouer au billard avec quelques amis, parmi lesquels un ancien détenu pour vol. Une fois une quantité respectable d'alcool ingérée, ce bien intentionné camarade lui fait part de son plan : il veut détrousser un épicier du coin. Ivre, John se laisse convaincre qu'ils trouveront là de l'argent facile. N'est-ce pas le rôle du mari de pourvoir aux besoins du foyer ? Peu après 22 heures, ils se mettent en faction à la sortie du magasin. Un coup de feu part et alerte aussitôt les voisins. L'ami dévoué prend la fuite, la détonation sitôt retentie, et laisse son acolyte plein comme une outre se faire arrêter. La sentence a de quoi l'aider à dégriser : John est condamné à dix ans de réclusion à l'Indiana State Reformatory.

Beryl, la bonne élève, fort heureusement sait écrire et le couple entame une relation épistolaire. Le 18 août 1928, il se languit d'elle :

« Ma très chère femme,

« J'ai reçu ta très chère lettre mardi soir, la seule cette semaine, et j'attends toujours que tu puisses venir me voir. Comme j'aimerais te voir, ma chérie ! Nous serons tellement heureux quand je viendrai à toi et chasserai tes soucis. Il n'y aura pas besoin d'enfants [elle est stérile] pour me faire rester à la maison et ne jamais te quitter et te chérir encore, juste être avec toi et te rendre heureuse. J'espère avoir un droit de visite lundi. Je l'espère tant que je meurs d'envie de te voir, de te prendre en photo chaque fois que je te vois. Je te dirais de dire "framboise", car ce mot te remonte toujours le moral et te fait sourire. […]

« Je t'embrasse très fort, toi, la plus douce des femmes du monde. »

John a l'encre au bord des lèvres, mais Beryl a d'autres besoins. Ses visites s'espacent. Dix ans s'apparentent à l'éternité quand on en a à peine 20. Le 20 juin 1929, après cinq ans de séparation forcée, elle demande le divorce et épouse en secondes noces, une semaine plus tard, son avocat !

John renoue avec l'amertume de son enfance, profondément blessé par le sentiment d'abandon qui le submerge à nouveau. Il reproche au système judiciaire l'échec de son mariage, on lui a volé son premier amour. Plus personne ne l'attend à l'extérieur, à quoi bon dès lors être un prisonnier modèle ? Il multiplie les séjours en isolement, les bagarres et les tentatives d'évasion. Mis en liberté conditionnelle en mai 1933, il n'est plus le même. Le petit fermier de l'Indiana est devenu en prison un criminel aguerri. Un mois plus tard, une banque de l'Ohio est dévalisée, ses coffres délestés de 10 000 dollars. Une douzaine d'autres vols suivront. John retrouve avant l'été l'ombre de sa cellule. Mais il peut compter sur ses nouvelles amitiés pour le faire évader.

Au mois d'octobre 1933, d'anciens détenus s'emparent d'un commissariat de police et le dépouillent de tout son arsenal, emportant armes et munitions en tout genre, avant d'aller à la rescousse de John Dillinger. Son nom fait désormais le tour du pays, synonyme de témérité. Et chaque fois qu'elle voit son ancien mari dans les journaux, Beryl touche l'alliance qu'il lui a mise au doigt le jour de leur mariage et qu'elle n'a jamais pu se résoudre à enlever.

Quand Johnny rencontre Billie

CHICAGO, 15 NOVEMBRE 1933

Les vicissitudes de la vie l'avaient rendu taciturne, mais John retrouve le sourire sitôt croisé celui de Billie au début de ce mois de novembre 1933. Il a laissé sa dépression en prison, mais la prison a néanmoins laissé quelque chose en lui, la teigne. Et l'infection ne semble pas vouloir guérir d'elle-même. John se renseigne dans le milieu, où les bizarreries dermatologiques et vénériennes sont largement répandues, pour trouver un praticien discret et prend finalement rendez-vous chez le docteur Eye, au 4175 Irving Park Boulevard. Le couple va chez le médecin le 15 novembre[1]. A 19 h 30, Johnny gare l'Essex Terraplane devant le cabinet, puis y pénètre pendant que Billie l'attend à l'intérieur. Soudain, des voitures de police se garent une à une devant la berline. Billie tente de faire marche arrière, mais elle se retrouve très vite cernée. Son nouvel amoureux va tomber dans le piège ! Comment le prévenir sans risquer d'être arrêtée ?

A la fenêtre du cabinet, John a déjà vu poindre le danger. Il dévale les escaliers quatre à quatre, un revolver à chaque main, et sort de l'immeuble en tirant. Billie est restée au volant, tandis que John s'engouffre dans l'habitacle, troque ses armes de poing contre une mitraillette, brise la lunette arrière et canarde tout ce qui ose s'approcher. Pied au plancher, elle dévale le boulevard à toute allure et heurte un véhicule de police qui lui barre le chemin. Filant à plus de 135 kilomètres-heure, elle sème les agents, en pleine poussée d'adrénaline, et le couple s'échappe sain et sauf, tremblant mais joyeux. Elle se sent plus en vie que jamais, elle que l'ennui avait tant rongée jusque-là !

Mais rester la compagne de Dillinger est un travail à temps plein. Aimer un gangster, c'est épouser son gang. John est notamment en affaires avec Harry Pierpont, son mentor aux yeux bleus et à la voix douce qui affiche déjà à son actif un palmarès honorable d'une dizaine de cambriolages à main armée. Il y a aussi Russell Clark, déjà condamné pour meurtres et kidnappings, entre autres passe-temps. Dans la mafia, le cloisonnement entre vie privée et professionnelle se révèle parfois très relatif. John emménage ainsi avec Pierpont dans un appartement de deux chambres avec salon, au 4310 Clarendon Avenue. Le charme de Billie lui permet de se faire accepter de ses encombrants camarades de jeu. Hélas, s'il lui est aisé de supporter les gangsters, il faut encore s'entendre avec leurs petites amies !

Harry Pierpont n'est pas le seul à être son nouveau colocataire : il y a aussi sa compagne, Mary Kinder. Cette dernière regarde la nouvelle venue aux ongles manucurés avec défiance. Billie n'a pas encore prouvé sa loyauté. Pis, « boire avec une Indienne » lui semble une indignité[2]. Mary a été traumatisée quelques années plus tôt par le suicide – d'une balle en pleine tête – de son père, dont elle avait retrouvé le corps inanimé dans la maison familiale d'Indianapolis. Depuis, la vie quotidienne lui semble une aberration, une avanie et elle ne veut en aucun cas d'une vie de labeur éprouvante évoquant peu ou prou le modèle familial. Elle a rencontré Harry et décidé d'en faire son roi, veillant à son bien-être et à sa sûreté. Aussi, quand son homme a été incarcéré, elle lui est demeurée fidèle, ne pensant qu'à lui à chaque instant. Et quand il lui a dit préparer son évasion avec un de ses codétenus, un certain John Dillinger, c'est elle qui a conduit l'automobile pour l'arracher à la prison et l'amener dans un lieu en sécurité. Face à la police qui l'a interrogée, elle a su tenir sa langue, prouvant par là même sa légitimité de fiancée de la poudre[3]. Ce qui fait d'elle aujourd'hui l'une des deux seules femmes sur la liste des ennemis publics du pays[4] ! Cette fierté, ce palmarès, elle les a gagnés. Mais cette fille au teint hâlé, qui est-elle et qu'a-t-elle fait pour eux ?

A l'inverse, John est fasciné par les origines de sa conquête. Son métissage natif lui confère une sorte de mystère insondable et profond, presque spirituel, tandis que son éducation religieuse l'a habituée à un maintien qui fait d'elle une vraie dame. Maîtrisant l'art de l'énigme et de la culpabilité, Billie constitue pour la gent masculine qui l'approche une combinaison irrésistible, ce qui ne fait qu'augmenter la jalousie latente de la dévouée Mary. La guerre des femmes n'aura pas lieu tant que chacune saura garder sa place. Dans cette colocation forcée, c'est Mary qui tient les rênes du ménage à quatre, gère l'argent et va verser en liquide le montant des loyers dus. John fait office de chef de famille. Il souhaite que les femmes s'habillent de couleurs sombres et discrètes, de manière conservatrice en somme, afin de ne pas attirer l'attention. Aussi envoie-t-il les deux fiancées faire du lèche-vitrines et renouveler leur garde-robe à cet effet. Hélas, Billie aime porter du rose, de belles matières au toucher soyeux, et ce n'est pas parce que monsieur est en cavale qu'elle doit s'habiller comme une veuve italienne. Son achat le plus pressant consiste en un ensemble de bagages en cuir, afin d'être prête à s'enfuir en un rien de temps.

Mary lui donne aussi du fil à retordre. Bien que John le lui interdise, elle noie son inimitié pour Billie dans l'alcool. Et elle a l'animosité tenace. Mary boit un soir plus que de raison. Au bar de la Nut House, elle commande des tournées générales de champagne, arrosant les serveurs de généreux pourboires. Une telle opulence en période de Grande Dépression économique est parfaitement déplacée. Son comportement finit par éveiller la suspicion d'un des convives, qui appelle la police. Mary trouve le moyen de s'exfiltrer discrètement avant la descente des forces de l'ordre, mais une fois dans la rue, ne sait plus où elle habite. Fâcheusement amnésique, elle trouve une solution peu banale : prendre un taxi et demander au chauffeur de rouler jusqu'à ce qu'elle reconnaisse quelque chose. En passant devant un hôtel que son homme a déjà utilisé comme lieu de rendez-vous, elle y prend une chambre et s'écroule. Il ne lui reste plus qu'à attendre qu'on vienne la chercher. Le lendemain matin, elle est réveillée en sursaut : des policiers font une descente dans l'hôtel, les chambres sont fouillées une à une ! Ni une ni deux, la mémoire retrouvée, elle s'échappe avant qu'on lui mette la main dessus et retrouve le petit groupe à l'appartement.

Dillinger se passerait bien de cette publicité en talons. Les grandes ambitions demandent de grandes qualités de discrétion et John ne veut pas se contenter d'être un criminel à la petite semaine. Il a décidé de frapper fort et de ne viser que les banques d'Etat. Seulement voilà, les coffres-forts garnis sont rares. Surtout, s'attaquer aux célèbres enseignes de Chicago et ses alentours, cela veut dire braconner sur les terres de Capone et déclarer une guerre de territoire à l'Outfit. Car si Al est toujours en prison, son gang lui survit et diversifie ses activités dans le racket, le jeu, l'usure, jusqu'à s'étendre géographiquement au Wisconsin, au Kansas et à la Californie. Peu importe, les grandes ambitions demandent également de puissants ennemis et John ne se laisse impressionner par personne. Il dévalise la Central National Bank d'Indiana pour un butin considérable de 74 000 dollars, puis quelques jours plus tard l'American Bank de Racine, dans le Wisconsin, récoltant 28 000 dollars. Le 13 décembre 1933, il s'attaque à l'Unity Trust and Savings Bank de Chicago pour seulement 8 700 dollars[5]. Il met tant de cœur à l'ouvrage qu'avant la fin de l'année, sa capture devient à Chicago l'obsession première des forces de police. Si pressante que le capitaine à la retraite John Stege, qui menait l'enquête quand l'Outfit avait fait abattre Dean O'Banion en 1924, reprend du service pour rejoindre l'escouade anti-Dillinger.

Sous le soleil exactement

FLORIDE, DÉCEMBRE 1933

L'hiver se fait glaçant autant que dangereux. John décide de s'éloigner de Chicago le temps des fêtes de fin d'année. Le 19 décembre 1933, il emmène Billie en Floride. Le couple loue un charmant cottage de deux étages à Daytona Beach, au 901 South Atlantic Avenue[1], face à l'océan. Mais ici aussi, les activités à deux se limitent à la chambre à coucher. Billie et John sont rejoints dès le lendemain par le reste du gang qui compte bien profiter de ces vacances.

J. E. Hoover ne prend pas de congés, lui. Le bureau d'investigation a l'œil partout : « Dillinger, Evelyn Frechette [...] et quatre autres couples sont à Daytona Beach depuis le 19 décembre », peut-on lire dans un des rapports internes destinés à Monsieur le Directeur : « Ils n'ont eu aucun contact local et n'ont reçu ni télégrammes ni appels longue distance. »

L'heure est au *farniente*. Les hommes s'assoient dans le grand salon face à l'une des quatre cheminées, ou bien « jouent au golf, tandis que les filles montent à cheval en maillot de bain[2] », glisse-t-on dans une note secrète à J. Edgar qui manque de s'étrangler en lisant la suite. Les filles du gang baguenaudent en tenue de bain et se font livrer leurs repas, car elles refusent de cuisiner ! Même la plus courageuse d'entre elles, Mary, renonce aux tâches ménagères. Décidément, ces créatures vouent le pays à la perversion en poursuivant la satisfaction de leurs désirs les plus bas. Kathryn Kelly est en prison et y passera le reste de sa vie, mais combien d'autres suivront son exemple ? Le virus semble se propager à toute sa génération.

Pour Noël, les voisins font éclater des pétards, les hommes du gang tirent en l'air à la mitraillette avant de procéder à l'échange des cadeaux. Mary reçoit de son fiancé une montre en diamant, Billie lui offre un nécessaire de maquillage. L'ancienne ennemie a prévu pour la nouvelle venue de quoi ravir son Johnny, un ensemble de sous-vêtements en soie. John lui a réservé deux cadeaux inédits, de quoi satisfaire à la fois son cœur romantique et ses goûts de luxe : une bague en guise de promesse d'épousailles et une montre en platine, toutes deux incrustées de diamants ! Il a l'amour généreux et la gâte également d'ensembles en provenance des grands magasins : deux paires de pantoufles, une paire de chaussures, deux paires d'escarpins habillés, cinq chapeaux, dont un signé Jean Patou et venant de Paris, trois paires de gants, trois robes de chambre, trois pyjamas en soie, ainsi que dix-huit robes, accompagnées de deux gilets pare-balles, un assortiment d'armes automatiques et leurs munitions, avec des cartes routières. Voilà la description de la « penderie » que reçoit Hoover sur son bureau, ce qui ne contribue guère à lui rendre sa propriétaire plus sympathique. Quelle femme de bien a besoin d'autant de babioles futiles ? Billie est tout à fait d'accord, la mode est un accessoire superficiel. Les diamants, en revanche, sont la preuve compactée de l'amour, ils lui sont consubstantiels. Hélas, à quoi bon briller de mille carats si l'on a les dents cariées ! Billie profite de leur séjour pour faire effectuer quelques soins dentaires. Elle se rend au cabinet du docteur Sid Ney, au 256 South Beach Street, qui lui enlève une dent et lui prépare un bridge.

John, qui veut décidément que ce Noël soit exceptionnel, prépare une surprise plus grande encore pour sa fiancée : une voiture ! Sous une fausse identité, sitôt le réveillon achevé, il prend rendez-vous chez un notaire pour transférer la propriété de son Essex Terraplane à celle qu'il présente comme sa « sœur ». Billie exulte. Elle conduit sans permis, mais qu'importe ! Elle est transportée par la sensation de vitesse et l'impression de liberté terrible que ce nouveau jouet lui procure. De libertés, John commence à trouver que Billie en a assez pris comme cela. Son associé Pierpont prête bien trop d'attention à sa princesse indienne qui ne semble guère se défendre beaucoup. Il l'emmène un soir faire une balade romantique sur la jetée, arrête la voiture, la fait descendre et sort son arme. « Tu as assez joué avec Harry », lui assène-t-il. « Tu as quelque chose à dire avant que je t'en colle une ? » Billie garde son sang-froid et sa dignité : « Je n'ai pas peur de mourir. Je ne veux pas vivre si tu penses une telle chose de moi[3]. » Cette défiance et cette morgue sont tout ce qu'il attendait, la seule preuve d'amour recevable pour lui. Il redémarre la voiture, satisfait.

Mieux valait prévenir que guérir, John décide d'éloigner sa dulcinée le temps de préparer son prochain coup. Le prétexte est tout trouvé : il lui commande d'aller voir celui auquel elle est toujours mariée afin de demander le divorce[4]. Billie n'a pas le temps de faire poser son bridge, et, une dent en moins et quelques bijoux en plus, file chez son ancien mari.

Quelques jours plus tard, sur le chemin du retour vers Chicago, elle est tellement grisée par la vitesse qu'elle perd le contrôle de son véhicule ! Sans John, comment faire ? Elle n'a aucun moyen de le contacter, et, qui plus est, risque d'être dénoncée. Si son identité n'est pas encore révélée, sa description a été donnée à la suite de la fusillade qui a éclaté devant le cabinet du docteur Eye. Un garagiste tentera d'en savoir plus sur l'origine de la voiture et la gardera immobilisée le temps de la réparer. Mais Billie trouve un carrossier non loin de là, à Milwaukee, et avec son air assuré n'a aucun mal à négocier la reprise de l'auto endommagée. Pour 220 dollars de plus, elle lui rachète d'occasion un coupé Terraplane. Une affaire éclair rondement menée, Johnny serait fier d'elle ! Si elle le retrouve un jour... De retour à Chicago, John joue en effet au fiancé invisible. Billie doit envoyer plusieurs câbles aux femmes du gang pour réussir à le localiser et organiser enfin un rendez-vous. C'est que son cher et tendre ne s'est pas contenté de l'attendre.

Le 15 janvier 1934, vers 15 heures, les hommes en cavale garent leur Plymouth bleue devant la First National Bank d'East Chicago.

Pierpont attend à bord de la voiture, tandis que John, accompagné d'un complice à la mitraillette dissimulée dans un étui de trombone, pénètre dans l'établissement. Passé le vestibule, Dillinger dégaine sa Thompson, terrifiant la douzaine d'employés et la vingtaine de clients présents sur les lieux, alors que son associé instrumentiste s'empare de 20 000 dollars en billets. Ils sont rapides, les gestes minutés dans un scénario millimétré. C'est compter sans les huit policiers qui ont déjà bloqué l'extérieur du bâtiment. L'un des employés a discrètement déclenché le bouton d'alarme. John prend le sous-directeur de la banque en otage et amorce une sortie. Un des officiers vide son chargeur dans sa direction. Mais le gangster porte un gilet pare-balles et réplique. Il s'engouffre dans la voiture, tandis que le policier tombe sous un déluge de plomb. John Dillinger n'était jusqu'alors qu'un braqueur, il devient à présent un meurtrier. Le cambriolage reste un délit. En revanche, l'assassinat – surtout d'un représentant de la loi – est un crime. Toutes les polices de la ville sont plus que jamais à ses trousses. Billie patiente des jours interminables, sans nouvelles.

Voulez-vous cavaler avec moi, ce soir ?

Le 19 janvier 1934, enfin Billie retrouve John. Il est à bout de forces et n'a pas mangé depuis le braquage. Tous deux doivent fuir, s'inventer une nouvelle identité : ils seront M. et Mme Frank Sullivan, du Wisconsin. Billie emmène avec elle un petit chiot boston terrier que Johnny lui a offert.

« Mon chéri, prends soin de toi,
ne baisse jamais les bras,
serre les dents et souris, toujours,
car tu sais, chéri, cela blesse
vraiment les gens de voir
qu'ils ne peuvent pas nous
atteindre, ni nous faire couler. »
Lettre de Mae à Al Capone.

MAE CAPONE

28 février 1938. Mae Capone, à bord du *General Frank M. Coxe*, rend visite à son mari sur l'île d'Alcatraz.

Mai 1929, photographie d'identité judiciaire d'Al Capone.

Al « Scarface » Capone.

1er mars 1938. De retour d'Alcatraz, Mae Capone, poursuivie par des journalistes, se cache derrière son manteau de fourrure, devant une station-service.

« Sonny n'a jamais eu besoin d'aide jusqu'à présent et a passé toutes ses classes en se débrouillant, a été aimé et respecté parce qu'il est un bon garçon, qu'il respecte les règles et ne pense pas qu'il sait tout [...]. Mon chéri, ce sont des gens à l'esprit étroit qui nous mettent à l'écart sans savoir. »
Mae et son fils Albert Francis, dit Sonny.

A Chicago, au 2131 South Dearborn Street, le Club Everleigh, maison close aux mille et un délices tarifés. « Minna et Ada [...] sont au plaisir ce que le Christ fut au christianisme », s'extasient les journalistes pénétrant les lieux.

CLUB EVERLEIGH

Vers 1908, Ada (*à gauche*) et Minna (*ci-contre*) Everleigh, mères maquerelles, rebelles et sulfureuses « impératrices du vice ».

GANG WOMEN OF DRY ERA BID FOR SPURIOUS FAME

"Kiss of Death" Girl, "Blonde Alibi," and Sister Gun-Molls May Become Maids Marian of Folklore

By Joseph U. Dugan

HEROINES of the booze mobs, the gun-molls of a cock-eyed era labeled prohibition, some day may emerge as a composite, legendary figure in literary form worthy of becoming a permanent part of American folklore. This epic gun-moll will be the modern Maid Marian of rollicking songs in which her man, the hero, will be an amazing character, pictured as pirate, gorilla, and great lover, rolled into one. The story will tell how the hero's machine guns mowed down enemies like blades of wheat before a sickle until, one day he was "taken for a ride." At this point the gun-moll will take the spotlight in a finale of tears, wailing before an officious but futile person labeled law.

In yellowed newspaper accounts of some or all of the real life gun-moll heroines pictured on this page, the poets of the future will find a rich store of material for such songs. These ladies all have had their brief and usually tragic moments in the public gaze.

The gun-molls represented a type, but their personalities varied widely. Some were baby-faced and soft. Some were as hard-boiled and bold as their men. All of them, for purposes of reader interest, were "beautiful." Or, when photographic evidence to the contrary could not be ignored, they were, at least, "striking." Regardless of feminine charms—and some of them had plenty—the gun-moll sisterhood possessed a mysterious fascination. The figure of the "widow" of the slain gang chief always gave to the inquest and to the newspaper accounts of the killing an electric atmosphere of glamour.

Most publicized of the gun-molls, for eight compelling reasons, was Margaret Mary Collins. The eight reasons were gangsters whom she kissed and who, almost immediately afterward, were killed. Margaret Mary was known as "The Kiss of Death." She wore mourning habits successively for Jack Sheehy, Johnny Phillips, Dean O'Banion, David (Jew) Bates, Irving (Sonny) Schlig, Eugene (Red) McLaughlin, Samuel Katz, and Thomas Somnerio, whose notorious careers all were ended by bullets. Miss Collins had a ninth sweetheart, one Sol Feldman, a suspected fur thief, who, although shot and seriously wounded, managed to recover. Sol broke Margaret Mary's jinx—or, perhaps, he was the exception proving the rule.

When dapper Dean O'Banion, who conducted a florist's shop as a mask for his larger deals in booze, was slain among his flowers, his demise was mourned by two women. They were Margaret Mary Collins, who had been his close friend, and his wife. The latter, a buxom blonde, had her brief moment of publicity and then retired to obscurity. Not so retiring was another of the gun-molls, Florence Murphy Oberta. When her first husband, Big Tim Murphy, was killed by machine gunners in front of his north side home, Florence made the customary and appropriate gesture of wild grief. She next was mentioned on the front pages when she became the bride of another hoodlum whose name was familiar to newspaper readers, John "Dingbat" Oberta. Florence was no luckier than she had been, though, because within a few months Oberta was "taken for a ride."

Two gun-molls on whom public attention has been centered more recently are the fair Georgette Winkler, widow of Gus Winkler, and Kathryn Kelly, wife and partner in crime of the notorious Machine Gun George Kelly. The Kellys were separated by the law a few weeks ago when both were given life sentences for taking part in the kidnaping of Charles F. Urschel, millionaire Oklahoma oil man. Kathryn now resides in federal prison at Milan, Mich., where she is learning to knit and has expressed an intention of becoming a model prisoner.

Georgette Winkler first came to attention when her husband was arrested in connection with a mail robbery and murder. A few days after his arrest Gus stopped a fusillade of machine gun bullets in front of a north side beer depot and Georgette widow's weeds.

Eminently qualified for the adjective "bea was the young and comely gun-moll who sha companionship and publicity of Martin Durk bad boy gunman who shot and killed a federa and later toured the country with his moll expensive automobile. She was Irma Sulliva kin, small-town girl, who had won a beauty c Her good looks failed to help Martin at hi however. He was sentenced to life impriso

Another beauty who rose to unusual pron as a gun-moll was blonde Louise Rolfe, girl of Jack McGurn, expert machine gunner Capone gang. It was shortly after the famo entine day massacre that Louise had her printed in all the papers. McGurn, suspec taking part in the wholesale killing of the Moran gangsters, was discovered in a loop with Louise. She told the police she had bee stantly in Jack's company and that they were hotel when the massacre occurred. Thus earned the nickname, "Blonde Alibi."

Later she and Jack were married. There w ther publicity when the government attempte failed, to convict them for alleged violation Mann act. Jack's lawyers, after losing in the court, appealed to the United States Supreme won a reversal.

When last heard from, Jack, although accu vagrancy by the city authorities, was living with Louise in a suburban community. With bition ended and the booze mobs breaking appears that Louise has a good chance of bei of the few gun-molls to escape bullet widow Her husband has given up machine gunning, a ing to report, and has an ambition to win championship.

There have been scores of other gun-molls, lights in that strange, fearsome society, con by a fabulous stream of illicitly amassed weal by bullet vengeance. At times of their be ments these somewhat sleazy heroines have attended by a temporary claque of perverted ac tion. Most of them obviously enjoyed this moment of clamorous attention, even though and exaggerated grief were in order.

It is more than probable that such a charac Kathryn Kelly, full fledged partner in crime notorious husband, sits today in her prison ce thinks back fondly over the days of her trial, she was appearing in news reels in movie theat over the country.

Margaret Mary Collins, the "Kiss of Death," whose strange jinx survives eight of her gangster sweethearts.

Above: Georgette bullet widow, as she a at the inquest into th of her gunman husban He was killed by guns.

At left: Irma Sull Durkin, small town b contest winner, who be the moll of Marty bad boy gunman who a federal agent.

HEROINES OF TAWDRY ROMANCE

TOO blatantly familiar to newspaper readers is the gun-moll. Most of these girls are or have been bullet widows. Three of them, Margaret Mary Collins, Louise Rolfe, and Kathryn Kelly, basked not only in the questionable "glory" attached to their gunmen sweethearts, but by personality, looks, and deeds drew considerable public attention to themselves as individuals.

As public figures created by the prohibition regime, the gangster gun-molls soon may fade from the contemporary scene to a richly deserved oblivion. The booze mobs are breaking up. Gunmen no longer have the wherewithal to give their molls the luxuries they once lavished with prodigal insouciance. Hence the dowdy ladies of the underworld no longer will be strutted before the public as an affront to decency.

Not all of the booze gang molls were bad, but few of them were other than sorry specimens produced by a gin-mad age of defiance and corruption of law. It can truthfully be said of the bullet widows, however, that they gave to the sordid story of gangdom a much needed, if usually phony, touch of romance. No one will deny that the diamonds and furs they wore and the copious tears they wept in public were real—while they lasted. It was indeed a sorry play, but one suspects the actors deserved no better plot.

Louise Rolfe, the "Blonde Alibi" sweetheart of Machine Gu Jack McGurn.

Mrs. Viola O'Banion, buxom widow of Dapper Dean O'Banion, north side gang chief, who was shot down in his florist shop by underworld enemies several years ago.

Kathryn Kelly, wife and partner in crime of Machine Gun George Kelly. Both recently were sentenced to life imprisonment for kidnaping a millionaire oil man. This picture was taken after Mrs. Kelly began her term and had announced she was "learning how to knit."

Sunday, December 31.

MARGARET COLLINS & CO

Les « fiancées de la poudre » dans le *Chicago Sunday Tribune* du 31 décembre 1933. « La fille au baiser mortel », Margaret Collins ; « l'Alibi blond », Louise May Rolfe ; Viola O'Banion, Kathryn Kelly et Georgette Winkler.

BUDA GODMAN

« L'appât à un million de dollars » du gang des maîtres chanteurs dans le *New York Times*, 1916.

LOUISE ROLFE

L'Alibi blond au tribunal de Chicago, février 1929.
« Quand vous êtes avec Jack, voyez-vous, vous ne vous ennuyez jamais. »

Page de droite, en haut : Kathryn Kelly sortant du tribunal, condamnée à perpétuité, 17 octobre 1933.

En bas : Evelyn « Billie » Frechette attendant son jugement, 16 mai 1934. « Je suppose que c'est là où nous nous arrêtons toutes. Peut-être que je l'ai cherché. Mais je continue de me dire que je suis différente. Je suis ici parce que je suis tombée amoureuse du mauvais homme – pas mauvais pour moi, mais mauvais si je voulais me tenir à l'écart des ennuis. »

© Associated Press

KATHRYN KELLY
EVELYN FRECHETTE

© Associated Press

23 avril 1934.
Helen Gillis, Marie Conforti et Jean Crampton, arrêtées durant la fusillade du Lodge de la Petite Bohème, Wisconsin. Scandale, elles portent des pantalons !

HELEN GILLIS

Avis de recherche de la femme du mafieux Baby Face Nelson délivré par le futur FBI et signé par son directeur J. Edgar Hoover, 30 juillet 1934.

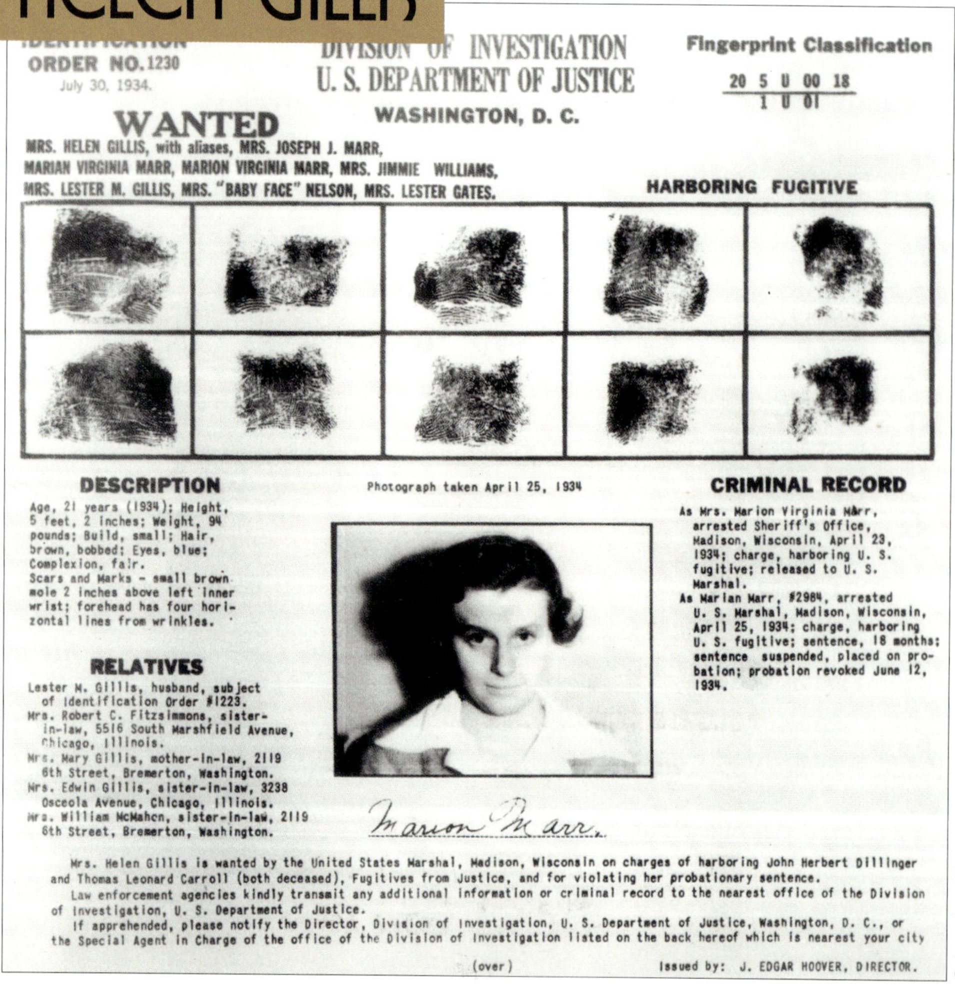

IDENTIFICATION ORDER NO. 1230
July 30, 1934.

DIVISION OF INVESTIGATION
U. S. DEPARTMENT OF JUSTICE
WASHINGTON, D. C.

Fingerprint Classification
20 5 U 00 18
1 U 01

WANTED

MRS. HELEN GILLIS, with aliases, MRS. JOSEPH J. MARR, MARIAN VIRGINIA MARR, MARION VIRGINIA MARR, MRS. JIMMIE WILLIAMS, MRS. LESTER M. GILLIS, MRS. "BABY FACE" NELSON, MRS. LESTER GATES.

HARBORING FUGITIVE

DESCRIPTION

Age, 21 years (1934); Height, 5 feet, 2 inches; Weight, 94 pounds; Build, small; Hair, brown, bobbed; Eyes, blue; Complexion, fair.
Scars and Marks - small brown mole 2 inches above left inner wrist; forehead has four horizontal lines from wrinkles.

Photograph taken April 25, 1934

Marion Marr.

CRIMINAL RECORD

As Mrs. Marion Virginia Marr, arrested Sheriff's Office, Madison, Wisconsin, April 23, 1934; charge, harboring U. S. fugitive; released to U. S. Marshal.
As Marian Marr, #2984, arrested U. S. Marshal, Madison, Wisconsin, April 25, 1934; charge, harboring U. S. fugitive; sentence, 18 months; sentence suspended, placed on probation; probation revoked June 12, 1934.

RELATIVES

Lester M. Gillis, husband, subject of Identification Order #1223.
Mrs. Robert C. Fitzsimmons, sister-in-law, 5516 South Marshfield Avenue, Chicago, Illinois.
Mrs. Mary Gillis, mother-in-law, 2119 6th Street, Bremerton, Washington.
Mrs. Edwin Gillis, sister-in-law, 3238 Osceola Avenue, Chicago, Illinois.
Mrs. William McMahon, sister-in-law, 2119 6th Street, Bremerton, Washington.

Mrs. Helen Gillis is wanted by the United States Marshal, Madison, Wisconsin on charges of harboring John Herbert Dillinger and Thomas Leonard Carroll (both deceased), Fugitives from Justice, and for violating her probationary sentence.

Law enforcement agencies kindly transmit any additional information or criminal record to the nearest office of the Division of Investigation, U. S. Department of Justice.

If apprehended, please notify the Director, Division of Investigation, U. S. Department of Justice, Washington, D. C., or the Special Agent in Charge of the office of the Division of Investigation listed on the back hereof which is nearest your city

(over)

Issued by: J. EDGAR HOOVER, DIRECTOR.

Polly Hamilton, dernière fiancée de John Dillinger, 1934. « Il n'était pas exactement ce que l'on peut appeler une gravure de mode. Il portait toujours le même costume gris. »

POLLY HAMILTON ANNA SAGE

Anna Sage, alias la femme en rouge, au poste de police, juillet 1934.

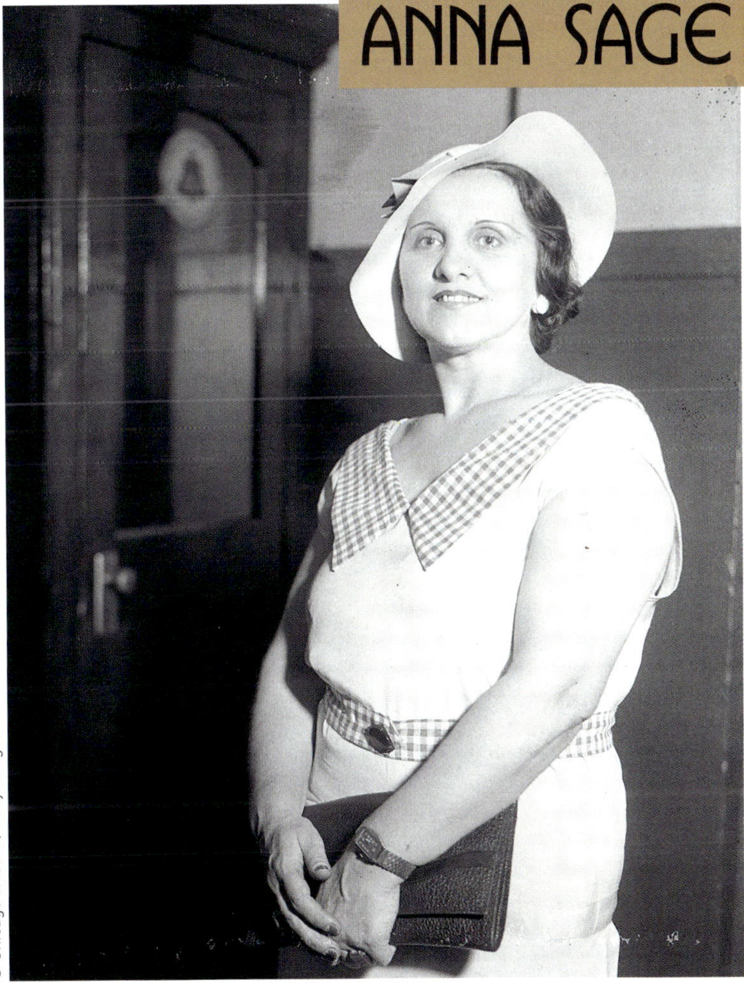

BONNIE PARKER

La Juliette au revolver posant avec son arsenal, devant l'objectif de Clyde Barrow.

« Maman, quand ils nous tueront, ne les laisse pas m'emmener dans un funérarium, d'accord ? Ramène-moi à la maison », implore Bonnie Parker.

© Bettmann/Corbis

« Mon premier mariage n'a duré que le temps d'une bonne chanson de rumba », confesse Virginia Hill.

VIRGINIA HILL

« J'admire cette Virginia Hill, la seule à avoir le culot, l'insolence de se dresser face à des hommes comme Capone ou Bugsy », laisse échapper Marlon Brando.

© Ed Jackson/New York Daily News/Getty Images

DOROTHY DI FRASSO

La comtesse di Frasso avec Marlène Dietrich et Charles Boyer, 1er janvier 1935. Elle est la reine de « cette clique d'ex-contrebandiers et fausses baronnes qui s'habillent en chinchillas et en queue-de-pie pour assister aux avant-premières mondiales », comme la définit Humphrey Bogart.

« Vous préféreriez peut-être coucher avec Ben "Bugsy" Siegel plutôt qu'avec moi ? » demande Wendy Barrie à Marlon Brando. Ici sur le tournage de *La Vie privée d'Henry VIII* en 1933.

Leurs plaques d'immatriculation ont été signalées, il leur faut changer de véhicule pour passer entre les mailles du filet. Sur la route en direction de Tucson, en Arizona, le couple s'arrête dans un garage. John veut une Hudson Club Sedan noire, pour changer, mais avant de se décider, il veut l'approbation de sa femme, qui l'attend dehors avec son canidé miniature puisque les chiens sont interdits à l'intérieur. Le vendeur s'amuse, un homme qui veut l'avis de son épouse, et pourquoi pas la laisser conduire ! John est le plus sérieux du monde. Billie lui colle la boule de poils dans les bras, elle s'assoit derrière le volant et essaye la mécanique. Hélas, l'animal, gigotant pour retrouver sa maîtresse, parvient à s'échapper. Et le gangster de lui courir après, ainsi que ces messieurs du garage !

Madame apprécie heureusement le modèle choisi et, la transaction faite, le commis s'empresse de débarrasser le coffre de l'ancienne voiture de leurs bagages et de les transvaser dans la nouvelle. Il est surpris par le poids d'un grand sac à fermeture éclair, semble circonspect quant à son contenu et se fige un instant. Billie intervient : « Une dame doit toujours avoir considérablement d'affaires quand elle voyage[1] », lui glisse-t-elle avec un sourire entendu. Amadoué, l'employé n'y voit que du feu et le couple arrive sans encombre à l'hôtel Congress de Tucson. Il pense se faire oublier quelque temps dans cette ville au doux climat bordant la frontière mexicaine. Un peu trop doux sans doute. Le 22 janvier, à 7 h 30, Billie est réveillée par un ramdam inouï et une odeur âcre. Elle ne respire plus. Un incendie ravage l'hôtel ! Le couple s'enfuit à nouveau, par l'escalier de secours cette fois-ci, abandonnant les bagages et les précieuses munitions avec. Les pompiers qui parviennent à extirper les malles et paquets reconnaissent John[2] d'un seul coup d'œil. Arrêté deux jours plus tard, celui-ci est conduit à la prison de Crown Point, en Indiana. Les cendres ont eu raison de la cavale.

PRISON DE CROWN POINT, INDIANA, 16 FÉVRIER 1934

Billie passe la Saint-Valentin à se morfondre. L'absence de Johnny la désespère, elle est allergique à la solitude et son écho d'anxiété. Comment lui rendre visite, alors qu'elle est elle-même recherchée ? Elle trouve vite la solution et, avec elle, son énergie et son culot. Le 16 février 1934, Billie accompagne Louis Piquett, l'avocat de Johnny, également ancien procureur de la ville de Chicago. Avec un tel émissaire, son homme sera bientôt sorti ! Et si elle se fait arrêter, Louis sera là pour tout arranger. Elle se présente à la prison à son bras, vêtue d'une robe en crêpe noir, d'un turban, d'un col en imitation fourrure sur une veste en popeline. Pour se donner certainement du courage avant d'affronter la fouille corporelle, elle a ingurgité une bonne rasade d'alcool. Advienne que pourra.

La visite commence mal. Sommée de déclarer son identité, Billie déclare s'appeler « Mme Dillinger » et refuse de donner tout autre nom que celui-là. Comprenant qu'il sera impossible de tirer plus d'informations de cette créature, le shérif se contente de noter sa description physique : 25 ans, basanée, 58-60 kg, 1,70 m, yeux « très foncés », cheveux au bol, visage rond, et pour la nationalité, « moitié indienne, mexicaine, ou italienne[3] ». Billie réussit à entrer dans la prison en cachant sa réelle identité. Quand elle retrouve John en habit de bagnard et entre quatre murs, elle ne peut retenir son émotion et l'envie de lui sauter au cou, pulsion vite refrénée par les gardes. Elle lui murmure à l'oreille ce que ces derniers pensent être d'innocents mots d'amour avant de le laisser à son sort, car le temps de visite est déjà écoulé. Billie quitte la prison sans demander son reste et emboîte le pas à son avocat. Cet homme hardi pas tout à fait comme les autres sait trouver des solutions lorsqu'il n'y en a plus de légales. Il a une botte secrète.

Le 3 mars 1934, à 8 heures du matin, à Chicago, Billie Frechette frappe à la porte du cabinet de Louis Piquett. Devant le poste de radio, tous deux attendent les nouvelles. Ils ont l'intuition que quelque chose va se passer. Peu après 9 heures, un gardien effectue sa ronde matinale dans la prison de Crown Point et se fait surprendre par un homme qui lui pointe un revolver dans le dos. John lui dicte ses volontés : qu'il s'exécute, ou il sera tué. Dillinger se montre des plus convaincants, sachant qu'il n'est pas doté d'une arme habituelle, mais... d'un pistolet en bois ! Celui-ci a été sculpté dans une planche à laver et teinté au cirage pour plus de réalisme. L'arme factice est entrée miraculeusement dans la prison peu après la visite de son avocat et de sa fiancée. Ne lui laissant pas le temps de se rendre compte de la supercherie, John enferme le pauvre gardien dans une cellule et lui soustrait son trousseau de clés. En faisant le tour de la prison jusqu'à trouver la sortie, il enferme à double tour tout ce qu'il trouve de gardes, d'officiels ou d'employés sur son passage.

Les nouvelles du matin font mention de la spectaculaire évasion réussie sans tirer le moindre coup de feu. Billie exulte ! Piquett envoie en hâte un assistant acheter les journaux fraîchement imprimés et de quoi célébrer l'événement. Billie veut trinquer avec des Gin Rickey. Ajoutez pour cela le jus d'un demi-citron pressé, du gin et de la limonade, le tout dans un verre à cocktail, sur un lit de glaçons. Dans l'effusion, ils ont oublié tous deux un détail d'importance : que faire de Johnny ? L'ingénieux homme de loi interroge ses connaissances et contacte une de ses proches amies, une ancienne fiancée qu'il espère encore amourachée afin qu'elle accepte d'héberger un couple d'amis à son domicile quelques jours. Un oui sitôt arraché, il conduit en hâte Billie au 434 Wellington Avenue. La conciliante hôtesse ouvre la porte, le sourire aux lèvres, et découvre avec horreur le visage éméché de celle dont elle a vu le portrait à côté de celui de Dillinger dans la presse du matin ! L'héberger est hors de question, et même lui laisser franchir le pas de sa porte !

Mais Billie n'entend pas bouger d'un iota. Louis Piquett a transmis à Johnny son adresse comme lieu de rendez-vous, elle l'y attendra. Ivre mais toujours chic, elle décide de camper dans le couloir jusqu'à son arrivée. Enfin il paraît ! Elle se jette dans ses bras et mouille son cou de larmes, à la vue de tous, alors qu'ils sont traqués et que l'étau semble se resserrer autour d'eux. Pour l'heure, il faut l'exfiltrer et se débarrasser de la voiture, qu'elle abandonne à plusieurs kilomètres de là devant une maison, avant de poursuivre en tram. Une fois en sécurité, elle pourra l'enlacer tout son saoul.

Le 16 mars, Billie se présente au cabinet de Louis Piquett avec 2 300 dollars en liquide pour le règlement des frais judiciaires de Johnny, avant de s'envoler vers Indianapolis. Elle doit confier un objet des plus précieux à la sœur du gangster, la preuve embarrassante de son évasion, accompagné de quelques mots facétieux de l'utilisateur : « Ne t'en fais pas pour moi, ma puce, je m'amuse beaucoup [...]. Ils ont juste du mal à admettre que j'aie enfermé huit inspecteurs et une douzaine de gardes avec un pistolet en bois [...]. Tu aurais dû voir leur tête ! Ha ! Ha ! Ha ! Voir ça, ça valait bien dix ans de ma vie. Ne te sépare à aucun prix de ce pistolet, car quand tu te sentiras triste, tu n'auras qu'à le regarder et rire un bon coup[4]. »

Les affaires de Johnny en ordre, Billie quitte en hâte Indianapolis pour rejoindre St Paul, dans le Minnesota, où son amour l'attend, flanqué de deux autres membres du gang et de leurs compagnes. Ils y louent un appartement au 95 South Lexington Avenue. A chaque nouvelle ville, une nouvelle identité. Ici, ils seront M. et Mme Carl T. Hellman, autrement dit M. et Mme Enfer. Billie porte désormais les cheveux roux afin d'être raccord avec son nouveau pseudonyme.

La cavale et ses dangers ont des effets inattendus sur Billie et la métamorphosent en ce qu'elle a toujours détesté, une épouse dévouée. La voici heureuse de cuisiner, de repasser les costumes de Johnny, de sortir quelquefois au cinéma. Un soir, Dillinger emmène sa rouquine voir *Modes de 1933*, une rétrospective des tendances et styles de l'année écoulée. La projection n'est pas sans effets secondaires : Billie souffre après la séance d'une pulsion de shopping que Johnny a à cœur de satisfaire. Il s'achète une nouvelle Hudson Deluxe 8 Sedan pour mieux transporter les paquets de madame.

Le 31 mars 1934, à 10 h 30, la neige a recouvert les trottoirs de la ville. Deux agents frappent à la porte et demandent à parler à M. Hellman. A travers la chaîne de sécurité, Billie s'excuse, elle n'est pas encore visible, peut-être feraient-ils mieux de revenir plus tard dans l'après-midi, lorsque son mari sera de retour. Les officiers ne s'en laissent pas conter. Ils la somment de s'habiller et de les laisser procéder à une fouille de l'appartement. Billie referme la porte avec un large sourire, elle sera à eux dans la minute. Elle court dans la chambre alerter Johnny, qui bondit hors du lit, ses revolvers déjà dans les mains.

Cette maîtresse de maison si polie met du temps à revenir, si bien que l'un des agents en profite pour faire le tour du bâtiment et tombe nez à nez avec l'un des hommes du gang qui prend la tangente. Contrôle d'identité ! L'interrogé n'est qu'un représentant en savons, se défend-il. Il n'a pas de savons sur lui, lui fait remarquer l'officier. Très simple, il est étourdi et les a laissés dans sa voiture. Le policier insiste pour l'y accompagner, histoire de vérifier. Acculé, le gangster sort son revolver et ouvre le feu.

Billie, de son côté, profite de cette diversion pour s'échapper par l'escalier de secours avec un lourd sac de munitions qu'elle porte à bout de bras et court jusqu'à la Sedan, prête à sauver une fois encore son homme. Johnny la couvre en tirant copieusement sur le deuxième agent à travers la porte. Depuis le couloir, le policier réplique, la fusillade éclate. Dans la voiture, Billie, moteur allumé, a les yeux rivés sur l'escalier. Enfin Johnny paraît, maculant la neige de taches de sang. Il est touché. Hors de question que Billie le laisse tuer sous ses yeux. Affolée, elle tremble sur son volant, les roues chassent dans la neige. Une fois encore, elle l'arrache aux détonations qui sifflent autour de leurs têtes.

A l'intérieur, les deux agents découvrent une multitude d'affaires tellement étalées partout qu'ils ont du mal à s'y retrouver : maillots de bain, pantoufles, dessous, kimonos, peignoirs, ensembles, une trentaine de robes et surtout le contraceptif bricolé de Billie, une douche vaginale. Son lien avec le gangster ne fait désormais plus de doute, ni sa complicité. Billie, alias Evelyn Frechette, est coupable : le gouvernement l'accuse d'avoir foncé droit sur les agents au volant de son automobile pour couvrir leur fuite, avec Dillinger touché couché sur le siège arrière. Elle est désormais une fiancée de la poudre. Un mandat d'arrêt est lancé à son encontre. Billie n'est plus recherchée par la police, mais par le redoutable bureau d'investigation et les hommes d'Hoover. A Chicago, sa sœur est interrogée et révèle son lourd secret qu'elle ne peut garder plus longtemps : « Ce n'est pas vrai qu'Evelyn a des marques d'acné… C'est moi qui les ai dans la famille. » Une non-information dont le bureau d'investigation n'a que faire !

La photo d'Evelyn, sans cicatrices de puberté donc, est distribuée à toutes les unités. Hélas, le 4 avril 1934, Betty Marx, l'épouse de Chico Marx, membre de la formation comique très en vogue des Marx Brothers, de New York, fait escale à Chicago avant de s'envoler en direction de la côte Est, lorsque des agents pensent reconnaître Billie. Arrivée à New York, l'épouse du comique se fait arrêter et a bien du mal à expliquer que son mari ne cambriole pas de banques et ne tue pas de policiers, à part peut-être dans ses films ! Pour la fugitive, la méprise est une aubaine ! Billie parviendra d'autant plus facilement à semer les agents du bureau d'investigation qu'elle peut être confondue. Certes, mais où aller ?

Dans l'immédiat, « Robin des Bois » – un autre de ses surnoms – a besoin de recevoir des soins en urgence. « Johnny était assis là, sur le siège arrière, fronçant les sourcils et se tenant la jambe, attendant que j'aille chercher de l'aide[5]. » Mais vers qui se tourner ? Cette fois, Billie a peur pour sa propre vie, elle se sent comme lestée, son corps ne veut plus bouger : « J'étais sûre que si je sortais de la voiture et marchais dans la rue, je recevrais une balle dans le dos avant d'avoir fait deux pas. » Elle conduit jusqu'à la planque d'un de leurs complices, qui connaît un médecin gagné à leur cause. Le docteur Clayton May, de Minneapolis, vient soigner Johnny, qui, touché à la jambe, devra rester immobile quelques jours, le temps de cicatriser. La police fait le pied de grue à chaque coin de rue. John se décide pour la plus évidente des caches, celle, pense-t-il, où personne n'ira chercher le couple : chez lui, dans la ferme de son père, à Mooresville. Billie tente de l'en dissuader, il réplique : « Ecoute, chérie, qui est le plus intelligent : moi ou les policiers ? » Un tel argument parlant de soi, la chérie ne peut que s'incliner.

Il leur faut trois jours pour gagner la ferme. Sur place, John oublie tout danger, toute précaution, s'assoit à découvert dans le jardin avec ses sœurs, jouant, chantant. Ses plaisirs simples retrouvés lui donnent de romantiques idées. Avoir été touché lui a fait prendre conscience de l'épée de Damoclès qui pend au-dessus de sa tête. Il veut établir son Eden avec Billie et l'épouser sans plus attendre. Et il veut le faire à Chicago, au grand jour.

Le 9 avril, le couple arrange un rendez-vous avec un contact du milieu dans la taverne State & Austin Inn, au 416 North State Street. Billie entre dans le restaurant, tandis que Johnny attend dans la voiture. Mais à peine fait-elle un pas que sa prémonition devient réalité : une demi-douzaine d'agents fédéraux l'encerclent arme au poing, prêts à tirer. Sa princesse indienne est prise au piège ! John, impuissant, ne peut que la regarder s'en aller ainsi sous haute garde, la rage au ventre, et fuir.

Billie est interrogée trois jours durant. L'agent Harold Reinecke chargé de mener l'enquête a décidé de la faire craquer. Mais la jeune femme sait jouer avec les nerfs de son interlocuteur. Elle ne le regarde jamais dans les yeux quand celui-ci la questionne et ne dit pas un mot. On la met à la diète forcée, au pain sec et à l'eau. Elle en est fort aise. L'agent, perdant patience, durcit le ton et lui assène quelques claques en plein visage. Rien n'y fait, elle ne sait rien et ne peut donc rien dire. Elle a gagné ses lettres de noblesse comme membre à part entière du clan du silence. Etre belle et se taire, c'est un sacerdoce. Peut-être l'incarcération la dénaturera-t-elle ? Le 13 avril 1934, Billie Frechette est conduite au dépôt à la prison de St Paul, en attente de son jugement.

Elles causent pas, elles flinguent

Savoir garder le silence, adresser un sourire chargé de sous-entendus, rester sourde aux questions, éluder les réponses, dissimuler des preuves, tel est l'art majeur de celles que la presse appelle désormais les « fiancées de la poudre », ces femmes amoureuses des gros calibres de la pègre. Au début des années 1930, la Grande Dépression pousse nombre de femmes sur le marché, déjà saturé, du travail. Alors que beaucoup découvrent la difficulté de tenir leur maison tout en conservant leur emploi, une minorité entrent en rébellion contre les obligations sociales qui incombent à leur faible sexe. Elles décident de mener une autre vie, faite de plaisirs et de dangers, de fêtes, d'alcool, d'amour libre et de bijoux. Le mariage et la maternité sacralisés, les préceptes de la « bonne » éducation, le maintien, le sens du devoir, de la discrétion, de la dévotion à son mari comme à ses enfants sont autant de carcans dont elles entendent se libérer par le charme ou la force. Une révolution féministe avant l'heure dans une Amérique conservatrice encore profondément rurale. Leurs frasques font la une des journaux, elles fascinent en même temps qu'elles inquiètent, répandant un parfum de scandale et de danger sur le pays. Les ménagères commentent leurs tenues, leurs poses, leurs amours plus encore que celles des étoiles d'Hollywood. Leur passion mortifère personnifie une zone d'ombre de l'inconscient. Insoumises et prêtes à tout, elles incarnent à elles seules le vice, avec tout ce qu'il a d'effrayant et de fascinant pour le commun des mortels.

Le patron du bureau d'investigation savoure sa victoire sur Evelyn Frechette au second round, après celle remportée contre Kathryn Kelly. Hoover mène alors une vie totalement dévouée à son travail, nimbé dans le secret. Célibataire, il est marié à son agence. Mais ce n'est pas pour cela que le jeune homme est étranger aux divertissements. John Edgar porte toujours des costumes dernier cri de la mode masculine, habillé tout de lin blanc comme un dandy tiré à quatre épingles venu assister aux matchs de boxe ou aux courses de chevaux. Il fume des cigarettes turques et, s'il n'aime pas le jazz, il affectionne les disques d'Enrico Caruso, virtuose de l'opéra italien[1]. Un style et une intelligence qui sont ceux d'un véritable tombeur. Seulement voilà, à la sortie du lycée, pas un seul nom féminin n'est inscrit à son carnet de bal. En dehors de sa mère, il ne montre aucun intérêt, mais plutôt de l'hostilité, pour le sexe opposé. Hoover perçoit les femmes comme une entrave à la vie des hommes, cherchant toujours à « se mettre au milieu du chemin partout où vous voulez aller[2] ».

Pourtant, il semble ne pas être insensible à la passion : « Si un jour je me mariais, que la fille cessait de m'aimer et que notre mariage volait en éclats, cela me ruinerait. Ma santé mentale ne pourrait pas le supporter et je ne répondrais plus de mes actes[3] », confie-t-il à un journaliste. Son équilibre psychologique semble avoir été soumis à la rude épreuve de l'amour quelques années plus tôt, durant les derniers mois de la Grande Guerre. A l'époque Edgar a 24 ans. Il travaille alors au Département de la Justice, quand il tombe sous le charme de la fille d'un avocat réputé de Washington, une certaine Alice qui travaille elle aussi au sein de l'organisation. Le jour de l'armistice, il se prépare à demander en mariage la belle Alice à laquelle il envoie une note la priant de le retrouver au très chic hôtel Lafayette, avant qu'ils ne rejoignent leurs amis au restaurant Harvey, prêts à célébrer leur union future. Alice ne viendra jamais. Elle poussera même l'affront jusqu'à épouser un officier qui a servi son pays sur le front et en a reçu les honneurs, lui. Edgar rejoint seul ses amis, ce soir-là. Mais pas pour longtemps.

Il remarque bientôt une jeune brune de 20 ans au visage étroit et fermé nommée Helen Gandy. Elle a quitté sa famille du New Jersey pour chercher du travail à Washington. Après quelques études dans une école d'art, elle finit par trouver un emploi de dactylo au Département de la Justice. Hoover tente d'oublier son chagrin en fréquentant Helen, qu'il sort pour quelques rendez-vous, mais sans véritable attirance réciproque. Edgar a besoin d'une nouvelle secrétaire et voit dans l'intérêt que lui porte d'emblée la jeune femme le matériau nécessaire pour en faire une aide toute dévouée. Helen est si heureuse de pouvoir servir celui qui est à ses yeux un très grand homme. Mais elle doit remplir une condition préalable : le célibat. Aussi Edgar la questionne-t-il sur sa vie intime ; elle lui répond qu'elle n'a aucun projet de mariage et s'engage à rester entièrement disponible pour lui tant qu'il aura besoin d'elle. Le 25 mars 1918, Helen devient officiellement sa secrétaire attitrée.

Dans les couloirs, avec son air strict, sa dentition imparfaite, ses paupières tombantes et ses quelques rondeurs, on la considère comme la « vieille fille à la face sombre », le cerbère d'Hoover. Après plusieurs mois, Helen doit faire face à l'évidence, son patron est un homme à l'orgueil blessé, la profondeur de son humiliation originelle est insondable : « Le traumatisme ne l'a jamais quitté[4] », reconnaît-elle. Edgar apprend même un peu plus tard que l'indigne Alice entretenait une romance épistolaire avec son « futur » alors qu'ils se fréquentaient encore. « Cela a beaucoup joué dans le fait qu'il n'ait plus confiance dans les femmes et ne se soit jamais marié », analyse Helen. Une femme espère toujours guérir un homme des affres de son passé, elle y voit même l'occasion d'éprouver la sincérité de son amour. Hélas, Helen ne parvient pas à panser les plaies de J. Edgar. Leur relation ne dépassera jamais le stade professionnel. Elle ne sera jamais autre chose que « Miss Gandy » à ses yeux, et lui « M. Hoover » pour elle. Elle connaît pourtant tout de sa vie, elle paie ses factures, fait ses courses, filtre les nombreux appels en provenance de tout le pays, trie les dossiers les plus secrets qu'il commande sur chacun des membres de la mafia, avec une attention toute particulière portée aux affaires sexuelles.

« J'ai été amoureux une fois », avoue-t-il, « de ce que l'on peut appeler une vraie passion de jeunesse. » Mais Hoover a tiré de son histoire une conclusion toute personnelle : les femmes que l'on veut épouser sont toujours prises par d'autres, tandis que celles que l'on emploie vous sont pour toujours dévouées. A ses yeux, ces êtres, avec leur sexualité volatile, semblent définitivement synonymes de trahison, pire, de souillure.

Pour Hoover et ses hommes, la criminalité féminine constitue un défi intellectuel et stratégique incommensurable. Jusqu'alors, les femmes de mafieux n'étaient pas considérées comme des membres actifs d'organisations criminelles, mais comme des têtes de linotte entraînées par l'amour qui provoquait en elles des choix irrationnels aussi changeants que le vent. Avec l'apparition des « associées du crime », le directeur du bureau d'investigation doit faire face à un phénomène nouveau, les femmes peuvent elles aussi user du canon. L'explication doit être biologique, tout simplement. Hoover base sa réflexion sur les travaux de l'école de criminologie positiviste de Cesare Lombroso[5], qui étudie comment les femmes incarcérées « dévient » du développement biologique féminin « normal ».

Les femmes coupables d'actes répréhensibles sont ainsi « malchanceuses dans leur formation biologique », nulle question de choix volontaire, de liberté, ici, car « d'un terreau si défavorable, on peut difficilement attendre un fruit résistant ». Les femmes de criminels, tarées génétiquement, ne peuvent résister aux pulsions qui les poussent à aimer des malfrats. L'environnement défavorable ne peut donner que des fruits pourris de ces malades aux racines et aux graines viciées. Le credo positiviste lie alors étroitement la criminalité féminine à la perversion sexuelle. Aussi les dégénérées sont-elles condamnées à n'être que des perverses et des déviantes sexuelles, des homosexuelles, des dominatrices, désireuses de prendre la place des hommes. On décrit ces femmes comme « plus musculaires », le reflet d'un « appétit tout masculin »[6]. Toujours selon ces mêmes critères de détermination, les rousses sont plus sujettes aux délinquances de type sexuel ou criminel, ainsi que les descendantes d'Européens, sans oublier naturellement les divorcées, qui constituent autant de rebelles en puissance.

Ces créatures démoniaques fascinent les psychiatres autant que les pénalistes de l'époque. Comment les punir de leurs actes et les guérir de leurs déviances ? Le début des années 1930 voit l'hypothèse d'une spécificité féminine avancée pour expliquer la déviance nouvelle qui consiste à troquer la poudre à récurer contre la poudre à canon. Pour le père viennois de la psychanalyse, Sigmund Freud, le problème se manifeste dès l'enfance : « Nous savons qu'une fille considère comme un signe de son infériorité l'absence d'un pénis long et visible, qu'elle envie le garçon parce qu'il possède cet organe » et que cette envie provoque chez elle « le désir d'être un homme et que ce désir se trouve plus tard impliqué dans la névrose provoquée par les échecs qu'elle a éprouvés dans l'accomplissement de sa mission de femme[7] ». Toute femme digne de ce nom doit accepter « le fait de sa castration et avec cela [...] reconnaît[re] aussi la supériorité de l'homme et sa propre infériorité, mais elle se révolte aussi contre cet état de choses désagréable[8] ».

Névrosées parce que privées de pénis, certaines femmes se rebellent et tournent leur violence contre les hommes, devenant de dangereuses criminelles. Helen Deutsch, psychanalyste féministe américaine d'origine autrichienne et disciple de Freud, pionnière de la psychologie féminine, identifie même un temps spécifique où la femme serait sujette à ces emportements déraisonnés. Les menstruations sont en effet « une période agitée durant laquelle les sentiments jusqu'alors réprimés sont soudain relâchés[9] ». La femme est alors sans doute plus encline à vouloir venger « son vœu à jamais perdu d'avoir un pénis ».

Chaque mois, les filles d'Eve seraient donc rappelées à leur infériorité et souhaiteraient secrètement prendre leur revanche sur l'homme. De là à dire que les criminelles ayant rejoint les gangs de Chicago sont toutes atteintes du syndrome prémenstruel, il n'y a qu'un pas. Jusqu'alors, les rares femmes condamnées ont bénéficié de la clémence des juges, étant donné leur faible condition. Mais face à l'ampleur du phénomène, le ton se durcit. A l'université de Northwestern, au nord de Chicago, le professeur de criminologie Paul E. Bowers, consultant pour le ministère de la Santé, professe devant ses étudiants : « Nous détestons envoyer une femme en prison, nous détestons électrocuter ou pendre des femmes. Nous pensons que c'est une mauvaise chose à faire. Mais nous devons admirer celui qui a condamné Ruth Snyder et son amant pour le meurtre de son mari. Il n'a pas gracié cette femme, mais l'a menée à l'électrocution comme il se doit. Car beaucoup de femmes sont coupables de meurtres, mais il est hélas trop rare qu'on les pende ou qu'on les électrocute pour leurs crimes[10]. » L'Amérique vient en effet d'exécuter sur la chaise électrique, pour la première fois depuis le XIXe siècle, une femme adultère et meurtrière.

Le 12 janvier 1928, à 23 h 01, à la prison de Sing Sing, dans l'Etat de New York, la ménagère du quartier populaire du Queens Ruth Snyder, 32 ans, sa robe foncée au-dessous des genoux écartés par les entraves, cheveux tirés en arrière, visage supplicié, prononce comme derniers mots ceux du Christ sur la croix[11] : « Pardonnez-leur, mon père, car ils ne savent pas ce qu'ils font. »

La mère de famille par son époux délaissée entretenait une liaison avec un vendeur de corsets, marié lui aussi. Pas de quoi électrocuter une femme ! L'affaire s'était hélas corsée lorsque son cher et tendre avait eu la fâcheuse idée d'accrocher une photo de sa première fiancée sur le mur du foyer conjugal. Monsieur avait en outre baptisé son bateau en l'honneur de ladite fiancée, ajoutant le très flatteur commentaire suivant : « La plus raffinée des femmes que j'ai connue ces dix dernières années[12]. » C'en était trop. Le goujat devait avaler son bulletin de naissance. Encore fallait-il l'assaisonner.

Après l'avoir convaincu de contracter une assurance vie de plusieurs dizaines de milliers de dollars, avec bien sûr une clause qui doublait l'indemnité en cas de mort violente par agression, Ruth Snyder et son amant – un faible qui agissait à son corps défendant – avaient étranglé le mari signataire et rempli son nez et sa gorge de chiffons imbibés de chloroforme supposés maquiller son trépas en un cambriolage ayant mal tourné. Le cocu occis, l'amant avait pris soin de ligoter Ruth au milieu du salon, afin que la police la trouve ainsi. Deux Italiens seraient entrés, avait-elle raconté en jouant la partition de l'épouse éplorée, et auraient sauvagement assassiné son mari pour mieux les détrousser. Le plan était parfait, ou presque.

Etre une reine du crime ne s'improvise pas. Cela demande de la pratique. Ruth avait au préalable expérimenté sept tentatives sur le cobaye, comme l'enfermer dans le garage le moteur de la voiture allumé, laisser encore le gaz dans la cuisine se répandre joyeusement dans la maison tandis qu'il y était, ou charger son whisky de mercure. Cette fois-ci, elle a jugulé le problème. Mais Ruth a commis une erreur de débutante : elle a dissimulé les bijoux supposés avoir été dérobés sous leur matelas, bien vite retourné par les enquêteurs qui passent la maison au peigne fin[13]. Au tribunal, elle évoquera en guise de défense la vie insupportable que son mari lui faisait subir, son quotidien de femme aux espoirs brisés par un mariage qui l'avait enterrée vivante. La préméditation ne laisse aucun doute sur sa culpabilité. L'affaire provoque un débat passionné sur la peine de mort, dont s'emparent abolitionnistes et féministes. On découvre avec horreur que les femmes aussi peuvent être machiavéliques et tuer de sang-froid.

Depuis que la chaise électrique a remplacé la pendaison, en août 1890, presque toutes les femmes condamnées à la peine capitale ont été graciées. Mais les temps ont changé avec l'arrivée des mafieuses. Du fond de sa cellule, Ruth Snyder reçoit quelque 2 500 lettres de femmes la félicitant de s'être soulevée contre la domination de son mari… ainsi que 164 demandes en mariage !

Le lendemain de l'exécution, l'Amérique découvre en première page la photo floue d'une pauvresse ligotée sur une chaise électrique, prise à l'instant où son corps recevait la décharge. Le *New York Daily News*, qui publie le cliché en couverture, ne peut satisfaire la demande et doit réimprimer à plus de 700 000 exemplaires. Les femmes de mauvaise vie fascinent et provoquent un sentiment ambivalent. Pour Hoover, elles sont au cœur de la grande machine du crime qui détruit l'Amérique : « Elles sont plus que des compagnes, elles sont le ressort principal. Les gangs ne pourraient exister sans elles[14]. »

La naissance concomitante du féminisme moderne et de la criminalité féminine plonge le pays dans une turpitude inédite : ces « secrétaires » toujours plus nombreuses qui lisent des illustrés et touchent un salaire, ces ouvrières qui remontent leurs manches et montrent leur anatomie remettent en cause les fondements de la famille traditionnelle, qui repose sur la suprématie du mâle dominant. La dévotion, l'oubli de soi et de ses propres intérêts pour satisfaire celui qui travaille si dur et garde le logis semblent un paradis perdu pour la gent masculine. Cette anxiété nationale, Hoover compte l'utiliser, l'exacerber. Les bandits femmes deviennent son obsession car, libres et sauvages, affranchies des codes bourgeois ou sexuels, elles pratiquent l'amour libre et font fi des obligations de leur sexe. Cibler les meurtrières sera plus facile et surtout moins risqué que d'éradiquer les gangs de la mafia. Les qualifier de déviantes tout en célébrant leur rôle éternel de mères, créatures dévouées à la paix et à la chaleur du foyer, voilà qui emportera tous les suffrages et l'assentiment des politiques comme de la masse, et qui achèvera de le rendre populaire.

La perversion est donc largement le fait d'une minorité dévoyée qu'il faut briser pour remettre la majorité dans le droit chemin de la soumission. Dès 1932, J. Edgar Hoover lance une véritable campagne visant à arrêter toutes les maîtresses, femmes et compagnes de hors-la-loi. Pour les affronter, il faut une sorte d'hommes très spéciale. Ce seront les G-Men, les « *Government Men* », les agents spéciaux du bureau d'investigation, rebaptisé FBI en 1935[15]. Le service de renseignements intérieurs et de police judiciaire, avec pour devise « Fidélité, bravoure, intégrité » est dans cette tâche tout-puissant.

Un de ces G-Men reçoit une lettre des plus éloquentes : « Bonjour, canon », écrit une admiratrice qui vante ses avantages physiques, notamment sa poitrine généreuse, et l'invite à venir lui rendre une visite toute privée : « Tu penses que tu es bon, n'est-ce pas ? Je suis sûre que je n'arriverai jamais à t'oublier, même si je le voulais. » Hoover est outré, cette vermine l'insupporte : « Je vais dire la vérité à propos de ces rats. Je vais dire la vérité sur leurs femmes sales, crasseuses et malades[16]. » Diaboliser ces créatures du démon et les neutraliser, voilà désormais son mantra. « Ce type d'ignorance béate que l'on retrouve chez presque toutes les fiancées de la poudre m'a toujours étrangement intéressé. L'une des qualités que la femme est supposée posséder, c'est la curiosité. Pourtant la fiancée de la poudre semble toujours capable de convaincre le monde en général qu'elle est née sans la qualité qui a fait manger la pomme à Eve. » Elles semblent dépourvues de toute curiosité et même de bon sens : « Pourquoi une fille devrait-elle s'embêter l'esprit avec des choses aussi déplaisantes qu'une accusation de meurtre planant sur la tête de son amoureux, alors que cela risque d'interférer avec sa joie de recevoir une nouvelle bague en diamant offerte avec l'argent du sang ? » Hoover a une explication : « C'est la galanterie américaine qui est à blâmer derrière l'existence des fiancées de la poudre. »

Le puissant directeur, croisé de l'ordre traditionnel, entreprend alors de mettre l'ensemble des moyens financiers et policiers à sa disposition pour les anéantir.

Les trois petites Bohémiennes

LODGE DE LA PETITE BOHÊME, WISCONSIN, 20 AVRIL 1934

A une vingtaine de kilomètres de la ville de Mercer, dans une retraite forestière de chasse et de pêche paisible bordant un lac, Helen Gillis, en robe vichy bleu et blanc à taille Empire et manches bouffantes, les cheveux défaits et sans maquillage, avance dans la boue, ses chaussures plates souillées. Toutes les femmes du gang ont des pantoufles de satin à talons, mais pas elle. Mariée depuis cinq ans déjà à Lester Gillis, alias Baby Face Nelson, un des hommes du gang de Dillinger, elle tient son petit chien dans les bras, pour ne pas salir ses pattes, et le relâche sitôt la porte du chalet à deux étages franchie.

Au printemps 1928, Helen, née Wawrzyniak, à peine majeure, est employée à mi-temps dans le magasin Goldblatt de Chicago, fille d'un couple de Polonais ayant émigré d'Allemagne. Alors qu'elle n'était encore qu'une enfant, sa mère est décédée, et a laissé la charge de ses six frères et sœurs sur ses épaules cacochymes. Helen est souffreteuse, toujours anémique. Mais les sentiments sont un puissant remède, et elle rencontre un jour Lester. Il a 19 ans, mesure à peine plus d'1,65 m, ses cheveux châtains ondulent légèrement, ses yeux bleu délavé sont comme une mer calme et infinie au-dessus de ses joues roses de chérubin[1]. Soudain sa fragilité disparaît, elle a de la force pour deux, pour trois, pour un monde tout entier.

Lester est né le 6 décembre 1908 dans le quartier de Near West Side de Chicago, d'une famille d'immigrés belges qui n'a pas réussi à s'acclimater au nouveau continent : son père s'est suicidé à la veille de Noël 1924. Le jeune garçon est allé de centre de détention en maison de correction, fréquentant les petites frappes. Il y a rencontré des membres du gang d'Al Capone et a transporté ses premières cargaisons d'alcool de contrebande[2] avant d'effectuer, la Dépression sévissant, son premier braquage à main armée, en avril 1930.

A l'instant où ses billes azur se posent sur Helen, Lester ne supporte plus de regarder une autre femme que celle qu'il épouse quelques mois plus tard, le 30 octobre 1928, à Valparaiso, en Indiana. Sa dulcinée accouche bientôt d'un garçon, puis d'une fille. Mais Lester ne veut pas être un de ces criminels anonymes dont les rues grouillent. Il entend se faire respecter, marquer les esprits, devenir une légende.

Le 6 octobre 1930, il est presque minuit lorsque Mary Walker Thompson, l'épouse du maire de Chicago, se fait déposer par son chauffeur devant son très chic immeuble au coin de Barry Avenue et Sheridan. Elle est allée seule au théâtre, comme souvent depuis un certain temps, signe de son dégoût croissant pour les accointances politiques de son conjoint. William Hale Thompson, dit « Big Bill », effectue en effet son troisième mandat dans la ville du Syndicat du crime, et Capone n'est pas étranger à la réussite de sa carrière. Al est même l'un des principaux financiers de ses campagnes, le maire fermant en retour les yeux sur ses activités. Ainsi le couple a-t-il toujours été protégé par le bras armé de Scarface. Mais une nouvelle génération de jeunes loups affamés entend instituer ses propres règles.

Au moment où le chauffeur ouvre la portière à Mme Thompson, trois hommes descendent en hâte d'une Nash stationnée en face de l'immeuble. Le premier pointe son arme sur le conducteur et l'invite à remonter en voiture, tandis que les deux autres escortent fermement Mary à l'intérieur du bâtiment. Lester Gillis presse son arme contre sa poitrine et lui demande poliment si elle aurait l'amabilité de se défaire sur-le-champ de ses bijoux, à savoir une bague en saphir de 6,5 carats, un bracelet serti de dizaines de diamants et une broche assortie. La pauvre femme délestée de ses pierres précieuses s'évanouit. Interrogée par la police, elle donne une description des plus inattendues de son agresseur : « Il avait un visage de bébé. Il était avenant, tel un enfant, avait des cheveux châtains et portait un pardessus gris et un chapeau en feutre marron avec les bords rabattus[3]. » Dès lors, le surnom de « Baby Face » ne lâchera plus Lester Gillis. Bientôt, la nouvelle star du crime rallie le gang de Dillinger en l'aidant à s'évader de prison, le 3 mars 1934, et entre dans la danse de celui qui vient d'être consacré, après la chute d'Al Capone, nouvel ennemi public numéro un.

Baby Face Nelson et Helen sont rejoints dans le chalet par Jean Crampton. A peine majeure, la jeune femme de 21 ans accompagne son gangster d'amant, Tommy Carroll. Elle l'a rencontré alors qu'elle était chanteuse dans un cabaret branché des années folles de Chicago sous le nom de Radio Sally et venait de divorcer d'un serveur de l'établissement dépourvu d'envergure à son goût. Pour sûr, le gangster possède, lui, une bonne dose d'ambition et, hélas, les défauts qui vont avec. Il est possessif, jaloux maladif, au point de l'obliger à teindre ses cheveux blonds qui attirent trop l'attention des hommes à son goût en châtain, moins flamboyant. Cela ne se voit pas encore trop sous les vêtements de ce printemps qui tarde à éclore, mais Jean est enceinte. Elle aspire plus que tout à passer une fin de semaine au calme, sans scènes, à lire dans sa chambre et à se reposer, du moins lorsque ses nausées matinales le lui permettront.

Arrive enfin Marie Conforti en tenue de cavalière, ne craignant pas de crotter ses bottes western au bras d'Homer Van Meter, un autre membre du gang. Marie a elle aussi migré à Chicago après la crise de 1929, poussée à exercer divers métiers, comme celui de vendeuse de colifichets à bas prix, avant d'être engagée comme danseuse dans un club de Cicero. Elle rejoint le gang de Dillinger, la tête tournée par son luxueux train de vie. Homer Van Meter est des plus charmants et possède une Buick flambant neuve. On n'ostracise pas un homme qui aime la belle mécanique simplement parce qu'il est un peu criminel sur les bords ! Quand on aime, on compte et surtout on dépense sans regarder la provenance. D'autres couples arrivent encore, chaque gangster avec sa moitié. Johnny semble d'autant plus seul sans sa princesse indienne. Un esprit occupé est moins enclin à la mélancolie. Heureusement, Dillinger a prévu un programme chargé.

Un week-end durant, les convives boivent, jouent aux cartes, rient, s'adonnent au softball et pratiquent le tir sur cible. Ce petit groupe braillard accompagné de ces femmes bien mises, aux robes noires de tissu fin et aux talons hauts éveille les soupçons du propriétaire des lieux, qui craint de reconnaître l'identité de ses hôtes. Un homme averti en vaut deux. Mais face à la dizaine de gangsters qui ont pris possession de son établissement ce 20 avril 1934, il préfère prévenir la police.

Deux jours plus tard, J. Edgar Hoover ordonne l'interpellation immédiate de l'ennemi public numéro un. Une opération périlleuse s'il en est que d'aller le dénicher au milieu de sa tanière. Il faut agir vite, Dillinger a le don de l'évasion et sent les fédéraux sous le vent. En quelques heures seulement, deux avions avec à leur bord onze agents équipés d'un véritable arsenal de guerre décollent de Chicago, tandis que des renforts suivent en voiture pour la plus grosse opération jamais conduite jusqu'alors par le bureau d'investigation.

Les hommes s'apprêtent à prendre possession du lieu. Tapis dans les bois, plongés dans l'obscurité, ils n'ont pas eu le temps de repérer les alentours, ni d'établir un véritable plan d'attaque. Des ombres se meuvent aux fenêtres et aux abords du chalet principal. Or, le 22 avril, l'aubergiste propose un dîner spécial à un dollar, le restaurant fait salle comble. Plus de soixante-dix convives se régalent. Les agents sont perplexes ; s'il faut maintenant chercher un gangster dans un banquet ! Ils attendent l'ordre d'intervention. Les premiers clients commencent à quitter les lieux lorsqu'une voiture avance vers eux. Les hommes d'Hoover ordonnent aux occupants de s'immobiliser. Mais, l'attention distraite par les mets qu'ils viennent de déguster, et tout au récit de leur soirée, les malheureux n'entendent pas. Un jeune officier n'y tenant plus appuie sur la détente. Un des passagers, simple gourmand, est tué sur le coup, les deux autres sont blessés.

La détonation résonne dans la propriété, les chiens se mettent à hurler. John et ses hommes, en pleine partie de cartes, bondissent aussitôt de leurs chaises, prêts au combat. Baby Face Nelson attaque tête baissée les assaillants, couvrant ses amis, et se replie dans le bâtiment voisin sous une volée de balles[4]. Depuis le second étage où ils se sont retranchés, les hommes de Dillinger tirent en concerto pour mort annoncée, incapables de distinguer les arbres des ennemis qui répliquent avec rage. La sève et le sang jaillissent de tous côtés. Les renforts acheminés en voiture tardent à arriver, et personne n'a pensé à sécuriser l'arrière du bâtiment. Entrevoyant l'opportunité d'une percée, Johnny donne le signal. Par les fenêtres, les gangsters filent à travers bois. « Ils nous abandonnent[5] ! » s'exclame Marie. Les femmes sont désormais seules à l'étage, sous le feu des policiers.

Baby Face Nelson repère une maison éclairée proche de là et kidnappe le couple d'habitants, lui ordonnant de l'emmener en voiture. Peu satisfait par la vélocité de leur conduite, il descend et voit des feux de croisement se rapprocher de lui. Un autre véhicule arrive en sens inverse, deux agents fédéraux et un policier à son bord. Il s'agit des renforts tant attendus qui se dirigent vers le lodge. Baby Face les arrête et, le nombre ne faisant pas la force, leur demande… de décliner leur identité ! Galvanisé, le gangster les menace de son arme et leur ordonne de détaler séance tenante. Pour ajouter plus de crédibilité à son invective, il joint le geste à la parole et ouvre le feu. Bilan : un mort, deux blessés.

Dans une autre voiture volée, Dillinger et deux complices croisent eux aussi trois agents venus prêter main-forte à leurs collègues. Décidés à leur faire mordre la poussière, ils les couvrent d'une pluie de balles, une course-poursuite a lieu, sur plus de 10 kilomètres ! John est tenace, il ne se rendra pas. Quelque chose le sauvera, il croit en sa bonne étoile. Il n'est pas le roi de l'évasion pour rien. Profitant de ce qu'un camion vient leur couper la route, il enfonce la pédale d'accélérateur et sème les forces de l'ordre folles de rage !

Enfin hors d'affaire, du moins l'espère-t-il, John s'arrête sur un chemin escarpé pour dormir un instant et réfléchir à la suite des événements. Un des gangsters est soudain réveillé par une violente douleur dans le dos. Il hurle plus fort que le coq voisin. Il est touché ! Johnny sursaute, regarde par la vitre arrière et découvre la voiture des trois policiers garée à un jet de pierres derrière eux. Habitué aux réveils périlleux, les mains vissées à ses armes, il tire et couvre une fois de plus son évasion à la manière d'un prestidigitateur, tandis qu'une mare de sang – celui de son camarade mortellement atteint – inonde l'habitacle.

Au lodge, les tirs ont cessé. Les hommes d'Hoover pensent être venus à bout du gang, mais, prudents, attendent sa reddition. Six heures se passent sans qu'aucun signe de vie ni à l'intérieur ni à l'extérieur ne vienne troubler la nuit. A 4 heures du matin, l'ordre de donner l'assaut final tombe. S'approchant du chalet, les agents lancent des gaz lacrymogènes avant d'y pénétrer. Ils s'apprêtent à ouvrir le feu quand ils distinguent subitement le visage d'une femme. « Ne tirez pas ! » les supplie-t-elle. Reposant leurs armes, ils distinguent, médusés, non pas une, mais trois femmes tremblantes qui s'avancent vers eux les mains levées ! A l'intérieur, personne. Le gang est loin désormais.

Un agent et un civil tués, de nombreux blessés, mais aucun gangster appréhendé. L'opération est désastreuse pour Hoover qui se retrouve avec des femmes sur les bras ! Déjà, dans les journaux, on parle de débâcle, de déculottée mémorable, du plus spectaculaire échec contre le crime de ce début des années 1930. Ce n'est pourtant pas sur le champ de bataille que se déclare une victoire, mais encore et toujours sur le terrain de la communication. Il n'est pas encore trop tard pour transformer un tel fiasco en réussite. Pour ce faire, Hoover met la pression sur ses précieux trésors de guerre. Les trois jeunes grâces sont immédiatement appréhendées et conduites à la prison de St Paul, où se trouve déjà Evelyn Frechette, en attente de jugement. Le maître des marionnettes espère tirer des informations essentielles du trio en jupons, questionné sans relâche plusieurs jours durant. Mais, elles le clament haut et fort, elles ne sont pas des fiancées de la poudre ! Leurs compagnons, des fugitifs ? Première nouvelle ! Elles affirment les avoir suivis dans ce chalet pour s'amuser et passer du bon temps. Comment leurs promis leur paient-ils les cadeaux qu'elles portent ? Grâce à leur générosité, pardi !

Les agents tentent de questionner Helen Gillis. Pourquoi a-t-elle suivi son mari dans sa fuite, alors qu'elle est mère de deux enfants ? La réponse est désarmante : elle dit aimer, certes, ses enfants, mais que son amour pour son mari est plus fort. Et elle préfère voyager avec lui, passer chaque instant à ses côtés, plutôt que de rester à la maison avec sa progéniture. Hoover n'enrage plus, il écume : « Elle a des idées folles sur la loyauté envers ces hommes-là... Elle ne les identifiera pas pour nous. » Il ordonne à ses avoués de « travailler sur elle et de ne pas la laisser dormir » : « J'ai souligné qu'il doit être fait en sorte qu'elle parle[6]. » Mais tout ce qu'Helen avoue, c'est encore et toujours sa passion désespérée pour son homme : « Je savais que Les[ter] n'en avait pas pour longtemps à vivre, je voulais être avec lui aussi longtemps que je pouvais. »

Il reste encore deux prévenues susceptibles de parler, dont Jean Crampton. Sait-elle que son amant est un fugitif ? Jamais elle ne lui poserait ce genre de question, de peur qu'il ne la gifle ! Mais, tempère-t-elle, il ne l'a jamais fait. Sauf une toute petite fois, lors d'une dispute où elle avait menacé de le quitter[7]. « Il ne pouvait pas être coupable de ce qu'ils ont dit sur lui », sanglote-t-elle. Cette naïveté, cette innocence crasse, finit de révulser Hoover[8].

Les grands moyens sont également mis en œuvre pour faire parler Marie Conforti : « Il m'a enchaînée à une chaise et toutes les cinq minutes me demandait où était Gillis. Chaque fois que je disais : "Je ne sais pas", il me giflait et me frappait. Une fois, je ne l'ai plus supporté et lui ai crié : "Vous avez tiré dans le dos de Dillinger[9] !" » Le bien et le mal sont des notions malléables, le courage et la lâcheté, une question de perception. Marie sait comment irriter le chef du bureau d'investigation : elle accuse ses sbires d'être directement responsables de son attraction pour les criminels ! « J'ai essayé de mener une vie honnête. J'étais serveuse dans un restaurant et vendeuse dans un magasin "Tout à 10 cents". Si ces agents ne m'avaient pas persécutée, je serais une bonne fille aujourd'hui. Ils m'ont emmenée faire de longues "balades", essayant de me piéger et de me faire parler. » Une attitude inquisitrice qui, dit-elle, n'a fait que la pousser dans les bras de son amant : « J'avais peur que certains garçons me voient avec les agents et me prennent pour une balance », ce qui l'a incitée à rechercher sa protection. Homer Van Meter n'est rien d'autre qu'un homme bien, elle l'aime, voilà tout ce qu'ils sauront. « Il était bon avec moi et m'offrait des choses » – une radio et un chien, son dernier cadeau d'ailleurs. Marie ose même aller plus loin et se plaint du traitement cruel et indigne dont elle est victime : le shérif « a gardé [mon chien] pour lui, alors que je lui ai écrit plusieurs fois pour le lui réclamer ». Une bande de kidnappeurs de canidés, voilà tout ce que sont les fameux G-Men.

La capacité de ces femmes à tenir leur langue fait des émules, et les trois grâces deviennent bientôt des modèles pour de nombreuses anonymes, admiratives de leur courage assorti d'une bonne dose de culot. Elles reçoivent à la prison de St Paul la lettre d'une admiratrice de Niagara Falls, dans l'Etat de New York, à côté des chutes du même nom : « Bonnes filles, ne parlez pas. J'espère que Johnny ne se fera jamais prendre. J'aimerais tellement pouvoir l'aider. Si les prières pouvaient aider, il ne se ferait jamais prendre. J'irai jusqu'au bout et encore un peu plus. Peut-être que vous rirez de moi et me traiterez d'idiote. Peut-être le suis-je, mais j'aimerais vraiment vous connaître et vous aider… Cette ville est certainement un endroit mort[10]. »

Hoover, découvrant le courrier, prend l'aspirante mafieuse au sérieux et envoie des agents interroger son auteur, qui n'est autre qu'une jeune fille de 19 ans, femme de ménage de son état. Elle avoue aux inspecteurs désirer ardemment expérimenter la vie de Miss Flinguette. Ainsi pourrait-elle découvrir l'ivresse d'une pseudo-liberté à laquelle aspire toute une génération de femmes.

L'affaire de la Petite Bohême est bien un scandale de plus qui éclabousse J. Edgar Hoover. Après l'échec des interrogatoires, les agents du bureau en arrivent au même constat que les journalistes : « La femme corrompue est loyale envers son homme, c'est la règle, et tire un plaisir pervers à refuser de répondre aux questions, même quand elle sait que les agents ont déjà les réponses[11]. » Monsieur le Directeur s'adresse à la foule de journalistes qui l'attend devant le siège du bureau d'investigation intégré au Département de la Justice. Il tente de temporiser, d'expliquer les raisons de la débâcle, sans les comprendre vraiment tout à fait. On demande sa démission. Sur la sellette, il a plus que jamais besoin d'une victoire.

La lapine à la fourrure

AURORA, ILLINOIS, 25 AVRIL 1934

Deux jours après la débâcle du lodge de la Petite Bohême, le 25 avril 1934, Dillinger est en cavale avec son complice qui se vide de son sang sur la banquette arrière de la voiture. Il doit trouver un médecin de toute urgence, un praticien discret, gagné à la cause du milieu. Impossible de prendre contact avec son réseau sans risquer d'attirer l'attention, la ville est en alerte.

Sortant de sa zone d'influence, John se rend à Aurora, à 60 kilomètres de Chicago, chez Edna Murray, dite « la Lapine », et son fiancé Volney Davis, deux membres d'un autre gang qui sévit dans la région, le déjà célèbre gang Barker-Karpis. C'est la première fois que John prend contact avec une bande rivale, mais les médecins capables de tremper leurs mains dans un sang taché de poudre à canon ne sont pas légion[1]. Les deux hommes se donnent rendez-vous sur le parking arrière d'un restaurant de fruits de mer. Là, Volney aide John à soulever le corps de son ami, le charge à l'arrière de sa Buick et s'en retourne à toute allure vers chez lui, au 415 Fox Street, en espérant qu'un des médecins alertés arrivera à temps. Volney avertit Edna : « Lapine, va chez une amie quelques jours. Il y a eu une fusillade au lodge de la Petite Bohême et un des gars de Dillinger a été touché. Ils ne savent pas où le planquer, il va venir ici[2]. » Délicate attention : le sang la révulse[3].

Edna est l'archétype même de la « créature satanique » honnie par Hoover. Elle cultive la coquetterie, aime les belles choses, les manteaux de fourrure et l'alcool, tout ce qui brille, ce qui vrombit et fait battre un cœur sourd aux obligations, docile aux mots doux susurrés par des brigands, goûtant plus encore ceux des crapules. Née Martha Edna Stanley le 26 mai 1898 à Marion, dans le Kansas, elle est la première enfant d'un couple qui se sépare quelques années après sa naissance, ayant tout de même pris le temps de lui donner une sœur et trois frères. Fine, blonde aux grands yeux bruns, Edna, la fille chérie, suit son père en Oklahoma et devient rapidement serveuse à l'Imperial Café de Sapulpa.

Entre deux services elle fait tourner les têtes et semble avide de convoler, si bien qu'à 20 ans à peine, elle a déjà été mariée deux fois et, fruit de ces amours passagères, a eu un petit garçon nommé Preston[4]. Dans ce contexte déjà mouvementé, elle rencontre au début des années 1920 Volney Davis. C'est un jeune homme né le 29 janvier 1902 en Oklahoma, efflanqué, aux cheveux blonds frisés et au visage d'ange émacié autant qu'effronté, qui a pour carte de visite d'avoir été déjà condamné, tout juste majeur, à trois ans de prison pour vol qualifié. A peine Edna a-t-elle le temps d'avoir le coup de foudre qu'elle reçoit un coup de massue, son apollon décharné lui est soufflé : cambriolant l'hôpital de Tulsa, il tue le veilleur de nuit et est condamné en 1922 à la prison à perpétuité.

Volney en prison, Edna essaie de trouver chaussure à son pied. Elle laisse « Diamond Joe » Sullivan, un braqueur spécialisé dans le vol de bijoux, lui faire la cour deux mois durant, avant de succomber à son charme plein de carats. Maintenant qu'elle mène une vie dite respectable, Edna s'apprête à réaliser son rêve secret, reprendre son fils désormais âgé de 8 ans, laissé chez ses grands-parents. Les liens affectifs restent certes entièrement à tisser, puisque son enfant la considère comme une étrangère, mais quoi de mieux qu'un beau-père pour l'aider à reconstruire une famille ? Hélas, l'amour est décidément bien impromptu : sitôt le petit Preston récupéré, Diamond Joe est arrêté, condamné pour meurtre et placé dans le couloir de la mort !

Edna la maudite prend son courage à deux mains et ose aller voir son mari à la prison d'Etat d'Arkansas. Physiquement amoindri, il n'est plus que l'ombre de lui-même et, tandis qu'elle l'enlace, il lui demande de ne plus jamais revenir. Désespérée, elle retient ses larmes quand le gardien chargé de l'escorter jusqu'à la sortie lui demande : « Madame, voulez-vous voir la chaise électrique[5] ? » Ne sachant quoi répondre, elle le suit en silence à quelques pas de la cellule de l'être cher. Là, sous une toile cirée noire, elle découvre l'instrument terrible qui fera d'elle une veuve d'ici peu.

Mère célibataire et désargentée, Edna loue des chambres à la petite semaine à Kansas City. Elle y fait la connaissance de Jack Murray, un autre jeune homme bien sous tous rapports… de police. Ce dernier vient tout juste d'être libéré de la prison de Leavenworth où il purgeait une peine pour « traite des Blanches[6] ». Ajoutant encore un nom à son patronyme, Edna épouse Jack au printemps 1925, bien décidée cette fois à jouer son rôle de femme de gangster : fini de regarder les hommes de sa vie se faire arrêter ou exécuter. Quitte à être mariée à un voyou, autant participer !

Voilà le couple convoyant de l'alcool entre Kansas City et La Nouvelle-Orléans. Les amants infréquentables croisent un jour le chemin d'un révérend nommé Southward, près de la Trust

Commerce Bank. Elle descend de voiture et lui demande : « Bonjour mon mignon, où vas-tu ? » et alors qu'il se retourne, l'homme de Dieu se retrouve cagoulé, la veste enroulée autour de la tête, tandis que, revolver contre la poitrine, Jack le pousse dans leur voiture. Edna a pris le volant et s'arrête non loin de là, dans une ruelle à l'abri des regards. Le pauvre homme est dépouillé et laissé pieds nus au bord d'une route. Mais avant de l'abandonner à son sort, et sûrement à de nombreuses ampoules, Edna descend de voiture, se jette sur lui et… l'embrasse à pleine bouche !

Les journaux relatent l'événement et titrent alors avec délicatesse : « La Bandit baiseuse. » Ce geste qu'elle imagine plein de panache est une signature qui, hélas, la trahit. Le 10 octobre 1925, tandis que la police investit leur appartement, Jack se défend d'être un criminel. Il n'est qu'un simple contrebandier d'alcool : « Si vous n'étiez pas un criminel, lui répond l'inspecteur qui lui passe les menottes, vous ne pourriez pas être son mari. Elle ne connaît que des criminels. » Edna ponctue l'intervention de copieuses insultes et de noms d'oiseaux[7]. Le tandem est condamné à vingt-cinq ans de prison[8] lors du procès. Edna, en furie, quitte le tribunal en hurlant : « On m'a piégée ! » tandis qu'on l'emmène au pénitencier où elle purgera sa peine.

Si monsieur compte croupir en prison, loin d'elle l'idée de l'imiter. En mai 1927, « la Bandit baiseuse » parvient miraculeusement à s'échapper. La liberté est toute relative, car elle est rattrapée en novembre 1931. Deux mois s'écoulent avant qu'elle ne s'échappe de nouveau, pour une journée seulement. Jusqu'à ce jour du 13 décembre 1932, un an plus tard, où elle renouvelle sa tentative, suivie d'une complice codétenue, Irene McCann, condamnée pour meurtre. Une camarade qui n'a rien à perdre et préfère mourir plutôt que d'être privée de sa liberté, telle est la comparse qui lui manquait. Edna a réussi à introduire quatre lames de scie à métaux dans la prison et, avec sa collègue, six semaines durant, elles liment patiemment les barreaux de leur cellule, ainsi que ceux d'une fenêtre de l'arrière du bâtiment. Liberté, liberté chérie, les deux prisonnières brisent leurs chaînes et courent comme des dératées, ne laissant derrière elles que les traces de leurs pas dans la neige. Dès lors, Edna est activement recherchée par la police et se voit affublée du surnom de « la Lapine » en raison de son agilité et de sa rapidité à se soustraire à l'attention des gardiens. Dans le milieu, sa réputation de reine de l'évasion ne passe pas inaperçue et sa prouesse s'affiche à la une de tous les journaux.

Volney Davis n'est pas non plus du genre à attendre patiemment dans sa geôle d'avoir purgé sa peine. Il vient d'obtenir du gouvernement une autorisation de sortie et ne compte pas retourner au pénitencier de sitôt. Libre, l'homme retrouve en goguette à Reno, dans le Nevada, les membres de l'autre gang qui terrorise l'Amérique et met en déconfiture J. Edgar Hoover et ses limiers, le gang Barker-Karpis.

Arthur et Fred Barker, deux frères du Missouri, dont le premier est un « tueur-né » et le second un « saoulard violent[9] », ont rencontré en prison Alvin Karpis, un braqueur d'origine lituanienne au sourire sinistre, né à Montréal, et ont décidé à leur sortie d'unir leurs forces pour contrer la Dépression à leur manière, c'est-à-dire en dévalisant les banques de l'Etat. Les deux frères et leur nouveau camarade de jeux gagnent rapidement la réputation d'un gang sans pitié, tirant sur quiconque se mettrait en travers de leur chemin, ennemis comme simples innocents. Hoover, dès lors, ne voit qu'une explication à leurs actes : cela ne peut être que la faute d'une femme ! Leur mère, Ma Barker, serait « le cerveau criminel le plus vicieux, dangereux et plein de ressources de la décennie[10] ». En quelques semaines et braquages, Volney qui a rejoint ces joyeux drilles devient une des têtes pensantes du gang. Lorsqu'il découvre dans les journaux la nouvelle de l'évasion de celle qu'il n'a toujours pas oubliée depuis dix ans, il laisse ses associés à Reno et fonce à tombeau ouvert la retrouver pour la ramener auprès de lui.

Le gang voit grand et souhaite diversifier ses activités, selon la dernière mode dans le milieu, le kidnapping. Edward Bremer, président de la Commercial State Bank, à St Paul, est pris pour cible. Riche, détesté, égoïste, il a peu d'amis[11] : c'est la victime idéale. Le 17 janvier 1934, à 8 h 30, alors que le banquier vient de déposer sa fille à l'école et roule vers son établissement, sa Lincoln Sedan est arrêtée par cinq gangsters. L'un d'eux brise de son pistolet la vitre côté conducteur et lui ordonne de descendre. Bremer est frappé avec la crosse de leurs armes et forcé de remonter dans sa voiture dont ils prennent le contrôle, après l'avoir assis sur le siège arrière les yeux bandés. Il est conduit en banlieue, à 30 kilomètres de Chicago, où il sera détenu dans la chambre d'un appartement. Plusieurs semaines durant, les négociations avec l'entourage vont bon train. Le gang demande une rançon colossale de 200 000 dollars. Mais après l'affaire du bébé Lindbergh et l'enlèvement du magnat du pétrole Urschell par Machine Gun Kelly, Hoover et le bureau d'investigation n'ont pas l'intention de subir une nouvelle humiliation. Ils redoutent la publicité négative suscitée par de tels enlèvements… qui risquent de surcroît de faire des émules !

A Chicago, Edna sécurise un appartement pour préparer le retour des hommes du gang au 6708 Constance Avenue. Le 27 janvier 1934, elle va à Toledo, en Ohio, acheter des plaques d'immatriculation de cet Etat, afin de brouiller les pistes.

Après avoir réussi à convaincre la famille de leur détermination, Volney et le gang obtiennent gain de cause. La somme demandée leur est déposée en liquide. L'otage peut être relâché le 7 février 1934, sain et sauf, sur une route déserte, avec… un peu d'argent pour rentrer chez lui, tout de même. Après interrogatoire de la victime, Hoover sait contre qui il doit se tourner et envoie un télégramme à toutes ses équipes : « Arrêtez le gang Barker-Karpis… Recherché pour le kidnapping d'Edward Bremer… Urgent[12]. »

Edna et Volney pensent s'éloigner du gang quelque temps et ainsi éviter la tornade d'agents spéciaux lancés à leurs trousses. Ils déménagent à Aurora et louent l'appartement de Fox Street après avoir touché leur part de la rançon, environ 18 000 dollars. Volney subit plusieurs interventions de chirurgie esthétique, ainsi qu'une douloureuse opération des doigts supposée rendre les empreintes indétectables. Edna joue les infirmières, et à peine est-il remis que Dillinger sonne à leur porte, ce 25 avril 1934.

La gangrène a déjà commencé de faire son œuvre autour de la blessure de son complice touché. Le médecin « de famille » n'est pas disponible. John et Volney restent les bras croisés en témoins passifs de l'agonie de l'infortuné. Une fois la mort de leur collègue constatée, les deux malfrats prennent la décision de lui offrir une sépulture de fortune et emmènent son corps à quelques kilomètres de là, où ils creusent une tombe sans nom ni épitaphe. La tombe du Gangster inconnu.

En rentrant dans l'appartement ce soir-là, Edna manque d'avoir un malaise et défaille. Volney ne la ménage pas : « Lapine, le gars y est passé », lui annonce-t-il d'emblée. Dillinger et ses acolytes sont là, Arthur Barker aussi. Elle est prise de vertiges en découvrant l'état des lieux. En dépit de la poudre désinfectante répandue dans la salle de bains, la chambre et sur son lit, l'odeur du sang, métallique et écœurante, est omniprésente. Des coussins et draps ensanglantés gisent sur le sol. Elle tente d'éponger le sang coagulé. Ouvrant un placard pour se saisir du nécessaire, elle pousse un hurlement : la pelle encore pleine de terre fraîche du trou creusé lui tombe dessus[13]. Soudain elle manque d'air : si un malheur devait arriver, connaîtrait-elle aussi le même sort ? Une sépulture de fortune, sans sacrements ? Toute la nuit, elle récure et s'emploie à faire disparaître les vestiges de la mort qui rôde.

Le 27 avril 1934, au matin, des billets marqués qui ont manifestement servi à payer la rançon du banquier Bremer sont utilisés et signalés. En quelques heures, le lien avec le couple est établi par les hommes d'Hoover. La radio diffuse la nouvelle de l'arrestation de plusieurs membres du gang. A l'appartement, Edna regarde Johnny qui écoute les informations. Elle lui trouve des yeux de tueur, un rictus forcé qui lui donne l'air narquois. Il ne lui parle pas, l'ignore et jure, elle déteste cela. Mais si le lien entre l'enlèvement et eux est établi, les G-Men pourraient être là d'un instant à l'autre. Ils doivent partir.

Au lieu de cela, elle voit Dillinger se préparer à soutenir un siège dans l'appartement. Derrière une fenêtre, il se place en faction avec sa mitraillette, tandis que Volney fait le guet devant l'immeuble. Edna se retranche dans la chambre et compte les minutes. Soudain son amant terrible arrive en trombe : « Ils sont là, les G-Men sont là ! Lapine, tu dois partir d'ici, monte dans la voiture[14] ! » Mais Arthur Barker l'en empêche : « Lapine, tu restes là où tu es. Tu ne quittes pas cet appartement. Si une fusillade éclate, tu restes derrière moi et cette mitraillette, je te tirerai de là. » Volney se reprend et tente de faire bonne figure : « Bien, peut-être que c'est mieux que tu restes là, Lapine. Si nous devons couvrir notre sortie, tu attrapes le sac posé là et tu essaies d'atteindre une des voitures avec. »

Elle peut entendre son cœur battre à tout rompre pendant les longues minutes de silence qui suivent. Une voiture se gare à la hauteur de l'immeuble, mais finit par s'éloigner. Tous étaient prêts à tirer, c'était une fausse alerte, ils sont saufs. Le lendemain, Dillinger et ses hommes quittent l'appartement, leurs armes enroulées dans des couvertures. Enfin, Edna peut respirer et espère ne plus jamais les recroiser. Hélas, peut-il y avoir le moindre jour de répit, maintenant que Hoover et son bureau sont à leurs trousses ?

La réponse ne se fait pas trop attendre. Volney est arrêté dans la chambre où il se cache à Kansas City, et le lendemain c'est au tour d'Edna d'être capturée par des agents spéciaux. Cette fois, la lapine Edna n'a pu courir assez vite pour tromper le chasseur Hoover. C'en est fini de « la Bandit baiseuse ».

Accusée, ne vous levez pas !

ST PAUL, MINNESOTA, BÂTIMENT FÉDÉRAL, 15 MAI 1934

Dans la salle 317, Evelyn Frechette s'avance sous les flashs des photo-reporters. Ses cheveux parfaitement mis en plis sous un chapeau bleu nuit porté de côté, gants en cuir assortis, elle ôte son long manteau crème cintré, découvrant une pudique robe de printemps près du corps, bleu marine, au large col blanc qui couvre son décolleté d'un nœud.

Elle comparaît pour soutien et hébergement d'un criminel devant la cour du juge Gunnan Nordbye. Alors que la séance débute, l'avocat principal A. Jerome Hoffman, assisté de Louis Piquett, le bavard de Dillinger, fait une annonce-choc, elle plaide non coupable ! « Elle est innocente ! » assène-t-il. Une femme amoureuse est inconsciente des activités de l'homme dont elle est éprise, ose-t-il avancer comme ligne de défense. Dillinger, qui plus est, se trouve loin à présent, probablement au Mexique où il se cache, rien ne sert de punir la pauvresse. Sans surprise, le jury et le juge restent de marbre. Hoffman a une dernière carte à jouer, plus technique. Il y a vice de procédure, les droits de sa cliente, argue-t-il, ont été violés : elle a été retenue *« incommunicado »*, privée de passer le coup de fil auquel elle a légalement droit. Surtout, elle aurait subi de mauvais traitements durant son interrogatoire, comme des gifles en plein visage : « Quand elle avait la tête baissée, à quelques occasions, du bout des doigts, je lui ai levé le menton », croit se souvenir le policier appelé à la barre.

Louis Piquett intervient et tente de justifier son choix de vie : « Dillinger entrerait dans cette pièce, vous tomberiez tous amoureux de lui en une heure trente[1]. » Ce nouvel argument laisse le jury, composé de quinquagénaires, perplexe. Décidément, Evelyn n'a guère la sympathie de la cour. Aux yeux du gouvernement, la présomption d'innocence n'existe pas.

Quelques jours avant l'ouverture du procès a été porté à la connaissance de J. Edgar Hoover un acte qui fait définitivement d'elle une femme moralement viciée à ses yeux : une curieuse opération de la vésicule biliaire pour laquelle elle a discrètement passé plusieurs jours dans une clinique bien particulière, celle de Niles Mortenson, un avorteur de St Paul, lui aussi poursuivi pour complicité avec Dillinger[2].

Les services d'Hoover interceptent dans le même temps une lettre de Mary Kinder à Harry Pierpont, l'associé de Dillinger, dans laquelle elle lui demande de lui envoyer une certaine somme d'argent : « C'est urgent. Tu comprends pour quoi faire, n'est-ce pas ? Il faut qu'on s'occupe de moi. Cela fait déjà un moment. Presque trois mois[3]. » Depuis la prison où elle est soumise à interrogatoire, Marie Conforti avoue elle aussi avoir reçu de son gangster les finances nécessaires à une « opération » dont il devait « s'occuper[4] ». Non contentes de bafouer les lois et les liens du mariage, ces catins à la sexualité pervertie ont recours à l'infanticide *via* l'interruption volontaire de grossesse.

Devant le juge, Evelyn Frechette prétend n'avoir jamais eu connaissance de l'identité de son amant.

— Il vous a dit qu'il n'avait pas d'affaires légales, oui ou non ?

— Eh bien, pas exactement.

— Il vous a dit qu'il était un braqueur, n'est-ce pas ?

— Non, pas un braqueur.

— Mais que vous a-t-il dit qu'il était ?

— Il m'a simplement dit, eh bien, que ces hommes qu'il me présentait constituaient son clan et il m'a dit son nom, ce qu'il avait fait dans la vie. Il n'a jamais exactement dit qu'il était un braqueur.

— Et que Dillinger vous a-t-il dit sur ce que faisait son gang pour gagner sa vie ?

— Voler des banques, je suppose.

Elle corrige, ajoutant que Johnny avait sans doute mentionné quelques méfaits de racket, mais qu'elle n'avait pas cherché à en savoir plus. Alors qu'on la somme d'expliquer la raison pour laquelle elle est restée avec un homme qu'elle pouvait au minimum soupçonner d'être un criminel, elle répond : « J'aimais tellement M. Dillinger, voyez-vous. » Peu importent les informations disponibles, les femmes n'ont pas à connaître un homme avant d'en tomber amoureuses. Et une fois qu'elles l'aiment, elles ne peuvent plus utiliser ce qu'elles savent pour répondre à des choix moraux, car c'est l'amour qui les guide.

Le cas ne se présente pas bien, Evelyn le sent. A midi, lors de la pause déjeuner, la cour se retire et le jury quitte la salle d'audience. La jeune femme se mêle à la cohue et en profite pour avancer vers la sortie, quand un des huissiers l'aperçoit et l'attrape par le bras, lui demandant où elle compte aller. Elle ne répond pas et glousse en souriant… avant d'être ramenée séance tenante dans le tribunal.

Trois témoins à charge doivent encore parler. Ils l'ont vue dans l'appartement de Dillinger, rue Lexington, où celui-ci se cachait lors de la fusillade avec les forces de police. L'épouse du propriétaire de l'immeuble la reconnaît formellement : elle l'a vue repasser un soir et essuyer de la vaisselle à une autre occasion[5]. Son avocat tente de trouver la parade : cela prouve tout au plus sa présence passagère sur les lieux, non qu'elle y résidait. Puis est appelé à la barre l'agent qui a frappé à la porte de l'appartement ce jour-là : « Il n'y a aucun doute à mes yeux, assure-t-il, Mlle Frechette est bien la femme dont j'ai entendu la voix […] quand j'ai surpris Dillinger. Mlle Frechette a une voix peu commune. »

Le 23 mai 1934, le juge Nordbye prend la parole dans un réquisitoire sans appel : « Mlle Frechette connaissait depuis le début l'identité de John Dillinger. Elle savait qu'il était un fugitif en cavale. » A 9 h 50, le jury revient de la salle de délibération. Evelyn se lève pour entendre le verdict : « Coupable. Peine de deux ans ferme. »

La fiancée de l'ennemi public numéro un est *illico presto* conduite à la prison de Milan, dans le Michigan. « Je suis une bagnarde. Je ne suis plus Billie Frechette, je suis un chiffre, comme la femme de Machine Gun Kelly, qui est là aussi, et comme le reste des filles du centre. Seulement un numéro à présent, dans une prison fédérale[6]. » Tandis que Kathryn Kelly se lamente dans ce centre de détention à la sécurité moyenne, George lui envoie des fleurs depuis Alcatraz, pour son anniversaire.

Mais dans une cellule voisine, Billie Frechette cherche à comprendre comment l'amour peut l'avoir conduite à être ainsi privée de sa liberté. « Je suppose que c'est là où nous nous arrêtons toutes. Peut-être que je l'ai cherché. Mais je continue de me dire que je suis différente. Je suis ici parce que je suis tombée amoureuse du mauvais homme – pas mauvais pour moi, mais mauvais si je voulais me tenir à l'écart des ennuis. » Comment l'instinct du cœur peut-il être condamnable ? « Une seule chose importante est arrivée dans ma vie. Presque rien ne s'est passé avant cela et je n'attends plus rien à partir de maintenant – à part peut-être de nouveaux deuils. Cette chose importante qui m'est arrivée, c'est que je suis tombée amoureuse de John Dillinger. »

ELLE EST BELLE ET SON PRÉNOM C'EST…

« La meilleure crème de beauté, c'est la bonne conscience. »

ARLETTY.

Requiem pour une blonde

GIBSLAND, LOUISIANE, 23 MAI 1934

Tandis que la traque de Dillinger continue au nord, une autre chasse à l'homme est lancée au sud. Sur le golfe du Mexique, près de Gibsland, petite ville de l'« Etat du Pélican », le shérif local, les traits marqués par le soleil sous son stetson délavé, a identifié la cache de l'« ennemi public numéro un du Sud-Ouest », un meurtrier texan de 25 ans, accompagné de sa jeune fiancée de 23 ans qui a gagné dans les journaux le charmant qualificatif de « fumeuse de cigares à la gâchette facile[1] ». Pas moins de douze meurtres d'une violence inouïe en à peine deux ans à leur actif.

Le couple terrible, recherché activement depuis cent deux jours, a finalement commis l'erreur fatale. Près d'une maison abandonnée, le shérif a reconnu les mégots des cigarettes Camel fumées par la belle blonde, la laitue qu'elle donne à son petit lapin blanc et un bouton de la veste de son homme[2]. Il prévient aussitôt le bureau d'investigation qui, eu égard au contexte précité, se montre ultra-réactif.

Une embuscade est décidée à la hâte. Six hommes se camouflent dans les buissons qui entourent l'unique route de campagne qui mène de la bourgade à la cache isolée, à quelques kilomètres au sud de Gibsland. Texas Rangers et policiers ont leurs armes automatiques chargées et le jeune adjoint au shérif a sorti du coffre d'une banque où elle repose habituellement l'arme la plus létale qu'il puisse trouver – un fusil semi-automatique au long canon Remington modèle 8[3]. Un camion a été placé au milieu de la route, un pneu *a priori* crevé, afin de forcer les fugitifs à s'arrêter pour le doubler. Le guet-apens est parfait. Les officiers passent la nuit les yeux écarquillés, persuadés d'entrer bientôt dans l'histoire[4].

A 9 heures du matin, le 23 mai 1934, le couple commande son petit déjeuner en ville, au Canfield's Café. Elle, si frêle et menue, porte une alliance en or à la main gauche, une broche avec trois glands accrochée à sa robe rouge ; lui est en costume de soie bleue et en cravate. Il dissimule son identité sous un chapeau. Ce n'est pas parce que l'on est en cavale que l'on doit manquer d'allure. Ils commandent des sandwichs à emporter et remontent dans la Ford Sedan V8 qu'ils ont subtilisée pour regagner leur nid presque douillet. Elle jette un œil sur la banquette arrière qui recèle ce qu'ils ont de plus précieux sous une couverture… Leurs armes, ou plutôt un arsenal. Trois mitraillettes, six pistolets automatiques, un revolver, deux fusils à canon scié, ainsi que des munitions en quantité suffisante pour tenir un siège. Toujours prêts à attaquer, inlassablement prompts à la fuite, résolus à mourir ensemble en se tenant par la main plutôt que de se faire prendre vivants.

Les fenêtres ouvertes, ils roulent à vive allure, plus de 130 kilomètres-heure, faisant virevolter la poussière sur leur passage. Clyde enlève ses chaussures, il aime conduire en chaussettes et sentir l'air frais sur ses orteils, tandis que Bonnie pose délicatement une serviette sur ses genoux et enveloppe son sandwich. Le camion se profile, l'homme au chapeau ralentit, puis s'arrête et propose son aide au prétendu conducteur qui fait mine de changer son pneumatique. On peut être meurtrier mais serviable. Leur moteur tourne encore, mais ils sont en vue, à portée de tir. Comment leur proposer de se rendre, par quel angle les aborder sans leur laisser le temps de se saisir de leurs armes ? Négocier avec l'un d'eux étant synonyme de mort imminente, cela refroidit tout élan diplomatique.

Pour le shérif adjoint, la pression est trop forte. A peine reconnaît-il l'homme recherché qu'il referme ses doigts sur son arme et lance, seul, l'assaut. Une de ses balles traverse la fenêtre ouverte du conducteur. Atteint à la tempe, le chauffeur est tué sur le coup et son pied lâche le frein. Voyant le véhicule s'avancer doucement, en quelques secondes les cinq officiers déchaînent à leur tour un enfer assourdissant de métal et de poudre. Un hurlement de femme les glace, le cri d'une panthère[5] agonisante, aigu et déchirant, plus fort que les tirs.

En seize secondes, cent cinquante balles viennent perforer la voiture, transperçant le corps de ses deux occupants. Finissant sa course à leur hauteur, un des rangers vise la passagère du siège avant. Quarante balles viennent se loger dans son corps chétif. Le déluge se tait, le silence se fait plus terrible encore. Tout autour d'eux semble se figer. Les hommes se regardent, immobiles. Aucun ne veut être le premier à inspecter l'habitacle. Enfin, ils s'approchent. Une balle a traversé la bouche de celle dont le nom seul les faisait trembler, projetant ses dents dans la portière opposée. Sa tête est repliée sur ses genoux, ses lunettes de soleil encore sur le bout du nez, la main, presque arrachée, tenant encore le sandwich enroulé dans la serviette du Canfield's Café.

En quelques minutes, la nouvelle se répand. Ils sont nombreux à arriver sur place, armés de ciseaux, et le shérif a bien du mal à les empêcher de couper des mèches de leurs cheveux. Déjà les rédactions mettent l'information sous presse : Bonnie Parker et Clyde Barrow ont été abattus.

Classe mannequin

Née le 1er octobre 1910 à Rowena, près de Dallas, au Texas, Bonnie est la deuxième enfant du couple Parker dont le père, Charles, est maçon. C'est un bébé aux boucles d'or et aux yeux bleus d'une rare clarté, le tout relevé d'une bouche au carmin déjà très prononcé, qui aime attirer l'attention. Elle est âgée de 3 ans lorsque les enfants à l'école doivent monter sur scène et chanter chacun à leur tour des cantiques face à la congrégation de la ville. Sa mère, Emma, a amidonné sa robe à nœuds et volants pour l'occasion. Mais quand arrive le tour de Bonnie, point de chanson pieuse rendant grâce au Seigneur, elle entonne une ballade country du compositeur Irving Berlin, *C'est un diable dans sa propre ville* ! Le public qui ne s'attendait certainement pas à tant d'ardeur dans la bouche d'une poupée de porcelaine est interdit. Bonnie exulte, fière de son effet[1].

Sa mère donne bientôt naissance à une petite sœur. Bonnie s'empresse de lui apprendre à jurer, soucieuse de développer son langage. Son père la réprimande, mais voit ses intentions pédagogiques gratifiées d'un « je m'en fiche ». Tandis que le pauvre homme corrige fermement son grand frère lorsque celui-ci faute, il ne peut se résoudre à fesser la si adorable et craquante Bonnie.

Mais en décembre 1914, ce bon papa décède, laissant sa femme avec leurs trois enfants en bas âge à nourrir. Hélas, les emplois ne courent alors pas les rues pour les mères de famille sans qualifications. Emma embarque sa progéniture et ses souvenirs pour recommencer une nouvelle vie auprès de ses parents, à Cement City, près de Dallas. Elle y trouve un emploi de couturière qui permet à ses deux aînés de reprendre une scolarité normale à l'école communale. A ceci près que le caractère impétueux et rebelle de Bonnie ne manque pas de la faire remarquer. Son être est en tension permanente, elle est prête à en découdre avec tout camarade de classe pour un crayon volé ou une chicanerie. Ce qui n'empêche pas la plupart des garçons de tomber sous le charme de ses yeux doux, et Bonnie d'en tirer avantage. Elle rentre les poches pleines de bonbons offerts par ses jeunes chevaliers servant son cœur et ses dents.

Lorsque les deux sœurs pêchent ensemble en fin de semaine, afin de grossir le contenu de leur assiette, Bonnie voit l'occasion de se donner en spectacle devant un public déjà conquis et bouche bée – les poissons. Elle leur offre des récitals à pleins poumons, tant pis si elle les fait fuir ! Lorsque sa petite sœur a le malheur de le lui signaler, elle reçoit une volée de bois vert préventive : « Quand je serai à Broadway et que j'aurai mon nom à l'affiche, tu regretteras de m'avoir parlé ainsi. » C'est que secrètement Bonnie Parker aime plus que tout le chanteur de musique country et *bluesman* Jimmie Rodgers, connu pour son yodel impétueux. Elle se voit déjà l'égaler et se produire sur les planches dans des comédies musicales.

A l'âge ingrat, Bonnie a la tête dans les étoiles. Pas bien grande, c'est un petit brin de femme qui feuillette avidement les magazines et n'a bientôt qu'une obsession, être à la mode « garçonne » qui, depuis Paris et les salons de Coco Chanel, irradie sur toute une génération qui voit dans ses figures longilignes et androgynes, aux cheveux courts et crantés sous un chapeau cloche, à la fois un signe de ralliement et une promesse d'émancipation des codes de la féminité. La *flapper* est libre de ses choix de vie, elle danse, fume, conduit, aime librement, hors mariage, hommes ou femmes ; elle fait fi des convenances et découvre pour la première fois de l'histoire ses jambes, arborant des jupes mi-longues au niveau du genou. Bonnie est en cette matière bonne élève ; elle s'épile les sourcils, maquille ses yeux de khôl et d'*eye-liner*, épaissit ses cils de mascara, et charge généreusement ses lèvres de rouge[2].

Première étape, pense-t-elle, pour réaliser son rêve, elle s'offre ainsi apprêtée, à 15 ans, une séance photo glamour chez un professionnel avide de reproduire les clichés des comédiennes à la mode. Montrer ses jambes n'empêche pas d'avoir la tête sur les épaules ; Bonnie devient une des meilleures élèves de son lycée, où elle gagne un concours d'épellation. Seulement voilà, elle n'a guère d'argent pour se constituer un portfolio, ni pour engager un agent ou se rendre à New York passer des essais. Les perspectives de travail pour une femme avec ses ressources ne la réjouissent que très peu : ouvrière à l'usine, bonne à tout faire, serveuse ou vendeuse. De bien sinistres réalités aux antipodes de ses ambitions, et surtout de ses désirs enfiévrés de chimères.

Un autre scénario emporte les faveurs de son imagination débordante, trouver un homme qui deviendra son mari et lui offrira le niveau de vie qu'elle ne peut obtenir seule. Pas un homme comme les autres, un prince charmant. A 15 ans toujours, elle rencontre ce qui lui semble s'en approcher le plus, à vue de nez, en la personne de Roy Thornton. Un jeune homme grand, au visage fin, à la belle chevelure, et toujours tiré à quatre épingles. Il porte même une cravate souvent rayée, c'est dire s'il a bon goût. Il ne peut être qu'admirable. Bonnie est impressionnée. Roy a toujours les moyens de la sortir. Peu importe où il trouve l'argent, du moment qu'il le trouve, il saura prendre soin d'elle. A quoi bon dès lors poursuivre le lycée ? L'amour n'attend pas, Bonnie l'impulsive veut épouser son Roméo au plus vite, contre l'avis de sa mère, qui ne peut que s'effacer devant la détermination de sa fille dont elle ne peut plus – si tant est qu'elle l'ait pu un jour – contrôler les velléités.

La femme de l'homme invisible

Le 25 septembre 1926, quelques jours avant ses 16 ans, Bonnie Parker épouse donc Roy. Sur sa cuisse, au-dessus du genou droit, elle se fait tatouer deux cœurs contenant leurs deux prénoms. Si elle ne peut devenir starlette, elle veut être mère. Aucun enfant hélas ne vient embellir la première année de l'union, sans doute à cause du stress lié à un peu de maladresse et aux absences répétées de son mari.

Roy disparaît en effet plusieurs semaines durant, ne donnant aucune nouvelle, et pas davantage d'explications à son retour. Il boit, sourit et cogne, mais ne se justifie pas[1]. Bonnie est une jeune épouse en souffrance qui n'ose faire part de ses tourments qu'à son journal intime. Elle partage avec lui ses résolutions pour 1928 : « Cher journal, avant d'ouvrir ce cahier pour la nouvelle année, j'ai envie de te dire que j'ai un mari vagabond, avec un esprit vagabond. Nous sommes séparés encore pour la troisième fois [...] depuis le 5 décembre 1927. Je l'aime beaucoup et il me manque terriblement. Mais je compte bien faire ce que j'ai à faire. Je ne le reprendrai pas[2]. » Elle ne se départira plus de sa résolution : « Ne prendre aucun homme ni rien d'autre au sérieux. Que les hommes aillent tous au diable ! »

Toute bonne résolution ne l'est que si elle reste éphémère et ne passe guère la Saint-Sylvestre : « 1er janvier 1928, minuit. Les cloches sonnent, l'ancienne année s'en est allée et mon cœur est parti avec elle. J'ai été la plus heureuse et la plus triste des femmes. J'aurais aimé que l'année écoulée puisse emporter mon passé avec elle. Je veux dire, tous mes souvenirs, car je ne peux oublier Roy. Je suis si déprimée ce soir. Aucune nouvelle de lui. J'ai la sensation que cette fois il est parti pour de bon. » Aux grands maux les grands remèdes qui rendent malades : « Je dois avouer qu'en ce réveillon, je me suis saoulée, pour essayer d'oublier. Noyer mes soucis dans une bouteille d'enfer. »

Au chevet de Pénélope qui tisse sa toile en attendant le retour de Roy, une bouteille à la main, les prétendants se bousculent. Bonnie a bien des soupirants, mais lorsque l'un d'eux se montre plus insistant, il se fait souffleter : « Je lui ai dit de dégager. C'est une plaie, rien de plus. » Rien n'y fait, elle se sent si seule qu'elle prend une autre résolution, plus lucrative, pour occuper sa solitude, trouver un emploi. Son sourire l'aide à se faire engager comme serveuse au Hargraves Café, au 3308 Swiss Avenue, à Dallas. Elle y rencontre des hommes qui lui laissent quelques pièces, lui parlent et parfois même la considèrent. Elle se montre si enjouée et aimable qu'elle monte en grade en intégrant le restaurant Marco's, au 702 Main Street, qui attire tous les notables de la ville.

Le 24 octobre 1929, c'est le Jeudi noir au New York Stock Exchange. L'économie de tout le pays, on l'a dit, plonge dans un tourbillon. Bonnie sert gratuitement les plats du menu aux plus démunis. L'établissement, comme bien d'autres, ne résiste pas longtemps à la crise et doit fermer ses portes. Voilà la poupée de porcelaine au chômage. Roy, resté invisible durant toute l'année, revient auprès d'elle. Mais, à 19 ans, elle s'est considérablement endurcie. A force de pleurs, son amour s'est asséché et elle ne ressent plus pour lui que de l'amertume. Sa porte reste close, bien qu'elle n'ait pas le cœur à demander le divorce. Roy retourne au brigandage et est bientôt condamné pour braquage à cinquante ans de prison à l'Eastham State Prison, au Texas. Si c'est fichu entre eux, la vie continue malgré tout.

Derrière les Barrow

Janvier 1930, portant toujours son alliance en diamant, Bonnie s'apitoie dans son journal. « Mais pourquoi ne se passe-t-il jamais rien ? » confie-t-elle durant le mariage de son frère. La sœur de l'élue réclame la présence d'une aide ménagère à la suite d'un accident : sa fille s'est cassé le bras, une aide à domicile serait la bienvenue. Bonnie accepte ce travail de domestique auquel elle avait toujours tourné le dos jusqu'alors et s'installe donc chez elle quelques jours.

Un jeune voisin vient s'enquérir de la santé de la blessée. Il est petit, efflanqué, mais il conduit une belle voiture et a quelque chose en plus, du panache. Il s'appelle Clyde Barrow. Brun, les yeux marron dansants et une fossette naissante lorsqu'il sourit, il partage avec Bonnie une certaine soif de vivre et une détermination à sortir de sa condition sociale coûte que coûte[1].

Clyde Chestnut Barrow est né le 24 mars 1909 à Teleco, au Texas, à quelques kilomètres au sud de Dallas. Il est le cinquième enfant de parents pauvres, trop occupés à tenter de gagner une maigre pitance pour se charger de leur éducation. La fratrie s'encanaille parfois au cinéma. Clyde raffole des aventures de cow-boys, il s'imagine dans des westerns en Jesse James défiant les lois[2]. L'apprenti rebelle va en cours quand il le peut, mais montre un intérêt doublé d'un réel talent pour la musique, la guitare notamment. Il passe ses samedis après-midi à regarder les instruments exposés dans les vitrines à Dallas et, pour s'en offrir, s'essaie à plusieurs emplois mineurs sans grande conviction. Car Clyde a un problème majeur avec l'autorité, il ne saisit pas vraiment la notion de hiérarchie, ni même de patronat.

A Noël 1926, l'adolescent est mêlé à une première affaire criminelle : il subtilise quelques dindes à un voisin qu'il oublie de dédommager. Hélas, qui vole une dinde braque un magasin à main armée ! C'est pour Clyde le début d'une série de vols et délits qui le placent sous la surveillance directe des services de police. Il se garde bien d'en faire étalage à la jolie Bonnie qu'il courtise.

Après plusieurs semaines de rendez-vous, Clyde vient un soir de février 1930 prévenir sa dulcinée qu'il va quitter la ville quelque temps dès le lendemain, pour « affaires ». Elle craint de ne plus le revoir, son mariage avec Roy ayant laissé des séquelles. Une femme délaissée ne perd pas confiance qu'envers les hommes, mais aussi en elle-même. Elle veut le retenir encore un peu et lui propose de passer la nuit sur le canapé[3]. Clyde sera donc le mieux placé pour ouvrir la porte le lendemain matin... à la police qui viendra l'arrêter.

Evidemment, être menotté devant sa nouvelle conquête et toute sa famille n'est guère de bon augure quand on entame une relation sentimentale. Clyde fait bonne figure et profil bas. Bonnie frappe les murs de ses poings, puis éclate en sanglots tandis que l'on emmène Clyde. Elle jure de lui rester fidèle dans cette épreuve. Elle n'a rien pu faire pour empêcher Roy de finir en prison, mais elle ne laissera pas Clyde y croupir sans son amour.

Pour la Saint-Valentin, alors qu'un audacieux prétendant, se croyant original, lui offre une boîte de chocolats, elle écrit à Clyde : « Je n'ai pas aimé du tout ses vieux chocolats, je ne fais que penser à mon chéri dans cette méchante vieille prison et j'ai commencé à me mettre en chemin pour te les apporter. Puis je me suis dit que tu ne voudrais pas des douceurs que cet idiot a achetées pour moi[4]. » C'est avisé.

A tout juste 20 ans, Bonnie subit pour la deuxième fois de sa vie l'expérience du manque profond de l'être aimé. « Je suis si solitaire sans toi, mon chéri. Tu ne souhaiterais pas que nous soyons tous les deux ? Bébé, je ne savais pas à quel point je tenais à toi avant que tu ne te fasses arrêter. Et, poussin, si tu t'en sors, s'il te plaît, ne refais jamais quoi que ce soit qui te fasse enfermer à nouveau. » Elle lui fait une promesse, entre deux larmes de mascara sur le papier : « Ils pensent tous que tu es méchant. Je sais que tu ne l'es pas et je serai celle qui te montrera que ce monde est un bel endroit, que nous sommes jeunes et devrions être heureux comme les autres jeunes gens au lieu d'être ainsi. » Elle écrit à Clyde les mots qu'elle n'a jamais pu dire à Roy. Pour lui, il n'est pas trop tard.

Jugé pour braquage et sept autres chefs d'accusation, du vol de voitures au recel d'or, Clyde est condamné à deux ans de prison. Bonnie, assise au tribunal, entend la sentence sans réellement en comprendre la portée. Le temps semble si abstrait pour une femme habituée à rêver sa vie ! Mais Clyde ne supporte décidément pas l'autorité et obéir corps et âme à ses geôliers ne fait pas partie de ses plans.

Au matin du 11 mars 1930, Bonnie rend visite comme chaque jour à son amoureux, à la prison de Waco où il purge sa peine. Il lui glisse un mot doux à l'oreille et lui révèle l'endroit où il a caché un revolver. Elle devra, si elle l'aime réellement, aller le chercher discrètement en s'infiltrant dans la maison, sans éveiller l'attention, et le lui rapporter. Ainsi pourra-t-il s'échapper et venir la retrouver. Voilà la plus romantique des preuves d'amour pour ce jeune cœur animé ! Ce secret scellera leur union, Clyde sait qu'il peut compter sur elle et remet son sort entre ses blanches mains. Bonnie, elle, risque la prison si elle est surprise en possession d'une arme, saisie de surcroît par effraction chez des inconnus.

Il lui fait encore passer un plan de l'endroit où elle trouvera le précieux objet. Au dos, il écrit de sa main les mots tant espérés : « Tu es l'amoureuse la plus douce du monde à mes yeux. Je t'aime. » Bonnie saisit le papier, l'enfonce dans son sac comme la plus sacrée des reliques et sort de la prison, déterminée à s'exécuter. Elle va sortir son héros de cet endroit de malheur. Voilà ce que Clyde attend d'une femme, qu'elle prenne tous les risques pour lui, qu'elle n'ait d'autres limites que celles qu'il lui fixe.

Bonnie joue ainsi à la cambrioleuse pour la première fois de sa vie et réussit sans difficulté à s'emparer de l'objet convoité. Mais une fois l'arme en sa possession, elle a le souffle court. Jamais elle n'en a tenu une jusqu'alors. Elle vacille, consciente du pouvoir de l'objet. Il n'y aura plus de retour en arrière possible une fois qu'elle l'aura apprivoisé. Vient une question pratique de premier plan : comment la faire entrer dans la prison ? Son sac sera comme à l'accoutumée fouillé. Le revolver est trop volumineux pour être caché dans une bottine ou sous un chapeau. *Fashionista* chevronnée, elle se décide pour une seconde ceinture qu'elle attache sous sa robe et l'y suspend. Les jambes en coton, elle se présente à nouveau à la prison le soir même ; l'évasion est prévue pour le lendemain matin.

Découvrant la nouvelle dans les journaux, Bonnie ressent une terrible angoisse... Et si Clyde l'avait instrumentalisée ? Jamais il ne viendra la chercher ! Il disparaîtra comme Roy, les hommes sont tous les mêmes ! Clyde n'a pas le temps pour ces conjectures. Tandis qu'il tente d'envoyer à sa douce un télégramme la prévenant que des complices doivent venir l'attendre devant chez elle, il est attrapé par les services de police qui sont à ses trousses et envoyé à la prison d'Eastham Farm, où il devra effectuer des travaux forcés agricoles durant quatorze ans. Bonnie est effondrée, bonjour, veau, vache, cochon ; adieu, pognon et revolver ! Est-elle donc maudite pour que le sort lui enlève ainsi son amour ?

En février 1932, tandis qu'elle ouvre la porte, il apparaît enfin, avec des béquilles, mais entier ! Clyde a fait en sorte de s'estropier deux orteils de manière suffisamment sérieuse pour être exempté de travaux ainsi que pour être libéré sur parole. Bonnie en pleurerait de joie[5] ! C'est décidé, ils deviendront un couple modèle. Mais Clyde a changé. Il est devenu cynique. Les abus et les violences sexuels dont il a été victime en prison ont fait de lui un homme différent, plus dur.

Il exige que lui soient achetées des chemises en soie qu'il souhaite porter avec des gants, comme les contrebandiers et les gangsters. Mais si son cœur est amer, il n'a pas oublié le rêve de Bonnie, avoir une famille à eux. Il cherche alors à ouvrir un petit atelier de réparation de voitures sur le terrain jouxtant la station-service tenue par les Barrow. Pour démarrer son affaire, il ne lui manque qu'un capital à investir, aussi Clyde se met-il en quête d'un emploi. Mais le malheureux est renvoyé sitôt que l'on découvre son identité et son passé de prisonnier. Aigri par le monde qui l'entoure, il décide de définitivement tourner le dos à la loi, à la normalité, et d'imposer ses règles.

La mère de Bonnie, Emma Parker, s'inquiète du changement de personnalité de Clyde, les sombres nuages qui ont élu domicile au-dessus de sa tête ne laissant rien présager de bon. Elle veut à tout prix détourner sa fille de ce beau-fils peu recommandable et espère bien qu'avec son physique avantageux elle trouvera enfin un galant qui ne soit pas un criminel. Mais Bonnie ne veut rien entendre. Elle a l'intention de s'enfuir avec Clyde loin de Dallas, loin de cette ville qui ne lui offre pas de seconde chance et juge les hommes selon leurs faiblesses. Elle ment pour la première fois à sa maman chérie et prétend qu'on lui a proposé un emploi dans la démonstration de produits cosmétiques à Houston. Pourtant c'est un tout autre projet qu'elle nourrit avec Clyde pour combattre la Dépression : former leur propre gang, à la manière de Capone. Le couple recrute un contrebandier de Dallas, ainsi qu'un braqueur émérite[6], une fine équipe.

La belle, la brute et le truand

Le 19 avril 1932, le grand jour est enfin arrivé, celui de l'aventure qu'elle désire tant vivre depuis des années ! Le couple, accompagné de son nouvel ami braqueur, se dirige vers Kaufman, au Texas. Ils se sont procuré une Buick ainsi qu'une Chrysler dont ils ont trafiqué les moteurs pour rouler à 145 kilomètres-heure et distancer ainsi ceux qui tenteraient de les arrêter.

Après s'être hasardés à attaquer un premier magasin, sans succès, à minuit, les voilà entrant dans la ville, tous phares éteints, roulant jusqu'à une quincaillerie qui possède un large stock de munitions et d'armes à feu. Tandis que leur associé s'évertue à rompre le cadenas de la porte arrière, le veilleur de nuit les surprend. Sans lui laisser le temps de les mettre en joue, Clyde tire. L'homme riposte. Bonnie, restée dans la voiture, se plaque contre le plancher et se calfeutre. Déjà les sirènes retentissent, il faut fuir. Mais une pluie battante s'abat soudain sur la petite bourgade, transformant les routes en pièges de boue et immobilisant leur véhicule. Clyde frappe à la porte d'une ferme voisine qu'il aperçoit non loin de là et demande aux habitants, revolver au poing, les clés de leur voiture. L'homme, encore endormi, n'en croit pas ses yeux : pour tout moyen de transport, il ne dispose que de mules. Clyde monte sur la première bête de somme, Bonnie derrière lui, alors que leur acolyte enfourche tant bien que mal la seconde, à cru.

Les voilà, à 1 heure du matin, sous une pluie diluvienne, talonnant chacun sa tête de mule récalcitrante ! Les pauvres animaux n'avancent pas tout à fait aussi vite qu'une Buick et, au petit matin, toute la campagne alentour est bouclée. A peine l'aurore apparaît-elle qu'ils sont pris sous le feu des policiers. Bonnie, craignant pour sa vie, se rend. De la prison, elle appelle sa mère qui la croit toujours démonstratrice en cosmétiques et ne décolère pas devant un si gros mensonge. Pas question pour elle de venir payer sa caution.

De son côté, Clyde a réussi à s'enfuir... seul. Son homme l'a laissée et, se pensant abandonnée, Bonnie trouve refuge, comme souvent, dans l'écriture, et plus particulièrement dans la poésie :

« Vous connaissez Jesse James,
Vous avez tout lu sur sa mort, sa vie.
Vous avez besoin
De nouveaux potins ?
C'est l'histoire de Clyde et Bonnie.

« Clyde et Bonnie, c'est le gang Barrow.
Vous avez dû lire plein de choses sur
Leurs larcins, vols et braquages.
Ceux qui se mettent sur leur passage ?
On les retrouve morts, à coup sûr.

« Les journaux ne racontent que des bobards.
Ils ne sont pas si impitoyables,
Des écorchés vifs qui n'aiment pas les flics,
Les mouchards, les vendus, les indics :
Bref, les traîtres qui se mettent à table.

« On prétend qu'ils tuent de sang-froid.
On les dit affreux, cruels et méchants,
Mais je vous le dis, moi, et j'en suis fière,
que je l'ai connu, Clyde, ce vieux père,
Quand il faisait partie des honnêtes gens.

« Mais les flics ont merdé.
Faisaient que l'arrêter,

Le mettre derrière les barreaux,
Jusqu'à ce qu'il me dise : "Tu sais,
Je ne serai plus libre, jamais.
J'ai choisi, j'les retrouve en enfer, les salauds."

« La route était mal éclairée.
Sur l'autoroute, rien, pas de panneaux.
Alors, c'était décidé,
Vu le peu de visibilité,
Une seule chose les arrêterait : l'éternel repos.

« La route est de moins en moins éclairée.
Par moments on n'y voit plus.
C'est un corps à corps brutal.
On a beau tout essayer, au final
Ils le savent, question liberté, c'est foutu.

« Certains ont eu le cœur brisé,
D'autres meurent épuisés, comme des maudits.
Mais tout bien réfléchi,
Nos problèmes sont tout petits
A côté de ceux de Clyde et Bonnie.

« Un flic se fait descendre à Dallas.
Pas d'indices, pas de traces,
Personne à accuser, *nada*.
Voilà comment on se débarrasse du cas :
C'est la faute à Clyde et Bonnie, les chiens.

« Deux choses qu'on ne peut pas leur reprocher
A Barrow et associés :
Quelqu'un se fait kidnapper ?

C'est pas eux, ça, c'est pas leur métier,
Et à Kansas City, ils s'en sont pas mêlés.

« Un marchand de journaux a dit à son pote :
"Si le vieux Clyde pouvait se réveiller,
Y'aurait de quoi se faire des dollars !
Vu la crise, ce serait bonnard
que cinq ou six flics se fassent dérouiller."

« Je vais vous dire un truc que les flics ne savent pas :
Aujourd'hui Clyde m'a appelée.
Il m'a dit : "Va pas chercher d'ennuis,
On travaille plus de nuit.
C'est avec les stups qu'on va bosser."

« Entre Irving et West Dallas, un viaduc,
La grande barrière comme on dit.
Les femmes, des sœurs comme personne,
Et les hommes y sont des hommes.
Là-bas personne ne balancerait Clyde et Bonnie.

« Qu'ils essaient de se ranger,
De se louer un petit appart,
Au bout d'à peine trois nuits,
Voilà qu'arrivent les ennuis :
Au son de la mitraillette, tac-tac-tac…
Ne pensez pas qu'ils se croient pires ou meilleurs,
Ils le savent, le droit est toujours vainqueur.

« Ils se sont déjà fait tirer dessus
Et y'a un truc qu'ils ont toujours su :
Pour tant de péchés, la mort est le prix à payer.
Ils tomberont ensemble, un de ces jours.

Certains seront peinés, d'autres soulagés,
Mais ce qui est sûr, c'est qu'il en sera fini
De l'histoire de Clyde et Bonnie[1]. »

Dans sa cellule, plus fragile que jamais, vacillant intérieurement, elle écrit une dizaine de poèmes dans cette veine qu'elle appelle « Poésies de l'autre côté de la vie », dont *L'Histoire de Sal la Suicidée*[2].

« On a tous une bonne raison,
A s'être fait jeter en prison.
Mais aucune ne fait le poids
Si on y réfléchit à deux fois.
Tant de femmes passent leurs plus belles années,
Gibier de potence, enfermées ;
De leur bouche, difficile de savoir
Lesquelles sont vraies parmi toutes ces histoires.
Dans ce trou, depuis que j'y suis,
J'ai entendu les secrets de toutes les souris.
Une seule semblait dire la vérité,
voici l'histoire de Sal la Suicidée.
Elle était d'une rare beauté, Sal,
Une beauté brutale, pas banale ;
Jamais à la tâche elle n'a failli,
Toujours à jouer à la limite du légal.
Sally m'a tout raconté,
Peu avant d'être libérée.
Je vais essayer au mot près
De tout restituer.
Je suis née dans le Wyoming.
Chez moi les coups pleuvaient, ch'ting !
Je peux dire qu'on ne m'a pas ménagée,
Et au village c'est bouseuse qu'on m'appelait.

Alors je suis partie à la ville.
Je rêvais de paillettes, de champagne.
J'avais alors aucune idée
Du sort réservé aux filles de la campagne.
J'ai rencontré un de ces marlous,
J'en pinçais sacrément pour lui,
Un de Chicago, un professionnel,
Prête à lui sacrifier ma vie.
Pendant un an, bon Dieu qu'on était heureux !
On a bien profité du magot,
J'ai appris les codes du milieu.
Jack, c'était mon Héros.
C'est jour de paye,
On va un peu en profiter.
A la banque, c'est Byzance, y'a d'l'oseille.
Pour nous, c'est du gâteau, ma belle.
Quatre-vingt mille, les doigts dans le nez.
Jack tenait le magot, prêt à sortir,
quand le guichetier a dégainé.
Il l'a fait mettre à plat ventre,
J'avais une seconde pour réagir.
Si le gars tirait, Jack sortirait les pieds devant.
Alors j'ai foncé, droit dedans :
Le mec était désarmé, plus de calibre.
A la maison Poulaga, ils m'ont passée à tabac,
M'ont dit que c'était moi qui prendrais,
Rapport à la cascade, au guichetier.
Les poulets avaient pas aimé,
ça sentait le coup monté :
Z'ont dit que tout ça, c'était signé.
Je suis restée ferme, j'ai rien balancé,
Nié tout lien avec la secrète société.
Le gang m'a trouvé des avocats,

De ceux qui vous tirent de toutes sortes de tracas.
Malgré tout ça, les chances sont pas grandes,
Quand l'Oncle Sam a décidé de te mettre à l'amende.
On m'a jugée comme un rejeton de la mafia,
On peut dire que ma peine vaut son pesant de péchés.
Ces salauds de la justice m'ont jugée responsable,
Plus cinq, mais cinquante ans derrière les barreaux.
J'ai porté le chapeau,
Pas une fois j'ai moufté.
Jack n'a pas tenu parole, le salaud,
Y'a pas eu d'évasion spectaculaire.
Bref, je vais la faire en deux mots,
Cette histoire est trop longue, trop triste.
Cinq longues années ont passé,
Pas une lettre, pas une pensée :
Je le croyais même trépassé.
Mais j'ai fini par découvrir – le goujat –,
Grâce à une fille nommée Lila,
Que Jack avait une nouvelle poule :
Ils vivraient comme de vrais de la mafia.
S'il était revenu vers moi,
Même sans le sou,
J'aurais oublié cet enfer, cet effroi,
Et ç'aurait été l'amour fou.
Mais jamais il ne reviendra,
Parce que lui et sa nana,
Ils savent que je mourrai avec ces chaînes,
Que très longue sera ma peine.
Demain, je sors :
Je vais me mettre à table,
Je les dégomme s'ils me donnent que dalle
Dans ce foutu trou à rats.
Les portes du pénitencier se sont grandes ouvertes

Pour laisser passer
Une femme foutue, dévastée.
Elle allait arranger tout ça.
Dans ses yeux, on lisait "assassinat".
J'ai lu il y a peu dans les journaux,
Sur la côte Est, la température a monté.
Quand la maison a fini de fumer,
Dans les cendres, deux zigotos,
Des gens du milieu, il paraît.
C'était l'histoire bien malheureuse
D'une femme de gangster qu'on a laissée tomber.
Deux jours plus tard, la Sulfateuse
a réglé son compte à Sal la Suicidée. »

Sal vit un amour mêlé de passion et de danger qui la mène droit en prison. Autant dire que Bonnie n'est pas allée chercher bien loin son inspiration. Elle a exprimé dans son texte son angoisse et sa passion teintée de désespoir. Et si, comme Jack, Clyde ne venait pas la chercher et tournait les talons avec une autre ? La belle ne se laisserait pas faire et, le cas échéant, les exécuterait tous les deux !

Bonnie a bien du temps à tuer en prison[3] et a mûri ses arguments. Elle doit affronter le grand jury le 17 juin 1932, et sa défense sera la plus simple qui soit : elle a été kidnappée par Clyde qui l'a forcée à participer aux braquages. Elle n'a fait que tomber amoureuse, est-ce un crime ? Certaines femmes ne peuvent se contenter de gentils garçons comme il faut, elles sont des « filles de la rue » dans l'âme, des vagabondes émotionnelles qui grossissent les rangs de celles qui arpentent sans but les trottoirs des grandes villes de cette Amérique en banqueroute et entrent au purgatoire des amantes. Telles sont les « filles de la rue » :

« Vaut mieux pas que tu m'épouses, chéri,
Pourtant ce serait si doux que tu me le proposes.
Mais si tu le faisais, tu regretterais juste après.

« Tu vois, je suis juste une fille de la rue.
J'aurais été heureuse que tu me demandes en mariage,
fut un temps,
Je suis couverte de honte à présent.
Ce ne serait pas juste, chéri :
Les hommes rient en entendant mon nom.

« Me sors pas la vieille histoire de la reconversion :
Une fille jamais ne revient,
Trop de gens l'attendent au tournant,
Pour la dévier du droit chemin.
Un homme peut se détourner de tous les commandements,

« On lui filera toujours un coup de main.
Une fille qui a mal choisi comment aimer,
Où qu'elle aille, sera rejetée. »

Emma Parker vient rendre visite à Bonnie en prison et manque de tomber à la renverse en découvrant les rimes de sa fille. Dans quel enfer est donc tombée sa petite poupée de porcelaine, pour emplir ainsi ses cahiers de mots si sombres ?

Durant l'incarcération de Bonnie, Clyde ne chôme pas. Le 30 avril 1932, il a braqué une station-service faisant également office de prêteur sur gages à Hillsboro, au Texas. Minuit passé. Clyde et son complice réveillent le patron du négoce et prétextent un besoin urgent de cordes de guitare. Tandis que l'homme cherche de la monnaie dans son coffre, il se retrouve un revolver pointé entre les omoplates. Il tente de se saisir de l'arme, mais le coup part et il s'écroule. Barrow s'échappe avec plusieurs bagues en diamant et quelques dizaines de dollars. Il est désormais un meurtrier recherché mort ou vif. Plus jamais la cavale ne pourra s'arrêter, emportant avec elle le rêve d'une vie de famille avec l'être aimé.

Heureusement le jury reconnaît le 17 juin 1932 l'innocence de Bonnie et la relâche. Emma peut ramener à la maison la prunelle de ses yeux. Dans la voiture, Bonnie prononce les mots qu'elle attendait, c'en est bien fini de Clyde, elle ne veut plus le revoir, ces mois en prison l'ont guérie de lui. Elle ment.

Le gang, mieux préparé, se reforme. Le 5 août 1932, le shérif adjoint d'Akota en Oklahoma, Eugene Moore, s'invite à une petite sauterie donnée dans le jardin d'un pavillon à Stringtown. Repérant un véhicule bien luxueux stationné à l'extérieur avec deux hommes à son bord, il décide de tenter une incursion. Quand il aperçoit une bouteille de whisky entre leurs mains, pas une minute d'hésitation : il intervient et les interpelle.

Hélas, à peine cherche-t-il à dégainer qu'il est abattu par Clyde et son acolyte. C'est son deuxième meurtre « préventif », clinique, sans pitié. Placée au pied du mur, Bonnie n'a plus qu'une alternative, le quitter ou fuir avec lui. Il lui faudra alors devenir bien plus qu'une petite amie, une partenaire à part entière, et embrasser la tragédie de son destin. « C'est eux qui l'ont fait devenir ce qu'il est aujourd'hui... C'était un gentil garçon. Les gens comme nous n'ont aucune chance de s'en sortir[4] », confie-t-elle à sa mère sous le porche de leur maison, le lendemain.

Emma est sur son fauteuil à bascule, Bonnie lui place délicatement dans la main les quelques sous qu'elle lui avait donnés pour prendre le bus et aller chercher du travail. Une voiture s'arrête en face de la maison, un homme à l'intérieur lui dit de monter : il doit la mener jusqu'à Clyde qui l'attend dans leur cache secrète, dans la banlieue de Grand Prairie. Bonnie se retourne vers sa mère adorée, lui dit qu'elle l'aime et la serre dans ses bras. Elle va rejoindre le côté obscur, pour toujours[5].

Le couple, flanqué de son acolyte, file à vive allure dans la Ford V8 vers le Nouveau-Mexique. Tous trois comptent sur le manque de communication entre les services de police des Etats pour ne pas être repérés. Ils arrivent chez la tante de Bonnie à laquelle elle présente son « mari » sous la fausse identité de James White. Mais difficile de se faire passer pour de jeunes mariés en goguette lorsqu'on trimballe un troisième homme et des armes plein le coffre. Son sens de l'hospitalité ayant des limites, la tante prévient les autorités.

Le lendemain matin, un officier inconscient du danger vient sonner à sa porte. Bonnie lui ouvre, les hommes dorment encore. A qui appartient la voiture de standing garée devant la maison ? « A moi », lui répond-elle tous sourire et charmes dehors. Il veut en avoir le cœur net et parler au chef de famille. Son mari est à l'étage, le temps de s'habiller et il descendra s'entretenir avec lui dans quelques instants. Sitôt la porte refermée, Bonnie prévient Clyde, qui sort subrepticement par l'arrière de la maison et, tandis que l'officier inspecte l'habitacle, lui fait face avec son arme.

Bonnie n'a que le temps de monter dans l'auto, les voilà repartis vers le Texas, en direction de San Antonio, à plus de 600 kilomètres de là ! Pour brouiller les pistes, ils abandonnent une voiture volée avec certains de leurs effets personnels laissés volontairement à l'intérieur. Ils sont désormais coupables d'un crime fédéral, ce qui leur vaut d'être poursuivis par tout le Département de la Justice et notamment, à sa tête, le bureau d'investigation de Hoover.

D'une voiture volée à l'autre, le couple parcourt l'Amérique de la Grande Dépression en guise de voyage de noces, des Grands Lacs à Chicago, braquant et pillant sur sa route, dormant dans des fermes chez l'habitant. Bonnie s'attable bien volontiers avec leurs hôtes, rit, badine, sympathise et fait même un tabac auprès des enfants, supplie Clyde de les emmener faire un tour, pédale au plancher, dans leurs chariottes volées.

Clyde s'amuse de la passion de sa fiancée pour les bambins : « Les hold-up sont des choses qu'elle aime vraiment, mais le kidnapping, ce serait là qu'elle s'épanouirait le plus, si toutes les personnes enlevées étaient âgées d'un an, ou moins[6]. » Au point que

Bonnie veut parfois « emprunter » les bébés de certaines femmes qu'ils croisent, juste pour quelques jours.

Leurs beaux habits du dimanche ne passent pas inaperçus et détonnent avec leur mode de vie bohème. Le couple doit de temps à autre dormir dans la voiture, près d'un lac ou au fond d'un fourré. Bonnie déteste ce vagabondage. Elle est terrifiée à l'idée de croiser un serpent et préfère ne pas poser le moindre petit orteil dehors. Les soirs d'orage, elle tremble comme une feuille, tapie sur le siège arrière. Manger des saucisses et des haricots froids pour ne pas attirer l'attention en faisant du feu, se soulager derrière des buissons, ce n'est pas l'image qu'elle avait de l'aventure. Clyde fait tout pour lui rendre leur cavale agréable : il lui vole une machine à écrire sur laquelle taper ses poèmes et conduit à la recherche de leur prochaine cible. Il apporte également les robes de madame au pressing à chaque passage en ville, afin qu'elle puisse être toujours impeccable et satisfaire le peu de coquetterie qu'il lui reste.

Le gang de Bonnie et Clyde, pour être chic, n'en tache pas moins ses vêtements du sang des victimes laissées sur sa route au cours de sa randonnée sauvage. Le 11 octobre 1932, peu après 18 heures, Clyde entre avec deux complices dans une épicerie de Sherman, au Texas. Alors que l'un des commis s'apprête à fermer la boutique, ils achètent des œufs et de la viande. Le jeune vendeur cherche la monnaie dans le tiroir-caisse, quand Clyde lui pointe subitement son arme sur le visage. Téméraire, l'employé lui attrape le bras, mais un premier coup de feu part, suivi de trois autres, le tuant net. Il faut encore changer de ville.

Le 26 décembre 1932, c'est à Temple que Clyde sévit, accompagné d'un adolescent qui a rejoint le gang et qu'il compte former. La transmission entre générations n'est-elle pas le ciment d'une société ? Le sacripant aperçoit une voiture dont les clés sont restées sur le contact. Il tente de la démarrer, éveillant au même moment le propriétaire qui faisait la sieste à son domicile. Ce dernier dévale les escaliers et le saisit au col, mais la rixe tourne court et le malheureux est abattu d'une balle en pleine carotide. Bonnie vient chercher Clyde et sa jeune recrue. Impossible désormais de les arrêter. A peine quelques jours plus tard, c'est un officier qui, alerté par leur signalement, a le malheur de croiser leur route et reçoit en guise d'étrennes une volée de balles.

Initiales BB : Bonnie et Blanche

Mars 1933, Wilmer, à quelques kilomètres de Dallas. Dans la ferme de ses parents, Blanche dort d'une seule oreille. Son mari, Buck Barrow, le frère de Clyde, vient enfin de lui être rendu, libéré après presque deux années de prison. A seulement 22 ans, tous les espoirs sont encore permis, elle va pouvoir démarrer une nouvelle vie avec lui, loin de la criminalité.

Vers minuit, des coups se font entendre à la porte. Buck reconnaît la voix de son frère. Clyde, Bonnie et leur jeune recrue sont là. Ces messieurs sont armés, madame est ivre et tient à peine debout. Le whisky, a-t-elle expérimenté, calme prodigieusement les nerfs, mais, hélas, nuit à l'équilibre. Buck descend les accueillir, Bonnie vient s'écrouler dans le lit avec Blanche. « Je suis toujours plus heureuse quand je bois », lui glisse-t-elle, visiblement aux anges ce soir-là. Blanche, guère enchantée de cette visite nocturne, fait pourtant bonne figure. N'aura-t-elle donc jamais un tête-à-tête avec son mari ? Il faut croire que non. Clyde fait irruption dans leur chambre et leur propose de venir avec eux à Joplin, dans le Missouri, près des Grandes Plaines, durant quelques semaines. Quoi de mieux que des vacances en famille ? Bonnie a besoin d'une amie, d'un peu de présence féminine et de repos. Séjourner avec cette effrontée ? C'est au-dessus de ses forces, Blanche refuse catégoriquement. Mais Buck sait trouver les mots magiques : elle pourra emmener son petit chien, un bâtard blanc nommé Boule de Neige.

Blanche Barrow s'appelle en réalité Bennie Iva Caldwell. Née le 1er janvier 1911 à Garvin, en Oklahoma, elle est la fille unique d'un père de 40 ans et d'une mère de 16. Les parents divorçant avant même son sevrage, la petite est élevée par son seul père, fermier et prêcheur fervent. Sa mère ne l'a pourtant pas totalement abandonnée et, pensant veiller aux intérêts de sa fille, la marie de force, à son tour, à un homme bien plus âgé qu'elle qui ne lui inspire que du dégoût. Blanche regimbe et s'échappe, laissant tout derrière elle.

En novembre 1929, Miss Caldwell marche seule dans la ville de Dallas quand elle rencontre Buck, un brun nerveux aux traits fins, de huit ans son aîné, déjà divorcé et criminel notoire. Mais l'homme n'a guère le temps de lui conter fleurette : rapidement arrêté, il est condamné à cinq ans de prison, à croire que c'est une manie ! Dans sa cellule, le souvenir de Blanche et de leur brève rencontre s'intensifie jusqu'à obséder son esprit tourmenté. Pour la retrouver et l'épouser, Buck le terrible s'échappe de prison quelques mois plus tard. Le couple, pour vivre heureux, vit caché, le temps que le divorce de madame soit prononcé.

Le 3 juillet 1931, la séparation officialisée, il peut enfin l'emmener en lune de miel en Floride. L'été et l'amour en plein soleil donnent à Blanche l'impression d'être plus vivante que jamais, elle voudrait que leur vie soit toujours ainsi, à un détail près, mais essentiel ; il lui manque la sérénité. Il n'y a pas de paradis quand on se sent en sursis. La nouvelle Mme Barrow est une femme de raison. Elle ne veut pas d'une vie de fugitive. Buck doit se rendre et purger sa peine, afin que tous deux, tête haute, puissent commencer une vie honnête, sous le soleil. Elle l'attendra, à la vie à la mort. Buck obéit à sa voix suave. La probité fait parfois recette : au bout de deux ans d'internement à peine, il est miraculeusement gracié ! Enfin va-t-elle pouvoir profiter de son homme. Mais voilà que Bonnie Parker et Clyde Barrow viennent frapper à leur porte et qu'elle fait maintenant ses paquets pour partir à Joplin, dans le Missouri, avec eux, flanqués d'un adolescent douteux[1]. Tout ce petit monde embarque dans deux voitures. Clyde conduisant seul au cas où il serait arrêté, Bonnie monte donc avec le couple et le fidèle disciple. Comme elle angoisse lorsque son homme n'est pas là, elle ne peut quitter sa voiture des yeux tout le trajet durant, le corps secoué de spasmes, de tremblements, dès qu'il disparaît au détour d'un virage. Blanche se moque d'elle, puis passe du mépris à la pitié à son égard ; le sentiment de dédain est le même, la tendresse en plus.

Les deux femmes louent un appartement avec deux chambres et un salon dans un petit immeuble en pierre, près d'Oak Ridge Drive, avec un double garage au rez-de-chaussée, afin de tenir les véhicules à l'abri des regards. La colocation révèle leurs personnalités respectives, aux antipodes l'une de l'autre : la chambre de Bonnie est toujours sale, le lit jamais fait. Elle ne cuisine pas, boit et commande les courses par téléphone à l'épicier qui les lui livre. Bref, elle est tout sauf une femme d'intérieur. Dans la chambre de Blanche, le lit conjugal est à l'inverse fait au carré. Et c'est elle, toujours tirée à quatre épingles, qui s'occupe des repas.

Buck virevolte autour de sa femme, toujours prévenant. Il craint qu'elle ne se coupe un doigt, ne se brûle, et il ne la quitte pas du regard. Bonnie a la bouche gourmande et capricieuse, elle raffole des pieds de cochon marinés avec des olives, provoquant le dégoût du reste du groupe, tandis que Clyde aimerait quant à lui se nourrir exclusivement de frites. Blanche, aux fourneaux, tente de les satisfaire. Quelles vacances !

Les messieurs jouent au poker et nettoient leurs armes, riant fort jusqu'à 2 heures du matin, ce qui a le don d'énerver prodigieusement Blanche, qui ne sait jouer qu'au solitaire et se sent de plus en plus exclue. Buck tente bien de lui apprendre les rudiments du bluff, mais rien n'y fait, elle se contente de rester des heures derrière lui, comme un gri-gri, dit-il, jusqu'à ce qu'il la soulève et la porte dans leur lit telle une enfant.

En ce mois d'avril 1933, les journaux consacrent leurs gros titres au départ massif de Juifs allemands qui fuient le maître du jeune IIIe Reich, Adolf Hitler. Mais l'Europe lui semble si loin ! Une autre nouvelle plus réjouissante vient égayer la petite troupe : le 7 avril, la vente de bière est légalisée dans l'Etat ! Ce n'est pas encore la fin de la prohibition, mais son préambule. Quoi qu'il en soit, c'est un luxe qui n'existait plus depuis son entrée en vigueur, en janvier 1920 ! Le quintuor en achète « une caisse par jour » et, comme des gamins privés de sucreries trop longtemps, se lance des défis et joue à « qui pourra en boire le plus[2] ».

Hélas, l'insouciance n'a qu'un temps, celui de l'illusion. Le 13 avril, en fin d'après-midi, Bonnie, en kimono et chaussons, sans dessous, écrit quelques vers, tandis que Blanche, en robe de cocktail de crêpe bleu, fait cuire un œuf pour la poétesse aux jambes nues. Les deux femmes sursautent quand éclate une détonation au niveau du garage. Clyde et Buck y sont descendus peu avant bricoler l'une des voitures. Elles s'approchent de la fenêtre, les tirs fusent en rafale ! Buck accourt, il faut tout quitter sur-le-champ ! Cinq policiers sont venus les encercler, une fusillade nourrie a aussitôt débuté, deux officiers ont déjà été tués.

Blanche saisit son petit chien, mais laisse derrière elle son sac à main dans la chambre, avec les papiers de son mariage avec Buck dedans. Descendant en trombe, elle aide son mari à extraire le véhicule d'un des policiers loin de l'entrée du garage, afin que Clyde, qui tire toujours depuis l'intérieur pour les couvrir, puisse sortir la voiture. Blanche pousse de toutes ses forces l'auto hors de la route de façon qu'elle dévale la colline, mais sa robe se prend dans la portière et l'entraîne avec elle ! Elle réussit à se dégager *in extremis*, après une embardée, seulement son petit chien en a profité pour prendre la poudre d'escampette ! C'en est trop, elle court dans la rue, hystérique, cherchant Boule de Neige de tous côtés. Buck l'attrape fermement et la jette dans la voiture dans laquelle Bonnie attend déjà sur le siège passager. Il démarre, Clyde réussit à s'y engouffrer, la Ford Sedan V8 s'éloigne. La pluie fait grelotter les femmes de froid, les hommes sont touchés et perdent du sang. Ils passent ainsi la nuit à rouler, entre silence et inconscience. Demain est une autre nuit.

Première nécessité, changer de voiture. Voyant un véhicule stationné avec les clés sur le contact, l'aubaine est trop belle et ils s'en saisissent. Mais le couple de propriétaires se précipite et, bien décidé à ne pas être des victimes consentantes, s'empare d'un coupé et leur donne la chasse. Impossible de les semer, le vol tourne à la course-poursuite avec les détroussés. Sauf que ces inconscients ne savent pas à qui ils ont affaire. Clyde, fou de rage, décide d'inverser les rôles. Il braque, fait demi-tour, arrête les forcenés, ouvre leur portière, extirpe le conducteur et lui assène en pleine nuque un coup de crosse. Bonnie, galvanisée, se rue sur la femme qu'elle rudoie et insulte. Pourquoi s'arrêter en si bon chemin ? Ils l'ont bien cherché ! Bonnie et Clyde les embarquent de force dans leur voiture. Le couple les suppliant de leur laisser la vie sauve, Clyde, magnanime, finit par les libérer au bout de quelques heures. La leçon du kidnapping aura sans doute été retenue.

Les nerfs de Bonnie sont usés, les neurones de Clyde embrumés. D'Etat en Etat, de ville en ville, la cavale sauvage s'emballe. Certes, ils font les gros titres des journaux. Mais l'argent vient rapidement à manquer. Le 12 mai 1933, à Lucerne, en Indiana, une tentative de braquage est déjouée. Depuis la voiture en fuite, de copieux coups de feu sont tirés par deux femmes[3]. Bilan : deux blessés. Les témoins identifient formellement Bonnie et Blanche. Dire que la seconde pensait mener une vie d'épouse modèle sous le soleil de Floride !

Il faut encore se cacher, voler, épier, trembler. La fureur de vivre est hantée par l'inéluctabilité de la mort.

Moins d'un mois plus tard, le 9 juin 1933, Clyde et Bonnie, poursuivis par deux agents, font une embardée depuis un pont et terminent leur course plusieurs mètres plus bas. Clyde a le nez cassé et son visage est sérieusement amoché, mais ce n'est pas le plus grave : Bonnie semble à l'agonie, la figure, les bras et les jambes couverts de brûlures et de coupures. Sa joue est entaillée jusqu'à l'os, sa poitrine enfoncée. Elle se tord de douleur. Clyde n'est que le témoin passif de sa souffrance. Impossible de l'emmener à l'hôpital, le couple y serait immédiatement signalé et il devrait alors l'abandonner à tout jamais. Si elle meurt, ce sera dans ses bras. Tandis que Buck conduit, il la tient sur ses genoux, achète autant d'antidouleurs qu'il trouve de pharmacies sur la route. Les molécules ont un effet inattendu sur la mourante et la rendent soudainement agressive. La voilà qui veut se battre contre Blanche, ou contre quiconque le voudra. Clyde l'entoure de patience et de douceur, et Bonnie se remet peu à peu de ses blessures.

Le 18 juillet 1933, le gang Barrow s'enregistre au Red Crown Tourist Court, un motel de Platte City, dans le Missouri. Ils occupent deux chalets en brique pour 4 dollars la nuit et couvrent les fenêtres de papier journal pour ne pas être observés et risquer d'être reconnus – comportement qui, évidemment, ne fait qu'attirer l'attention du propriétaire[4]. Le lendemain, à 23 heures, des hommes armés de mitraillettes Thompson encerclent les bâtiments. Ils laissent une chance à Clyde de se rendre, proposition qui se trouve gratifiée d'une décharge de son fusil automatique ! Les femmes s'habillent en hâte, prêtes à s'échapper une fois encore. Les mitraillettes caquettent à tout-va, Clyde tient tout le monde à distance, tandis que Bonnie et Blanche s'engouffrent dans la voiture et démarrent en trombe. Les fusillades se suivent, mais ne se ressemblent pas : Blanche est touchée. Les agents en tirant ont fait exploser les vitres et des éclats de verre se sont fichés dans un de ses yeux, en pleine pupille. A côté d'elle, Buck saigne abondamment de la tête. Les fugitifs s'arrêtent dans un parc d'attractions à l'abandon, Dexfield Park, en Iowa. Terrorisé à l'idée que Buck meure, Clyde se met à creuser une tombe sans dire un mot. Quel est donc ce froid que l'on sent en Buck ? C'est la mort qui va l'emmener. Sévèrement amochés, ils sont à bout de souffle, mais trouvent encore la force de se cacher à la belle étoile.

Le 24 juillet 1933, plus d'une centaine de policiers encerclent le parc où ils se sont retranchés, bien décidés à en découdre. Tirant et courant tout à la fois, Bonnie et Clyde parviennent à s'enfuir à travers bois, mais Buck, qui doit aimanter les balles, est atteint, cette fois en plein dos. Blanche tente de l'agripper par la taille et de le tirer jusqu'à la forêt. Elle le soulève de toutes ses forces. Hélas, ses jambes ne le portent plus. Il est trop lourd, les racines au sol sont trop nombreuses, les branches fouettent le visage de Blanche et son seul œil valide ne lui permet pas de distinguer le chemin. Buck l'implore de partir, de ne pas risquer sa vie pour lui : « La seule raison pour laquelle j'essaie de tenir, c'est toi, dit-il à sa femme. Si tu meurs, je ne survivrai pas. Si tu n'avais pas été avec moi, je serais déjà mort. Je ne vis que pour toi. Quand tu seras partie, je partirai aussi[5]. » Mais Blanche n'est pas de celles qui laissent leur homme à l'abandon. L'amour de Buck vaut bien une prison. La course est finie, le courage est souvent de s'obstiner, parfois de savoir abandonner. Elle s'assoit, serre sa main dans ses doigts, pose sa tête ensanglantée sur ses genoux, allume une cigarette et attend d'être arrêtée avec lui.

Les policiers arrivent à leur hauteur, Blanche n'oppose aucune résistance. Buck a besoin de soins, il ne faut pas perdre de temps. Le couple ensanglanté est conduit à l'hôpital King's Daughters de Perry, en Iowa. Contrainte d'aller faire soigner son œil, elle lâche la main de son homme, tandis qu'il est emmené de force au bloc opératoire. Buck s'enfonce dans l'inconscience. Le 29 juillet 1933, son cœur cesse de battre. Et Blanche la borgne n'est pas à ses côtés. Elle a déjà été conduite à la prison de Platte City où elle est soumise à un interrogatoire intensif. Tous ses efforts pour être avec lui, chaque jour et chaque nuit depuis leur mariage, n'ont mené qu'à cet instant terrible où elle n'a pas pu être là pour l'aider à passer sur l'autre rive.

Où se cachent Bonnie et Clyde ? L'honneur des gangsters commande le silence. Blanche Barrow, tête haute, certifie n'avoir commis aucun crime, si ce n'est d'avoir suivi son mari. Elle n'a naturellement rien à dire. Venu tout spécialement de Washington, le directeur du bureau d'investigation en personne mène l'interrogatoire. Il veut s'assurer qu'elle ne cachera rien aux enquêteurs et est bien décidé à lui faire cracher le morceau. Bonnie est désormais sa cible de choix, à la hauteur de ses ambitions. A Joplin en effet, le couple, dans la précipitation, a laissé derrière lui des clichés très privés qu'ils avaient pris ensemble pour s'amuser. On y voit Bonnie fumant le cigare de Clyde et le tenant en joue avec son fusil, mise en scène cocasse où l'inversion des rôles sexuels est un jeu qui éveille le désir. Hélas, les photos ont été publiées dans les journaux ! Le vice contre la vertu, Bonnie Parker incarne à présent pour J. E. Hoover cette nouvelle maladie dans laquelle les femmes prétendent dominer les hommes, portent des armes et des habits masculins, tout comme Kathryn Kelly ou Billie Frechette, autres corruptrices vouées au mal et à la volupté.

Un bandeau sur son œil à jamais mutilé, Blanche répète à Hoover ce qu'elle a martelé aux officiers, à savoir qu'elle n'a strictement rien à dire. Il éperonne, admoneste, intimide, menace de lui crever le seul œil qui lui reste, rien n'y fait. Buck vient d'être inhumé sans qu'elle soit autorisée à assister à ses funérailles. La fidélité d'une femme amoureuse envers un homme n'est rien comparée à celle qu'elle voue à son souvenir. Rien n'importe plus que de ne pas trahir sa mémoire.

Le 4 septembre 1933, Blanche Barrow, 22 ans seulement, est présentée devant le juge. Bien qu'elle n'ait jamais elle-même tué ou blessé qui que ce soit durant toute l'existence du gang Barrow, elle plaide coupable des charges qui lui sont reprochées : attaque à main armée avec tentative de meurtre. « Les gens ne vivent heureux que dans les contes de fées, écrit-elle. Dans mon cas, il semble que cela ait été un crime de rencontrer Barrow [...]. Je ne suis pas coupable des crimes dont on m'accuse. Mais je suis coupable d'avoir aimé mon mari si fort que je n'aurais pu le laisser sans savoir à quelle heure du jour ou de la nuit on m'aurait appelée pour me dire qu'il avait été criblé de balles par le revolver d'un policier. [...] Même quand je savais que ma vie était en danger, je suis allée avec lui, peu importe où il allait. Plutôt que vivre sans lui, j'ai choisi d'affronter la mort avec lui. »

Mais les crimes sont bien réels, et l'amour fou n'a jamais constitué un alibi recevable dans une cour de justice. Blanche est condamnée à dix ans de prison. En 1933, elle écrit un poème mélancolique, *L'Année terrible* :

« Depuis les prairies du passé,
Elle vient parfois jusqu'à moi.
Une petite fille revient de gambader,
La petite fille que j'étais.
Pourtant, son sourire est si attristé.
Une fois installée dans mes pensées,
Je me demande si elle espère
Voir la femme que j'aurais pu être... »

Blanche est conduite au Missouri State Penitentiary. Son œil gauche n'a pu être sauvé. Mais elle est restée muette, laissant Hoover aveugle. Où ont disparu Bonnie et Clyde ?

Le choix de Bonnie

Les fins de mois sont toutes difficiles pour Bonnie et Clyde, l'argent venant à manquer sitôt le dernier braquage achevé. Clyde cambriole la First National Bank d'Iowa. Bonnie l'attend dans la voiture, tandis qu'il rapporte un maigre butin de 70 dollars. La vie vaut-elle d'être risquée pour si peu ?

Bonnie Parker est lassée de la route, de cette vie d'errance, constamment sous tension, à l'opposé de l'idéal qu'elle avait projeté. Elle se rêve à présent en mère de famille à la vie réglée comme du papier à musique dans une petite villa bien comme il faut. En Louisiane, à Bienville Parish, elle a repéré une maison à retaper susceptible de concrétiser son souhait. Il s'agit d'une masure en bois de quatre chambres au toit éventré et branlant, au bout d'une allée d'arbres, dans laquelle les anciens propriétaires et leurs deux filles sont décédés de la tuberculose quelques années auparavant. Il ne reste presque plus de meubles à l'intérieur, mais qu'importe, c'est le mirage d'un foyer[1]. Elle pourrait réparer le toit, mettre des rideaux en dentelle aux fenêtres. La petite bourgade de fermes poussiéreuses n'a pas encore le confort de la modernité ; ici, guère de téléphone, de cinéma ou de théâtre, encore moins de dancing. Une partie de la jeune femme préservée du monde à feu et à sang qui l'entoure nourrit toujours l'espoir d'avoir un bébé. Mais Bonnie reste aussi un félin à l'intuition exacerbée. Elle doit revoir sa mère qu'elle a abandonnée, et elle doit le faire maintenant, après il sera trop tard. Le compte à rebours a commencé. Elle demande à Clyde de la ramener à Dallas, auprès d'elle. Pour une fois, c'est à lui de ne pas poser de questions.

Le 5 mai 1934, le couple arrive dans la ville où la police du pays tout entier s'est donné rendez-vous pour le traquer. Clyde passe devant la station-service des Barrow, il y jette une bouteille en verre contenant un mot avec des instructions pour les retrouver le soir même, à quelques kilomètres de là.

Entre les voitures, allongée dans un champ sur des couvertures, Bonnie peut enfin embrasser sa mère. Elle lui parle deux heures durant, cela faisait si longtemps qu'elle ne l'avait pas vue. Pour Emma Parker, le temps s'est arrêté depuis son départ. Aussi les retrouvailles sont-elles intenses, bien que teintées de tristesse : « Maman, quand ils nous tueront, ne les laisse pas m'emmener dans un funérarium, d'accord ? Ramène-moi à la maison. » Emma Parker regarde sa fille avec des yeux révulsés ; sa petite poupée ne peut prononcer de tels mots avec une telle détermination. « Ne sois pas bouleversée, maman, pourquoi ne pas en parler ? Cela va arriver bientôt. Tu le sais, je le sais. Tout le Texas le sait. Ramène-moi à la maison quand je serai morte. Cela fait tellement longtemps que je n'ai pas été chez nous. Je veux être allongée dans le salon avec toi assise à côté de moi. Une longue, calme et paisible nuit ensemble avant de te quitter. » Emma Parker se sent à cet instant en partie morte, le poids du monde vient de lester son être tout entier. « Et une dernière chose. Quand ils nous tueront, ne dis jamais rien de mal sur Clyde. Promets-le-moi aussi, s'il te plaît. »

Le 23 mai 1934, arrive sur la table du médecin légiste le corps sans vie de Bonnie Parker dans une robe rouge et chaussures assorties. Sous la petite croix en or jaune pendue à son cou, une balle s'est logée dans la poitrine, une autre derrière l'oreille, une au-dessus du genou droit, d'autres dans la cuisse droite, dans la bouche, dans la mâchoire gauche, la clavicule gauche, le coude gauche, deux sont entrées derrière l'épaule gauche, une dans la poitrine, près du cœur, six dans le dos ; un doigt a été presque arraché et des morceaux de verre se sont fichés un peu partout. Un carnage.

A l'heure du déjeuner, les corps des deux défunts arrivent au magasin de meubles Conger's, à Arcadia, qui fait également office de maison funéraire. Une foule de près de 15 000 personnes se presse pour les apercevoir avant qu'ils ne soient enlevés le lendemain pour être transportés vers Dallas, où ils reposeront.

Le corps de Bonnie est conduit à la maison funéraire McCamy Campbell. L'embaumeur s'occupe avec délicatesse de son pauvre visage en charpie et reconstitue ses traits défaits par les impacts de balle, afin qu'elle soit présentable pour sa dernière apparition publique. En une seule journée, près de 20 000 personnes font le déplacement pour voir celle que le bureau d'investigation avait décrite comme « une chose toute frêle, pas plus de 45 kg toute mouillée et des yeux affreusement plissés[2] ». La plus grande couronne de fleurs vient des vendeurs de journaux de Dallas, en remerciement pour les centaines de milliers d'exemplaires qu'elle leur a fait écouler[3]. A son doigt, la bague de fiançailles de Roy ; dans son sac, le mot de Clyde : « Tu es la meilleure petite amie du monde pour moi. Je t'aime. » Le couple réalise son rêve, mourir ensemble. Pourtant Clyde est mort célibataire, Bonnie en femme mariée... Hoover croit avoir remporté la guerre contre les fiancées de la poudre. Il ne s'agit pourtant que d'une bataille.

Les petites prisonnières modèles de Mme Roosevelt

Deux jours plus tard, le 25 mai 1934, les trois grâces de Dillinger, Jean Crampton, Marie Conforti et Helen Gillis, arrêtées lors de l'attaque du lodge de la Petite Bohême, comparaissent devant le juge. Apprenant au tribunal la mort violente de Bonnie Parker et Clyde Barrow, Helen fait remarquer à ses camarades : « C'est si romantique qu'ils soient morts ensemble[1]. » Trouvent-elles également romantique leur propre condamnation à un an de prison ? Nettement moins, même si elles sont conscientes d'avoir échappé au pire.

Le juge fait d'ailleurs preuve d'une mansuétude peu habituelle et commue leur peine : il leur ordonne de rentrer chez elles pour devenir de bonnes épouses et mères à la vie rangée. La clémence a ses raisons : pour traquer un homme, rien de plus simple, mettez un fil à la patte de sa femme ! Il pense, en les relâchant, qu'elles le conduiront tout droit à leurs gangsters. Erreur ! Les trois jeunes femmes échappent bien vite à la surveillance des agents et rejoignent leurs compagnons.

Mais il n'y a guère de liberté, il n'y a que des instants volés.

WATERLOO, IOWA, 7 JUIN 1934

Le 7 juin 1934, Jean Crampton et Tommy Carroll sont en route pour la bien nommée Waterloo, en Iowa, où ils arrivent vers 11 heures du matin. Jean a une irrépressible envie de femme enceinte... courir les boutiques. Elle achète dans un magasin au 226 East 4th Street une petite robe marron qu'elle enfile sur place afin de faire une surprise à son chéri parti lui acheter une paire de lunettes. Elle vient de teindre ses cheveux en noir de jais ; pour sûr, la blondinette est méconnaissable. Elle avait déjà masqué sa couleur naturelle sous une teinte châtaine pour moins attirer l'attention des hommes, et par ricochet les foudres de la jalousie de Tommy. En vain. Durant son court séjour en prison, ses cheveux blonds avaient repoussé – difficile de s'y faire une coloration ! Les autres détenues l'avaient appelé « Mae West » par comparaison avec l'actrice *sex-symbol* des années 1920 qui, outre le port de corsets serrés pour affiner la taille, avait pour habitude de monter sur de vertigineux talons de 20 centimètres – elle avait même inventé un balancement de hanches particulier afin de tenir en équilibre sur ces échasses glamour, le déhanchement West. Voilà qui n'avait pas arrangé ses affaires auprès de Tommy aux oreilles duquel cette appellation était arrivée.

Revenons au 7 juin 1934. Le couple s'arrête en chemin faire le plein d'essence de leur Hudson Sedan couleur bronze. Seulement le pompiste remarque sur le siège arrière de nombreuses fausses plaques d'immatriculation et s'empresse de signaler le couple à la police de Waterloo. Les agents ne mettent pas bien longtemps à le débusquer, puisqu'il est garé juste en face du parking du commissariat ! Mieux, tous deux regagnent à ce moment précis leur véhicule. Alors que Jean hâte le pas et monte en voiture, un gardien de la paix interpelle Tommy Carroll d'un classique : « Vous êtes en état d'arrestation ! » Le gangster lui répond d'aller au diable et se saisit de son pistolet, mais le policier lui assène dans la mâchoire un coup qui lui fait lâcher son arme, celle-ci glissant sous le capot. Dans la foulée retentissent cinq coups, dont quatre l'atteignent. Derrière le pare-brise, Jean assiste à la scène, spectatrice comme au cinéma, et voit son homme s'affaisser et tomber au sol[2]. Elle est interpellée et conduite à la prison du comté, tandis que Tommy est emmené à l'hôpital. Sur la route, il confie aux agents : « Prenez soin de la petite, elle ne sait rien de tout cela. J'ai 700 dollars sur moi, faites en sorte qu'elle les reçoive[3]. » Les policiers lui demandent encore s'il a quelque chose à déclarer. Ses derniers mots ne leur apprendront pas grand-chose de ses activités : « Je suis touché, mon pote. C'est tout. Je suis touché. »

Les agents quittent l'hôpital pour interroger Jean, espérant plus de coopération. Ils lui demandent si elle a un message à délivrer à son amant : « Dites-lui que j'ai dit non à la mort et que je vais aller le voir. Dites-lui que je l'aime, qu'il a toujours été bon et gentil avec moi et que tout ce qu'on dit sur lui est faux. On s'est juste arrêtés à Waterloo pour faire faire mes lunettes[4]. » Mais c'en est fini, Tommy vient de mourir sans que les derniers mots de Jean lui aient été rapportés. Waterloo, morne ville ! Qu'importe, le reporter en charge de l'affaire décide que l'amour doit triompher : il repart à la prison voir Jean et ment en lui assurant que son message a bien été délivré à temps. Deux jours après son décès, Jean Crampton, à nouveau convoquée devant le juge pour avoir violé les conditions de sa libération, est condamnée à un an et un jour de réclusion. Elle est autorisée à voir la dépouille à la morgue, deux minutes seulement. En larmes, elle dit adieu à son gangster adoré et touche nerveusement l'anneau qu'il lui a offert, tandis qu'elle croise son épouse légitime. Celle-ci se charge de donner les dernières instructions pour les funérailles[5]. En attendant qu'on l'emmène à la prison d'Alderson, où elle devra purger sa peine, Jean, sous le choc, perd l'enfant qu'elle portait, le leur.

Elle est rejointe à Alderson par Marie Conforti[6], qui pleure son gangster. Le 23 août 1934, Homer Van Meter se trouve face à quatre policiers et est touché des douzaines de fois en tentant de s'enfuir. Plusieurs de ses doigts sont arrachés par les balles, les forces de l'ordre ayant elles aussi cédé aux charmes des puissants pistolets-mitrailleurs Thompson[7].

Les deux bagnardes ont été précédées de peu par la femme du Président, Eleanor Roosevelt, qui a visité l'établissement. La *First Lady* engagée voulait se rendre compte par elle-même du programme de réinsertion des femmes criminelles qu'elle défend. « Une merveille ! » s'est-elle exclamée en découvrant la prison d'Alderson. Le centre offre en effet un service religieux, une clinique pour femmes, des classes et des tests d'aptitude. Il y a même un club de lecture, des cours de sténographie et de dactylographie conçus pour être le reflet du New Deal. La Première Dame tient à la réforme des prisons pour ces femmes qui « n'ont pas seulement des maris, mais aussi des enfants[8] ». Hélas, cet établissement modèle a été jusqu'alors considéré comme impropre à recevoir les fiancées des gangsters les plus redoutés de la Grande Dépression. Le directeur

Sanford Bates expliquait : « Nous ne pouvons pas risquer une attaque organisée et préparée pour libérer la femme ou la chérie d'un gangster. Le site d'Alderson n'est pas élaboré et équipé pour contenir des femmes perdues et incorrigibles. » Mais l'explosion de la criminalité féminine et la volonté du Président de leur offrir un traitement plus humain, spécifique à leurs besoins, ont eu raison de ses réticences. Ce matin-là, interrogeant le personnel de la Maison Blanche sur la raison de l'absence de la Première Dame, Roosevelt s'entend répondre : « Elle est en prison, monsieur le Président. — Cela ne me surprend guère », rétorque-t-il, avant d'ajouter : « Mais pour quel motif ? »

Il faut dire que la prison d'Alderson ressemble en cet été 1934 au dernier salon où l'on cause crimes et chiffons. Jean Crampton et Marie Conforti y retrouvent une certaine Billie Jean Parker, la sœur de Bonnie, et seront bientôt rejointes par Kathryn Kelly et sa mère Ora Shannon – Kathryn qui est pour le moment détenue à la prison fédérale de Milan, d'où elle écrit au directeur Bates : « Je vous en prie, étendez à nous les grands bienfaits d'Alderson. Je vous promets de nous rendre dignes de ce privilège. Je serai assidue en cours[9]. »

Kathryn ne cesse de penser à Machine Gun Kelly, tandis qu'Evelyn Frechette regarde par la fenêtre et contemple les plaines et collines environnantes qui la renvoient à ses ancêtres amérindiens. Ces derniers les arpentaient, libres, avant l'arrivée de l'« homme blanc », de ses lois et de ses prisons. Ainsi, « s'ils capturaient la femme d'un chef ennemi, c'était dans le but avoué de s'en servir d'appât, la délivrant une fois l'adversaire tué[10] ». Mais la main de fer dans un gant de cuir des cow-boys s'est imposée sur les plaines, et Evelyn est détenue pour « assistance à un criminel ». « Le criminel, c'était John. [...] Je l'aimais. Je l'ai suivi à travers tout le pays [...]. Si c'était le soutenir, eh bien d'accord. Je l'ai soutenu. [...] Je ne regrette pas de l'avoir aimé. Je ne pouvais rien contre cela. Je regrette ce qui m'est arrivé et ce que cela me coûte désormais que j'ai été arrêtée. Tomber amoureuse de John était quelque chose qui allait de soi. Il y avait beaucoup de raisons à cela. [...] J'aimais la gentillesse de John. Je veux dire, pas comme un criminel qui se promenait avec des armes et n'avait peur ni de la police ni de personne. C'était quelque chose d'autre. John aurait pu aussi bien être un soldat ou autre chose en dehors de ce qu'il était. [...] J'ai toujours pensé que ce qu'il faisait et ce qu'il était étaient deux choses différentes. J'étais amoureuse de ce qu'il était. Oh, peut-être ai-je eu tort, mais vous ne pouvez pas vous en vouloir de tomber amoureuse ! »

La femme en rouge

CHICAGO, NIGHT-CLUB LE CASINO FRANÇAIS, 22 JUIN 1934

Ce soir, John Dillinger fête ses 31 ans en charmante compagnie[1]. Deux jours durant, tandis que derrière ses barreaux Billie Frechette griffonne des pages dédiées à leur amour, il danse, boit et plus encore avec une autre femme nommée Polly. Il lui a offert une douzaine de roses ainsi qu'une bague ornée d'une améthyste et n'a de cesse de lui chanter le dernier tube qui vient de sortir, *All I do is dream of you*, interprété par Joan Crawford dans le film *Sadie McKee*. Il lui parle d'enfants, d'une maison bien à eux, et dit vouloir se retirer des affaires et acheter une ferme avec des poules[2]. Un génie de la lampe ambulant prêt à exaucer tous les souhaits de sa nouvelle conquête, en somme, un Père Noël en costume de gangster.

John l'a rencontrée quelques jours plus tôt dans un bar fréquenté par le milieu où elle fait des extras. Et puisque Billie est enfermée pour deux ans, autant se consoler dans les bras d'une autre. Polly lui ressemble étrangement, avec ses cheveux bruns épais et ondulés. Née Edythe Gertrude Hamilton au Canada, en 1909, elle émigre avec sa famille aux Etats-Unis à Fargo, dans le Dakota du Nord. Le père, hélas, meurt très jeune, laissant la mère élever seule leurs trois enfants. Puis Polly épouse un officier de police de Gary en Indiana, mais le mariage est rapidement dissous, pour cause de « négligence » ; son mari lui reprochant de ne pas être une véritable femme d'intérieur. Sans travail ni bague au doigt, elle fait la connaissance tout à fait fortuite d'une certaine Anna Sage, tenancière de bordel à Gary. Les deux femmes deviennent amies. Les affaires d'Anna deviennent si florissantes qu'elle ne tarde pas à ouvrir un autre bordel à Chicago, bientôt l'un des plus rentables de la ville ; elle convainc sans difficulté Polly de l'y suivre.

Anna loue un appartement au 2420 Halsted Street, où les deux femmes s'apprêtent à entamer une nouvelle vie. Polly devient danseuse de spectacles itinérants, puis serveuse au S & S Café, sur Wilson Avenue. En ce début juin 1934, John se présente un soir au night-club Barrel of Fun, sous le nom de Jimmy Lawrence. Il se plante devant Polly et lui demande tout de go : « Qu'est-ce qui se passerait si je vous appelais un soir ? » La patience est une vertu de l'amour, l'empressement un caractère de la conquête. Elle lui répond d'essayer, il verra bien, elle ne peut prédire l'avenir[3]. Johnny appelle la jeune femme au tempérament joueur dès le lendemain soir et l'attend devant le restaurant où elle travaille. Règle implacable de séduction : savoir distiller les informations au compte-gouttes. Il lui dit être employé à la chambre de commerce. Polly n'écoute que d'une oreille ses explications, tout ce qu'elle voit c'est « un homme très souriant, dont la bouche frétill[e] aux commissures lorsqu'il di[t] une histoire drôle[4] ». Une rencontre coup de foudre, comme on en compte peu dans une vie : « La chose la plus importante qui me soit arrivée », confie-t-elle alors. Il faut dire que Johnny fait tout ce qu'il faut pour incarner l'homme idéal : cadeaux, sorties, appels chaque soir à la fin de son service, balades romantiques. Il l'emmène souvent à la fête foraine et n'est jamais rassasié de manèges ! Un jour que leur petit wagonnet tombe en panne sur le circuit en haut d'une côte, il ne tremble pas, ne panique pas et la rassure. Il n'a vraiment peur de rien, pense-t-elle. Johnny sait aussi faire preuve d'imagination... Il l'appelle sa « comtesse » ou bien parfois, au diable la monotonie, Cléopâtre. « Mais chérie, c'était le petit nom que je préférais », note Polly. John, respectant une autre règle du parfait séducteur, se montre sous son meilleur jour. Il a naturellement oublié de lui dire qu'il est un fugitif sans domicile fixe. La traque de Dillinger a amené à Chicago nombre d'agents d'Hoover, et les mafieux voient leur présence d'un assez mauvais œil. Plus personne ne voulant lui fournir de cache, il emménage chez Anna.

Dillinger n'est pas un homme compliqué à satisfaire, tout ce qu'il demande c'est un repas maison cuisiné avec amour. Une seule chose lui manque cruellement que l'argent n'a pu lui offrir, le bonheur conjugal. Polly a tiré des leçons de son divorce et fera tout pour satisfaire ses *desiderata*. Le menu est simple : « Des cookies et du poulet en sauce, comme à la ferme, c'est ce qu'il préfère. » Tomates, oignons verts, radis doivent également être servis en accompagnement. Il aime certes le steak, mais quand il est réellement en joie, un seul plat peut le satisfaire : les cuisses de grenouille à l'irlandaise. Il apporte de la glace pour le dessert et une demi-douzaine de boîtes de framboises pour adoucir l'été qui s'annonce radieux.

Il emmène également Polly se balader... au stand de tir ! Elle passe des heures à le regarder s'exercer avec admiration. C'est un as, tout le monde s'arrête sur le stand et se met en ligne pour le voir dégommer les cibles. Un détail qui sans doute aurait dû attirer son attention chez ce prétendu employé modèle de chambre de commerce. Mais Johnny n'a rien d'un tueur, puisque « tout le monde trouvait qu'il faisait efféminé à cause de ses petites lunettes à monture dorée et de sa fine moustache ». C'est que Dillinger maîtrise l'art du déguisement. Il vient surprendre sa chère et tendre au travail et fait le pitre devant la fenêtre, grimaçant pour la faire rire. « Le garçon le plus timide que j'aie jamais vu », juge-t-elle. Polly repère pourtant les cicatrices de chirurgie sur son visage, témoins d'une intervention esthétique passée pour masquer son identité et retirer certains traits qui le rendaient trop reconnaissable : « Ecoute, comtesse, c'était un accident de voiture », se justifie-t-il. Rien n'est plus aveugle qu'une femme amoureuse qui ne veut rien entendre.

Certes, il a ses défauts, « il n'était pas exactement ce que l'on peut appeler une gravure de mode. Il portait toujours le même costume gris ». Mais il se comporte en gentleman, l'emmène dîner et danser presque tous les soirs en taxi. « Peu importait où nous allions dîner, il avait toujours commandé un gros piment rouge avant de rentrer à la maison. » Comment douter d'un tel garçon !

Anna voit sans doute plus clair dans le jeu de John, elle connaît les hommes, elle en a même fait son métier. Anna Sage s'appelle en réalité Cumpanas. Née dans l'actuelle Roumanie entre 1889 et 1892, elle a comme tant d'autres émigré aux Etats-Unis. Ayant épousé un zigue violent qui lui a donné un fils, mais surtout de nombreux coups, elle a obtenu le divorce, se retrouvant sans le sou. C'est alors qu'elle a commencé à donner de sa personne à ceux qui manquaient de plaisir, mais jamais d'argent. Puis elle a gravi les échelons jusqu'à devenir maquerelle, l'une des plus réputées d'ailleurs, sous le pseudonyme de Katie Brown. Malgré de fréquentes descentes de police, elle s'est imposée parmi les reines nocturnes de la ville[5]. La quarantaine, un accent de l'Est prononcé, quelques kilos en trop, huit dents en or et des yeux noir corbeau, cette femme pourtant pas bien grande ne passe pas inaperçue.

Les services de l'immigration ont du reste Anna dans le viseur : son passeport lui a été confisqué et elle est menacée d'expulsion vers sa Roumanie natale. La présence de Johnny constitue une aubaine pour elle. Elle pourrait sans doute le livrer en échange d'une régularisation de sa situation. Par l'intermédiaire d'un de ses contacts du milieu, Anna rencontre un policier du quartier Est, Sam Cowley, qui remonte l'information en haut lieu. Hoover donne aussitôt son accord. La traque de Dillinger vaut bien toutes les compromissions. Le bureau d'investigation se met en place pour une intervention rapide.

Le dimanche 22 juillet 1934, l'ennemi public assiste au match de base-ball du fils d'Anna, à Jackson Park, pendant que les filles font de la bicyclette. Il achète des bières pour les deux équipes et les distribue personnellement, tandis que des dizaines de policiers préparent l'opération. L'après-midi d'été en famille se termine, tous regagnent l'appartement. Johnny a une surprise pour Polly, il lui a acheté des gardénias. Elle se sent lasse, fatiguée par son exposition prolongée en pleine chaleur. Le « bandit au grand cœur », son plus célèbre surnom, va lui acheter un ventilateur électrique et des oreillers supplémentaires. Il insiste pour aller voir ce soir-là *Manhattan Melodrama*, un film sur les gangsters de New York avec Clark Gable en tête d'affiche. Anna a mis une robe rouge.

Tous trois arrivent en retard à la séance au cinéma Biograph, au 2433 Lincoln Avenue. La salle étant bondée, le couple se faufile au troisième rang, où il n'y a que deux places. Anna s'installe seule, à l'arrière. Alors que le film a déjà commencé, John demande à Polly de lui donner un baiser, à voix suffisamment haute pour être entendu de ses voisins et la mettre mal à l'aise – il aime la faire rougir. Pendant ce temps, les hommes d'Hoover l'attendent à la sortie ; il ne leur échappera pas. Le film se termine sous les applaudissements et le petit groupe quitte la salle obscure pour retrouver la moiteur de la rue. Depuis plus d'une semaine, Johnny tanne Polly pour qu'elle accepte de lui prendre le bras en public lorsqu'ils se promènent ensemble. Sans attendre qu'il ait à le demander, elle l'attrape et plaque son corps contre le sien. Mais soudain une détonation retentit et elle s'écarte en hurlant. John tente d'attraper le calibre 380 à sa ceinture, mais il est abattu avant[6]. Deux balles sont venues se loger dans sa poitrine, près du cœur. Johnny tombe au sol. Deux femmes sont touchées pendant la fusillade, mais ni Anna ni Polly qui ont pris la fuite.

De retour à l'appartement, Anna change de vêtements en hâte et rassemble les armes de Johnny pour aller les jeter dans le lac Michigan. Ne sachant rien de l'accord qu'elle a contracté avec le bureau d'investigation, la police se lance immédiatement à la recherche de la mystérieuse « femme en rouge[7] ». Respectant le *deal* qu'il a passé avec elle, J. Edgar Hoover demande que l'on suspende la procédure d'expulsion à son encontre et qu'on l'envoie à Detroit pour quelques semaines tout en assurant sa sécurité contre d'inéluctables représailles du milieu. Mais Anna s'en moque et revient en ville, goûtant visiblement peu les joies très relatives de Detroit. J. Edgar ne tolère pas que l'on contrevienne à ses ordres. Si elle fait si peu de cas de sa sécurité, pourquoi s'en soucierait-il ? Finalement expulsée, elle arrivera seule à Timişoara, à l'ouest de la Roumanie, le 14 mai 1936, bannie à tout jamais du Nouveau Monde[8]. Entre-temps, les agents ont emmené John à la morgue. Défaisant ses effets personnels, ils trouvent collée au dos de sa montre la photo de Polly Hamilton, son ultime amour, la Cléopâtre de ses derniers jours[9].

J'IRAIS BIEN REFAIRE UN TOUR DU CÔTÉ DE CHEZ AL

« Fuyez un ennemi qui sait votre défaut. »

Pierre CORNEILLE, *Polyeucte*, acte I, scène 1.

Mae Mae sur l'île de la tentation

PRISON D'ALCATRAZ, 19 AOÛT 1934

L'hémorragie au sein des gangs provoquée par J. Edgar Hoover et le bureau d'investigation ne suffit pas à l'administration Roosevelt qui exige une solution pérenne pour enrayer la prolifération du crime. Le problème principal n'est pas tant de mettre les mafieux en prison que de les y garder ! Le fort taux d'évasion ou de récidive de ces truands est dû pour l'essentiel à leur capacité à communiquer avec leurs complices. Pour y mettre fin, le procureur général Homer S. Cummings suggère, à l'été 1933, une issue radicale : ouvrir pour les individus les plus dangereux une prison spéciale, « dans un endroit reculé, une île, même l'Alaska ». Une semaine plus tard, le zélé procureur pointe le site d'Alcatraz poli par les vents qui battent son flanc. Surnommée The Rock, l'île trône au milieu de la sublime baie de San Francisco, où le Golden Gate encore en construction se détache des collines de la côte scintillante au soleil couchant. La ville semble cruellement proche et pourtant inatteignable. Le nom seul d'Alcatraz doit évoquer à tous les esprits le bannissement, un voyage sans retour aux confins de l'humanité.

Le 19 août 1934, une cinquantaine de prisonniers sont solidement attachés aux sièges d'un train spécial qui leur fait traverser le pays, depuis Atlanta jusqu'à San Francisco, avec pour insigne honneur d'inaugurer la nouvelle place forte des autorités contre le crime. Parmi eux, Al Capone. Le transfert s'est organisé dans le plus grand secret. Pour des raisons de sécurité le gouvernement ne communiquera dans les médias qu'une fois les prisonniers arrivés à bon port. Les gardes sont lourdement armés, le train transportant les détenus est dérouté plusieurs fois, histoire de corser l'identification de sa destination finale et prévenir ainsi les éventuelles embuscades.

Au terminus, à Tiburon, petite ville du continent au nord de l'île, Al est embarqué à grand-peine dans une voiture. Son pas est lourd, trébuchant. Sur le bateau qui le mène jusqu'au Rock, il ne tient pas debout. La fatigue du voyage sans doute. Enfin se dressent le Rock et ses hauts murs qui l'apparentent à une citadelle. Al proteste, grommelle, parlemente.

Un certain James A. Johnston, cheveux blancs et lunettes rondes, accueille les prisonniers. Dans quelques jours il soufflera ses soixante bougies, et il a la lourde charge d'être le premier directeur de cette nouvelle prison modèle qui est censée faire régner la discipline la plus stricte chez les plus incorrigibles truands. Il somme Al de décliner son identité. « Vous savez qui je suis », pérore Scarface. En effet. Capone a été transféré pour servir d'exemple. « Ici vous êtes connu comme le prisonnier AZ-85. »

Le détenu le plus célèbre du pays est conduit à la cellule 433, laquelle, comme toutes les autres, est confinée et ne reçoit que peu de lumière naturelle. La radio y est interdite ; dans les épais murs, le silence est la règle. On y est tiré de ce qui ressemble à un lit chaque matin à 6 h 30. Occuper son esprit captif est le meilleur moyen d'éviter de sombrer. Al se trouve une activité qui lui va comme un gant et prend rapidement en charge le blanchiment... du linge des prisonniers ! Se surpasser, devenir une bonne personne semble être devenu son objectif principal. Sans doute la perspective d'une libération anticipée l'y aide-t-elle. Celle de rejoindre Mae, surtout. Plus que jamais, alors que tout tangue en cet endroit humide, elle est sa force, son équilibre, son dernier espoir.

La musique adoucit les mœurs et le cœur d'Al a besoin de sérénade pour survivre, c'est un tel romantique. Il passe des heures à divertir les oreilles des autres prisonniers grâce à son banjo, celui que lui a envoyé Mae. Des journées durant, il en pince les cordes derrière les barreaux et monte bientôt un groupe, The Rock Islanders, « les Rockeurs insulaires », qui se produit devant les compagnons d'infortune chaque dimanche. Al apprend le répertoire qu'il peut trouver et écrit à Sonny qu'il ne connaît pas moins de cinq cents morceaux, y compris les thèmes musicaux des meilleures émissions ! « En d'autres mots, Junior, il n'y a pas une chanson qui fût écrite que je ne pourrais jouer. » Mais Al n'est pas homme à se contenter des notes des autres. Il compose une chanson d'amour en hommage à la Vierge... pour un jeune jésuite, Vincent Casey. Chaque premier jour de la semaine, celui-ci lui tient compagnie et discute des grands problèmes de l'âme humaine. Al lui tend un jour un billet sur lequel il a griffonné quelques notes et paroles, *Madonna Mia*.

« Ma Madone,
Tu es les roses qui éclosent,
Tu es le charme qui repose
Dans le cœur d'une chanson.
Ma Madone,
Avec ton pur amour qui me guide,
Ce qui me rend malheureux ne compte plus.
Rien ne peut m'arriver de mal.
Il n'y a que la lune au-dessus,
Un seul soleil d'or,
Une seule que j'aime
Tu es celle-là. »

Malheureusement il ne peut pas faire parvenir ses compositions à Mae. La correspondance surveillée et contrôlée des prisonniers se limite à l'envoi d'une seule lettre par semaine à des proches membres de la famille uniquement. Et le détenu ne peut en recevoir que trois. Ces courriers sont d'ailleurs expurgés de leur contenu dès que celui-ci s'écarte des propos convenus ou anodins. Autant dire que lorsque Al reçoit les premières lettres tant attendues de sa femme, il n'est guère satisfait. Pensant à une négligence de sa part, il lui rétorque : « Si tu es trop occupée pour écrire, n'envoie pas de télégrammes. » Que ne peut-on s'aimer en si peu de mots !

Rien de mieux qu'une cellule pour pousser un homme à l'introspection, Al a pris une décision : « J'ai 36 ans, et toute ma vie durant j'ai essayé d'être un homme [...] j'ai fait des erreurs, nous [en] avons tous fait, mais j'espère et prie pour ne plus [en] faire, et je m'y tiendrai s'il m'est donné une autre chance, comme je le dois à mon cher fils, ma femme et ma mère [...] pour la peine que je leur ai causée. »

Il promet à Mae d'être un homme différent à son retour, si elle trouve la force de l'attendre.

« 3 mars, à ma chère femme,

« [...] J'ai reçu toutes tes merveilleuses lettres [...]. Oh chérie, comme j'aimerais pouvoir faire tout ce que je veux ; alors je sais, ma douce, que nous serions très heureux. [...] Je suis heureux que le temps s'améliore et que tu aies plein de soleil et, chérie, sors et va jouer au golf tous les jours. [...] J'espère que tu pourras venir pour Pâques, je serais si heureux de te voir, poupée, et prends ce magazine appelé *The Reader's Digest* de février, il y a une histoire intitulée "Une femme de plus de 40 ans" [quel goujat !], elle est bien et cela montre que l'on peut avoir plein de bon temps pour un sacré bout de temps après 40 ans, chérie. Ne t'en fais pas, tout ira bien. [...] Je n'aime que toi et j'ai totalement oublié l'autre...

« Love, ton mari[1]. »

N'est pas Mme de Sévigné qui veut. Surtout, qui est « l'autre » dont Al rappelle l'existence à sa femme ? Même en prison, Al a des admiratrices dont les télégrammes arrivent jusqu'à lui. Une certaine Maud Butler lui souhaite ainsi « beaucoup de succès dans son combat pour la liberté », une Muriel, qui tait son patronyme, l'exhorte à « ne pas abandonner, car nous sommes là pour vous », sans oublier une nommée Pearl D. Crofton, chez laquelle visiblement Al suscite des élans de rhétorique si l'on en croit le directeur de la prison : « Cher Monsieur, je renvoie ici la lettre de Mlle Pearl D. Crofton, ainsi que les vers intitulés "Le plaidoyer de Capone pour la liberté". Merci de les retourner à Mlle Crofton et de lui indiquer que nous ne pouvons pas les transmettre à Capone[2]. »

Mae est pour sa part totalement investie dans l'éducation de leur enfant, qui doit entrer à l'université. Elle souhaite le laisser libre de son choix. Sonny doit tracer sa propre voie, et avant tout ne pas suivre celle de son père. Et puisque Al semble si bien disposé, c'est le moment de l'en informer et de le mettre devant le fait accompli : « Il travaille bien à l'école, mon chéri, et s'en sortira parfaitement. Ce matin, Sonny a reçu une [...] très belle lettre concernant Notre-Dame. Sonny et moi avons apprécié, mais tant que cela le concerne, il choisira lui-même son université selon ses mérites et ses préférences. Il est comme ça, faisant les choses pour lui-même [...] et veut être apprécié pour lui-même. [...] Sonny n'a jamais eu besoin d'aide jusqu'à présent et a passé toutes ses classes en se débrouillant, a été aimé et respecté parce qu'il est un bon garçon, qu'il respecte les règles et ne pense pas qu'il sait tout [...]. Mon chéri, ce sont des gens à l'esprit étroit qui nous mettent à l'écart sans savoir[3]. »

Al est un homme du tout ou rien, bien incapable de faire les choses à moitié. Il emprunte à la bibliothèque de la prison plusieurs livres, parmi lesquels *Rudiments de musique, Comment apprécier la musique*, *La vie commence à 40 ans*, ainsi que le *Guide pratique de jardinage*, tout pour devenir un meilleur mari à son retour. Mais les visites, hélas, posent problème. Il n'y a pas de jour fixe prévu à cet effet. Le prisonnier a droit en théorie à une visite mensuelle limitée à quarante-cinq minutes. Mais il n'est pas libre de son choix. Seul le directeur Johnston en personne peut fournir un laissez-passer, unique sésame permettant l'accès à l'île interdite. On converse avec son cher et tendre à travers une plaque de verre qui, du sol au plafond, sépare visiteur et prisonnier. On y parle obligatoirement fort, à travers de petits trous, et les gardes veillent, oreille tendue, à chaque mot doux échangé.

Lors de sa première visite, Teresa, la mère d'Al, accompagnée de Mafalda, sa sœur, fait sonner le portique de sécurité. Mafalda passe seule sans encombre, et lorsque l'auguste matriarche se présente à nouveau, la lumière clignote et l'alarme s'affole. Le garde lui retire alors son sac à main qu'elle abandonne avec difficulté, mais rien n'y fait. Fouillée au corps, elle subit une véritable humiliation. En vain. La porte détectrice de métaux résonne toujours. Une seconde salve de palpations est lancée sans succès. La femme du directeur escorte Mme Capone mère dans une salle à part, où cette dernière finit en jarretières ! Le problème est enfin identifié. La *mamma* est coupable d'avoir voulu faire entrer dans la prison… un corset d'un autre temps, aux imposantes baleines métalliques ! Teresa, blessée, hors d'elle, jure dans son anglais approximatif qu'elle ne viendra plus jamais sur ce caillou maudit.

Le mur d'enceinte franchi, les deux femmes aperçoivent pour la première fois des formes gisant au sol dans la cour. Elles apprendront par la suite qu'il s'agit de mannequins utilisés par les gardiens comme cibles la nuit, pour exercer leur adresse au tir, et laissés là le jour, en guise d'avertissement pour les prisonniers qui seraient éventuellement tentés par un bain de minuit.

Mae ne vient que très rarement. Depuis Miami où elle réside, elle doit traverser le pays de côte à côte et plusieurs fuseaux horaires, subir enfin les journalistes qui l'assaillent de leurs appareils photo et la mitraillent de questions. Elle est marquée du sceau de la honte voulu par le gouvernement, dans son entreprise pour se débarrasser du crime organisé, vit terrée dans son refuge et ne quitte que rarement son luxe, son calme et tout ce qui faisait autrefois sa volupté. Elle ne peut écrire à Al que quelques télégrammes : « Bonjour mon chéri, j'espère que tu te maintiens en forme. Je me sens beaucoup mieux. Ne t'inquiète pas pour moi, tu me connais, ça va aller. Personne n'a besoin de savoir à quel point j'ai besoin de toi. Je t'envoie amour et baisers. Mae[4]. »

McGurn & Roses

CHICAGO, 24 FÉVRIER 1935

Jack McGurn, la Sulfateuse, est admis à l'hôpital du Mont-Sinaï et doit être opéré. L'ancien garde du corps d'Al, impliqué dans le massacre de la Saint-Valentin qui a réduit à néant le gang du Nord, souffre le martyre depuis plusieurs mois. Une blessure au poumon, stigmate d'une fusillade survenue plus tôt, s'est infectée. Pour supporter la douleur, l'homme s'est mis à boire des quantités d'alcool que même Louise, son Alibi blond, soiffarde de première, n'a jamais pu ingurgiter.

La jeune femme ne quitte pas son chevet une seconde. Son mafieux imbibé est dans un état de délabrement physique et psychologique avancé. Elle n'a plus le même regard de défiance et de provocation envers la vie et les convenances, a perdu cette joie de vivre qui faisait sa force. Son rêve s'est effrité. On ne quitte pas la mafia indemne, le milieu ne vous recrache jamais tout à fait entier. Leur maison a été saisie, et depuis l'arrestation d'Al, Jack est devenu paranoïaque.

Il s'était pourtant lancé dans une nouvelle vie après Scarface en s'essayant à une carrière de… golfeur professionnel. Le 25 août 1933, la prestigieuse compétition du championnat de golf Western Open s'ouvre à Olympia Fields, dans l'Illinois. Le très chic Jack compte sur sa classe pour pallier son manque d'entraînement et briller sur le green. Il possède quelques aptitudes réelles pour ce sport, il faut dire qu'il est habitué à contrôler le mouvement de ses bras et de ses mains quand il vise une cible ! Il est inscrit sous le nom de Vincent Gebhari et parvient à se classer dès le premier jour du tournoi. Hélas, le lendemain, la police de Chicago se rend compte d'un détail dérangeant… Vincent Gebhari ressemble étrangement au véritable nom de Jack McGurn, Vincent Gibaldi ! Il avait pris tellement de fausses identités que la meilleure manière de n'être pas soupçonné, pensait-il, consistait à utiliser son véritable patronyme. Huit hommes sont envoyés pour l'arrêter. Jack, dans une forme olympique, se sent en veine, lorsque le groupe l'accoste sur le septième trou et lui signifie qu'il est en état d'arrestation.

Surgissant de nulle part, l'Alibi blond les incendie : « De qui vient cette brillante idée ? » Les agents se retournent et découvrent la belle Louise Rolfe vêtue d'une robe blanche incroyablement légère, qui présente en plus l'outrecuidance d'être près du corps. Prête à en découdre, elle agite sous leur nez le diamant de trois carats monté sur son doigt. Les policiers comme le prévenu ne savent que répondre, sidérés par son entrée en scène. Jack demande l'autorisation de finir son parcours avant d'être menotté – il faut être sport.

Contre toute attente, les agents acceptent de bon cœur et vont rejoindre les supporters. Hélas, leur présence a quelque peu perturbé le joueur qui fait un score lamentable. Louise est humiliée, et Jack emmené et retenu plusieurs jours !

Depuis l'emprisonnement d'Al, le couple vit au 1224 North Kenilworth Avenue, avec la fille de Louise, Bonita, devenue adolescente. La vie de famille ne suffit pas à redonner une stabilité mentale à Jack. Il appelle presque quotidiennement la police, prétendant que sa vie est en danger, et les agents faisant irruption à son domicile le trouvent enfermé dans un placard[1]. Il semble avoir perdu la raison. Ou, au contraire, est-il devenu extralucide ?

Le 15 février 1936, lendemain de la Saint-Valentin qui les a unis dans le crime et la passion, jour du septième anniversaire du meurtre des six gangsters dont il a été accusé mais pour lequel il n'a jamais été inculpé, Jack dispute une partie de bowling au Northwest Side[2]. A 1 heure du matin, trois mafieux pénètrent armés dans le club et envoient tout le monde à terre en vidant en l'air le contenu de leurs chargeurs. Dans la foulée, ils ciblent Jack, qui, touché en pleine tête, s'écroule[3]. A seulement 33 ans, il meurt sur le coup. Vingt personnes sont présentes, seules trois seront retrouvées et auront naturellement perdu la mémoire entre-temps.

A 2 heures du matin, les forces de l'ordre frappent à la porte du couple, mais Louise ne répond pas. Deux heures plus tard, elles tentent de nouveau de questionner la veuve qui ouvre enfin, élégamment habillée et coiffée, comme à son habitude. Elle espère qu'il est amoché, blessé, estropié ou en état d'ébriété prononcée. L'officier, d'un mot, balaye son espoir, Jack est mort. Louise enfile son manteau à col d'hermine, ajuste sa tenue et les suit au poste de Racine Avenue, où le capitaine Martin Mullen la mitraille de questions[4]. Que faisait son mari pour gagner sa vie ? « Je ne sais pas ce que Jack faisait. Il ne me l'a jamais dit et je savais que je ne devais jamais le lui demander[5] », assure-t-elle dans un style que l'on ne qualifie pas encore de stalinien. A son avis, conjecture-t-elle, son époux tenait un centre de courses hippiques à Melrose Park, dans la banlieue. Les agents ne savent s'ils doivent rire ou pleurer, tandis que Louise sanglote à chaudes larmes, prenant tout de même soin que son mascara ne coule pas au cas où la presse serait dans les parages. « Nous avons entendu que votre mari était joueur de golf professionnel, est-ce correct ? » l'interroge le médecin légiste. « Je ne sais pas. Il jouait beaucoup au golf en effet. » Rentré tard la veille, Jack avait dormi toute la journée et, vers 23 heures, s'était réveillé prétendant aller faire une partie de bowling, se souvient-elle.

— Y avait-il quelqu'un d'autre avec lui ?

— Non.

— A-t-il reçu des appels avant son départ ou en a-t-il donné ?

— Non.

— Savez-vous s'il avait des problèmes avec quelqu'un en particulier ?

— Non.

— Savez-vous pour quelle raison il aurait pu être tué ?

— Non.

— Savez-vous s'il faisait partie d'une organisation secrète ?

— Non[6].

Comme d'habitude, l'interrogatoire tourne court. Mais un détail dérange les enquêteurs. Jack ne portait pas la bague en diamant qui ne quittait jamais son doigt. Louise a réponse à tout, il l'avait laissée à la maison. Elle assure ne pas avoir quitté son domicile de la soirée, mais elle ment. Elle a passé une partie de la nuit à danser et à boire avec une amie, jusqu'à ce que la rumeur de la fusillade la ramène chez elle. Les enquêteurs confrontent les deux femmes et l'amie bien innocente confesse que, tandis qu'elles écumaient les tavernes à siroter du brandy, Louise, vers 23 heures, avait commencé à se montrer nerveuse et avait voulu donner un coup de fil à Jack pour lui rappeler d'aller au bowling, où il était attendu pour disputer une partie[7]. Cette confession fait d'elle une suspecte, et non des moindres. Depuis quelques semaines, en effet, Louise passe ses soirées avec des jeunes femmes dont elle est devenue proche, très proche. Et ces fêtes sans hommes rendent les policiers définitivement suspicieux.

Au petit jour, Louise est conduite à la morgue où elle doit identifier le corps. Jack lui semble plus froid que la neige qui recouvre la ville en ce mois de février. A sa vue, elle s'évanouit dans un coin de la salle glaciale, puis, reprenant ses esprits, un mouchoir sur la bouche, reste là quatre heures durant. Le téléphone de la morgue n'avait jamais tant sonné : le légiste reçoit quelque cent cinquante coups de fil de personnes désirant voir le corps et s'assurer de sa raideur.

CIMETIÈRE DU MONT-CARMEL, CHICAGO, 18 FÉVRIER 1936

Il est loin, le temps des enterrements en grande pompe à l'époque de Capone. Au matin du 18 février 1936, au cimetière du Mont-Carmel, seul un cortège de taille moyenne suit le cercueil ; plus d'avalanche de couronnes de fleurs ni de télégrammes de villes étrangères. Au lieu d'un cercueil à 15 000 dollars en argent massif, comme celui de Dean O'Banion onze ans plus tôt, la modeste dernière demeure de Jack coûte moins de 1 000 dollars[8], symbolisant à elle seule la chute de l'empire des gangsters. Teresa et Mafalda Capone sont présentes. Teresa reste auprès de Josephine, la mère du défunt, et tente de lui remonter le moral. De l'autre côté de la tombe, Louise, qu'elle déteste, est flanquée de deux agents. Mafalda semble éplorée. Elle avait eu le béguin pour Jack et rougissait toujours en sa présence, bien qu'elle n'ait jamais osé se déclarer. De toute façon, le malheureux avait développé un goût irrépressible pour les pimbêches[9]. Toutes lancent un regard distant et réprobateur à Louise qui l'a éloigné du clan.

Tant que Jack vivait avec elle, elle était ce sulfureux Alibi blond dont les médias raffolaient, l'élégante qui avait vu son amour triompher. A présent seule, elle devient la maudite qui a couvert un massacre jamais puni, une criminelle potentielle, coureuse, lesbienne et mauvaise mère. La fête est finie. Louise teint ses cheveux en noir pour passer inaperçue, change son nom pour une consonance plus italienne : De Vito, avant de disparaître des radars. La police comme les journalistes perdent sa trace.

Mais une fiancée de la poudre s'évanouit-elle qu'il en paraît une autre, l'amour et le crime formant une sorte d'équilibre précaire dans lequel rien ne se perd et tout se transforme. Margaret Collins, la Fille au baiser mortel, qui avait elle aussi changé de couleur de cheveux et d'identité pour se faire oublier, n'a pu se départir d'une passion chevillée au corps qui reste sa signature : les fourrures. Ce mois de février, la police de Milwaukee l'arrête à Gary, dans l'Indiana, flanquée de deux amies, en train de voler des peaux de bêtes dans le magasin Sears, Roebuck and Company. Margaret donne un nouvel alias aux policiers, Fay Sullivan, mais ses photos d'identité judiciaire et ses empreintes envoyées à Chicago la trahissent. Sa caution de 1 000 dollars est involontairement payée par un autre mafieux, sans doute inconscient du danger qu'il court… et inconscient tout court : l'argent était destiné à une des codétenues de Margaret ! Profitant de l'affaiblissement de celle-ci tombée malade en prison et conduite à l'hôpital, Margaret s'octroie la somme miraculeuse. Quelle aubaine pour la femme fatale de Chicago !

Si les gangsters n'ont pas d'avenir après la mafia, leurs compagnes, elles, recèlent des trésors d'ingéniosité pour avoir à la manière des chats plusieurs vies. En ce début d'année 1936, les escarpins noirs d'Evelyn Frechette foulent pour la première fois depuis deux ans le sol de la ville. Telle une star hollywoodienne, pochette rectangulaire noire, gants de cuir, chapeau à plumes, longue écharpe de maille et imperméable sombre à mi-mollet, elle retrouve la liberté sous les flashs des photographes, la mine souriante, déterminée. Elle ne peut que pleurer la mort de John Dillinger, qu'elle n'aura jamais revu, préférant passer sous silence ses infidélités. De toute façon, se plaindre n'est pas digne d'une fiancée de la poudre. Elle a réservé une surprise de taille en écrivant un spectacle à la mémoire de John. Elle compte pour la première fois de l'histoire raconter les dessous du Syndicat du crime. Tant pis si l'on attente à sa vie, que lui reste-t-il à perdre si ce n'est la gloire ? John Dillinger est peut-être mort, il a peut-être tué quatorze personnes, mais Hoover ne gagnera pas, personne ne réussira à la faire taire. Avec *Le crime ne paye pas*, elle entame une tournée de cinq ans à travers le pays, racontant leur histoire d'amour qu'un public transporté applaudit chaque soir. Encore une alchimie qui aura su transformer le plomb en or.

Capo et poignard

ALCATRAZ, 23 JUIN 1936

Alcatraz est une île nimbée de brouillard que l'on ne peut sortir de ses pensées. George Machine Gun Kelly y a été transféré quelques mois après l'arrivée d'Al Capone. Contrairement à

Scarface, il se montre pour le directeur Johnston un détenu modèle, ne se plaignant que d'une chose : sa belle Kathryn a été traitée trop durement[1]. La perpétuité ne lui laisse en effet aucun espoir d'une vie meilleure. Mais le Rock a tôt fait de modeler les prisonniers, il transforme les esprits. En attendant, il émane de l'île mystérieuse des nouvelles terribles et menaçantes dont on entend les échos sinistres dans les journaux.

Le 25 juin 1936, Mae découvre avec effroi la nouvelle qui fait les gros titres : « Al Capone poignardé. » L'entrefilet dans lequel tient la vie de son mari est confondant d'ambiguïté : « Le Département de la Justice a révélé hier qu'Al Capone, le fameux gangster de Chicago [...], a été poignardé dans le dos avec des ciseaux par un codétenu, sur l'île-prison d'Alcatraz. Les blessures semblent sérieuses. L'incident tend à confirmer que Capone est impopulaire parmi ses codétenus. » A l'autre bout du pays, impuissante, que peut-elle faire ? Est-il à l'hôpital, mortellement atteint ? Ce n'est pas la première fois qu'elle tremble pour lui, hélas.

Un dimanche précédant l'événement, dans la salle de musique, l'un des prisonniers avait malencontreusement cogné son saxophone contre la tête d'Al, qui n'avait guère goûté la caresse de l'instrument et, de rage, avait copieusement insulté le musicien amateur qui s'était vu aimablement qualifié entre autres de « satané petit voleur de mes... ». Le groupe avait repris la répétition quand, saisissant son saxophone comme une batte de base-ball, le gaillard avait fracassé l'arrière de la tête de Capone, sans doute désireux de voir si son crâne sonnait creux. Al s'était effondré au sol, le banjo de Mae à 1 500 dollars fendu par terre.

Le 23 juin 1936, le maestro Capone reçoit avec plaisir le nouvel instrument que sa femme lui a fait empaqueter et parvenir. Il s'agit cette fois d'une mandoline qu'il montre à un garde, dans la salle de blanchisserie, là où un prisonnier a décidé de laver son linge sale. Au moment où Al, le cœur léger et les doigts prêts à faire vibrer les cordes, retourne à la salle de bains dont il éponge le sol, un Texan de 23 ans qui purge une peine de trente ans pour braquage et meurtre, James Lucas, s'approche de lui en ayant dissimulé une paire de ciseaux qu'il a prise sur la chaise du barbier où il attendait sa coupe de cheveux mensuelle. Serrant la courte lame métallique dans sa main, il se rue sur Al et lui enfonce l'arme létale dans le bas du dos. Les deux hommes s'effondrent dans un corps à corps dont triomphe la fureur de la jeunesse qui poignarde encore et encore l'ancien César du crime, avant d'être assommée par un garde.

Blessé tout à côté des reins, Scarface garde de surcroît un bout de l'arme fiché dans le pouce. Conduit à l'hôpital de la prison, son cas n'est pas jugé sérieux. Dès le lendemain, l'attention des médias, de l'opinion publique et du FBI converge sur le directeur Johnston et sa prison prétendument exemplaire. On parle de traitement inhumain. Le coupable est conduit au « trou » – c'est-à-dire à l'isolement dans le noir complet – d'où il ne sortira qu'une fois devenu parfaitement débile.

Mae refuse de laisser son mari se faire assassiner sans agir. Elle, qui jusqu'alors était restée si discrète, engage un avocat de San Francisco et saisit le procureur général pour demander le transfert d'Al au motif que sa vie est en danger sur l'île. Car d'autres tentatives pour se débarrasser du « Rital au balai laveur », sans doute inspirées par ses « héritiers », ne tardent pas à suivre : étranglement « spontané » dans le couloir ou petit déjeuner empoisonné à la lessive. Tous les coups sont permis quand on ne peut défouler sa haine, et l'esprit humain en circuit clos développe des trésors d'imagination sans limites pour parvenir à ses fins. L'appel de Mae est débouté. Il ne lui reste qu'à être présente par les mots pour l'homme de sa vie qui tente de son côté de la rassurer comme il peut.

« Bien, mon cher cœur,

« Voici ton cher mari qui t'aime, avec tout son cœur et toute son âme. Merci tout d'abord pour toutes les jolies lettres de ce mois. Je suis si heureux de lire la bonne nouvelle que toi et notre cher amour êtes en parfaite santé. Je viens de rentrer de la messe, le père Clark a fait venir ici un nouveau prêtre de retour d'Italie et qui nous a fait un beau sermon sur ce pays et l'Allemagne. Mon cher cœur, ne t'en fais pas pour moi, ne t'inquiète pas pour moi, je m'améliore chaque jour. Je reçois deux traitements par semaine et ils ne me font pas mal du tout. Je fais de l'exercice dans la cour de récréation cinq jours par semaine et je m'applique à ma musique les samedis et dimanches. Je lis des mensuels ou des hebdomadaires, j'ai un bon bain chaud, ainsi que trois repas quotidiens. J'espère encore te revoir avec Sonny [...]. J'ai écrit beaucoup de chansons et les lui donnerai pour qu'il te les chante, je te les jouerai sur mon piano ou ma mandoline. Oui, chérie, j'ai reçu une belle lettre de Sonny [...]. Oui, ma douce, c'est un fils dont nous pouvons être fiers, et le jour où je rentrerai à la maison, lui, toi et moi, nous sortirons en ville fêter notre bonheur. Je compte passer le reste de ma vie là, à Palm Island, et toi, moi, Sonny, on aura plein de bonheur dans notre futur. »

Le frôlement de la mort soude les époux terribles, et Al semble plus déterminé que jamais à devenir un mari exemplaire. « Oui, ma chérie, samedi prochain j'irai me confesser, et le dimanche suivant j'aurai la communion, et mes prières seront toutes pour vous deux. [...] Quand j'en aurai fini de cette condamnation, plus jamais, plus jamais je ne ferai quelque chose qui me retiendra loin de toi. Et dis au petit de continuer ses leçons de golf, parce que j'ai bien l'intention de jouer avec lui nuit et jour. Et chaque soir, tous les trois, nous regarderons un film ou un spectacle, ou irons dans un de nos night-clubs et danserons jusqu'à oublier tous nos soucis [...]. Amour et baisers à toi et à Sonny, ton cher mari Alphonse Capone AZ-85. »

Le bonheur conjugal, qu'il avait laissé fuir à grandes lampées de whisky de contrebande et de mauvais coups, devient son ultime obsession. Mae est devenue la Béatrice de ce Dante aux enfers, la divine comédie du crime organisé semble définitivement derrière lui. Sa femme est son unique voie de salut, son dernier combat. Il ne peut lui promettre qu'un bonheur éternel dans un lointain avenir, drôle de promesse adressée depuis l'autre bout du pays, d'un caillou battu par les vents et couvert de guano. Mae y croit-elle encore ? Isolée sans doute plus que ne l'a jamais été Al, sans repères, elle envoie un télégramme au directeur Johnston lui demandant urgemment et exceptionnellement le droit de venir rendre visite à son mari. Elle a besoin de lui, son roc, et dans cette attente lui écrit pour le galvaniser et tenter comme elle peut de se rassurer elle-même.

« Samedi 24 octobre 1936

« Mon cher mari,

« Chéri, il y a cinq ans aujourd'hui, tu as été emmené loin de nous. C'était un jour triste, effroyable et, mon cher, ces cinq longues années ont été cruelles autant que terribles, pas seulement parce que tu as été emmené loin de moi et déplacé de prison en prison, mais parce que tout en général est devenu si pénible et a fait que toi et tes proches ont une si lourde croix à porter. Mais, chéri, tu as été fort, tu as tout pris avec témérité et malgré cet épisode que tu as subi tu as pris sur toi... J'ai écrit au directeur pour venir te voir [...] je devrais avoir sa réponse aujourd'hui [...] et j'achèterai mes billets de train... J'ai parlé à ta mère aujourd'hui et elle m'envoie quelques saucisses italiennes toutes fraîches... Bien, mon chéri, je vais arrêter là, rien d'autre à dire, prends soin de toi, ne baisse jamais les bras, serre les dents et souris toujours, car tu sais, chéri, cela blesse vraiment les gens de voir qu'ils ne peuvent pas nous atteindre, ni nous faire couler. Je te vois vite. Dieu te bénisse. Amour et baisers. Je t'aime. Pour toujours, ta femme et ton fils qui t'aiment. »

Afin de brouiller les pistes et ne pas être suivie, elle prendra plusieurs trains pour venir et se fera appeler Marie Duval, du nom d'une célèbre caricaturiste londonienne considérée de nos jours comme la première femme auteur de bandes dessinées. L'âme d'un chef de clan sous la plume d'une Irlandaise bien sous tous rapports. Mae sait parfaitement combien sont nombreux ceux qui voudraient voir Al disparaître, mais elle ne tolérera pas qu'il leur fasse ce plaisir. Mae la discrète est un roseau dont les racines sont solidement prises dans la baie de Biscayne. Hélas, elle tait à Al sa plus profonde angoisse, et si elle lui écrit de ne pas craquer, c'est pour s'en prémunir elle-même.

Car les gros titres des journaux pointent à présent celle qui depuis des années défie le FBI, la police ou les journalistes par sa douceur et sa discrétion, femme de l'ombre s'il en est, nimbée d'une obscurité totale. L'Etat fédéral, relayé par le *New York Times*, a désormais Mae dans le viseur : « La demeure de stuc avec sa piscine carrelée et son immense jardin sur la baie de Biscayne sera vendue en remboursement de la dette d'impôts de 51 498 dollars, voilà ce qui a récemment été décidé à l'encontre de la femme du gangster Al Capone. » Comment lui annoncer que leur refuge, leur Eden, auquel se raccroche Al pour tenir et dont il parle à chacune de ses lettres, ne leur est plus assuré ? C'est Mae désormais qui tient les rênes et gère la fortune de son mari, certains la désignant même comme le « généralissime féminin » de l'Outfit. Seulement, Al a commis une erreur en mettant l'ensemble de ses biens au nom de sa femme. Depuis l'été, les journaux la clouent au pilori pour la mettre sur la paille. Désormais en première ligne, elle est victime en août 1936 de la saisie fédérale mentionnée par l'article du *New York Times.* Cette action en recouvrement des non-paiements d'impôts pour les années 1926 à 1929 « a été directement prononcée à l'encontre de Mme Capone, au titre que Monsieur aurait transféré tous ses avoirs à son nom, afin de frauder le fisc ». Jamais il n'avait imaginé la mettre en danger. Or la voilà menacée de perdre non seulement leur maison, mais aussi sa liberté. La perspective de finir à son tour en prison et de laisser Sonny abandonné et ruiné la terrorise. Jamais elle n'avait envisagé la prison pour elle-même ou la perte de leur paradis terrestre.

Mae, secondée par Ralph, se retourne contre le fisc américain tout en maintenant pour l'instant Al hors de la bataille. Moins il en saura, mieux il se portera derrière les barreaux. Elle connaît son mari, il peut être sujet à des accès de rage qui risquent de le mettre en danger. La vie hors les murs n'est pas de tout repos. Pas moins que celle dans les murs. Et Mae a prévu de se battre pour empêcher la vente forcée de sa maison et va jusqu'à remplir une demande adressée à la cour fédérale pour une ordonnance restrictive. Hélas, elle est déboutée de sa demande, les tribunaux arguant qu'Al a mis tous ses biens à son nom, ce qui la rend pénalement responsable et seule coupable. Dans une nuée d'avocats, elle perd donc la première bataille. Tout semble fini. Après le paiement des honoraires des avocats plaidants, des amendes, des frais de justice et des impôts dus, son capital a fondu comme neige au soleil. Mais heureusement, Ralph, son beau-frère, s'acquitte de la dette et apporte la somme en liquide en temps et en heure. Un répit salvateur, mais une réalité toujours précaire.

« Mon cher mari,

« Il est maintenant 15 h 30 [...]. Le fiston est resté à l'école pour jouer au handball. [...] Nous n'avons rien ici-bas dont nous devrions avoir honte et nous sommes fiers de notre "papa". Ainsi je veux que notre fils aille de l'avant dans ce monde, affronte ce qui vient, je veux que chacun sache qui il est et l'accepte pour ce qu'il est. Il y aura beaucoup d'obstacles qu'il devra affronter sa vie durant et je suis sûre qu'il les affrontera et en ressortira grandi. Oh mon chéri, je pourrais continuer à t'écrire sans fin sur les choses que j'ai à l'esprit, mais je sais que tu comprends ce que je ressens, et ce que je veux pour lui est d'être un homme respecté par tous [...] parce qu'il a droit à la même chance que tous les autres dans ce monde, ainsi je ne le décourage jamais dans ce qu'il veut entreprendre et essaie au contraire de l'encourager. Personne ne s'est préoccupé de ses succès ou de son bien-être jusqu'à présent, et je ne m'y attends pas. On s'en sortira. Bien, mon doux, j'espère que tu vas bien. Après tout, il n'y a que deux personnes sur terre dont je me soucie et pour lesquelles je vis, ce sont mon mari et mon fils. Dieu te garde. Je t'aime.

« Amour et baisers. Toujours.

« Ta femme et ton fils[2]. »

Mme Capone à la conquête de l'Ouest

MIAMI, 93 PALM ISLAND, 9 FÉVRIER 1938

Avis de tremblement de terre dans l'Eden de Lady Scarface. En une contraction de cœur, le monde tel que Mae le connaît vient de changer de pôle à la lecture des journaux du matin. Al, toujours emprisonné à Alcatraz, aurait eu un accès de folie. Devenu incontrôlable, on le dit ligoté à un lit, pris de convulsions comme un forcené, un aliéné, un chien enragé dont la chaîne aurait trop longtemps entamé le cou.

Le samedi 5 février, Al porte son uniforme bleu pour se rendre au petit déjeuner. Cette tenue est généralement réservée aux dimanches, le port du sinistre uniforme gris étant de rigueur les autres jours. Il se trouve à son aise dedans et cette petite transgression suffit à l'égayer. Mettre en joie le prisonnier le plus dangereux du pays n'est pourtant pas franchement l'un des buts poursuivis par l'administration d'Alcatraz. Un des gardes s'empresse de vouloir faire respecter la norme chromatique vestimentaire, mais Al lui semble confus. Après la collation, le prisonnier se trompe d'étage pour retourner à sa cellule, où on le retrouve au sol, bileux et pris de nausées, après avoir craché sur ses codétenus qu'il a insultés en italien, fait et défait son lit et boxé des gardes. Capone est conduit d'urgence à l'infirmerie, où les médecins peinent à identifier son mal.

Il est loin, 5 000 kilomètres le séparent de Mae, sans informations autres que celles relayées par la presse. Une presse qui ne les aime pas, mais les exploite, car ils font vendre du papier qui sent le soufre du scandale. Comme d'habitude, Mae prend les choses en main et sort de sa réclusion volontaire pour écrire au directeur James A. Johnston afin de le sensibiliser à son rôle d'épouse retranchée attendant dans l'angoisse la libération de son gangster de mari :

« 9 février 1938

« Cher Monsieur,

« Étant donné les rumeurs, je voudrais partir dès à présent. Ainsi pourrais-je être près de mon mari si quelque chose devait arriver et qu'il avait besoin de moi. Mais je ne voudrais pas faire ce voyage pour me rendre compte qu'il a déjà été transféré. S'il vous plaît, répondez-moi [...].

« Respectueusement,

« Mme Alphonse Capone[1]. »

Qu'arrive-t-il précisément à Al ? Les journalistes ont certes le don de tout exagérer, mais il s'est forcément passé quelque chose. Capone, qui vient de témoigner afin d'obtenir sa libération anticipée pour bonne conduite, ne se comporterait jamais de la sorte. Retrouver leur couple, leur petit garçon, rien n'est plus important pour lui désormais. Il l'a promis. C'est grâce à lui qu'elle a pu réussir à tenir toutes ces années, déployant même une force intérieure, un esprit de combat et un amour inconditionnel que seules les épreuves peuvent forger. Elle vient de fêter un Noël de plus sans lui, portée par l'espoir qu'il serait le dernier, qu'Al serait bientôt libre et à nouveau présent pour Sonny, qui va fêter ses 20 ans.

Le 11 février 1938, Al, qui a visiblement repris ses esprits, tente de la rassurer : « A ma chère femme, eh bien ma douce, me voilà avec quelques lignes pour toi, la plus chère au monde qui soit pour moi. J'ai prié, ces derniers jours que je suis tombé malade, notre Dieu tout-puissant de me permettre de guérir, ce qu'Elle [*sic*] a fait. Et je La [*sic*] remercie de me faire aller mieux, je suis en parfaite santé maintenant, comme toi et Mafalda le verrez le jour de votre visite ici ce mois-ci. » Pour Scarface, Dieu serait donc une femme ! « S'il te plaît, ne t'en fais pas pour moi, tu verras par toi-même, je vais bien, alors garde ce beau sourire à tes lèvres et souviens-toi, chérie, cela ne sera plus très long avant que je rentre à la maison et dans tes adorables bras pour toujours, alors, chérie, ne t'en fais pas pour moi [...] je remercie Dieu, La prie chaque soir et chaque matin de me garder dans Ses bonnes grâces [...]. Concernant le temps qu'il me reste à faire, je n'ai nullement l'intention de me lancer dans la moindre tentative de quoi que ce soit, à part obéir à mes gardiens et les respecter, faire mon travail. Donc tu vois, chérie, il n'y a aucune raison de te tracasser pour moi, souris et garde ce sourire jusqu'à ce que ton papa chéri rentre à la maison, et alors là, chérie, je te ferai mon numéro et tu verras tout mon amour, je veux dire, rien que pour toi seule, on ne fera plus qu'un, pour toujours et toujours. Voilà ce que je veux te dire, chérie, d'ici quelques jours je serai remis [...]. Je ne vais pas aussi mal que tu l'as entendu. Alors relève le menton, ma douce, et rappelle-toi, nous allons être tellement heureux à l'avenir et pour le reste de nos vies, et chérie, rappelle-toi cette promesse, rien dans ce monde ne viendra jamais interférer dans notre bonheur à venir [...]. Rien ne pourra faire tomber ton papa [...]. Ton papa chéri, Alphonse Capone AZ-85[2]. »

Mais à force de trop vouloir la rassurer, Mae sent au contraire qu'Al a perdu pied. Elle voudrait accourir à son chevet. Hélas, sa venue n'est prévue que le 28 février et le directeur Johnston se montre inflexible. L'état de Capone est préoccupant. Un psychiatre est appelé du continent. Une ponction lombaire est pratiquée à la hâte. Les résultats sont terribles. Al est atteint de la syphilis. Cette maladie sexuellement transmissible – dont la bactérie a été découverte au début du siècle –, que l'on appelle alors le « mal français », porte irrémédiablement atteinte aux organes vitaux mais aussi au système nerveux et peut conduire à la sénilité la plus totale, en passant par de brusques accès de violence. Par le passé, à son arrivée à la prison d'Atlanta, Al avait subi de bon gré un test de Wasserman, moyen sûr de détecter la maladie. Les résultats s'étant révélés légèrement positifs, on l'avait mis sous traitement simple, des injections de bismuth, arsenic et autres métaux lourds censés atténuer les symptômes jusqu'à rendre la maladie indétectable, seule option disponible à une époque où la pénicilline était encore inconnue. Mais Al n'avait pas suivi le traitement. Il avait peur des aiguilles. La petite lésion locale dont il souffrait faisait place à des taches brunes et des rougeurs sur les paumes et sous les pieds, difficilement visibles. Il se plaignait également de ressentir des douleurs musculaires, de la fatigue, ou d'avoir la gorge sèche, rien d'alarmant[3]. Après une première poussée, Al se pensait d'ailleurs guéri et ne s'était pas plus étendu sur son affection.

Mais la syphilis, lentement, avait recommencé son œuvre de dégénérescence sur son système nerveux et l'avait rattrapé avec les années. Al était devenu irritable, capricieux, délirant parfois, évoquant de grands projets comme la construction d'usines avec des milliers d'employés. Un autre jour, il promettait de régler le problème de la pauvreté des immigrés mexicains dans le pays. Ironie de l'histoire, il prêchait également pour la ségrégation volontaire et active à l'encontre de tous les contrevenants à la loi, afin qu'ils ne contaminent pas les membres sains de la société par leur appétence pour le crime. Aux médecins qui s'occupaient de lui, il promettait de faire bâtir des hôpitaux[4]. Mais jamais il ne perdait de vue son idée fixe, sa seule boussole, retrouver Mae et Sonny.

Les journalistes guettent ce qui pourrait être le dernier acte de la tragédie de Lady Scarface. Le 15 février, les titres la suivent : « Mme Capone part pour l'Ouest à cause de la maladie d'Al[5]. » Mae est traquée. Peu importent les changements de train qu'elle fera pour détourner l'attention, dans la baie de San Francisco les reporters sont à l'affût. Le 1er mars, elle se rend à Alcatraz pour la seconde fois en deux jours, alors que la loi ne permet qu'une seule visite par mois, accompagnée d'un homme non identifié. A son retour, une heure plus tard à peine, cinq voitures remplies de journalistes et un officier de police à moto suivent son taxi, dans une course-poursuite effrénée jusqu'à l'autre côté de la baie, à un point précis, la petite ville de San José[6]. Là, Mae se croyant tranquille autorise enfin le chauffeur à s'arrêter pour faire le plein d'essence[7]. Les reporters s'approchent et fondent sur une proie qui ne peut s'enfuir. Non, Al n'a pas perdu la tête et sera éligible à une libération anticipée pour bonne conduite l'année suivante ! Voilà de quoi clouer le bec à ces vautours, pense-t-elle en relevant la vitre fumée[8].

Mae doit laisser Al seul, soumis à une batterie de tests physiques et psychiatriques. Est-il réellement malade ou joue-t-il la comédie ? Le Département de la Justice veut en avoir le cœur net et ne prendre aucun risque avec le détenu le plus médiatique du pays. Le diagnostic tombe bientôt : « psychose avec paralysie générale de l'aliéné[9] ». Mae appelle sans relâche le directeur de la prison, le suppliant de libérer Al. Elle doit le faire soigner dans un établissement approprié et s'occuper de lui. Mais rien n'y fait, Johnston soutient le bras de fer avec l'épouse du tsar déchu du banditisme. Il l'assure que les meilleurs soins lui sont déjà prodigués et qu'Al purgera le reste de sa peine dans l'hôpital de la prison.

Le 14 mars, Johnston écrit de nouveau à Mae : « Selon mes observations personnelles, chaque fois que je suis allé voir votre mari et que je lui ai parlé, il m'est apparu qu'il allait bien et répondait bien au traitement. Votre mari coopère, les soins prodigués semblent lui faire du bien jusqu'à présent. Le docteur George Hess est parfaitement conscient des possibles effets indésirables du traitement sur certains patients[10]. »

Ce que vont tenter les médecins de la prison est expérimental : combattre le mal syphilitique par l'inoculation du virus de... la malaria[11] ! De fortes fièvres, pense-t-on, seraient susceptibles de détruire les cellules responsables de la propagation de la syphilis. Mais elles ne seraient pas sans risque sur le patient et son cerveau. On prescrit alors de la quinine pour combattre la malaria elle-même. Faisant fi des risques, Al signe l'autorisation d'essai clinique.

Dans ce contexte, l'administration ne peut que desserrer son étau, et une date de libération est enfin fixée au 6 janvier 1939. Plus qu'une petite année ! Al tiendra-t-il le coup ? Avant la première séance de thérapie, Mae veut lui donner de la force et, le 3 août 1938, vient lui rendre visite avec un jeune homme qui n'a pas vu son père depuis trop longtemps, Sonny.

Al s'avance vers sa femme, lorsqu'il découvre à ses côtés une apparition. A travers la vitre, il croit se voir, comme dans un miroir magique qui remonterait le temps, vingt ans plus tôt, quand il a rencontré sa belle blonde. En costume d'été du dernier chic, bronzé et les cheveux plaqués, la silhouette s'approche de la vitre glacée et prononce un mot : « Papa. » Al n'a jamais voulu que Sonny, son unique fils, le voie derrière les barreaux, amoindri, entravé, à rebours de l'imaginaire d'honneur, de force et de panache qu'il a voulu lui transmettre. Mais devant ce visage rêvé devenu si étranger au fil des ans, seule l'émotion l'envahit. Le reste s'est envolé, la pudeur comme le statut social. Sonny, qui a connu son père à son apogée, entouré de sa cour, retrouve un homme grabataire dans un costume de prisonnier mal taillé. « Mon fils... » Al, oubliant la vitre qui les sépare, s'approche autant qu'il peut pour le prendre, le serrer, le toucher du regard. Mais déjà le bateau doit les ramener sur le continent, il faut encore se quitter sans savoir si l'on se retrouvera, si Al sera encore en mesure de les reconnaître à leur prochaine venue. « J'ai essayé d'être un bon père, écrit Al. Je ne voulais pas qu'il sache ce que j'étais. Maintenant, il m'a vu ici, dans cet état. Cela a dû vraiment le frapper en plein visage[12]. »

Au premier essai du traitement dispensé au début du mois de septembre 1938, Al convulse au bout de quelques heures et fait une poussée de fièvre difficilement contrôlable qui éprouve les limites de son corps et de son esprit. Il déchire son livre de prières, victime semble-t-il d'une embolie ou d'une attaque. Son cœur s'emballe. Les médecins injectent en hâte une grande quantité de quinine, mais il reste désorienté, agité, souille son lit. La crise retombe et le laisse à bout de forces, dans un état de conscience limité dont il ne sort qu'au bout de plusieurs semaines.

Encore un Noël sans lui, le pire de tous sans doute. Le laisser seul sur cette île maudite. Et puis, comment garder l'espoir dans son cœur alors que le monde semble courir à sa perte ?

Le vieux juif blonde

Le 3 septembre 1939, la France, le Royaume-Uni et l'Australie déclarent la guerre à l'Allemagne, dont le chef suprême Adolf Hitler a attaqué la Pologne deux jours plus tôt. La maladie d'Al a fait vivre Mae comme une recluse, bien loin des convulsions politiques qui semblent vouloir déchirer une fois encore le Vieux Continent. Hélas, si Mae ne va pas à la guerre, la guerre viendra à elle. A Berlin, en effet, dans l'entourage proche du Führer, on mentionne de plus en plus souvent le nom d'Al Capone. Kurt Daluege, membre du NSDAP et *Oberführer* de la SS, prend connaissance d'une note qui révèle que Scarface est juif. Pire, un « Juif polonais[1] » ! Et partout où des Juifs existent, libres de leurs actes, la possibilité d'une « contamination criminelle » rôde. Capone en est la preuve. Il faut donc persuader le gouvernement américain que le problème n'a rien à voir avec la mafia – minorité criminelle dûment réprimée par l'ami Mussolini –, mais est simplement un problème juif et qu'il vaudrait mieux transférer les spécimens emblématiques comme Scarface à l'autorité qui a mis un point d'honneur à lutter contre ce terrible et mondial fléau ; on aura reconnu le IIIe Reich. Un autre idéologue de premier plan du nazisme, Johann von Leers, également membre de la SS et protégé de Goebbels, persiste dans l'idée que Capone est juif, bacille d'une épidémie qui contamine l'Amérique « enjuivée » de Roosevelt[2]. Mais le consulat allemand à New York, prévenu du « cas Capone », ne peut se permettre d'accéder à cette « demande » et assure Berlin que l'homme est bien « italo-américain ».

Tandis que l'Europe, bientôt suivie par les Etats-Unis et le reste du monde, s'enfonce dans la guerre, l'horizon se dégage progressivement pour Mae, dont l'amour passe entre les mailles de l'horreur nazie. A mesure que la remise de peine s'esquisse enfin, le ciel semble se dégager au-dessus de sa pauvre tête blonde. La libération d'Al n'est plus un rêve lointain, mais devient une réalité tangible. Le 6 janvier 1939, le prisonnier le plus célèbre de la planète a quitté l'île des damnés en direction d'un autre centre pénitentiaire, où il doit encore passer quelque dix mois, celui de Terminal Island, à Los Angeles. Mais l'Etat n'oublie pas ni ne pardonne les dettes contractées. Pour le retrouver, Mae doit encore s'acquitter d'une somme de 20 000 dollars que le fisc lui réclame. Une fois encore, la *famiglia* en la personne de Ralph, son beau-frère, vole à son secours.

Le 13 octobre, Mae vient annoncer la bonne nouvelle à Al, à Terminal Island : la somme sera payée, la fin de son calvaire n'est à présent plus qu'une question de jours. Encore faut-il qu'il parvienne à bon port. Elle a été prévenue que certains risquent d'attenter à la vie d'Al durant son transfert et qu'une attaque est donc à craindre. Le plan de voyage doit être tenu secret, la destination finale également. Personne ne doit savoir où il sera amené. Mae reçoit la consigne sans ciller ; le secret autour des déplacements de son mari, cela fait deux décennies qu'elle le pratique[3]. Mais cette menace signifie que l'Eden doit encore attendre. Pourquoi ne pourrait-elle pas le ramener simplement chez elle, à Miami ?

Après l'enfer, le purgatoire. Mae ne mesure pas la gravité de l'état de santé de son mari, qui ne peut être remis en liberté sans traitement. L'état psychologique d'Al est désormais celui d'un enfant de 7 ans, avec des accès de violence incontrôlables. Mae s'entête. Si Al est libre, la liberté ne peut exister que s'ils demeurent ensemble chez eux. Elle le soignera mieux que quiconque. Afin de faire entendre raison aux autorités, elle se fait convoquer à Washington, la capitale du pays, pour un long entretien avec des officiers et des médecins. Durant cette réunion, ses interlocuteurs lui expliquent qu'Al court un grave danger pour sa santé, physique, mais aussi mentale, si l'on ne fait rien pour contrecarrer l'évolution de la maladie qui a commencé à détruire son système nerveux. Le gangster ne sera plus que l'ombre de lui-même. Avec un entêtement qui confine à l'absurde, elle refuse encore de l'enfermer dans un hôpital. Reclus, il l'a été trop longtemps. Il faut que les spécialistes reviennent à la charge en lui décrivant par le menu les terribles effets dégénératifs et invalidants de la pathologie pour commencer à l'ébranler. Il n'y a aucun espoir de sauver ce qu'il reste de lui s'il ne reçoit pas un traitement lourd et approprié. Cette thérapie permettra une amélioration temporaire des symptômes, mais Al ne guérira jamais. Le couperet tombe, chirurgical, froid, implacable[4]. Doutant encore de faire le bon choix, elle signe, la mort dans l'âme, son internement dans un hôpital de Baltimore.

Nuits blanches à Baltimore

LEWISBURG, PENNSYLVANIE, NOVEMBRE 1939

Al est embarqué à bord d'un train à Los Angeles, en direction de Lewisburg, en Pennsylvanie, où il doit être accueilli au pénitencier fédéral par le FBI. Là seulement, il pourra être officiellement libéré. Il y arrive à 3 h 54 du matin, escorté d'une voiture sur la centaine de kilomètres qui le séparent de la prison. Mae est là, elle l'attend. Dans le bureau du directeur, elle est avec Sonny, qui a revêtu un costume d'été d'un blanc éclatant pour l'occasion. Al entre, le teint jaune, le corps lourd, engourdi. Il semble un navire échoué à la coque brisée, les yeux ternes, la mâchoire tombante[1]. Mais qu'importe. Il s'assoit à côté d'elle, c'est la première fois depuis tant d'années qu'elle peut effleurer sa peau, sentir son contact. Elle sourit tellement qu'elle n'entend pas les mots du directeur de la prison qui la met en garde. Al n'est qu'en libération conditionnelle, il reste sous sa responsabilité et elle devra s'assurer, si elle veut le garder, qu'il ne renoue avec aucune de ses anciennes relations et ne s'« illustre » par aucun acte illégal. Elle rayonne. Des sourires béats, du blanc et un sermon, on pourrait croire à un mariage, si ce n'était les barreaux des cellules environnantes.

On donne des vêtements à Capone avant de le conduire à l'hôpital de Gettysburg, à Baltimore, où une chambre double à 30 dollars la journée l'attend. Deux hommes l'aident à s'extirper de la voiture et le font entrer par la porte principale. Le malade sera sous la responsabilité du docteur Joseph E. Moore, un psychiatre réputé qui non seulement est professeur à la prestigieuse école de médecine de l'université Johns Hopkins, mais est également spécialiste des maladies vénériennes. Capone sera enregistré au cinquième étage sous le pseudonyme – humour volontaire ? – de Martini. Le praticien interdira toute photo et toute interview, jugeant son patient trop amoindri pour être exposé. Seule la famille proche sera autorisée. Le respect du serment d'Hippocrate ne suffit pas à satisfaire le bon docteur ; celui-ci s'inquiète de savoir si le couple pourra s'acquitter des frais d'une hospitalisation qui s'annonce de longue durée. S'enquérant des capacités de paiement du malade auprès du directeur du bureau des prisons, il se voit répondre que le gouvernement a essayé en vain de recouvrer quelque 300 000 dollars d'impôts impayés, ce qui n'est pas pour le rassurer. Mais qu'à cela ne tienne, Mae trouve de quoi payer, l'argent liquide n'est jamais un problème.

Accompagnée de Teresa et de l'indéfectible Ralph, Mae arrive à l'hôpital par une entrée de service discrète, pour éviter les journalistes, et retrouve le cinquième étage et la suite flanquée de trois agents du gouvernement qui se relaient auprès du malade, afin de contrer d'éventuelles représailles. Al est théoriquement libre, mais que signifie cette liberté ? Prisonnier virtuel, patient interné, sera-t-il affranchi un jour ? Le docteur Moore préconise trois semaines au minimum de traitement intensif. Al, qui semblait jusqu'alors perdu, allongé sur une pile d'oreillers, a le visage qui s'illumine comme celui d'un enfant quand il voit celui de sa femme apparaître[2]. Les prochaines semaines ne seront pas de tout repos et s'annoncent cruciales pour leur vie future. Le traitement sera le même que celui tenté par les médecins d'Alcatraz : provoquer de fortes fièvres pour tuer l'agressivité des organismes syphilitiques, ainsi que des injections de Salvarsan, un médicament composé d'arsenic. Les poussées de fièvre induites sont suivies de courts laps de grande lucidité qui peuvent aller de quelques heures à deux ans, au bout desquels il faut recommencer le périlleux processus. Mais son cœur supportera-t-il les trois ou quatre heures nécessaires de fièvre intense pour que le traitement soit efficace ?

Teresa et Mae louent un appartement au deuxième étage d'une maison en brique rouge de la banlieue de Baltimore, au 5708 Pimlico Road, à Mount Washington. Elles peuvent ainsi rester auprès de lui et veiller au bon déroulement des soins. Al n'est plus derrière les barreaux, il se bat, et sa femme est à ses côtés. L'avenir n'est certes pas radieux, mais il existe un horizon. Alors que Mae avait été prévenue qu'Al pourrait ne jamais quitter l'hôpital tant son état était grave, le 8 janvier 1940, il est finalement jugé assez stable pour continuer son traitement à domicile. Enfin, son vœu est exaucé ! Al rejoint sa famille dans l'appartement de Mount Washington sous le nouveau patronyme de Rossi[3].

Le docteur Moore met en œuvre tous les moyens de la science moderne pour sauver Al. En quelques mois, il parvient à lui faire recouvrer certaines facultés correspondant à celles d'un enfant de

14 ans, contre 7 auparavant. Pédagogue, il informe son patient de son état et lui signale qu'il aura encore des crises, des moments soudains d'irritabilité, mais que son humeur ne sera pas seule affectée. Ses facultés mentales seront également amoindries, des zones entières de mémoire seront perdues à tout jamais. Il continuera à se dégrader, mais lentement, car il pense avoir réussi, il y a quatre chances sur cinq, à enrayer la progression du processus dégénératif de la maladie. Al accepte son sort avec un stoïcisme inattendu. Mae, elle, ne peut se résoudre au diagnostic épouvantable.

Le 19 mars 1940, le docteur Moore permet à Al de regagner enfin Miami et le confie à un confrère, le docteur Kenneth Phillips, qui assurera désormais le suivi de son illustre patient : « Mme Capone, malheureusement, nourrit encore un immense espoir. Elle a, je pense, la sensation que d'autres avis médicaux, d'autres conseils seraient bénéfiques… Mais je suis enclin à penser que la meilleure et la plus sage chose à faire est de la persuader de la validité de notre diagnostic et de notre pronostic, et ainsi conserver les ressources dont elle aura besoin pour le long chemin qui reste encore devant elle[4]. » La route sera déjà longue de Baltimore à Miami, mais peu importe. A l'aube, Mae et Al embarquent dans une voiture couleur rouille, direction le soleil, l'Eden. Ils laissent derrière eux le cerisier pleureur aux fleurs roses qu'Al a offert à l'hôpital en guise de remerciement pour l'avoir sauvé et lui avoir donné cette seconde chance.

J'irais bien refaire un tour du côté de chez Al

La maîtresse de Miami

MIAMI, DOMICILE D'AL CAPONE, MARS 1940

Certes, Al est revenu à la maison, mais en partie seulement. Son esprit est ailleurs. Il ne peut apprécier sa propre liberté ou la simple joie de cette vie de famille qu'il a tant voulu retrouver. Il erre dans la propriété, ne reconnaissant plus les gens, allume le gaz à volonté et laisse la porte ouverte quand il va à la salle de bains[1]. Il traîne à la maison en pyjama, fume le cigare, jette une ligne dans la baie pour pêcher quelques imprudentes nageoires dont il ne sait trop que faire. Il aime toujours jouer aux cartes, en particulier au gin-rami et à la belote, mais l'effort mental se révèle souvent trop difficile. Il est devenu bouffi, tanné, presque chauve. Le couple sort dîner dans les meilleurs restaurants de Miami, mais tandis que le garde du corps sirote au bar, Mae a bien du mal à profiter des soirées. Al passe d'un sujet à l'autre, il cligne sans cesse des yeux, se met à siffloter ou à chanter, avant de continuer à parler le plus sérieusement du monde et à mâcher du chewing-gum de manière névrotique.

Mais ce n'est pas le pire. Sortir d'un restaurant se révèle un supplice, car Capone s'imagine poursuivi par des tueurs imaginaires. Le moindre crissement de pneu suffit à déclencher chez lui une attaque de paranoïa et il croit rencontrer son destin sous les traits d'un assassin à chaque carrefour. Seules sa propre Pontiac et la Chevrolet de Sonny peuvent passer le portail de leur maison sans lui donner des sueurs froides. Souvent, il ne dort pas avec Mae dans leur chambre parentale, mais préfère se réfugier dans un petit bungalow qui fait face à la pelouse, d'où il peut surveiller les allées et venues des voitures sur la chaussée. Mae retrouve des barres de chocolat cachées dans la chambre, preuves de son anxiété maladive et de sa culpabilité.

Al doit toujours plus de 200 000 dollars au fisc, mais reste insolvable. Jamais le gouvernement américain n'a trouvé la trace de sa fortune, l'argent – liquide comme il se doit – semblant apparaître, si nécessaire, par enchantement, sans doute une pêche miraculeuse. Pourtant, la fin de la prohibition, en décembre 1933, a mis fin à l'ère de l'Outfit et aux fastes du clan Capone. Mais la famille est généreuse, surtout avec les simples d'esprit qui ont perdu la mémoire.

Pour supporter ce quotidien, Mae se rend quatre fois par semaine à la messe à la cathédrale St Patrick de Miami Beach. Elle se consacre entièrement aux enfants, notamment à la petite-nièce d'Al, elle qui n'a pas eu de fille à choyer. Elle lui fait écrire des lettres, des mots sur un cahier, et lui enseigne que l'écriture reflète la personnalité. Patiemment, avec application, elle guide les petits doigts sur la page blanche, afin d'en exercer l'adresse. Rien de mieux que la lecture pour développer l'écriture, Mae lui offre un livre, *Mon amie Flicka*, de Mary O'Hara, qui vient d'être publié. Le soir, au moment du coucher, elle lui lit l'histoire de ce petit garçon vivant dans un ranch du Wyoming qui rêve de posséder un cheval rien qu'à lui et va conquérir le cœur d'une pouliche sauvage dont il va devenir le meilleur ami. C'est un des secrets de Mae, elle aime les livres sur les chevaux, étonnante passion pour une femme dite d'intérieur. Elle montre également à la petite, avec des tasses à café issues d'un beau service en porcelaine qu'elle remplit à moitié, comment se tenir en dame digne de ce nom et boire d'une seule gorgée avec le petit doigt levé[2], ou encore comment dresser une belle table. Tout peut être sujet d'enseignement, quand on a comme elle l'âme d'une mère doublée d'une maîtresse d'école. Tandis que la fillette se baigne dans leur piscine durant les vacances d'été, Mae lui propose de goûter l'eau qui provient de la mer. Elle lui demande alors si elle sait pourquoi celle-ci est salée, et l'éclaire sur cette curiosité, naturelle pour de jeunes papilles. Et pendant que Mae prépare à manger, la petite pique une tête et éclabousse partout. Elles rient toutes les deux aux éclats.

C'est là que Mme Capone se sent le mieux, dans ce bonheur familial simple. Elle a tout ce qu'une femme peut souhaiter, mais c'est ici, expliquant le monde aux enfants, qu'elle est pleinement épanouie. Elle a fait venir sa famille pour être à côté de son mari et vivre avec son frère et sa belle-sœur, laquelle tient un petit restaurant en ville, Les Gaufres de Winnie, où elle aime passer beaucoup de temps. Sa sœur Muriel et son mari les rejoignent également. Arrive le temps de Noël, le premier où tous sont enfin réunis. Mais l'attaque de Pearl Harbor, le 7 décembre 1941, conduite par les Japonais contre la flotte américaine dans le Pacifique, vient de forcer le président Roosevelt à entrer en guerre à son tour et à rejoindre dans le sang les horreurs et les larmes des nations européennes. En bonne patriote, Mae décore le sapin avec des obligations de guerre, ces titres de créance que l'on achète 25, 50 ou 100 dollars émis par le gouvernement dans le but de financer les opérations militaires.

En dépit de cette actualité dramatique, ce Noël tant attendu tient toutes ses promesses. Al reprend bientôt des forces et ses esprits, suffisamment pour retourner à Chicago, la capitale familiale où il manque à ses proches, l'antre de toutes les tentations, des prostituées, de la prohibition, de la cocaïne aussi, qui lui a entamé le septum nasal à force d'en remplir son nez. Mae se souvient des mots du directeur de la prison : son mari ne doit renouer en aucun cas avec ses anciennes relations.

La visite du couple au 7244 South Prairie Avenue électrise toute la famille. Al a même retrouvé son élégance passée et a enfin renoncé aux pyjamas dont il couvrait sa corpulence et son indolence depuis des mois. Il porte une chemise blanche, des boutons de manchettes qui brillent et une cravate fixée à l'aide d'une épingle en forme de visage féminin. La famille entière se rend à l'église ce même jour[3], et Ralph a organisé une fête pour les accueillir. Les tables sont chargées à ras bord de vin, d'alcool, de pain, de viandes froides, de fromages et de cookies. Il règne une excitation générale à la hauteur de la joie suscitée par ces retrouvailles, comme un banquet de la victoire après un trop long siège. Tout le monde veut s'asseoir près du guerrier blessé. Al s'installe sur une grande chaise dans un coin et prend sa petite-nièce sur ses genoux. Il ne peut résister à l'enfant. « Tu t'es blessé ? » lui demande la fillette, remarquant la grande cicatrice désormais fatiguée sur sa joue. Tout le monde cesse de parler et retient son souffle, mais Al n'est plus Scarface et s'amuse de son innocence. Il rit fort, profondément, naïvement, comme enfin soulagé de ses maux.

Ralph possède désormais plusieurs propriétés à Mercer, dans le Wisconsin, une petite ville à 500 kilomètres au nord de Chicago. Il a une surprise pour son frère. Il lui a acheté un terrain à Big Martha Lake et y a fait construire un robuste chalet en bois d'épineux meublé de fauteuils en cuir et de canapés surplombés de têtes d'élans. Dans l'entrée, des pieds de cerf servent à tenir des fusils et des raquettes de neige. Une cheminée massive domine un mur entier de l'énorme pièce du haut et, à l'autre extrémité, une immense table en bois, où peuvent facilement s'asseoir vingt personnes, occupe l'espace.

Big Martha Lake est dominé par une véranda d'où part un escalier qui conduit directement à l'eau cristalline du lac. Une cabane où l'on boit, chasse et joue au sept et demi, sorte de black-jack italien, complète l'ensemble. Les femmes sont dans la cuisine où elles se livrent à des débats enflammés pour savoir qui est le meilleur chanteur, de Frank Sinatra ou de Bing Crosby. Mafalda, la sœur d'Al, vante les mérites de « The Voice », le gangster d'Hoboken – le monde est petit –, arguant qu'il est « mignon et sexy ». Mae, quant à elle, affirme que Crosby a le meilleur organe des deux, une voix inimitable, doublé d'un talent d'acteur hors pair. Il faut une tierce personne pour s'improviser juge de paix de cette controverse épineuse. Mafalda se tourne alors vers Teresa qui, sans délaisser sa vaisselle, lui répond : « Caruso, ça, c'est de la musique. » Mafalda corrige le tir : « Oui, maman, mais nous parlons de musique populaire, pas classique. » Et Teresa de mettre tout le monde d'accord : « Eh bien, l'opéra est populaire pour moi. » Mae s'amuse de ces Italiennes qui ont un avis sur tout et l'affirment avec emportement. Après une génération de vie commune, elle a enfin été pleinement adoptée par la famille, devenant une matrone accomplie. Le bonheur est là, enfin, même s'il s'échappe toujours trop vite.

LES FLAMANTS ROSES SE CACHENT POUR MOURIR

« Il y a dix hommes qui grattent à ma porte ? Renvoyez-en un : je suis fatiguée. »

Mae WEST.

Œuf au plat et œil au beurre noir

LOS ANGELES, 23 AVRIL 1944

Le temps des fiancées de la poudre n'est pas terminé. J. Edgar Hoover pensait-il en avoir fini avec ces intrépides qu'il en surgit une dernière, la plus sulfureuse et la plus dangereuse de toutes. Le directeur du FBI reçoit mention d'une bagarre extravagante ayant éclaté dans un night-club de Californie et consigne l'événement avec un soin particulier dans le dossier que ses agents constituent patiemment à son intention.

Virginia Hill, rousse de 28 ans aux yeux verts, à la langue bien pendue, aux manières de dame du monde et compagne du nouvel ennemi public numéro un, s'est livrée à un crêpage de chignons en règle en plein milieu de la piste de danse du Mocambo. Un club à la décoration latino-américaine situé au 8588 Sunset Boulevard, à West Hollywood, dans lequel les célébrités du cinéma et de la chanson se bousculent et où Frank Sinatra vient de faire ses débuts sur scène en solo l'année précédente.

Ce soir-là, l'incendiaire « reine de la mafia [1] », qui a dépensé quelque 7 800 dollars en champagne[2], se rue sur Tobby Tuttle, une danseuse de 23 ans. Les deux femmes s'empoignent gaiement lorsque la seconde frappe l'acteur australo-américain Errol Flynn avec un œuf cru. Ce malotru, que l'on dit homme à femmes, n'a rien fait pour l'aider à s'échapper des mains de la première qui la griffe. « Alors j'ai attrapé un œuf sur le plateau d'un serveur qui passait par là et le lui ai balancé[3] », explique-t-elle. La star, flegmatique, prend soin de sa chevelure souillée et laisse les deux femmes s'écharper tout leur saoul. Hoover n'est guère surpris, cette Miss Flinguette est fraudeuse, frondeuse, provocatrice, hors la loi. Elle jure, boit, séduit, couche sans vergogne… et il n'a encore rien vu !

Virginia Hill est née le 26 août 1916 à Lipscomb, en Alabama, dans le Sud profond des Etats-Unis. Ses parents se séparent peu avant ses 10 ans, sans doute harassés par leurs dix enfants. Sa mère, ne tolérant plus un mari abusif et violent, prend sa nombreuse progéniture sous le bras et quitte tout, un matin, en direction de l'est et de Marietta, en Géorgie voisine. Virginia est précoce ; le changement d'air sans doute. N'allant pas plus loin que la classe de quatrième, elle a tout vu de la violence entre deux êtres et cherche très tôt à découvrir son antidote, l'amour. Du moins en trouve-t-elle l'excipient, le sexe. A peine pubère, elle se met en chasse de tout garçon pouvant l'aider dans sa quête intime de découverte du plaisir, dans ce lieu qui compte à peine 8 000 âmes. Pour attirer l'attention, rien de plus simple, il suffit d'un cheval et de quelques centimètres de tissu. L'effrontée galope à travers la ville vêtue d'un simple dos-nu osé, ce qui provoque un émoi général[4]. A ainsi jouer les Lady Godiva, elle se fait une réputation de traînée. La petitesse des petites villes étouffe les grandes ambitions et fait des amazones des femmes de petite vertu. Virginia veut respirer à pleins poumons là où elle pourra être une tentatrice quand elle le voudra.

Ce sera Chicago, où elle arrive en pleine Exposition universelle, inaugurée le 27 mai 1933 et forte de sa devise : « La science découvre, l'industrie applique, l'homme suit. » Elle est fascinée par son attraction principale à couper le souffle, la Sky Ride, un pont suspendu à près de 200 mètres de haut avec quatre ascenseurs faisant office de télécabines dans lesquelles les visiteurs prennent place et découvrent un point de vue renversant sur la ville, le soir venu, lorsque les projecteurs illuminent les cabines, crachent des panaches de fumée et s'élèvent dans le ciel semblables à des fusées.

Elle trouve un emploi de serveuse dans un café fréquenté par un certain Joseph Epstein, dit « Joe », un des hommes de Capone chargé de gérer les « investissements » de l'Outfit. Il a une bien meilleure idée d'occupation pour la jeune femme au charisme et au regard de braise : devenir « courrier », c'est-à-dire s'occuper de placer les paris aux champs de courses, récupérer les gains et les livrer aux hommes du gang. En échange, sa vie deviendra un conte de fées, elle n'aura plus à se soucier d'argent, ses besoins et ses moindres désirs seront comblés ; la pieuvre veillera sur elle. Alors qu'elle se trouve dans un salon de beauté, on lui livre ainsi une enveloppe contenant 1 000 dollars en liquide. De quoi laisser de généreux pourboires pour une mise en plis. Les versements sont si importants qu'elle peut bientôt subvenir aux besoins de sa famille et envoie à Marietta, par les airs, de minces colis contenant du cash, que son frère Charles se charge de récupérer à l'aéroport !

Joe Epstein est plus que satisfait de ses services. L'entregent de Virginia et son pouvoir de séduction attirent les parieurs presque autant que les chevaux de course. Que ne serait pas prêt à miser un homme pour impressionner une belle femme ! L'Outfit a bien d'autres idées pour elle et lui choisit une destination dont la célébrité fera éclore ses multiples talents.

Virginia arrive ainsi sur la côte Ouest, à Hollywood, en 1938, avec une nouvelle mission : développer et sécuriser sur place le *business* des paris illégaux sur les champs de courses et dans les night-clubs. Dans cette enclave dorée de Californie, tout paraît luxuriant, même la Dépression ne semble pas avoir eu lieu. Les studios de cinéma et les acteurs brillent de mille feux, et avec eux, une nouvelle génération qui n'a nullement envie de renoncer aux Années folles, qui peuvent bien encore durer une décennie.

Epousant l'atmosphère ambiante, Virginia comprend très vite que son physique avantageux peut lui permettre d'ajouter un léger à-côté à son métier de courrier pour la mafia, elle veut jouer sur grand écran ! La voilà ainsi frappant à la porte de chez Universal Pictures, l'une des plus prestigieuses sociétés de production au monde, dont les studios d'enregistrement constituent alors une ville dans la ville et où elle tourne un bout d'essai. On lui trouve « quelque chose de Jean Harlow[5] », si bien qu'elle repart un contrat en poche. Hélas, Virginia se rend rapidement compte que si elle a peut-être le physique de Jean Harlow, elle ne possède en aucun cas son talent. Comédienne elle sera, mais elle usera de son magnétisme loin du grand écran. Elle compte profiter de l'aura que suscitent les rumeurs de son contrat pour dorer son image et susciter l'attention : elle confie à une journaliste à cancan être née en Hollande, d'une mère américaine et d'un père amérindien. L'exotisme fascine, elle s'en saisit d'emblée, et la séduction est une question d'imagination plus que de beauté.

Sa garde-robe toujours fournie, on ne la voit jamais avec les mêmes tenues. Elle possède quelque 75 paires de chaussures qu'elle n'a pas le temps d'user, et dépense, rien que pour l'année 1941, 70 000 dollars en fêtes, alcool et soirées ! Interrogée sur l'origine de son argent, elle dit n'y être pour rien, tout le mérite en revient à ses quatre maris et à de très bons avocats : « Je ne sais pas combien il y en a et les avocats continuent à m'en donner encore et encore, tout le temps, et je continue à le dépenser[6]. » Il faut dire que Virginia n'est pas chiche en maris : elle a épousé successivement un Géorgien officiant dans le pétrole – un premier mariage, commente-t-elle, « qui n'a duré que le temps d'une bonne chanson de rumba », mais « [elle a] eu un bon divorce » –, puis Ossie Griffin, une star du football d'Alabama, et au mois de janvier 1940 Carlos Valdez, un danseur mexicain dont elle divorce onze mois plus tard.

Des amours tumultueuses, un sens de la mode extravagant et des sommes indécentes dépensées en alcool, il n'en faut guère plus pour faire d'elle la nouvelle reine de la fête d'Hollywood. Sitôt divorcée, déjà recasée, elle se met à fréquenter l'acteur John Carroll, qui vient de jouer Zorro au cinéma, mais ce dernier doit hélas la partager avec Carl Laemmle Jr, le fils du millionnaire et fondateur des tout-puissants studios Universal ! Ne nous leurrons pas, aucun des deux n'a ce qu'il faut pour retenir une femme comme Virginia. Ni l'argent ni le succès ne suffisent à garder son désir. C'est ainsi que riche, libre et adulée, elle rencontre lors d'une soirée en 1941 un New-Yorkais aux yeux bleus et à l'allure de star, Benjamin Siegelbaum, dit « Bugsy », le nouvel ennemi public numéro un.

Quoi de neuf, Docteur ?

Bugsy passe alors pour le gangster le plus séduisant ayant jamais existé, un véritable tombeur. Né le 28 février 1906 à Williamsburg, à Brooklyn, d'une famille émigrée de Letychiv, dans l'empire de Russie et actuelle Ukraine, Benjamin Siegel est le deuxième des cinq enfants élevés dans la misère des quartiers populaires où se massent les arrivants du Vieux Continent. Il voit ses parents harassés par un labeur physique qui leur fournit à peine nourriture et haillons. Il prend en horreur la notion d'effort et quitte l'école très jeune. Siegel entend devenir quelqu'un, se faire un nom et ne jamais sentir ce regard de mépris et d'insignifiance qu'il a vu posé sur ses parents. Un seul moyen pour y parvenir : l'argent.

Il rejoint ainsi les petits gangs du quartier de Lower East Side, à Manhattan, commet quelques vols, avant de développer un service bien plus rentable. Il propose aux commerçants de leur fournir une protection contre les aléas du crime, avec une offre commerciale imbattable : lui verser un dollar ou il brûlera leur marchandise[1].

Un jour, une partie de craps à la sauvette dégénère dans la rue en bagarre générale. Plusieurs bandes rivales s'affrontent à coups de couteaux et de barres de fer, tandis que d'autres les menacent de revolvers. Le jeune Ben lutte au corps à corps contre l'un des adolescents, il veut bec et ongles lui voler son arme. Deux agents de police arrivent sur ce qui ne va pas tarder à devenir une scène de crime. Un homme qui observe le petit manège depuis le début remarque la férocité et le courage du garçon. Il lui ordonne de lâcher l'arme et de courir. Ben hurle, enrage, il veut abattre le chien qui lui résiste ! « Il n'y a qu'un idiot pour tuer quelqu'un sous l'œil des policiers. Utilise ton cerveau[2] », se contente de conseiller ce sage des rues qui sait manifestement de quoi il parle. L'homme avisé n'est autre que Meyer Lansky, dit le Cerveau, un émigré de l'Empire russe lui aussi, fondateur d'une mafia regroupant les Juifs de la ville pour contrecarrer les Italiens et les Irlandais dans la guerre des gangs.

Ben est une recrue de choix pour le fondateur de la « Yiddish Connection », une « Casher Nostra » qui fait fi de la religion ou de tout rituel et qui réunit les gangsters de même origine les plus influents du pays. Il a une qualité, il est furtif : « Dans une bagarre, Ben n'hésite jamais. Il est même plus rapide à réagir que les Siciliens au sang-froid, le premier à frapper, à tirer. Personne ne réagit aussi vite que Benny[3] », selon son maître Lansky. Il est imprévisible, aussi « fou qu'une punaise ». Il sera désormais « Bugsy », l'« insecte fou ». Ce talent, inné autant que pathologique, lui permet de diversifier ses activités et il donne bientôt dans la contrebande, dominant la côte Est, puis le meurtre, en tant que tueur à gages à la solde de Meyer Lansky. Ensemble ils fondent leur propre mafia, la Murder Incorporated, qui ambitionne de compter parmi les plus grandes. Ils sont eux aussi présents pour la création du Syndicat du crime, lors de la réunion au sommet de mai 1929 tenue à Atlantic City à laquelle Al Capone s'était rendu secrètement. Désormais les mafieux de Chicago et de New York se concentrent dans un véritable empire du Mal, le plus puissant jamais créé. Son bras armé sera cette Murder Incorporated dirigée par Bugsy. Lansky en sera le trésorier, ce qui fera de lui un des criminels les plus riches de tous les temps.

Ben semble donc un homme parfaitement recommandable et aimable en tout point. Mais il a comme un défaut... celui d'être marié. Certes, le sens de la fidélité ne l'étouffe pas et le milieu n'est pas très regardant en la matière. Il a épousé le 28 janvier 1929 Esta Krakower, la sœur de Whitey, un autre tueur à gages de la Murder Inc. Les liens du sang ne sont-ils pas les plus forts ? Bugsy a cinq ans de plus qu'elle et la fréquente depuis deux ans déjà. Esta a les cheveux blonds, des traits fins et un nez proéminent, aquilin. Il est son amour de jeunesse, son premier homme. Ben, lui, ne tarde pas à regarder ailleurs et les superbes sylphides qu'il arbore à son bras disparaissent aussi vite qu'elles apparaissent dans sa vie : blondes, brunes, rousses, elles sont danseuses ou modèles pour la plupart, rencontrées sur Broadway, l'artère qui fait battre le cœur des spectacles nocturnes. Il va swinguer chaque soir dans les *speakeasies* bordant les salles de spectacle, le 5 O'Clock Club, le Napoleon Club ou le Stork Club. Cependant, il veut rendre Esta heureuse et, pour le gamin des rues qu'il est resté, cela signifie naïvement l'étourdir de richesses matérielles.

Le couple emménage en 1931 au spectaculaire Waldorf Astoria qui vient d'être inauguré, le plus haut et grand hôtel du monde, bâti sur la prestigieuse Park Avenue, en plein cœur de Manhattan. Dans ce gratte-ciel Art déco aux quarante-sept étages culminant à près de

200 mètres de haut, on organise dîners et galas où la crème intellectuelle et artistique de New York se réunit. On y rencontre surtout l'élite de la pègre : Meyer Lansky et son épouse Anne, ainsi que Frank Costello, dit « le Premier ministre », au sommet de la hiérarchie de Cosa Nostra aux Etats-Unis, ou encore Charles « Lucky » Luciano, un autre bâtisseur de l'empire du crime organisé sur la côte Est. Mme Lansky et Mme Siegel se retrouvent ainsi à la réception, prêtes à aller dévaliser les boutiques de la très chic 5e Avenue qui proposent les dernières collections de la mode européenne, tandis que ces messieurs se donnent rendez-vous pour petit-déjeuner et parler affaires au restaurant casher Ratner's, sur Delancey Street, où ils dégustent *kreplach* et *blintzes*.

Peu importe si Ben mange d'autres cuisines que la sienne, Esta lui donne deux filles qui font leurs premiers pas dans les ascenseurs du Waldorf. Mais Ben a besoin de s'éloigner de New York où il commence à s'attirer les inimitiés du milieu : il refuse en effet de donner dans le nouvel Eldorado du trafic de drogue. Comme quoi on peut être sélectif dans le vice. Réticent à l'encontre de toute personne faisant usage de stupéfiants, il est hors de question qu'il en prenne sous son aile : « Je n'aurai jamais un junkie travaillant pour moi, à aucune condition. Ils vendraient leur propre mère s'ils ont besoin d'un fixe », argue-t-il.

Mais Chicago a déjà son organisation et il ne pourra entrer seul en guerre contre le clan Capone. Los Angeles semble alors bénéficier d'autres attraits que le soleil « plombant » de Californie. La police, le procureur et le bureau du shérif communient dans la même passivité vis-à-vis de l'organisation du jeu et des paris illicites, qui compte la bagatelle de 600 bordels, 300 maisons de jeu tournant à plein régime, 1 800 *bookmakers* et 23 000 machines à sous. Pour parfaire cette belle réussite, il manque toutefois une chose : une tête pensante qui centralise la direction criminelle de ces divertissements d'intérieur. Ben y voit une invitation, un siège vide qui ne demande qu'à devenir son trône. Là, il pourra devenir à son tour parrain à part entière, maître du jeu.

Dès 1934, il descend ainsi à l'hôtel Ambassador, avec son golf 18 trous, sa piscine et surtout son night-club, le Cocoanut Grove, qui réunit jusqu'au bout de la nuit Frank Sinatra, Bing Crosby et autres Nat King Cole. Comment s'imposer dans les affaires dans une ville étrangère ? La réponse est facile : tous les établissements de jeu et *bookmakers* devront partager désormais leurs gains avec lui. Le roi a parlé. La sédition n'est guère tolérée. Un patron de cafés et de cercles de jeu du quartier de Redondo Beach prétend faire sécession et refuse sa « protection » ? Deux hommes armés lui règlent son compte, tandis qu'il se balade – l'inconscient – sur le front de mer. Les assassins, comme c'est fâcheux, ne seront jamais retrouvés. La méthode Siegel, « Payez-moi ou je vous brûle votre affaire, puis le cerveau ! », fait des miracles. Ben loue bientôt une maison sur Arden Drive à Beverly Hills, véritable triangle d'or où, entre les avenues de palmiers, se dressent les propriétés des plus grandes vedettes de cinéma. Enfin, l'année suivante, il parvient à faire venir par bateau Esta, leurs deux filles et leur chien Bandit un berger allemand au nom parfaitement approprié –, l'équipée contournant le pays par le canal de Panama. Pour les accueillir, il fait construire une maison pharaonique de trente-cinq pièces au 250 Delfern Drive, à Holmby Hills.

Soucieux de s'adapter au mode de vie local, Ben songe à se mettre au cinéma. A condition de ne pas être une simple doublure ! Il va au bureau de Sidney Kent, président-directeur de l'une des plus grandes sociétés de production du monde, la 20th Century Fox, lui exprimer son intérêt le plus vif pour l'industrie cinématographique, dissertant qu'il serait fier de pouvoir y contribuer. Autrement dit, il lui suggère fortement et aimablement de payer pour ses services de protection. Il trouve hélas une oreille peu réceptive chez le directeur des studios et se rabat sur l'union des comédiens figurants, dont il devient en quelque sorte le représentant syndical. Ben « emprunte » de très fortes sommes d'argent, à cinq chiffres, aux plus grandes stars du cinéma, afin que celles-ci ne voient pas le tournage de leur prochain film suspendu à cause d'une grève des figurants. Elles peuvent soit passer à la caisse, soit se retrouver au chômage technique. A elles de choisir, il n'oblige personne ! Un beau défenseur des intérêts des classes laborieuses, en quelque sorte.

Mais Bugsy ne se contente pas d'entrer par effraction dans ce milieu parallèle qu'est déjà le cinéma. Comment résister à ses sublimes actrices, partout déifiées sur grand écran, dont certaines incarnent le désir de tout l'Occident ?

Un Brando, du brandy, un Bugsy

Ben a repéré Wendy Barrie. Blonde aux traits fins, elle a quelque chose d'Esta et illumine la pellicule de son sourire délicat à la grâce tout européenne. L'actrice britannique née à Hong Kong le 18 avril 1912, cheveux blond vénitien et yeux bleus, est alors une égérie de la Metro Goldwyn Mayer, la MGM. Elle a déjà tourné dans près de cinquante films, dont *La Vie privée d'Henry VIII* ou *Le Chien des Baskerville*. Elevée dans des pensionnats huppés anglais et suisses, elle possède un maintien face auquel Ben redevient Bugsy le Fou ; jamais l'argent ne pourra lui donner l'éducation et l'origine sociale qui lui font défaut. La liaison est tenue secrète, s'afficher au bras d'un gangster quand on est une étoile montante d'Hollywood relève du torpillage ou du suicide professionnel.

Mais un soir, Wendy rencontre dans les coulisses d'un tournage à New York un jeune acteur de douze ans son cadet, Marlon Brando. Le jeune fauve rebelle, avec ses cheveux blond foncé, son regard bleu qui tire vers le gris, son teint basané et son physique athlétique, incarne l'idéal d'indépendance de la nouvelle génération et fait figure de *sex-symbol* masculin. Elle l'invite à un dîner privé dans sa suite, à l'hôtel Plaza[1]. Malheureusement, il n'est guère intéressé par ses prouesses d'actrice, mais bien plus par sa sulfureuse vie intime. Bugsy passant pour le gangster le plus beau ayant jamais vécu, Brando est piqué. Il veut le connaître, jaloux et fasciné à la fois par cette réputation, ce nom, cette désinvolture à se débarrasser de ceux qui le gênent sans jamais être inquiété. Siegel représente le véritable pouvoir et la séduction qu'il n'aura jamais autrement que dans le miroir déformant des films.

Dans la chambre, Brando harcèle son hôtesse de questions au sujet de Siegel. L'actrice au narcissisme échaudé lui lance : « Vous préféreriez peut-être coucher avec Ben plutôt qu'avec moi ? » La réponse de Marlon est pour le moins contrariante : cela se discute, « Siegel est un homme sacrément beau et j'ai entendu dire qu'il pouvait tenir toute la nuit. Bien sûr, vous en savez là-dessus bien plus que moi ». Wendy ravale sa fierté et comprend qu'il lui faudra pêcher le poisson nommé Brando avec beaucoup de patience et de ténacité. Intarissable, le comédien enchaîne : « J'aurais aimé le rencontrer [...] et apprendre sa technique sexuelle. Si je pouvais moi aussi durer toute la nuit, je pourrais envisager de satisfaire plus de femmes faisant la queue à la porte de ma loge. » Wendy s'impatiente, Brando prend ses aises, concentré sur Bugsy bien plus que sur sa potentielle conquête d'un soir. Il s'étonne d'un détail : « Il paraît que son deuxième prénom est Hymen. » Wendy acquiesce. « J'aurais aimé que ma mère m'appelle Marlon Hymen Brando. Un bien joli nom, pour sûr. » Désireuse de satisfaire son jeune prince à la manière de Schéhérazade dans les *Mille et Une Nuits*, Wendy commence alors à confier à Brando, les oreilles aux aguets, les secrets de leur vie intime. « Benny pense toujours que l'on peut résoudre n'importe quel problème par l'homicide. Les gars de la mafia l'appellent le cow-boy. » Marlon veut en savoir plus, « car un cow-boy, dans le milieu, est un homme qui ne se contente pas de planifier un meurtre. Il est celui qui tue la victime lui-même au lieu d'engager quelqu'un pour le faire ». Wendy le décrit d'une force si intense qu'il peut séduire également hommes et femmes en une seconde, d'une poignée de main délicate, sensuelle, mais franche, qui n'a rien à prouver de sa virilité, mais accueille la vôtre et la caresse quelques instants. Brando trouve cela légèrement homosexuel sur les bords. « Vous auriez dit cela devant lui, il vous aurait descendu de sang-froid. »

Jugeant la proie hameçonnée, elle demande au comédien de tomber la chemise s'il veut en savoir plus. Cette nuit-là, Marlon est insatiable tout en se délectant de la formidable capacité de Bugsy à prendre des commandes du monde entier pour dénicher les femmes les plus désirables qui soient. Un riche magnat du pétrole, par exemple, veut-il une fille qui ressemble à Betty Grable ? Bugsy trouve un sosie acceptable, le fait kidnapper et le lui apporte. L'idole en herbe est fascinée, la traite des Blanches est une activité lucrative qui donne au gangster l'image d'un chef de harem. Wendy lui avoue alors un autre secret, elle n'est pas la seule à satisfaire Bugsy, elles sont trois maîtresses à plein temps : la « salope notoire », Virginia Hill, et une autre femme, une aristocrate, la seule véritable rivale qu'elle redoute, Dorothy di Frasso. Mais elle passe à la douche écossaise quand, à la fin de la soirée, Brando laisse échapper un compliment sur son ennemie intime : « J'admire cette Virginia Hill, la seule à avoir le culot, l'insolence de se dresser face à des hommes comme Capone ou Bugsy. » Il se trompe.

La croisière s'amuse

Le 19 septembre 1938, Bugsy embarque sur la *Metha Nelson*, une mythique goélette trois-mâts de 60 mètres, celle-là même utilisée lors du tournage du film *Les Révoltés du Bounty* en 1935 avec Clark Gable, pour une croisière paradisiaque. Il est accompagné du nouveau parfum du moment, une femme dont le titre de comtesse n'est pas des plus courants au bras d'un mafieux ! A son arrivée sous le soleil de Californie, Siegel a toute une liste de personnes influentes à rencontrer, une autre de femmes à posséder. Dorothy satisfait les deux catégories à la fois.

Et ce n'est pas forcément pour ses qualités physiques. Des cheveux presque noirs qui contrastent avec des yeux bleus des plus clairs, un nez imposant, un menton qui lui dispute le regard, une bouche fine qui n'appelle pas le baiser, pulpeuse, dirait-on, pour éviter de froisser, mais en réalité rondelette, elle n'entre pas dans les canons de beauté que les gangsters apprécient.

Dorothy di Frasso, née Dorothy Taylor le 13 février 1888 à Watertown, dans l'Etat de New York, est alors la séductrice la plus chevronnée d'Hollywood. Fille d'un magnat du commerce du cuir ayant fait fortune dans les investissements boursiers, elle a le sens de l'aventure. La vingtaine à peine entamée, elle est déjà fiancée à un jeune homme de la haute société, courtier en Bourse, mais préfère partir voyager à travers l'Europe, filant à l'anglaise sur un paquebot plusieurs mois durant[1]. Depuis l'hôtel Meurice, à Paris, elle confie aux journalistes qui poursuivent cette mondaine très en vue qu'elle hésite sur son engagement[2]. En juin 1912, elle épouse à la place son premier béguin, le pionnier de l'aviation britannique Claude Grahame-White, le premier à avoir posé son biplan sur les pelouses de la Maison Blanche et suggéré au Président une petite balade[3]. Le couple se marie le 27 juin 1912, à Widford, en Angleterre. Grahame-White survolant le lieu de la cérémonie[4] a pris soin de disperser depuis les airs quantité de roses. La lune de miel sera tout aussi peu conventionnelle : au lieu de commencer une vie à deux les pieds sur terre, le couple partira dans les airs en direction du sud, sans but précis[5]. Hélas, c'est une première, la jeune mariée n'a jamais pris un avion de sa vie et déchante sitôt les premiers cumulus croisés. L'expérience se révèle bien moins romantique que dans son imagination. Prise de panique, elle serre tant le cou de son mari qu'elle manque de l'étrangler en plein vol ! Le pilote chevronné tente de garder sous contrôle à la fois son engin et sa femme, ce qui les guérit du souhait de voler ensemble – convoler est peut-être déjà bien assez. Hélas, il se retrouve mobilisé et rejoint l'armée de l'air britannique. Le mariage ne résiste pas à la Grande Guerre et le divorce est prononcé à Londres le 17 décembre 1916, alors que le père de Dorothy a eu la judicieuse idée de lui laisser environ 12 millions de dollars en héritage à sa disparition[6].

Malheureuse en amour, mais riche à ne plus savoir que faire, la roturière épouse bientôt à Manhattan le comte Carlo di Frasso, de trente ans son aîné, qui est membre du Parlement italien[7]. Il est désargenté, mais a un titre et possède une assise européenne que tous ses millions ne peuvent acheter, une légitimité aristocratique dont elle n'aurait pu rêver. Tandis que monsieur passe son temps occupé par la politique italienne, elle voyage, seule, et s'offre la plus dispendieuse des propriétés de Beverly Hills, dont elle fait sa terre promise.

Sous le soleil de Californie, toujours entourée d'hommes, rarement de femmes, auxquelles elle ne fait pas confiance, elle organise des fêtes extravagantes dans lesquelles son fort caractère ne passe pas inaperçu : lors d'un bal costumé, elle prévoit une animation de boxeurs professionnels qui, devenant soudain trop enthousiastes, précipitent une bagarre générale qui brise des meubles, arrache des chemises et égratigne les stars de cinéma[8]. Une autre fois, dans un hôtel de luxe parisien, elle ordonne à tous les Américains présents sur la piste de danse de s'en retirer aussitôt qu'un Noir s'apprête à s'en emparer[9] ! Un soir, alors qu'une chroniqueuse mondaine a le toupet d'inviter un acteur qu'elle n'aime pas, la comtesse aux poings nus se rue sur elle, et toutes deux « se sautent au visage comme deux chats sauvages[10] » !

Auprès d'elle, le banal, le quotidien, l'habitude n'existent plus. La légende est née, tout le cinéma se presse pour être de ses fêtes, à l'instar de Clark Gable, Cary Grant ou Marlène Dietrich. L'Ange bleu, comme on désigne alors l'actrice allemande, apparaît à une des fêtes données par Dorothy, le 4 juillet 1935, vêtue d'une robe de cygne faite de plumes, dont les ailes déployées lui recouvrent la poitrine, fendue jusqu'en haut de la cuisse. Face à cette gracieuse allégorie de Léda du plus grand chic, l'hôtesse n'est pas en reste. Elle porte un magnifique collier d'émeraudes, ainsi qu'une parure de diamants et saphirs valant la modique somme de 100 000 dollars, apportant au glamour roturier d'Hollywood la touche européenne sophistiquée qu'elle attendait pour éclore[11]. Bugsy a été attiré par cet oiseau rare dont on ne sait si on a envie de l'admirer voler ou de le plumer. En regard, quelle excitation pour elle de s'afficher au bras d'un gangster non plus sur grand écran, mais en chair et en os ! Elle doit lui faire vivre la plus folle des aventures de sa vie, que ses moyens illimités doublés d'un talent inné et d'une imagination débordante vont lui permettre d'orchestrer.

Dorothy di Frasso a en effet réquisitionné le navire pour organiser une formidable chasse au trésor qui se déroulera dans un archipel de l'océan Indien, les îles Cocos, à mi-chemin entre l'Australie et le Sri Lanka. La présence humaine s'est faite discrète dans ces atolls presque sauvages aux couleurs vives. La comtesse excentrique a pris l'initiative de partir à la recherche d'un trésor de pirates enfoui, d'une valeur estimée à 300 millions de dollars. Cette folle idée est née dans la tête de Bugsy et Dorothy après qu'ils ont été embrigadés par un obscur Canadien du nom de Bill Bowbeer, qui avait en sa possession des cartes indiquant le lieu où se trouvait le prétendu butin[12].

Voilà donc le couple embarquant ce 19 septembre 1938, accompagné de Mario Bello, le beau-père de Jean Harlow, suivi de sa jeune fiancée, du médecin chef de la prison du comté de Los Angeles, d'un ami boxeur et de deux douzaines de membres d'équipage[13]. La traversée semble idyllique et inspire l'amour : Mario Bello épouse en pleine mer sa fiancée, avec Bugsy et Dorothy comme témoins.

Une fois à terre, dans ce monde presque vierge, l'équipage installe tentes, tables de banquet… pelles, foreuses et explosifs ! Tous, la comtesse la première, creusent de bon cœur, dynamitant à qui mieux mieux collines et grottes sous les ordres de Bugsy qui a pris le commandement de l'épopée. L'humidité et la chaleur forment un cadre de vie digne d'un Eden sur terre… pour les insectes et les rongeurs : « Au lieu de trouver un trésor, nous avons trouvé des millions de fourmis rouges et des rats géants », se plaint Dorothy.

Le voyage vire au cauchemar lorsque, faisant route vers Los Angeles, la goélette est prise dans un violent orage au large d'Acapulco. Un des moteurs tombe en panne, l'équipage commence à se mutiner. Le capitaine doit enchaîner deux hommes qui menacent la sécurité du navire, tandis qu'un troisième se distingue en ne dessoûlant pas durant plusieurs semaines[14]. Pis, Mario Bello, pris d'un coup de folie, empoigne un colonel de l'armée du Costa Rica monté à bord lors d'une escale, et les deux hommes se livrent un combat dont personne ne connaît la cause ! Le vaisseau peut périr pour avoir trop de pilotes, selon l'adage antique. Il doit demander du secours à un bateau de plaisance italien. Le naufrage est évité de peu, mais la chasse au trésor aura tout de même duré quatre mois !

La *Metha Nelson* de retour en janvier 1939, les agents du FBI interrogent les protagonistes de cette folle équipée : le capitaine avoue aux G-Men qu'il lui a été demandé d'une manière bien peu diplomatique de « garder sa bouche bien fermée » et de taire le déroulé du voyage, sous peine d'en subir les conséquences. La comtesse, prenant la mesure de la mauvaise presse que sa liaison lui vaut, s'explique : « Ben est un de mes plus proches amis, mais parler d'une romance, c'est absurde. Il a une femme et j'ai un mari, et toute autre interprétation est absolument ridicule. »

Mais Dorothy ne compte pas pour autant se passer de son gangster : elle l'intègre au contraire à son univers de fêtes et de célébrités. Discipliné, il se présente sagement à côté d'elle sur les tapis rouges, toujours vêtu en conséquence, attendant d'être appelé, faisant un simple signe de tête aux hôtes, prenant une expression « penaude », comme un petit garçon. Les premiers regards sont inquiets, tous craignent de finir criblés de balles par le redoutable patron de Murder Inc. Mais rapidement, confié aux bonnes grâces de Dorothy qui a l'âme et la patience d'un pygmalion avec les mauvais garçons, il devient à son bras la nouvelle coqueluche : il est beau, plaisant, sait complimenter les femmes et viriliser les hommes, et parfois l'inverse. Lauren Bacall le trouve si poli qu'elle ne peut croire qu'il soit un véritable truand : « Sans doute est-ce un acteur[15] ? » Pourtant Humphrey Bogart, qu'il vient rencontrer sur un plateau de tournage, refuse de se lier d'amitié avec lui et tempête contre la « clique d'ex-contrebandiers et fausses baronnes qui s'habillent en chinchilla et en queue-de-pie pour assister aux avant-premières mondiales[16] ». Peu importent les médisances, Dorothy retrouve avec Bugsy la joie de vivre, après avoir eu le cœur brisé sept ans auparavant par le plus bel Américain d'alors, un des hommes les plus en vue de la planète !

Cœurs brûlés

La chaleur s'installe sur les hauteurs de Rome, à l'été 1931. Dans la Ville éternelle, Dorothy profite de la douceur voluptueuse de son palais. Pourtant l'égérie d'Hollywood se lamente. A 43 ans, elle se sent à l'apogée de son assurance et de sa féminité, et le comte di Frasso, son noble et vieil époux désargenté, a le bon goût de se faire discret. Peut-être trop. Avec le temps, ce mariage de raison ne semble plus si opportun qu'il l'était... Jusqu'à ce qu'elle reçoive un télégramme d'un ami travaillant à la Paramount, une autre des plus grandes sociétés de production cinématographique du monde. Un jeune homme ayant besoin de se mettre au vert compte lui rendre visite prochainement.

En mai 1931, las de sa célébrité soudaine, épuisé par les tournages et les tourments amoureux d'Hollywood, Gary Cooper embarque vers Alger. Il souffre de jaunisse et d'anémie, a perdu 14 kg et se sent seul dans ce monde de paillettes. La richesse tombe comme une tuile sur ce cow-boy qui galopait librement dans le ranch de son père. Même dans les rues d'Alger, il se rend compte qu'il n'est plus James Frank Cooper du Montana, mais une vedette, le partenaire à l'écran de Marlène Dietrich dans *Cœurs brûlés.* Et les enfants de la Ville blanche le poursuivent en mimant les batailles de cow-boys qu'il interprète à l'écran. Gary veut fuir et se décide pour l'Italie, où un certain Mussolini a pris le pouvoir le 29 octobre 1922. C'est pendant un bain de soleil au Lido, à Venise, que le télégramme de la Paramount lui arrive, l'invitant à se rendre à Rome chez la comtesse : « Elle tient une sorte de maison ouverte pour célébrités et dignitaires, écrit l'ami producteur, elle t'accueillera à bras ouverts[1]. »

Gary et Dorothy, de treize ans son aînée, ont une passion en commun loin des relations mondaines et du vernis d'Hollywood, un art qui ne ment pas et oblige à la maîtrise de ses instincts, l'équitation. Cavalière effrontée, la comtesse monte en amazone parmi les officiers de la cavalerie italienne, ne craignant ni la vitesse ni les chutes. Gary a besoin d'être pris en main, des mains richement baguées si possible, des mains douces, mais qui sauront le diriger tant il se sent perdu à ce moment précis de sa vie.

Coop, comme on se plaît à l'appeler, compose le numéro de téléphone de cette comtesse dont on lui a vanté les mérites. Son interlocutrice le trouve « affreusement délicieux » rien qu'au son de sa voix et le convie : « Rendez-vous tout de suite à la villa Madama, ma maison. Vous y serez plus à votre aise » et, à peine le combiné raccroché, lui commande une douzaine de costumes[2]. Enfin le Verbe se fait chair : Dorothy ne résiste guère à ce gaillard d'1,90 m qui arrive dans la propriété, ni à la parfaite transparence de ses yeux bleus romantiques qui dénient toute expression à ceux qu'il ne connaît pas. Il est timide, rêveur, fait montre d'une incertitude nonchalante sur le monde qui l'entoure. Il se passionne pour la peinture et le dessin, aussi Dorothy va-t-elle se charger, non sans délectation, de l'initier à ce que la mère des arts à produit de meilleur en la matière. Elle le promène dans les musées et galeries où il peut admirer les chefs-d'œuvre du monde occidental et le laisse conduire ses voitures de course pour y aller. Elle l'initie aux arts de la table, à la dégustation des grands crus, lui apprend à lire un menu en français. La chose est fort utile pour les soirées de la comtesse, qui convie en son honneur le prince Christophe de Grèce, le prince Umberto d'Italie, sans oublier le duc d'York, le futur roi George VI. Gary portait encore, en arrivant chez elle, des vêtements mal coupés, pris au hasard, et gardait la fâcheuse manie d'avoir la chaîne d'une montre à gousset dépassant de sa veste. Mais c'était avant que Dorothy prenne également son style en main[3]. La relation évolue comme une dialectique dans laquelle elle le domine, le façonne, imprime l'empreinte de son style, réalisant un fantasme jouissif de pygmalion. Gary aime se laisser faire, il reprend forces et goût à la vie. La découverte de l'aristocratie européenne, l'intérêt qu'elle lui témoigne en l'adoptant comme l'un des siens lui donne la force de se débarrasser de son complexe de cow-boy mal dégrossi. L'été est des plus flamboyants, y a-t-il meilleure saison pour s'aimer ? Barbara Hutton, mondaine américaine, épouse de Cary Grant, ne peut que commenter : « C'est dur de savoir si la comtesse a donné une fête qui a duré tout l'été ou une série de soirées qui ont duré des semaines ! »

Dorothy met en œuvre, pour séduire Gary, la richesse et l'imagination qu'elle possède et compense ce que son âge et son physique ne peuvent plus, seuls, lui offrir : elle l'emmène à Alexandrie, au Caire, au Soudan, puis en safari autour du lac Malawi, au Mozambique, et jusqu'au pied du mont Kenya chasser l'éléphant. Gary reste ainsi près d'un an loin des studios, aux bons soins de sa maîtresse.

Lorsque tous deux quittent l'Italie pour revenir aux Etats-Unis, Coop est un homme différent. Il est prêt à conquérir le cinéma, le monde, son sourire a pris une profondeur et une confiance dont il était dépourvu et qui ne le quitteront plus. Dorothy compte faire à son bras un retour en grande pompe à Hollywood. On les voit partout ensemble écumer les clubs[4] les plus tendance, trôner à la table des célébrités chez lesquelles ils arrivent en couple, comme à Pickfair, villa des hauteurs de Beverly Hills – l'une des premières de la ville à avoir une piscine privée – construite par les deux vedettes du cinéma muet Mary Pickford et Douglas Fairbanks. Au 1143 Summit Drive, dans cette somptueuse propriété de vingt-deux chambres qu'ils ont nommée en unissant leurs deux patronymes, « Pick » et « Fair » reçoivent tout le gratin cinématographique et littéraire, par exemple F. Scott Fitzgerald, George Bernard Shaw ou Arthur Conan Doyle. Le couple se plaît à inviter « le cow-boy et la comtesse », dont l'histoire fait sensation dans le milieu. Un soir, attablée avec Katharine Hepburn, Dorothy s'empresse de confier, entre la poire et le fromage : « Gary est le premier homme à m'avoir jamais satisfaite sexuellement[5] ! » Douglas Fairbanks passe sous la table et mord les cuisses dodues de la comtesse. « Vous devez l'excuser, précise Mary Pickford, il aime faire le chien. »

Mais Dorothy sait que les séducteurs aiment être surpris, déstabilisés parfois. Au diable les truffes et le champagne dont elle rassasie ses invités dans sa superbe propriété de Beverly Hills, elle emmène Gary dîner parmi la plèbe au Beefsteak Dinner[6] ! L'aristocratie et le cinéma ne se rencontrent guère que sous les feux de la rampe, mais grâce à la comtesse, Alfred Vanderbilt dispute une partie endiablée de patins à roulettes avec Ginger Rogers. Elle transforme ceux qui n'étaient aux yeux de la bonne société que des saltimbanques en véritables « étoiles » adoubées par la haute société, fournissant fêtes et alcool pour que ce petit monde se mêle et s'encanaille. Tant et si bien qu'on l'appelle bientôt « la reine d'Hollywood ». De pulpeuse, elle est devenue sylphide à force de danser, quel heureux régime ! On soupçonne les préparatifs d'un mariage avec Gary.

La comtesse di Frasso serait-elle prête à renoncer à son titre pour son cow-boy ? Toute la presse à potins veut savoir, le sujet est le plus brûlant du moment. Une journaliste fait le déplacement à la RKO Pictures où, dans les vestiaires des hommes, elle trouve la comtesse avec, derrière elle, Gary. Elle sourit et badine suffisamment pour amadouer Dorothy et obtenir une interview. Les deux femmes s'installent à un bureau. La jeune journaliste observe chez son interlocutrice « des yeux magnifiques, avec un scintillement, une bouche rieuse et un nez aventureux[7] ». Gary se penche sur le bureau où la journaliste écrit, il surveille. Ses yeux ne pétillent pas, observe-t-elle, ajoutant que ceux de la comtesse « pétillent pour deux ». L'entretien va bon train lorsqu'une jeune femme d'une grande beauté passe devant eux. Elle s'appelle Veronica Balfe. Âgée d'à peine 20 ans, elle est riche et vient rendre visite à son oncle, chef décorateur à la MGM, sur un plateau de tournage. Le 15 décembre 1933, Gary Cooper se marie enfin. Mais pas avec

Dorothy. Il épouse cette Veronica dans l'appartement de sa mère, à Manhattan, sur la très chic Park Avenue. Dorothy ravale comme elle peut son humiliation qui fait jaser le tout-Hollywood.

Vacances romaines

La « comtesse » s'était donc consolée en prenant sous son aile dorée Bugsy Siegel, de dix-huit ans son cadet, qui avait lui aussi besoin d'être introduit dans un univers dont il ne maîtrisait ni les codes ni les usages. Leur première croisière à la recherche d'un trésor de pirates aurait pu les guérir de toute envie de prendre la mer ensemble. Tant s'en faut. Le 8 avril 1939, Bugsy embarque en compagnie de Dorothy sur le *Comte de Savoie* avec 87 passagers de première classe en direction de Naples, en Italie[1]. Jamais à court d'excentricités, Dorothy a curieusement investi une partie de sa fortune personnelle dans un cotillon du plus bel effet, un explosif récemment découvert par des scientifiques américains qui promet d'être sans fumée, incolore et sans flash lumineux, l'atomite. L'Europe est à la veille de la guerre, l'année 1939 est celle de tous les dangers. Chaque futur belligérant teste ses potentiels ennemis et leurs limites qui – une fois atteintes – conduiront, à peine cinq mois plus tard, le 3 septembre, à la conflagration générale.

Dorothy pense avoir trouvé le moyen pour l'Italie de dominer le conflit qui s'annonce en tenant les autres nations mondiales en respect. Par l'entregent de son mari, elle propose ses services… au Duce, encore neutre, même s'il penche de plus en plus du côté du

IIIe Reich, avec lequel il signe le 22 mai une alliance passée à la postérité sous le nom de pacte d'Acier. Benito Mussolini accepte de miser sur cette découverte pour voir, même s'il ne croit guère aux inventions américaines en matière d'armement. Comme son nouvel allié de Berlin, il pense à tort que les Etats-Unis ne sont qu'une nation militairement secondaire. Il alloue 40 000 dollars à la comtesse à condition qu'elle fasse elle-même une démonstration de la poudre miraculeuse en Italie. L'atomite est supposée être « à peu près de même puissance que la bombe atomique[2] ». Le comte Galeazzo Ciano, gendre de Mussolini et ministre des Affaires étrangères, proche de la famille royale de Savoie, note dans son *Journal* que « Frasso nous a donné des informations concernant une époustouflante invention américaine d'un très puissant explosif[3] », et son ami le prince Umberto II d'avouer que « Ben a essayé de nous vendre de la dynamite[4] ». Car tant le dictateur italien que le roi Victor-Emmanuel III semblent tout à fait ravis de leurs contacts avec le mafieux. « Ils se sont tous bien entendus », assure Dorothy, fière de ses présentations, « ils l'ont tous adoré[5] ». Bugsy est impressionné par sa comtesse, qui sans cesse sort de son chapeau des lapins, tous plus couronnés les uns que les autres. Ici on l'appelle « Sir Bart » et on le prend pour un baron anglais, lui, le caïd mafieux de New York[6] !

Un truand, un roi, un dictateur, on dirait une fable, mais la réalité va pourtant se corser. Mussolini, Bugsy et Dorothy se mettent d'accord sur un essai dont ni le lieu ni la date ne sont divulgués. Il doit être tenu secret, car le sort de l'Europe en dépend s'il est concluant. Hélas, le jour de la démonstration, c'est un fiasco. A peine quelques panaches de fumée s'échappent de la poudre ; c'est un pétard mouillé, une bombinette. Mussolini est furieux et exige la restitution de sa mise. Pis, il demande au comte et à la comtesse di Frasso de bien vouloir quitter quelque temps leur palais romain, afin qu'y soit logé un haut dignitaire allemand venant séjourner dans la capitale italienne. En 1925, le couple a en effet fait l'acquisition de la villa Madama, joyau du XVIe siècle surplombant le Tibre et construit par le pape Clément VII, neveu du fameux Laurent de Médicis qui façonna la Renaissance italienne par son goût et son pouvoir. Pour cette bicoque de campagne, le vicaire du Christ avait tout simplement choisi comme architecte le grand Raphaël qui illumina les plafonds de ses fresques. La comtesse considère ce palais comme son enfant, elle n'a compté ni son temps ni son argent pour le restaurer, et surtout le faire briller de tout son faste.

Dorothy a métamorphosé la villa en lieu de rencontre de l'aristocratie et de la gentry européennes des années 1930. Mussolini ne peut donc trouver lieu plus approprié pour recevoir son hôte, un féru d'art qui affectionne particulièrement les grands maîtres. Il ne s'agit pas d'un simple général allemand, mais d'Hermann Goering. Le bras droit d'Hitler, véritable numéro deux du IIIe Reich, collectionne les titres avec la même avidité que les bijoux et les œuvres d'art : commandant en chef de la Luftwaffe, président du Reichstag, c'est lui qui a créé le bureau de la police politique, la Gestapo. Il a participé activement à la résolution de la « Question juive » par la création des camps de concentration, ce qui se révèle le meilleur moyen de plaire à son maître. Dans la foulée de la « Nuit de cristal » qui, le 9 novembre 1938, vient de briser les devantures des magasins juifs et brûler des synagogues, il inflige une amende colossale d'un milliard de marks aux Juifs jugés responsables de ce qui leur arrive. Venu pour sceller l'axe Rome-Berlin, Goering fait son entrée à Rome le 14 avril 1939 et séjourne donc à la villa Madama.

Or, Benjamin Siegel, qui ne se passionne pas outre mesure pour la politique européenne, est juif. Et il ne goûte que très peu la personnalité de Goering. Pas le choix, le fondateur de la Murder Incorporated se retrouve face au fondateur de la Gestapo à quelques semaines de la guerre. Deux manières de tuer, deux origines, deux visions du monde irréconciliables, mais un même mélange de cruauté et d'opportunisme. Bugsy a une manière bien à lui de trouver une issue aux conflits diplomatiques, il envisage de tuer sur place le dauphin d'Hitler[7]. Dorothy l'en empêche : qu'adviendrait-il alors de son mari, citoyen italien de premier plan ?

Bugsy et Dorothy repartent alors aux Etats-Unis. En Europe la fête est finie, la bombe de la comtesse n'a pas explosé, mais d'autres en prendront le triste relais. Et, comme avec Gary Cooper, elle doit se soumettre à une réalité de taille : son beau mafieux si jeune et si enjoué est marié. Les maîtresses comme les armes se succèdent dans sa vie. Celle de Dorothy est rythmée par les festivités, pas les kidnappings ni les morts. Elle fait couler le champagne, lui le sang, un cocktail hélas imbuvable.

Ces jeunes hommes qu'elle aura maternés et façonnés à son image continueront de briller, mais jamais ne lui rendront son amour. Ils ne lui renverront que l'image d'une femme passée dans un miroir, et vieillissante, déformée par le besoin d'être aimée. Dans la vie de la téméraire aristocrate seuls deux grands amours auront compté : le prince du cinéma, puis l'étoile de la mafia. Deux passions pour lesquelles elle aura tout donné sans rien recevoir en retour.

Mon beau-frère et moi

Le 22 novembre 1939, le retour d'Italie de Bugsy Siegel est marqué par le sang. Ben et son beau-frère, Whitey Krakower, tuent Harry Greenberg, pourtant associé et ami d'enfance du gangster[1]. Ce dernier avait eu la fâcheuse idée de menacer de parler à la police et lui réclamait 5 000 dollars pour ne pas révéler les secrets de la Murder Inc. Il est retrouvé occis devant sa maison d'Hollywood au 1804 N. Vista Del Mar. Son épouse lisait dans sa chambre lorsqu'elle a entendu des coups de feu et des crissements de pneus. « Je suis sortie du lit et ai descendu les escaliers. J'ai reconnu la voiture et j'ai vu énormément de sang à l'extérieur », se souvient-elle. « Mon mari était là... J'ai commencé à hurler, appelant à l'aide[2]. » C'était évidemment trop tard.

Le 16 avril 1941, Bugsy Siegel est arrêté[3]. Détenu à la prison du comté de Los Angeles, il est accusé de meurtre. Mais Whitey Krakower est malencontreusement tué avant de pouvoir témoigner à son procès, qui doit avoir lieu le 27 janvier 1942. Son frère tué et son mari derrière les barreaux, Esta est dévastée. Pis, Ben obtient de la prison le droit de recevoir les visites dites conjugales... de Virginia Hill et Wendy Barrie[4] ! Jouissant décidément d'un traitement de faveur, Ben se fait livrer chaque jour des repas par les meilleurs restaurants, bénéficie du téléphone et a un costume de bagnard fait sur mesure et en jean. Tandis qu'il arrache une permission de sortie pour aller chez le dentiste soigner son sourire, on le retrouve déjeunant en compagnie de Wendy Barrie dans un restaurant à la mode, les mains libérées de ses menottes et en costume chic, avant d'être tranquillement reconduit dans sa cellule[5].

Lorsque Dorothy apprend la liaison de « son » Ben avec l'actrice, elle est prise d'une rage... maîtrisée. Elle appelle leur ami commun George Raft, se plaint auprès de lui et lui demande de tout entreprendre pour faire déguerpir sa rivale et ôter ses pattes de Bugsy. C'est lui en effet qui doit accompagner Wendy Barrie à la prison pour sa prochaine visite. Sur le chemin du retour, il s'exécute et la met en garde : « Si vous continuez avec Ben, vous allez avoir mal. Je veux dire, vraiment mal. Plus personne ne voudra voir vos films. » Mais Wendy ne renonce pas pour autant.

Deux autres témoins du meurtre de Greenberg disparaissent dans des conditions tragiques et fortuites, l'un d'eux tombant d'une fenêtre alors qu'il est placé sous protection policière. Si bien que le jour du procès, plus personne ne peut associer Bugsy au meurtre. Le 27 janvier 1942, Mme Greenberg, toujours dans ses habits de deuil, nerveuse et maigre, témoigne seule à la barre contre Ben Siegel. Mais la parole d'une femme ne suffit pas. Bugsy est acquitté. Il ressort libre du tribunal.

Le château de ma maîtresse

Celle qu'il part retrouver, ce n'est ni Esta, ni Wendy, ni Dorothy, c'est Virginia Hill. Elle surpasse toutes les autres en folie, en érotisme, et surtout en caractère. Elle sait lui tenir tête. Elle l'appelle « Bébé Yeux Bleus », ce qui l'insupporte. Raison de plus pour continuer : « Je l'appelle ainsi parce que j'aime ce nom. Cela lui va bien. Et Ben déteste ça. Alors je l'appelle Bébé Yeux Bleus pour le faire enrager un peu, aussi[1]. » Lui l'appelle son « Flamant rose », en partie parce qu'il aime ses longues jambes, ses cheveux roux, son teint rosé par le soleil de Californie. Au 8221 Sunset Boulevard, à West Hollywood, ils prennent une suite penthouse au prestigieux Château Marmont construit en 1920 sur le modèle du château d'Amboise, lieu à la mode où se pressent toutes les célébrités.

Le couple occupe l'appartement 6D sous le nom de M. et Mme James Hill[2]. Ils passent leurs après-midi au champ de courses, leurs nuits dans les night-clubs, rentrant copieusement éméchés.

Les vapeurs d'alcool, d'amour et de soleil échauffant sans doute un peu trop leurs esprits, ils se disputent au moindre regard échangé avec un tiers, chacun ayant des raisons d'être jaloux. Les coups fusent, Virginia jure comme un camionneur et lui jette des objets au visage dès qu'elle est à court d'arguments. Ben parle avec ses poings, il n'est pas verbomoteur. Mais ils finissent immanquablement, au grand dam de leurs pauvres voisins, par faire l'amour d'une manière si spectaculaire que « vous ne pourriez jamais le croire[3] » !

De fait, la direction du FBI préférerait ne pas avoir à entendre les propos si crus du couple placé sous surveillance constante. Un agent adresse une note à J. Edgar Hoover, après avoir écouté la transcription d'un échange téléphonique entre Benjamin « Bugs » Siegel et Virginia Hill : « Cette conversation était obscène », s'indigne-t-il. L'enregistrement est si dérangeant qu'il se trouve depuis lors « détenu dans un coffre-fort » et l'agent recommande « qu'il soit détruit »[4] !

Mais Virginia n'est pas qu'une ensorceleuse au lit, elle a pour Ben une autre qualité qui la rend hautement estimable, elle ment comme elle respire. Elle ne se contente pas d'assaisonner la réalité au sein du couple et d'éviter ainsi l'acidité du quotidien, elle mystifie sans vergogne la police comme les agents. Avec ses vingt-cinq alias et identités, elle donne des cheveux blancs aux hommes d'Hoover. Interrogée sur les activités de Ben par le sénateur Estes Kefauver, placé à la tête d'une commission contre le crime, elle a réponse à tout.

On la questionne sur une bague de valeur offerte vraisemblablement par son amant et qui a disparu avant qu'on puisse en rechercher l'origine. Drôle d'histoire : de retour d'un séjour à Paris chez des amis, à peine était-elle arrivée à l'aéroport de New York qu'elle était cueillie par des agents désireux de l'interroger, mais la bague s'était volatilisée : « L'agent comptait les diamants et consignait tout par écrit. Et un avion s'est écrasé, alors j'ai regardé dehors par la fenêtre

[…] et quand je me suis retournée, la bague avait disparu[5]. » Qu'y peut-elle ? Si même la police vous vole, c'est un comble ! D'où venait cette bague ? Là encore, elle brouille les pistes : « Ben m'avait offert une montre en diamant, mais je ne l'aimais pas. Alors je l'ai vendue et j'ai pu avoir plein de choses, quelques-unes avec des petits diamants. A mon avis, cette bague ne devait pas coûter plus de 500 dollars. »

Impossible donc de rattacher directement la moindre dépense au gangster. Que sait-elle des affaires de Siegel ? « Je n'ai jamais rien su de ses affaires. Il ne m'en a jamais parlé, de son travail. Pourquoi m'en parlerait-il ? Je m'en fiche complètement d'abord, moi, de ses affaires. Je n'y comprends rien de toute façon. » Le procureur poursuit, perplexe devant une telle capacité à travestir la réalité : « Je vous pose la question, car vous semblez avoir une incroyable habileté pour vous occuper de vos finances. » La réponse l'achève : « Qui ? Moi ? » Il en reste coi. « Je prends juste soin de moi », concède-t-elle du bout des lèvres. « S'il commençait à parler de quoi que ce soit, je partais parce que je ne voulais pas savoir », ajoute- t-elle. Le procureur n'en démord pas : « Cela semble parfaitement impossible. » Aucun souci, Virginia a la parade dans sa manche : « C'est peut-être impossible, mais c'est vrai. » Alors comment expliquer sa relation avec Bugsy ? Des goûts communs pour les choses simples, sans doute : « Il a dit qu'il aimait voyager, et que c'est pour cela que je devais voyager avec lui, parce qu'on irait en Europe, tout ça, il connaît tous les beaux endroits. […] Il aime monter à cheval, comme moi, nager, tout ça. C'est tout. »

Des voyages en Europe, des montres serties de diamants, des chevaux, de belles piscines, l'amour simple et désintéressé en somme. Le couple terrible poursuit sa liaison dans chaque hôtel de luxe que compte la ville. Ils descendent à l'Ambassador, où ils prennent une suite à 1 200 dollars la semaine, avec *room service* nuit et jour, puis louent la maison qui a appartenu à Rudolph Valentino, Falcon Lair, qui surplombe Benedict Canyon, à Beverly Hills.

Mais il manque au tableau un chez-eux, un nid douillet où s'ébattre et se battre à loisir. Virginia loue une propriété au 810 North Linden Drive, à Beverly Hills, au jardin paysagé et aux sculptures de lions bordant l'entrée. Elle fait faire un jeu de clés pour Bugsy, en or massif, qu'elle lui offre comme symbole de leur lien si particulier[6]. Elle choisit pour la décoration des ivoires chinois, des vases et des lampes de chez Tiffany, un service en argent, et achète au passage quelques vestes en agneau de Perse et étoles de vison, histoire de parader avec le plus flamboyant des mafieux de la côte Ouest. Le soir, ainsi parée, elle défile à son bras sur Sunset Boulevard et ils vont dîner dans les meilleurs clubs. Bugsy, costume sur mesure, boutons de manchettes en or et chaussettes en soie de créateur, sort une pièce d'or et la fait rouler au sol pour que les garçons de café courent après et l'attrapent, en guise de pourboire.

MIAMI, FÉVRIER 1946

Mais bientôt Los Angeles n'est plus assez grand. Bugsy souhaite à nouveau diversifier ses affaires et déployer en Floride le même réseau de paris sur les courses qu'il a établi en Californie. Naturellement, Virginia sera du voyage. Le couple arrive à Miami Beach et fait l'acquisition, le 8 février 1946, d'une maison au 1456 West 28th Street, sur Sunset Isle n° 1. La demeure est au nom de Virginia, mais Ben en paie comptant la majeure partie, soit 30 000 dollars sur un total de 48 000[7]. Elle viendra chaque mois verser 180 dollars servant à payer discrètement sa part.

Ici ils passent des vacances loin du milieu, dans un asile bien à eux, sans amants ni maîtresses ou épouses dans le placard, non loin de la propriété d'Al Capone et Mae. Le chef de la police de

Miami, qui n'appréciait déjà guère d'avoir Scarface en retraite sur les bras, peste contre ce nouveau couple qui sent encore plus le soufre : « Si elle doit se faire tuer, commente-t-il, elle a intérêt à le faire en Californie, pas ici. » Virginia y travaille. Elle fait installer une surveillance électronique digne d'une forteresse, avec alarmes, projecteurs, et engage à son service gardes du corps et détectives. Mais les agents du FBI ont découvert un détail qui les met en alerte : Frank Costello, Meyer Lansky et Joe Adonis, les parrains les plus puissants de la mafia, passent étrangement eux aussi leur hiver… à Miami. Pour le FBI, la tentation est trop grande, les hommes d'Hoover font installer une filature bien plus efficace encore et placent des mouchards dans la maison, espérant trouver des preuves des exactions de Siegel. Dans les centaines de pages remplies par les G-Men, Virginia apparaît toujours présente à ses côtés, voyageant à Miami, San Francisco, New York, véritable hôtesse de l'air de la mafia.

En ce début d'année 1946, les hommes d'Edgar font mouche. Ben, avec un associé, planifierait de « faire surgir un hôtel-*resort* quelque part sur l'autoroute entre Las Vegas et Los Angeles ». Depuis des années en effet, Bugsy rêve de posséder un lieu d'anthologie dédié aux plaisirs, à la fête et au jeu. Or, si Los Angeles est déjà saturé de divertissements, il prend conscience que Las Vegas, située en plein désert du Nevada, peut représenter un nouvel Eldorado. Les jeux y sont légaux, les casinos en construction, les touristes toujours plus nombreux. Quoi de mieux qu'une ville de passage bondée de visiteurs ivres prêts à dépenser leur argent et à s'encanailler de toutes les manières possibles, sans autres distractions que celles qu'on veut bien leur vendre ? Comment a-t-il eu cette épiphanie ? Ben est un homme proche de la nature. Un jour, faisant le trajet depuis le Nevada, il demande au chauffeur de son taxi de s'arrêter afin de soulager une envie pressante. « Tandis que Ben faisait prendre l'air du désert à son bazar, il a eu l'inspiration divine de faire de Vegas La Mecque de l'Ouest du jeu[8] », se souvient Wendy Barrie. Il veut y construire rien de moins que le « plus grand hôtel-casino jamais vu[9] ».

La vision se précise, il érigera un monument à ce qui fait rêver l'Amérique : le sexe, la romance, l'argent, le risque, l'aventure. Un véritable Eden version gangster : « Le Flamingo de Ben Siegel, c'est comme ça que je vais l'appeler. Je vais mettre un jardin, une piscine et un hôtel première classe. » Mais encore faut-il trouver le lieu. Benjamin apprend au début du mois de mars 1944 que les travaux d'un complexe prévoyant spa, golf, casino et restaurant viennent de s'interrompre après seulement quelques coups de pelleteuse. Les restrictions de matériel imposées par la guerre font grimper les coûts de construction, et le propriétaire, un certain Billy Wilkerson, ne peut plus financer le projet. Ben y voit une aubaine, un miracle, et rachète l'affaire. Il se passionne pour les travaux, donne son avis sur chaque détail, du marbre d'Italie aux bidets.

Forcément Virginia se sent délaissée, son amant passe tout son temps les pieds dans le béton. Elle lui impose, comme un ultimatum, ce à quoi il n'a jamais voulu se résoudre, de divorcer d'Esta s'il l'aime. Pour elle, pour son Flamant rose, le 8 août 1945 Siegel obtient le divorce. Esta ne fait pas le poids face à Virginia. L'épouse délaissée et ses deux filles, maintenant adolescentes, retournent à New York, tandis que le 26 décembre 1946 Ben s'apprête à ouvrir son *business*[10]. Il est si nerveux qu'il fait l'inspection de chaque chambre avant le grand jour.

Le Flamingo est sorti de terre, malgré les avanies de la guerre, et il se déploie sur 16 hectares dans un style Art déco métissé de style Miami. Un petit pont mène à l'hôtel et, pour que son Eden soit plus vrai que nature, Ben a fait installer une véritable petite ménagerie de flamants roses qui s'ébattent en liberté. Hélas, un ou deux meurent chaque jour, ce qui le contrarie terriblement[11].

LAS VEGAS, HÔTEL LE FLAMINGO, 26 DÉCEMBRE 1946

Ce soir-là, les projecteurs tournés vers le ciel indiquent la seule voie à suivre sur le Las Vegas Strip. Le Flamingo est le troisième établissement à y ouvrir ses portes, après El Rancho Vegas, ouvert en 1941, et le Last Frontier Hotel l'année suivante. A ses abords, les voitures créent un embouteillage et déversent un flot de gangsters et célébrités. En costume noir, le sourire aux lèvres, Ben les accueille, une fois n'est pas coutume. La presse de tout le pays s'extasie devant ce qu'elle appelle l'« hôtel le plus fantastique jamais construit », tout droit sorti d'un « conte de fées », bâti par l'« imagination de Walt Disney en personne », bref, un « petit Taj Mahal ». Vingt-huit mille personnes se pressent pour l'événement ; le petit gamin juif pauvre de Brooklyn est enfin devenu quelqu'un.

Virginia, sa muse, n'est pas en reste. Teinte en blonde pour l'occasion, elle fait bonne figure, mais jalouse plus que jamais ce lieu qui lui soustrait l'attention de son amant. Elle déteste le Flamingo : « J'étais en haut dans ma chambre, j'avais de la fièvre[12]. » Avec une bonne excuse, comme toujours : « J'étais allergique aux cactus. » Bugsy aurait dû y penser, à quoi bon dépenser des millions si on ne fait pas attention aux détails ! Chaque fois qu'elle doit aller au Flamingo, elle est malade. Or, Ben y passe désormais presque tout son temps. Les disputes qui ornaient leurs préliminaires amoureux dégénèrent en guerre ouverte. Un jour, Virginia croise Wendy Barrie dans le hall d'entrée. Ben n'a rien trouvé de mieux à faire que de l'enregistrer au Flamingo, il aime jouer à domicile. « Hill m'a foncé dessus dans le couloir, m'a frappée si fort dans la mâchoire qu'elle a été déboîtée. J'ai dû être emmenée à l'hôpital[13] », se plaint l'actrice.

Un autre jour, Ben, multirécidiviste en matière d'infidélité, s'entretient avec une charmante vendeuse de cigarettes dans l'entrée de l'hôtel. Virginia, que les cactus semblent soudain moins déranger, se rue sur la rivale potentielle et, sans présentations ni ambages, l'empoigne et lui tire les cheveux. Ben les sépare : « J'ai eu une dispute terrible avec lui », se souvient-elle « il m'a dit que je n'étais pas une lady. » Terribles propos, surtout dans la bouche d'un pareil gentleman ! Ne pas être une lady, une femme respectable, mais une fille facile, socialement négligeable, sans éducation, de celles avec qui l'on couche, mais que l'on n'épouse jamais, voilà la hantise des femmes de mafieux, la cicatrice qu'elles ont à l'âme, celle de la mauvaise réputation. Cette fois-ci, il a été trop loin. La jalousie est certes un sport de combat, mais Ben vient de lui asséner un coup de poignard.

Virginia remonte dans sa chambre et boit d'abondance avant d'avaler une poignée de somnifères pour parfaire son œuvre, autrement dit son taux d'alcool. Elle qui n'a jamais su être aimée ne veut pas mourir, elle veut juste qu'il souffre, lui qui ne sait pas aimer. Il la découvre, inconsciente sur son lit. Sans attendre, il la traîne jusqu'à la voiture ; le frère de Virginia prend le volant et les conduit à tombeau ouvert jusqu'à l'hôpital à plus de 140 kilomètres-heure, soudoyant au passage avec un billet de 100 dollars le policier qui les prend en chasse pour excès de vitesse. Un lavage d'estomac pratiqué à temps sauve Virginia de justesse. Mais ses nerfs sont épuisés par cette relation. Comme Ben[14].

Heureusement, l'été offre son baume au cœur de Benjamin. Ses deux filles chéries viennent passer les vacances scolaires dans l'hôtel de leur père. Celui-ci a acheté à leur intention 300 hectares supplémentaires comme terrain de jeu. Il continue d'être un papa poule. « J'avais le béguin pour un des garçons du casino, se souvient l'une d'elles. Un soir, il a demandé si je voulais voir la salle des coffres. C'était incroyable, tout cet argent ! Nous sommes sortis prendre une collation, et mon père m'a trouvée dans la salle du restaurant. Il a perdu son sang-froid de me voir debout si tard et m'a hurlé d'aller au lit[15]. »

Le casino, pour être flamboyant, n'est pas encore rentable et la situation du couple ne s'arrange guère. Les croupiers corrompus permettent à certains joueurs un peu trop proches d'empocher des gains considérables. Bugsy devient paranoïaque, traque les tables à l'affût de la moindre irrégularité. Attrapant un jour un employé un peu trop généreux, il lui envoie un coup de poing qui le fait voler de sa chaise devant tous les clients médusés. Ses associés de la Murder Inc. ne voient pas d'un très bon œil la gabegie financière du Flamingo. Siegel est à fleur de peau, ses poings se font plus bavards que jamais, les règlements de comptes se multiplient.

Au mois d'avril 1947, la superbe chanteuse platine Marie McDonald, dite « le Corps », ancienne maîtresse de Bugsy, s'installe à Las Vegas. Elle descend à l'hôtel El Rancho. En souvenir du bon vieux temps, Ben, gentleman, lui propose de rejoindre le Flamingo et de s'y produire. Apprenant que la starlette quitte leur établissement, un des adjoints d'El Rancho, vexé, met en garde la demoiselle : là-bas, les flamants roses n'ont guère patte blanche, l'hôtel serait un repaire de matieux. Espérant provoquer la colère de Ben contre son ancienne maîtresse, Virginia s'empresse de colporter les malheureux propos à Bugsy. Son sang ne fait qu'un tour, façon cycle court. Il met une fois encore son ancien beau-frère à contribution, et tous deux foncent droit vers El Rancho, décidés à en découdre. Trouvant le patron de l'établissement, Siegel le met en garde : « Ton gars, là… Je viens de lui en mettre pour cinquante points de suture[16]. »

Le coup de la cravate

LAS VEGAS, HÔTEL LE FLAMINGO, JUIN 1947

Ben rejoint un soir Virginia à une table d'amis qu'il accueille au casino, sans avoir pris le temps de mettre une veste ni une cravate, encore moins un nœud papillon. Elle le fusille du regard : « Venir à table avec tous ces gens bien… dans une tenue de sport dégoûtante ! » Quel manque de classe ! Ben n'est pas homme à se laisser ridiculiser en public, il lui conseille de s'occuper de son séant, qu'elle lève aussitôt de sa chaise en lui lançant : « Personne ne me parle ainsi [1] » avant de quitter la pièce.

Le climat du désert devient étouffant à l'amorce de ce nouvel été, Virginia veut prendre le large et prévoit un séjour en Europe. Une amie bien intentionnée et décidée à lui changer les idées lui a préparé un programme de ministre : la tournée des grands-ducs des meilleurs endroits où prendre du bon temps, à Paris, puis dans le sud de la France. Elle lui écrit une lettre détaillant les festivités. « Ben a trouvé la lettre et l'a lue, et il a vu toutes les choses que je projetais de faire […]. Alors il m'a interdit d'y aller [2]. » Interdiction qui, naturellement, finit de décider Virginia à préparer ses valises. Ben sera de toute façon occupé, ses deux filles viennent de monter dans le train pour venir depuis New York jusqu'en Californie – le voyage dure trois jours et deux nuits.

Dans la nuit du 20 juin 1947, Ben rentre à la maison, vide, de North Drive qu'il occupe avec Virginia. Cette dernière est bien partie pour Paris contre sa volonté. Il revient d'un dîner en bord de mer, s'assoit dans le salon et s'apprête à lire un journal, quand des tirs se font entendre. D'une voiture stationnant en face de la propriété des coups de feu sont tirés à travers les fenêtres ouvertes. Ben, si rapide à dégainer, ne réplique pas. « Un revolver de calibre 30 a été utilisé. Neuf balles ont été tirées, cinq l'ont atteint. Ses deux yeux ont été sortis de leurs orbites », consigne le FBI. C'en est fini de l'insecte fou. Esta est arrêtée et interrogée. Elle n'a rien à reprocher à son ex-mari qu'elle dit toujours aimer : « Je n'ai divorcé que parce que j'en avais assez de me sentir seule tout le temps[3]. » Le motif de divorce retenu était pourtant cruauté mentale. Leurs deux filles sont en escale à Chicago, sur le chemin pour retrouver leur père, quand on leur apprend la terrible nouvelle.

A Paris, Virginia s'enferme dans la suite de son hôtel, rue de la Paix, dans un état proche de l'hystérie. Elle avale une grande quantité de somnifères et est retrouvée inconsciente[4] par les femmes de ménage, qui la conduisent discrètement dans une clinique privée. Paniquée, pensant les tueurs à ses trousses, elle quitte Paris en direction de la Côte d'Azur, où elle trouve refuge dans le luxueux hôtel La Réserve, à Beaulieu. Au lieu de vivre cachés, mourons en plein soleil : « Ils peuvent venir me chercher, ils savent comme ça où me trouver[5] », confie-t-elle à la presse au bord de la piscine donnant sur la Méditerranée, sirotant du cognac à grandes lampées. « Je me cache de ma douleur, pas des tueurs », ajoute-t-elle.

Le 7 août, prête à affronter la réalité, elle prend un vol transatlantique en direction de New York, résolue à « trouver la paix ». Auburn à présent, pâle et silencieuse, elle part en pleurs de l'aéroport d'Orly : « Je sauterai probablement de l'avion avant d'arriver à New York[6] », lâche-t-elle avant le décollage. Les policiers français ne savent s'il faut voir là de l'ironie ou une menace et se contentent de commenter que sans doute « l'hôtesse devra garder sur elle un œil plus vigilant que d'habitude ». Virginia part se réfugier dans leur nid, leur maison de Miami Beach, où elle décide de se murer dans le silence : « Je ne vous parlerai plus, à vous les journalistes », déclare-t-elle avant de conclure : « C'est vous, les Américains, qui avez causé tout cela[7]. »

La veuve Scarface

MIAMI, DOMICILE D'AL CAPONE, 18 JANVIER 1947

Mae termine les derniers préparatifs pour la petite fête du quarante-huitième anniversaire d'Al. Cela fait vingt-huit ans qu'ils sont mariés, un peu plus de sept qu'ils se sont retrouvés. Toujours la tête haute, elle peut se targuer d'avoir été la digne épouse de Scarface, même en pleine tempête. Al a pu être un des premiers patients à bénéficier d'un traitement à la pénicilline, laquelle a été découverte au début des années 1940, et son état s'est depuis stabilisé. Ainsi Mae a-t-elle pu inviter ce soir-là des notables de Miami à célébrer l'événement sans craindre que son mari l'embarrasse, par exemple en agressant l'un des convives dans un accès de paranoïa ou en révélant certains détails dérangeants de son lourd passé que sa mémoire vacillante et son état de conscience aléatoire auraient pu jusque-là lui faire divulguer.

Trois jours plus tard, le 21 janvier, à 4 heures du matin, Mae est réveillée par sa respiration lourde, haletante, un râle. Elle allume précipitamment la lumière et tente de le réveiller, mais il convulse[1]. Capone serait-il en train de faire une attaque ? Son sang ne fait qu'un tour, elle se rue sur le téléphone et appelle le médecin qui ne peut que constater, impuissant, une paralysie d'une partie de son corps, un cœur très affaibli et des poumons peinant à se remplir d'air. Mae, Teresa, Ralph, toute la famille se relaie sans interruption à son chevet. Au bout de quatre jours, l'apoplexie a raison d'Al.

MIAMI, CHAMBRE D'AL CAPONE, 25 JANVIER 1947

A 19 h 35, Mae, tétanisée, regarde le souffle quitter son roc. Ni la gloire ni la prison ne les avaient séparés en vingt-huit ans, un battement de cœur volatil et capricieux a suffi en une seconde à éteindre ce volcan qui n'avait pu l'être par l'administration la plus puissante du monde. Elle ne dit pas un mot. Les larmes coulent sur ses joues, elle se met à genoux et prend doucement son bras. Elle se penche et susurre quelques mots à peine audibles tout en l'embrassant sur le front[2]. Puis, réalisant soudain le gouffre immense qui vient de s'ouvrir sous ses pieds, Mae s'évanouit[3].

Elle ne peut regarder la limousine noire écarter sur son passage la foule de journalistes et de badauds massés devant la propriété. Ô temps ! suspends ton vol, et vous, heures propices, n'emportez pas le corps de mon bien-aimé vers le funérarium de Philbrick, se retient-elle de crier. Al, 1,79 m de haut, semble minuscule à présent dans ce cercueil en bronze, vêtu de ce veston croisé bleu marine avec cette cravate noire, cette chemise blanche et ces chaussures assorties. Plus de trois cent cinquante personnes défilent pour le voir, par curiosité, en hommage ou par défi, avant que le corps ne soit emmené en voiture à Chicago, la ville qui a vu sa grandeur et sa décadence.

L'homme dont le Syndicat du crime rapportait environ 25 millions de dollars par an, gagnant ou perdant quelques millions au jeu et en paris sans ciller, auquel des dizaines de meurtres ont été attribués, qui a corrompu tant de politiques et défié le FBI, l'ennemi public numéro un s'en va sous terre par un après-midi glacial, dans une indifférence quasi générale.

Le 4 février 1947, au cimetière du Mont-Olivet, les pas de Mae marquent à peine la neige qui recouvre le sol. De nombreuses fleurs sont arrivées de tout le pays, mais le temps des grandioses funérailles de gangsters n'est plus. Le couple est officiellement sans le sou, la simplicité est de rigueur. Cette humilité sied à Mae la discrète, qui préfère se recueillir dans l'intimité, loin des fastes perdus de l'Outfit. Elle pose son regard voilé sur l'humble pierre tombale où elle relit la petite inscription en italien : « Ici repose Alphonse Capone, né le 17 janvier 1899, mort le 25 janvier 1947. » Les reporters reportent, le prêtre prie, les fossoyeurs fossoient, Mae, immobile, s'extrait de cette inanité. Elle semble triste, mais également soulagée que ses tourments soient finis. Il était si éprouvant pour elle de voir son mari abattu, malade, méprisé par ses anciens féaux, politiquement réduit à l'état de paria[4]. L'obscurité gagne le ciel, le froid engourdit ses jambes ; elle s'engouffre dans la limousine, le laissant là, son exubérant Italien, sous du marbre aux froides nervures, dans un cercueil en bronze dont le fond est recouvert d'une couche de gardénias[5]. Tous les observateurs sont sûrs qu'elle viendra le rejoindre plus tard, mais il est encore temps de vivre, pour Sonny.

« Chère Mafalda,

« J'espère que ces quelques lignes vous trouveront, toi et tes proches, en bonne santé [...]. Ma mère m'a demandé de te retourner ses volontés concernant son enterrement et le mien. S'il te plaît, sois avisée du fait que nous n'utiliserons pas les tombes prévues à cet effet, tu peux les utiliser à discrétion. Ma mère et moi préférons être inhumés ici, en Floride. Après un si long moment sans correspondre, j'aurais préféré le faire en des circonstances plus plaisantes.

« Sonny[6]. »

Lady Scarface

Lady Scarface, la secrète et soumise femme du criminel emblématique de la pègre, a pris une décision surprenante, peut-être pour se venger des tromperies de son mari, peut-être par volonté de se libérer de son emprise et d'oublier le passé, peu importe. L'éternité se passera sans lui, Al et Mae ne finiront pas ensemble sur un lit de gardénias.

Epilogue

A la fermeture du Club Everleigh, en octobre 1911, **Ada et Minna Everleigh** quittent à 47 et 45 ans chacune le milieu interlope qui était le leur et s'offrent une retraite dorée à New York, où elles profiteront de leurs millions tout en dirigeant un club... de lecture. Minna Everleigh meurt à New York le 5 janvier 1948, son aînée Ada l'avait précédée le 16 septembre 1940 dans leur Virginie natale.

Buda Godman réapparaît après plusieurs années de fuite, en 1932, en participant au braquage d'une bijouterie de luxe de New York pour un butin de 300 000 dollars. Elle est arrêtée avec ses diamants à bord d'un taxi, au croisement de Broadway et de la 33e Rue. Condamnée à huit ans de prison, cette fois-ci elle ne s'échappera pas. A sa libération, Buda change d'identité et disparaît sans laisser de traces. Personne ne connaît les conditions de sa mort, que l'on suppose être survenue en 1944.

Margaret Collins, la Fille au baiser mortel, épouse en 1943 un homme d'affaires et laisse devant l'autel son identité, son passé de femme alcoolique, reine de la nuit, voleuse à l'étalage amourachée des gangsters et aux cheveux changeant de couleur au rythme de ses amants. Le couple modèle achète... un magasin de jouets.

Rien de plus convaincant qu'une femme qui veut se faire oublier ; personne ne connaît les circonstances ni la date de sa mort.

L'incorrigible **Louise Rolfe** disparaît elle aussi des radars après huit mariages. « Barbe bleue » coule des jours heureux en Californie, où elle décède à 88 ans, le 21 février 1995, à Sonoma.

Kathryn Kelly, libérée de prison en juin 1958, disparaît du milieu. Elle se fait passer pour une Amérindienne du nom de Lera Cleo Kelly pour intégrer une maison de retraite de Tulsa, Oklahoma, où elle meurt en 1985.

A sa sortie de prison en 1936, **Evelyn Frechette** écrit un spectacle à la mémoire de son amour, John Dillinger, *Le crime ne paye pas*, et entame une tournée de cinq ans à travers le pays, racontant leur histoire, avant de retourner à la réserve de ses ancêtres Menominee et de convoler plusieurs fois. Elle meurt le 13 janvier 1969 à 61 ans, à Shawano, dans le Wisconsin.

Polly Hamilton, la femme des derniers instants de Dillinger, meurt le 19 février 1969, sous le pseudonyme d'Edythe Black, mariée à un vendeur de Chicago sans histoires.

Helen Gillis, veuve de Baby Face Nelson, travaillera dans une usine de la ville pour élever leurs deux enfants et ne retrouvera son mari qu'un demi-siècle plus tard, en 1987, au cimetière St Joseph de Chicago.

Edna Murray, pour avoir accepté de collaborer avec le FBI, est libérée sur parole de la prison de Jefferson City, dans le Missouri, en décembre 1940. Elle se fait oublier jusqu'à sa mort, à San Francisco, en 1966.

Epilogue

Expulsée des Etats-Unis vers la Roumanie, à Timişoara, en 1936, **Anna Sage** disparaît à son tour, après avoir changé d'identité, et meurt après la fin de la Seconde Guerre mondiale, en 1947.

Après la mort de Bugsy Siegel, **Virginia Hill** épouse un skieur autrichien et meurt d'une overdose de somnifères, le 24 mars 1966, à 49 ans, près de Salzbourg.

La comtesse **Dorothy di Frasso** décède le 4 janvier 1954 à bord de l'Union Pacific Train, à 66 ans, après une dernière fête à Las Vegas, couverte de 250 000 dollars de bijoux.

Après la mort d'Al, **Mae Capone** et son fils Sonny mènent une vie sereine dans leur paradis de Miami Beach, où ils ouvrent un restaurant italien au 6970 Collins, appelé The Grotto. Elle meurt le 16 avril 1986, presque quarante ans après Al, dans une maison de retraite en Floride.

Notes

L'évadée d'Alcatraz

1. Alvin Karpis, *On the Rock : Twenty-Five Years in Alcatraz,* Musson Book, 1980.

2. Lettre du 3 mars 1935, Archives d'Alcatraz, dossier Al Capone 40886-A, Archives nationales, San Francisco, Californie, consultées par l'auteur.

3. Ecrit le 15 avril 1937, cité *in* Deirdre Marie Capone*, Uncle Al Capone : The Untold Story from inside his Family,* Recaplodge LLC, 2010.

4. Robert Schoenberg, *Mr. Capone,* William Morrow Paperbacks, 1993.

5. *The New York Times,* « Al Capone is reported in mental collapse », 9 février 1938.

6. Lettre du 9 février 1938, Archives d'Alcatraz, dossier Al Capone 40886-A, Archives nationales, San Francisco, Californie, consultées par l'auteur.

7. Télégramme de Johnston à Mae, 9 février 1938, Archives d'Alcatraz, dossier Al Capone 40886-A, Archives nationales, San Francisco, Californie, consultées par l'auteur.

8. *Chicago Tribune,* « Mrs. Al Capone visits husband twice in two days », 2 mars 1938.

9. *Wilmington News,* 3 mars 1938.

10. *The Piqua Daily Call,* « The mysterious Mrs. Capone », 4 mars 1934.

Nous sommes deux sœurs jumelles nées sous le signe du bordel

1. Charles Washburn, *Come into My Parlor : A Biography of the Aristocratic Everleigh Sisters of Chicago,* Ayer Co Pub, 1974.

2. *The Atlantic,* « How America spends money : 100 years in the life of the family budget », 5 avril 2012.

3. John Kobler, *Capone : The Life and World of Al Capone,* Da Capo Press Inc, 2003.

4. Charles W. Carey et Ian C. Friedman, *American Inventors, Entrepreneurs and Business Visionaries,* Chelsea House Publishers, 2010.

5. Barbara Sicherman, *Notable American Women,* The Harvard University Press, 1984.

6. Charles Washburn, *Come into My Parlor, op. cit.*

7. Karen Abbott, *Sin in the Second City : Madams, Ministers, Playboys and the Battle for America's Soul,* Random House, 2008.

8. Llyod Wendt et Herman Kogan, *Lords of the Levee : the Story of Bathhouse John and Hinky Dink,* The Northwestern University Press, 2005.

9. Karen Abbott, *Sin in the Second City, op. cit.* ; *Chicago Daily Tribune,* « Prince Henry Americanized », 23 mars 1902.

10. Rodney Smith, *Gipsy Smith : His Life and Work by Himself,* Londres, National Council of the Evangelical Free Churches, 1902.

11. Cornelius Smith, *The Life Story of Gipsy Cornelius Smith,* Londres, John Heywood, 1890.

12. *Chicago Daily Tribune,* « Starts vice war ; mayor in fight to clean up city », 25 octobre 1911.

Million Dollar Buda

1. Vice-président de la compagnie C. D Gregg Tea and Coffee.

2. *The Milwaukee Sentinel,* « Queen of the badger band », Elgar Brown, 1er septembre 1946.

3. Mann Act in *Dictionary of American History,* encyclopedia.com, 21 octobre 2013.

4. *Chicago Tribune,* 6 octobre 1916.

5. *The New York Times,* « The first ten since 1900 ; these songs have stood the harsh test of time », Sigmund Spaeth, 20 mars 1949.

6. *Philadelphia Enquirer,* « Weds actor she met at convent », 10 novembre 1907.

7. *The New York Times,* « Blackmail gang got a million in a year », 29 septembre 1916.

8. *Chicago Tribune*, 25 septembre 1916.
9. *The New York Times*, « New blackmail charges », 7 octobre 1916.
10. *Chicago Tribune*, 6 octobre 1916.
11. *Plattsburgh Daily Republican*, « Girl sentenced for taking gems », 11 novembre 1932.

Le Dahlia blond

1. Dominic Candeloro, « Chicago's Italians : A Survey of the Ethnic Factor, 1850-1990 », *in* Peter d'Alroy Jones et Melvin G. Holli, *Ethnic Chicago : A Multicultural Portrait*. W. B. Eerdmans Publishing, 1995.
2. Tracy N. Poe, « Foodways », *The Encyclopedia of Chicago*, p. 308-309, Grossman, James R., Keating, Ann Durkin et Reiff, Janice L. (éd.), The University of Chicago Press, 2004.
3. Cecil V. R. Thompson, *I Lost My English Accent*, G.P. Putnam's Sons, 1939.
4. William Howland Kenney, *Chicago Jazz : A Cultural History, 1904-1930*, OUP USA, 1995.
5. *The Independant Record*, Helena, Montana, 6 juin 1926.
6. The Northwestern University School of Law, *Homicide in Chicago 1870-1930*, base de données.
7. Rose Keefe, *Guns and Roses : The Untold Story of Dean O'Banion, Chicago's Big Shot Before Al Capone*, Cumberland House Publishing, 2003.
8. Leigh Bienen, *Homicide in Chicago 1870-1930*, affaire n° 6850, The Northwestern University, school of law database, 2012.

La veuve coquelicot

1. Rose Keefe, *Guns and Roses, op. cit.*
2. Nate Bruce Hendley, *American Gangsters, Then and Now : An Encyclopedia*, Greenwood Press, 2009.
3. D'après photo de la collection John Binder.
4. *The Drake Hotel : Press Kit*, Chicago, The Drake, Public Relations Department, 2006.
5. John Kobler, *Capone, op. cit.*
6. *Chicago Tribune*, 11 novembre 1924.

7. Rose Keefe, *Guns and Roses, op. cit.*
8. *Chicago Tribune,* novembre 1924.
9. *Chicago Tribune,* 4 novembre 1925.
10. Robert Schoenberg, *Mr. Capone, op. cit.*
11. T. J. English, *Paddy Whacked: The Untold Story of the Irish American Gangster,* William Morrow Paperbacks, 2006.
12. James Morton, *The Mammoth Book of Gangs,* Running Press Book Publishers, 2012.
13. *Chicago Sunday Tribune,* 18 juillet 1926.
14. *Chicago Tribune,* 29 août 1925.
15. *The Helena Daily Independent Sunday Morning,* 6 juin 1926.

La fille aux bijoux

1. *Niagara Falls Gazette,* 29 août 1925.
2. *Chicago Tribune,* « Jeweled girl holds stage in Schlig murder », 29 août 1925.
3. Rose Keefe, *Guns and Roses, op. cit.*
4. *The San Bernardino County Sun,* 22 janvier 1933.
5. *Chicago Tribune,* 30 avril 1929.
6. *Chicago Tribune,* « Jewel robber arrested for Schlig murder », 23 mars 1926.
7. *Chicago Tribune,* « Gangster shot to death, sunk deep in canal », 8 juin 1930.

Jure de m'aimer, et je ne serai plus une Capulet

1. Robert Schoenberg, *Mr. Capone, op. cit.*
2. Troy Taylor, *True Crime, Illinois : The State's most Notorious Criminal Cases,* Stackpole Books, 2009.
3. Archives déclassifiées du FBI, dossier Al Capone, n°s 62-20034, 62-24153, 62-27268.
4. John Kobler, *Capone, op. cit.*
5. Jonathan Eig, *Luckiest Man : The Life and Death of Lou Gehrig,* Simon & Schuster, 2006.
6. Laurence Bergreen, *Capone : The Man and the Era,* Simon & Schuster, 1996.
7. John Kobler, *Capone, op. cit.*
8. Laurence Bergreen, *Capone : The Man and the Era, op. cit.*

9. Frank Buckley, *Enforcement of the Prohibition Laws : Official Records of the National Commission on Law Observance and Enforcement : A Prohibition Survey of the State of Wisconsin* in *Enforcement of the Prohibition Laws, Official Records of the National Commission on Law Observance and Enforcement*, vol. 4, Washington D.C., Government Printing Office, 1931.

La petite maison dans la prairie

1. Jonathan Eig, *Get Capone : The Secret Plot That Captured America's Most Wanted Gangster*, JR Books Ltd, 2010.
2. Nate Hendley, *Al Capone : Chicago's King of Crime*, Five Rivers Chapmanry, 2010.
3. *Chicago Evening American*, interview de Capone, 11 septembre 1928.
4. John Kobler, *Capone, op. cit.*
5. *Chicago Tribune*, « Capone's story by himself », 22 mars 1930.
6. Robert Schoenberg, *Mr. Capone, op. cit.*
7. Laurence Bergreen, *Capone : The Man and the Era, op. cit.*
8. *Chicago Tribune*, « Capone's story by himself », 22 mars 1930.
9. Jonathan Eig, *Get Capone, op. cit.*
10. Deirdre Marie Capone, entretien avec l'auteur, octobre 2013.
11. Vincenzo Capone, entretien avec l'auteur, novembre 2013.
12. *Chicago Tribune*, « Bullets Fly in Cicero on Election Eve », 1er avril 1924.
13. Troy Taylor, *True Crime, op. cit.*
14. Robert Schoenberg, *Mr. Capone, op. cit.*

Un mari idéal… ou presque

1. Patrick Downey, *Gangster City : The History of the New York Underworld, 1900-1935*, Barricade Books, 2004.
2. *The New York Times*, « Three of gang slain at Brooklyn Dance », 28 décembre 1925.
3. John Kobler, *Capone, op. cit.*
4. Laurence Bergreen, *Capone : The Man and the Era, op. cit.*
5. *Chicago Herald and Examiner*, 24 janvier 1927.
6. John Kobler, *Capone, op. cit.*

7. *Chicago Herald and Examiner,* « Gang boundaries, not wards, divide Chicago, says Scarface Al », 9 mars 1927.

8. Laurence Bergreen, *Capone : The Man and the Era, op. cit.*

9. Robert K. Raines, *Hot Springs : from Capone to Costello,* Arcadia Publishing, 2013.

10. *Chicago Herald and Examiner,* « Capone Broke », 19 avril 1927.

11. Luciano J. Iorizzo, *Al Capone : A Biography,* Greenwood Press, 2003.

12. *Ibid.*

13. *Janesville Daily Gazette,* « Slaying of gangster puts lid on election outbreaks in Chicago », 5 avril 1927.

14. William Griffith, *American Mafia : Chicago : True Stories of Families Who Made Windy City History,* Globe Pequot Press, 2013.

15. Nate Bruce Hendley, *Al Capone : Chicago's King of Crime, op. cit.*

16. *Los Angeles Times,* « LA tells gangster Al Capone to get lost », 6 février 2011.

17. *Chicago Tribune,* 6 décembre 1927.

18. *Chicago Evening Post,* « Caponi jailed by Joliet police », 16 décembre 1927. *Los Angeles Evening Herald,* « Scarface Capone visits races at Tijuana track », 10 et 13 décembre 1927. *Los Angeles Times,* « Scarface Al came to play, now look, he's gone away », 14 décembre 1927.

19. *Chicago Tribune,* « A Profitable Day For Joliet's Coffers », Ken O'Brien, 4 janvier 1998.

Miami Vice

1. *The Miami News,* 10 janvier 1928.

2. John Kobler, *Capone, op. cit.*

3. Jonathan Eig, *Get Capone, op. cit.*

4. *St Petersburg Times,* 18 mai 1930.

5. Deirdre Marie Capone, entretien avec l'auteur, octobre 2013.

6. *Chicago Evening Post,* « Caponi denies he was shot, dances a jig », 21 septembre 1928.

Joyeuse Saint-Valentin, Georgette !

1. William J. Helmer (sous la dir. de), *Al Capone and His American Boys : Memoirs of a Mobster's Wife*, The Indiana University Press, 2011.
2. Rose Keefe, *The Man Who Got Away : the Bugs Moran Story : A Biography*, Cumberland House Publishing, 2005.
3. *Ibid.*
4. *The New York Times*, 14 février 1929.
5. *Chicago Tribune*, « St Valentines's day massacre », 14 février 2014.

Ma sulfateuse s'appelle Louise

1. *Chicago Tribune*, 2 mars 1929.
2. *Chicago Tribune*, 28 février 1929.
3. Jeffrey Gusfield, *Deadly Valentines : The Story of Capone's Henchman « Machine Gun » Jack McGurn and Louise Rolfe, His Blonde Alibi*, The Chicago Review Press, 2012.
4. *Ibid.*
5. Amanda J. Parr, *The True and Complete Story of Machine Gun Jack McGurn*, Matador, 2005.
6. Jeffrey Gusfield, *Deadly Valentines, op. cit.*
7. *Chicago Tribune*, « Louise denies her Jack was in massacre », 28 février 1929.
8. Amanda J. Parr, *The True and Complete Story of Machine Gun Jack McGurn, op. cit.*
9. *Chicago Tribune*, « Louise denies her Jack was in massacre », 28 février 1929.
10. Amanda J. Parr, *The True and Complete Story of Machine Gun Jack McGurn, op. cit.*
11. *Ibid.*
12. Jeffrey Gusfield, *Deadly Valentines, op. cit.*
13. Amanda J. Parr, *The True and Complete Story of Machine Gun Jack McGurn, op. cit.*
14. Le 1er mars 1929.
15. Jeffrey Gusfield, *Deadly Valentines, op. cit.*
16. *Art Chicago Tribune, op. cit.*

Le coup de la panne

1. Jaclyn Wetlon White, *The Greatest Champion that Never Was : the Life of W. L. « Young » Stribling*, The Mercer University Press, 2011.
2. Laurence Bergreen, *Capone : The Man and the Era, op. cit.*
3. Il s'agit de Walter Strong ainsi que du juge Frank Loesch, reçus par le président Hoover.
4. Herbert Hoover, *The Memoirs of Herbert Hoover*, vol. 3 : *The Great Depression*, Macmillan, 1951.
5. Andrew Tully, *Treasury Agent : The Inside Story*, Simon and Schuster, 1958.
6. Il s'agit des agents James Maline et John Creedon.
7. *The Philadelphia Record*, « Scarface Al And Pal Held in Cell Here », 17 mai 1929.
8. *The Daily News*, 17 mai 1929.
9. *Ibid.*
10. *Chicago Tribune*, « Sister tells how good is Al to his folks », 18 mai 1929.
11. John Kobler, *Capone, op. cit.*
12. *The Evening Bulletin*, « Capone says he made peace with rivals at shore : Scarface Al's time-table from seashore to prison », 17 mai 1929.
13. Robert Schoenberg, *Mr. Capone, op. cit.*
14. *Warden's Daily Journal*, « Al Capone moved to Eastern "Pen", unknown newspaper, 9 août 1929 », 17 mars 1930.
15. *The New York Times*, « Capone is shifted to another prison because fellow-inmates threatened him », 9 août 1929.
16. *The Philadelphia Record*, « Capone "goes tunney" with acrid criticism on own "biographer" », 21 août 1929.

Les portes du pénitencier

1. Témoignage exceptionnel de l'un des invités, patron de presse de l'époque, confié par Deirdre Marie Capone à l'auteur.
2. *Chicago Tribune*, « Capone's story by himself », 22 mars 1930.

La femme de « l'Incorruptible »

1. Herbert Hoover, *The Memoirs of Herbert Hoover*, vol. 3 : *The Great Depression, op. cit.*

2. Steven Nickel, *Torso : The Story of Eliot Ness and the Search for a Psychopathic Killer*, John F Blair Publisher, 2002.

3. Hélène Harter, *Les Incorruptibles contre Al Capone*, Larousse, 2010.

4. Kenneth Tucker, *Eliot Ness and the Untouchables*, McFarland & Co Inc, 2012.

5. Steven Nickel, *Torso, op. cit.*

6. Hélène Harter, *Les Incorruptibles contre Al Capone, op. cit.*

7. Douglas Perry, *Eliot Ness : The Rise and Fall of an American Hero*, Viking, 2014.

8. Photos de la maison *in* Virginia L. Peterson et Sally Irwin Price, *Bay Village*, Arcadia Publishing, 2007.

9. Steven Nickel, *Torso, op. cit.*

Huis clos

1. *The New York Times*, 6 juin 1931.

2. *The New York Times*, 7 juin 1931.

3. *The New York Times*, 17 juin 1931.

4. *The New York Times*, 30 juin 1931.

5. Jonathan Eig, *Get Capone, op. cit.*

6. Laurence Bergreen, *Capone : The Man and the Era, op. cit.*

7. Robert Schoenberg, *Mr. Capone, op. cit.*

8. *The New York Times*, 25 octobre 1931.

9. Jonathan Eig, *Get Capone, op. cit.*

10. Laurence Bergreen, *Capone : The Man and the Era, op. cit.*

Le Père Noël est une roulure

1. *Chicago Daily Tribune*, 8 octobre 1931.

2. Amanda J. Parr, *The True and Complete Story of Machine Gun Jack McGurn, op. cit.*

3. *Chicago Tribune,* « Swan song for Scarface, Al Capone may have had the "Vip suite" in the Cook County jail, but his days as privileged character were numbered », Laurence Bergreen, 18 septembre 1994.

4. Gus Russo, *The Outfit : The Role of Chicago's Underworld in the Shaping of Modern America,* Bloomsbury Publishing PLC, 2004.

5. *Reading Times* (Pennsylvanie), 31 octobre 1931.

6. *Chicago Daily Times,* « Bare warden's capitol trip in Al Capone's motor car », 22 décembre 1931.

7. *New York Daily News,* 6 mai 1931.

8. Amanda J. Parr, *The True and Complete Story of Machine Gun Jack McGurn, op. cit.*

9. *Chicago Herald and Examiner, in* Amanda J. Parr, *The True and Complete Story of Machine Gun Jack McGurn, op. cit.*

Neuf juges en colère

1. Jeffrey Gusfield, *Deadly Valentines, op. cit.*

2. Archives de la prison d'Atlanta, dossier Al Capone 40886-A, Archives nationales, San Francisco, Californie, consultées par l'auteur.

3. Arthur Brisbane.

4. Jim Fisher, *The Lindbergh Case,* The Rutgers University Press, 1994.

5. *The New York Times,* « Al Capone bound for Atlanta prison », 4 mai 1932.

6. Archives de la prison d'Atlanta, Archives nationales, San Bruno, Californie, consultées par l'auteur.

7. Laurence Bergreen, *Capone : The Man and the Era, op. cit.*

8. Lettre d'Al Capone, 26 juillet 1932, Archives de la prison d'Atlanta, dossier Al Capone 40886-A, Archives nationales, San Francisco, Californie, consultées par l'auteur.

Le retour de la Fille au baiser mortel

1. *Chicago Tribune,* « Sweetheart number 8 of fatal kiss girl near death », 27 janvier 1933.

2. *Chicago Tribune,* 17 juin 1932.

3. *The Southeast Missourian,* « Kiss of Death proves to be no laughing matter in Chicago », 5 décembre 1932.

4. *Pittsburgh post-gazette,* « Curse of gangland girl reaches for eighth pal », 7 avril 1933.

5. *Chicago Tribune,* 7 juillet 1933.

Diamants et munitions sur canapé

1. Joe Urschel, *The Year of Fear : Machine Gun Kelly and the Manhunt That Changed the Nation,* Minotaur Books, 2015.

2. L'homosexualité supposée du directeur du FBI alimente les rumeurs depuis des décennies. On pense qu'il a été proche, très proche, de son bras droit, Clyde Tolson.

3. Ron Owens, *Oklahoma Justice : The Oklahoma City Police : A Century of Gunfighters, Gangsters and Terrorists,* Turner, 1995.

4. Propos du procureur général Homer Cummings *in* Henry S. Ruth et Kevin R. Reitz, *The Challenge of Crime : Rethinking Our Response,* The Harvard University Press, 2003.

5. Discours annuel au Congrès, 1934.

6. Notes du FBI *in* Bryan Burrough, *Public Enemies : The True Story of America's Greatest Crime Wave,* Penguin, 2011.

7. Barbara Casey, *Kathryn Kelly : The Moll Behind « Machine Gun » Kelly,* Strategic Media Books, 2016.

8. Archives du FBI, #5025, lettre 1401, 15 août 1933.

9. Laura Browder, *Her Best Shot : Women and Guns in America,* The University of North Carolina Press, 2008.

10. Jay Robert Nash, *The Great History of World Crime,* Rowman & Littlefield Publishers, 2014.

11. Bryan Burrough, *Public Enemies, op. cit.*

12. Archives *Tulsa World,* 1933, repris dans « Little Steve Stephens », *Tulsa World,* 10 janvier 2007.

13. Ron Owens, *Oklahoma Justice, op. cit.*

14. Barbara Casey, *Kathryn Kelly, op. cit.*

15. *Ibid.*

16. Ron Owens, *Oklahoma Justice, op. cit.*

17. John Edgar Hoover, *Persons in Hiding,* 1938.

18. Bryan Burrough, *Public Enemies, op. cit.*
19. *Ibid.*
20. Ron Owens, *Oklahoma Justice, op. cit.*
21. Bryan Burrough, *Public Enemies, op. cit.*
22. Joe Urschel, *The Year of Fear, op. cit.*
23. John Edgar Hoover, *Persons in Hiding, op. cit.*, cité par Laura Browder, *Her Best Shot, op. cit.*
24. *Ibid.*
25. Bryan Burrough, *Public Enemies, op. cit.*
26. Joe Urschel, *The Year of Fear, op. cit.*
27. Memo du FBI daté du 3 octobre 1933.
28. Myron J. Quimby, *The Devil's Emissaries*, A. S. Barnes, 1969.
29. *Chicago Report*, 13 novembre 1933.
30. *Lawrence Journal World*, « Identifies Kelly as ransom taker », 10 octobre 1933.
31. *Ibid.*
32. *The Schenectady Gazette*, « Defendant in Kidnap case takes stand », 26 septembre 1933.
33. *Chicago American*, 26 septembre 1933.
34. Bryan Burrough, *Public Enemies, op. cit.*
35. *Herald Journal*, « Kelly, bloody and defiant, laughs at kidnap trial », 10 octobre 1933.
36. Joe Urschel, *The Year of Fear, op. cit.*
37. Jack Stitnet, *The Daily Oklahoman*, cité *in* Joe Urschel, *The Year of Fear, op. cit.*
38. Myron J. Quimby, *The Devil's Emissaries, op. cit.*

La veuve noire

1. *Chicago Tribune*, « Winkler's widow tells her story to inquest jury », 11 octobre 1933.
2. *The Pittsburgh Press*, « Chicago police to grill Gus Winkler today », 26 septembre 1933.
3. *Chicago Tribune*, « Gus Winkler slain by gang », 10 octobre 1933.
4. Gus Russo, *The Outfit, op. cit.*

5. William J. Helmer (sous la dir. de), *Al Capone and His American Boys: Memoirs of a Mobster's Wife, op. cit.*

6. *Chicago Tribune,* « Widow of slain Winkler tries suicide », 23 octobre 1933.

Johnny, tu n'es pas un ange

1. G. Russell Girardin, William J. Helmer, *Dillinger: The Untold Story,* The Indiana University Press, 2009.

2. Ellen Poulsen, *Don't Call us Molls: Women of the John Dillinger Gang,* Clinton Cook Publishing Corporation, 2003.

3. G. Russell Girardin, William J. Helmer, *Dillinger: The Untold Story, op. cit.*

4. Rosalyn R. LaPier, David R. M. Beck, *City Indian: Native American Activism in Chicago, 1893-1934,* The University of Nebraska Press, 2015.

5. Ellen Poulsen, *Don't Call us Molls, op. cit.*

6. Rosalyn R. LaPier, David R. M. Beck, *City Indian, op. cit.*

7. Evelyn Frechette, confessions au magazine *True Confessions,* septembre 1934.

Mariage au balcon, divorce en prison

1. G. Russell Girardin, William J. Helmer, *Dillinger: The Untold Story, op. cit.*

2. Tony Stewart, *Dillinger, The Hidden Truth,* Xlibris Corporation, 2002.

3. Dary Matera, *John Dillinger: The Life And Death Of America's First Celebrity Criminal,* Carroll & Graf Publishers Inc, 2005.

Quand Johnny rencontre Billie

1. G. Russell Girardin, William J. Helmer, *Dillinger: The Untold Story, op. cit.*

2. Ellen Poulsen, *Don't Call us Molls, op. cit.*

3. *Kokomo Tribune* (Indiana), « Second woman held in search for convicts article », 9 octobre 1933.

4. *New Public Enemy List Out* in *Chicago article, The Daily Northwestern,* Oshkosh, Wisconsin, 29 novembre 1933.
5. *The Detroit Free Press,* « Gunmen loot deposit boxes », 14 décembre 1933.

Sous le soleil exactement

1. Documents déclassifiés du FBI sur John Dillinger, dossier n° 62-29777.
2. Déposition de Bessie Green, l'une des femmes du gang, dans H. H. Clegg à Edgar Hoover, 1933, FBI.
3. Ellen Poulsen, *Don't Call us Molls, op. cit.*
4. Interview de Frechette dans *True Confessions, op. cit.*

Voulez-vous cavaler avec moi, ce soir ?

1. G. Russell Girardin, William J. Helmer, *Dillinger : The Untold Story, op. cit.*
2. *Arizona Daily Star,* 26 janvier 1934.
3. Ellen Poulsen, *Don't Call us Molls, op. cit.*
4. Dary Matera, *John Dillinger, op. cit.*
5. Interview de Frechette, *Chicago Herald and Examiner,* 30 août 1934.

Elles causent pas, elles flinguent

1. Kenneth D. Ackerman, *Young J. Edgar : Hoover and the Red Scare, 1919-1920,* Viral History Press LLC, 2011.
2. Ovid Demaris, *The Director : an Oral Biography of J. Edgar Hoover,* Ishi Press, 2011.
3. Anthony Summers, *Official and Confidential : The Secret Life of J. Edgar Hoover,* Ebury Press, 2012.
4. Anthony Summers a eu la chance d'interroger Helen Gandy.
5. Sheldon et Eleanor Glueck, *Five Hundred Delinquent Women,* The University of Pennsylvania Law Review and American Law Register, vol. 83, n° 4, février 1935.
6. Hans von Hentig, *The Criminal and his Victim,* Schocken Books, 1979.
7. Sigmund Freud, *Introduction à la psychanalyse,* 1916.

8. *La Féminité. Nouvelles conférences sur la psychanalyse*, Gallimard, 1932.

9. Janice Delaney *et alii, The Curse, A Cultural history of menstruation*, The University of Illinois Press.

10. Cours de 1931, The Northwestern University.
http://scholarlycommons.law.northwestern.edu/cgi/viewcontent.cgi ?article =1307&context=jclc

11. *Time Magazine*, « The first photograph of an execution by electric chair », 10 avril 2014.

12. *Chicago Tribune*, « Snyder murder ! », 29 décembre 1935 ; *Chicago Tribune*, « Electrocute Ruth and Gray », 13 janvier 1928.

13. L. Kay Gillespie, *Executed Women of 20th and 21st Centuries*, The University Press of America, 2009.

14. John Edgar Hoover, *Persons in Hiding, op. cit.*

15. Mary Elizabeth Strunk, *Wanted Women : An American Obsession in the Reign of J Edgar Hoover*, The University Press of Kansas, 2010.

16. John Edgar Hoover, *Persons in Hiding, op. cit.*

Les trois petites Bohémiennes

1. Susan McNicoll, *Gangster Women and the Criminals They Loved*, Arcturus, 2015.

2. Steven Nickel et William J. Helmer, *Baby Face Nelson : Portrait of a Public Enemy*, Cumberland House, 2002

3. *Chicago Herald*, 8 octobre 1930.

4. Steven Nickel et William J. Helmer, *Baby Face Nelson, op. cit.*

5. Interrogatoire de Marie Conforti le 14 mai 1934, FBI, documents déclassifiés, 62-29777-1410.

6. Claire Bond Potter, *War on Crime : Bandits, G-Men, and the Politics of Mass Culture*, The Rutgers University Press, 1998.

7. Claire Bond Potter, *I'll Go to the Limits, Then Some : Gun Molls, Desire and Danger in the 1930's*, The Wesleyan University, 1995.

8. Ellen Poulsen, *Don't Call us Molls, op. cit.*

9. *Chicago Tribune*, « Gangster's girl decides this is a cruel world », 22 décembre 1934.

10. Documents déclassifiés du FBI, dossier Dillinger 62-29-777-1406.

11. Herbert Corey, *Farewell, Mister Gangster*, D. Appleton Century Co, 1936.

La lapine à la fourrure

1. Memo sur Volney Davis, FBI, 26 août 1935, Jodil #6344.

2. Pam Paden Tippet, *Run Rabbit Run : The Life, The Legend and The Legacy of Edna « Rabbit » Murray « The Kissing Bandit »*, CreateSpace Independent Publishing Platform, 2013.

3. Bryan Burrough, *Public Enemies, op. cit.*

4. Robert Barr Smith, *Outlaw Women : the Wild West's Most Notorious Daughters, Wives and Mothers*, TwoDot, 2015.

5. Pam Paden Tippet, *Run Rabbit Run, op. cit.*

6. *Ibid.*

7. *Ibid.*

8. Note personnelle d'Hoover, 19 novembre 1936, documents déclassifiés du FBI, « The kidnapping of Edward Bremer ».

9. Alvin Karpis, cité *in* Tim Mahoney, *Secret Partners : Big Tom Brown and the Barker Gang*, Minnesota Historical Society Press, 2013.

10. J. Edgar Hoover, *Persons in Hiding, op. cit.*

11. Tim Mahoney, *Secret Partners, op. cit.*

12. William B. Breuer, *J. E Hoover and his G-Men*, Praeger, 1995.

13. Témoignage d'Edna Murray, « I was a Karpis-Barker gang moll », *Startling Detective Adventures*, octobre 1936.

14. *Ibid.*

Accusée, ne vous levez pas !

1. Ellen Poulsen, *Don't Call us Molls, op. cit.*

2. Rapport du 30 avril 1934, documents déclassifiés du FBI, FBI 62-29777-1148.

3. Transmis à Hoover le 16 avril 1934, documents déclassifiés du FBI 62-29777-588.

4. Interrogatoire de Marie Conforti, 14 mai 1934, FBI 62-29777-1410, cité *in* Claire Bond Porter, *I'll Go to the Limits, op. cit.*

5. *Gettysburg Times*, 17 mai 1934.

6. *Chicago Herald and Examiner*, « What I knew about John Dillinger, by His Sweetheart », 27 août 1934.

Requiem pour une blonde

1. *The New York Times*, « Barrow and woman are slain by police in Louisiana trap », 24 mai 1934.
2. Bryan Burrough, *Public Enemies, op. cit.*
3. Jeff Guinn, *Go Down Together : the True, Untold Story of Bonnie and Clyde*, Simon & Schuster, 2009.
4. Philipp W. Steele avec Marie Barrow, *The Family Story of Bonnie and Clyde*, Pelican Publishing Company, 2000.
5. Bryan Burrough, *Public Enemies, op. cit.*

Classe mannequin

1. Emma Parker, *The True Story of Bonnie & Clyde*, New American Library, 1968.
2. Jeff Guinn, *Go Down Together, op. cit.*

La femme de l'homme invisible

1. John Neal Phillips, *Running with Bonnie and Clyde : the Ten Fast Years of Ralph Fults*, The University of Oklahoma Press, 2002.
2. B. Gelman, *The Bonnie and Clyde Scrapbook : The Letters, Poems and Diary of Bonnie Parker*, Personality Posters, 1968.

Derrière les Barrow

1. Emma Parker, *The True Story of Bonnie & Clyde, op. cit.*
2. Philipp W. Steele avec Marie Barrow, *The Family Story of Bonnie and Clyde, op. cit.*
3. Jeff Guinn, *Go Down Together, op. cit.*
4. Lettre de Bonnie Parker à Clyde Barrow, 14 février 1930, citée dans *ibid.*
5. John Neal Phillips, *Running with Bonnie and Clyde, op. cit.*
6. Raymond Hamilton et Ralph Fultz.

La belle, la brute et le truand

1. Ce texte, adapté par Serge Gainsbourg qui le chantera avec Brigitte Bardot, passera à la postérité.

2. *The Story of Suicide Sal, in* Nate Hendley, *Bonnie and Clyde : A Biography*, Greenwood, 2007. Traduction de Mathilde Vespertini. Les poèmes de Bonnie Parker et de Blanche Parker reproduits ici ont été traduits de manière inédite pour l'auteur.

3. Claire Bond Potter, *I'll Go to the Limits, op. cit.*

4. Jeff Guinn, *Go Down Together, op. cit.*

5. Philipp W. Steele avec Marie Barrow, *The Family Story of Bonnie and Clyde, op. cit.*

6. Propos d'Emma Parker cités *in* Laura Browder, *Her Best Shot, op. cit.*

Initiales BB : Bonnie et Blanche

1. Blanche Caldwell Barrow, John Neal Philipps, *My Life with Bonnie and Clyde*, The University of Oklahoma Press 1955.

2. *Ibid.*

3. *Pharos Tribune*, 13 mai 1933.

4. Brian J. Robb, *A Brief History of Gangsters*, Running Press, 2015.

5. Blanche Caldwell Barrow, John Neal Philipps, *My Life with Bonnie and Clyde, op. cit.*

Le choix de Bonnie

1. Bryan Burrough, *Public Enemies, op. cit.*

2. Bill Trent et Alvin Karpis, *Ennemi public numéro un*, Gallimard, coll. « Série Noire », 1971.

3. Laura Browder, *Her Best Shot, op. cit.*

Les petites prisonnières modèles de Mme Roosevelt

1. Susan McNicoll, *Gangster Women and the Criminals They Loved, op. cit.*

2. Documents déclassifiés du FBI, dossier Dillinger, 62-29777, rapport de l'agent R. C. Coulter.

3. *Chicago Tribune*, 8 juin 1934.
4. *Waterloo Courier*, « Gangster found his alley », 2 juin 1934.
5. *Chicago Tribune*, 9 juin 1934.
6. *Chicago Tribune*, 23 décembre 1934.
7. *The Evening Sun*, « Homer Van Meter, Dillinger Mobster, Slain In St Paul Felled by Police Machine Gun as he flees down alley with revolver in hand », 24 août 1934.
8. Blanche Wiesen Cook, *Eleanor Roosevelt*, vol. II : *The Defining Years*, Penguin Books, 1992.
9. Ellen Poulsen, « It's not camp Cupcake », The Alderson Federal Correctional Facility. N.p., n.d. Web. 9 octobre 2014.
10. Interview de Frechette, *Chicago Herald and Examiner*, 30 août 1934.

La femme en rouge

1. Tony Stewart, *Dillinger, The Hidden Truth, op. cit.*
2. *Chicago Herald and Examiner*, « Dillinger's last hours with me, by his sweetheart », 24 octobre 1934.
3. Dary Matera, *John Dillinger, op. cit.*
4. *Chicago Herald and Examiner*, « Dillinger's last hours with me, by his sweetheart », 24 octobre 1934.
5. G. Russell Girardin, William J. Helmer, *Dillinger : The Untold Story, op. cit.*
6. *The New York Times*, 23 juillet 1934.
7. *Chicago Tribune*, « Woman in red found », 25 juillet 1934.
8. *Chicago Tribune*, 30 avril 1936.
9. *Ibid.*

Mae Mae sur l'île de la tentation

1. Lettre datée du 3 mars (sans année), Archives d'Alcatraz, dossier Al Capone 40886-A, Archives nationales, San Francisco, Californie, consultées par l'auteur.
2. Archives d'Alcatraz, dossier Al Capone 40886-A, Archives nationales, San Francisco, Californie, consultées par l'auteur.
3. Lettre à Al Capone, 15 avril 1937, Archives d'Alcatraz, dossier Al Capone 40886-A, Archives nationales, San Francisco, Californie, consultées par l'auteur.
4. *Ibid.*

McGurn & Roses

1. *Chicago Tribune,* « Slay Machine Gun Jack McGurn in bowling alley », 16 février 1936.

2. *The New York Times,* « Gang's war feared in McGurn's killing », 16 février 1936.

3. *The New York Times,* « Machine Gun McGurn is slain in Chicago. Linked to St Valentine "massacre" of 1929 », 15 février 1936.

4. Jeffrey Gusfield, *Deadly Valentines, op. cit.*

5. *Chicago Tribune,* « Slay Machine Gun Jack McGurn in bowling alley », 16 février 1936.

6. Jeffrey Gusfield, *Deadly Valentines, op. cit.*

7. *Chicago Tribune,* « McGurn widow faces girls in slaying inquiry », 18 février 1936.

8. *Chicago Tribune,* « Auto of McGurn, sought since killing, is found », 17 février 1936.

9. Témoignage de Jeffrey Gusfield à Deirdre Marie Capone, entretien avec l'auteur, octobre 2013.

Capo et poignard

1. Susan Sloate, *Mysteries Unwrapped : The Secrets of Alcatraz,* Sterling, 2008.

2. Ecrit le 15 avril 1937, cité *in* Deirdre Marie Capone*, Uncle Al Capone, op. cit.*

Mme Capone à la conquête de l'Ouest

1. Archives d'Alcatraz, dossier Al Capone 40886-A, Archives nationales, San Francisco, Californie, consultées par l'auteur.

2. *Ibid.*

3. *Antiluetic Treatment Record for Beneficiaries of the United States Public Health Service,* 1932, Archives nationales, San Bruno, Californie.

4. Rapport psychiatrique du 23 juin 1938, Archives d'Alcatraz, dossier Al Capone 40886-A, Archives nationales, San Francisco, Californie, consultées par l'auteur.

5. *The Post Register,* Idaho Falls, 15 février 1938.

6. *Wilmington News,* 3 mars 1938.

7. *Chicago Tribune,* « Mrs. Al Capone visits Husband twice in two days », 2 mars 1938.

8. *The Piqua Daily Call,* « The mysterious Mrs. Capone », 4 mars 1934.

9. Rapport du département de la santé des Etats-Unis d'Amérique du 4 juin 1938, *in* Laurence Bergreen, *Capone : The Man and the Era, op. cit.*

10. Lettre de Johnston à Mae Capone, 14 mars 1938, Archives d'Alcatraz, dossier Al Capone 40886-A, Archives nationales, San Francisco, Californie, consultées par l'auteur.

11. *The Daily News,* « Al Capone's secrets revealed in trove of documents up for auction », 3 juin 2013.

12. Laurence Bergreen, *Capone : The Man and the Era, op. cit.*

Le vieux juif blonde

1. Lettre de Ludwig Schupp à Daluege Berlin, 22 juillet 1935, et lettre du 7 août 1935 du *Polizeipräsident* à Aix-la-Chapelle, *in* Michael Berkowitz, *The Crime of My Very Existence : Nazism and the Myth of Jewish Criminality,* The University of California Press, 2007.

2. Johann von Leers, *Kräfte hinter Roosevelt,* Berlin-Steglitz, Theodor Fritsch Verlag, 1941

3. *The Lincoln Star,* « Al Capone reported on way to a hospital in east », 13 novembre 1939.

4. *Chicago Tribune,* « Capone placed in hospital behest of United States », 8 décembre 1939.

Nuits blanches à Baltimore

1. *Chicago Tribune,* « Capone, broken and ill, freed, put in hospital », 17 novembre 1939.

2. *Ibid.*

3. *Evening Sun,* « Capone moves into Mt Washington home », 8 janvier 1940.

4. Lettre du docteur Moore au docteur Phillips, 15 janvier 1941 (collection

privée), vendue aux enchères, 2013 ; *The Daily News*, « Al Capone secrets revealed in trove of documents up for action », 3 juin 2013.

La maîtresse de Miami

1. Souvenir de Deirdre Marie Capone, entretien avec l'auteur, octobre 2013.
2. *Ibid.*
3. Deirdre Marie Capone, *Uncle Al Capone, op. cit.*

Œuf au plat et œil au beurre noir

1. *Daily Times*, 10 novembre 1941.
2. Documents déclassifiés du FBI, dossier Benjamin Siegel, n° 62-81518.
3. *The Los Angeles Evening Herald Express*, 24 avril 1944.
4. Larry Dale Gragg, *Benjamin « Bugsy » Siegel : The Gangster, the Flamingo, and the Making of Modern Las Vegas*, Praeger Publishers, 2015. Seul essai à ce jour à retracer avec sérieux et force sources journalistiques la vie de Virginia Hill.
5. Dean Jennings, *We Only Kill Each Other : the Life and Bad Times of Bugsy Siegel*, Prentice-Hall, 1967.
6. *Daily Times*, 10 novembre 1941.

Quoi de neuf, Docteur ?

1. Dean Jennings, *We Only Kill Each Other, op. cit.*
2. Dennis Eisenberg, *Meyer Lansky : Mogul of the Mob*, Paddington Press, 1979.
3. *Ibid.*

Un Brando, du brandy, un Bugsy

1. Brando raconte la scène le lendemain à son agent, Edith Van Cleve. Cité *in* Darwin Porter, *Brando Unzipped : Marlon Brando : Bad Boy, Megastar, Sexual Outlaw*, Blood Moon Productions, 2005.

La croisière s'amuse

1. *The New York Times*, 15 mai 1910.
2. *The New York Times*, « Miss Taylor reticent », 9 novembre 1910.
3. Il sera également le premier à effectuer en mission un vol de nuit contre les Allemands durant la Première Guerre mondiale.
4. *The New York Times*, « Grahame-White to wed », 27 juin 1912.
5. *The Evening Standard*, « Will start Honeymoon Tour in aeroplane », 13 mai 1912.
6. *Register Republic*, 13 janvier 1939, p. 16.
7. *Time Magazine*, 9 juillet 1923.
8. *Idaho Statesman*, 30 avril 1935, p. 5.
9. *New Orleans States*, 17 juin 1926, p. 21.
10. Propos d'Elsa Maxwell, *Time Magazine*, 25 janvier 1954.
11. *Register Republic*, 13 janvier 1939.
12. *Seattle Daily Times*, 19 janvier 1939.
13. Larry Dale Gragg, *Benjamin « Bugsy » Siegel*, *op. cit.*
14. *Los Angeles Times*, « Two of wrecked schooner's crew held as mutineers », 29 novembre 1938.
15. Lauren Bacall, *By Myself and Then Some*, It Books, 2006.
16. Jeffrey Meyers, *Gary Cooper American Hero*, Cooper Square Press, 2001.

Cœurs brûlés

1. *Ibid.*
2. *Time Magazine*, 25 janvier 1954.
3. Stephen Shearer, *Patricia Neal : an Unquiet Life*, The University Press of Kentucky, 2011.
4. *San Diego Union*, 2 février 1936, p. 72.
5. Darwin Porter, *Katharine The Great : Hepburn : Secrets of a Life Revealed*, Blood Moon Productions, 2004.
6. *San Francisco Chronicle*, 20 juin 1937, p. 3.
7. *The Milwaukee Sentinel*, 20 mai 1951.

Vacances romaines

1. *The New York Times,* « Italian ship sails with half list », 9 avril 1939.
2. Propos d'Elsa Mawxell dans *Time Magazine,* 25 janvier 1954.
3. *Journal de Galeazzo Ciano 1939-1943,* Payot, 2013.
4. Il confie ce détail à Elsa Maxwell, *Elsa Maxwell's Own Story,* Little Brown, 1954.
5. *Boston Herald,* 28 juin 1947 cité *in* Larry Dale Gragg, *Benjamin « Bugsy » Siegel, op. cit.*
6. Arnie Bernstein, *Swastika Nation : Fritz Kuhn and the Rise and Fall of the German-American Bund,* St Martin's Press, 2013.
7. Propos de Millicent Siegel, la fille de Bugsy, cités *in* Larry Dale Gragg, *Benjamin « Bugsy » Siegel, op. cit.*

Mon beau-frère et moi

1. *The New York Times,* 25 novembre 1939.
2. *Daily Mirror,* « Heard shots killing mate », 27 janvier 1942.
3. *The New York Times,* « Bugsy Siegel Arrested », 17 avril 1941.
4. Propos de Wendy Barrie cités *in* Darwin Porter, *Brando Unzipped, op. cit.*
5. *Los Angeles Herald and Express,* « Jail parties probes », 19 novembre 1940.

Le château de ma maîtresse

1. Andy Edmonds, *Bugsy's Baby : The Secret Life of Mob Queen Virginia Hill,* Birch Lane, 1993.
2. *Ibid.*
3. Témoignage dans le documentaire télévisé « Bugsy Siegel, gambling on the mob », cité *in* Larry Dale Gragg, *Benjamin « Bugsy » Siegel, op. cit.*
4. Documents déclassifiés du FBI, dossier Benjamin Siegel.
5. Kevin Johnson, *Bugsy & His Flamingo : The Testimony of Virginia Hill,* CreateSpace Independent Publishing Platform, 2011.
6. *Bellingham Herald,* « Gunmen talking Siegel's girlfriend », 10 juillet 1947.
7. Dossier du FBI et témoignage de Virginia « Virginia Hill testimony ».

8. Raconté par Wendy Barrie à Marlon Brando, cité *in* Darwin Porter, *Brando Unzipped, op. cit.*

9. Dean Jennings, *We Only Kill Each Other, op. cit.*

10. *Las Vegas Sun,* « Millicent Siegel talks about her father Bugsy's name, reputation and legacy », 3 novembre 2010.

11. Témoignage de sa fille cité par le *Las Vegas Sun.*

12. Devant la commission Kefauver, cité *in* Kevin Johnson, *Bugsy & His Flamingo, op. cit.*

13. Darwin Porter, *Brando Unzipped, op. cit.*

14. *Los Angeles Times,* « Underworld keeps its secrets », 26 juin 1947.

15. Propos de Millicent Siegel dans le *Los Angeles Sun.*

16. Larry Dale Gragg, *Benjamin « Bugsy » Siegel, op. cit.*

Le coup de la cravate

1. *The Marietta Daily Journal,* 23 juin 1947.

2. Devant la commission Kefauver, cité *in* Kevin Johnson, *Bugsy & His Flamingo, op. cit.*

3. *The Evening Post,* 28 juin 1947.

4. *Idaho Statesman,* 25 juin 1947.

5. *Greensboro Record,* 16 juillet 1947.

6. *Daily Illinois,* 8 août 1947.

7. *Daily Nonpareil,* 9 août 1947.

La veuve Scarface

1. Témoignage écrit du docteur Kenneth Phillips, dans *The Daily News,* « Al Capone's secret revealed in trove of documents up for auction », 3 juin 2013.

2. Deirdre Marie Capone, *Uncle Al Capone, op. cit.*

3. *The New York Times,* « Capone dead », 26 janvier 1947.

4. Souvenir de Deirdre Marie Capone, entretien avec l'auteur, octobre 2013.

5. Deirdre Marie Capone, *Uncle Al Capone, op. cit.*

6. Lettre manuscrite de Sonny et Mae Capone à Mafalda Capone (28 juin 1980) confiée à l'auteur par Deirdre Marie Capone.

Remerciements

L'auteur tient à remercier chaleureusement

Isabelle Louis, pour son aide documentaire,

Mario Gomes, pour ses précieuses informations sur la famille Capone,

Céline Delautre, pour avoir bichonné chaque ligne de ce texte,

Muriel Beyer, Vincent Barbare, Grégory Berthier-Gabriële, Benoît Yvert, pour l'avoir édité et publié,

ainsi que tous ceux qui, patiemment, ont supporté les longs mois d'autisme et de passion de votre serviteur.

Table

L'ALIBI ÉTAIT BLOND

UN DIABLE NE FAIT PAS L'ENFER

LES ENNEMIES TRÈS INTIMES DE J. E. HOOVER

LA MAFIEUSE ÉTAIT PRESQUE FRANÇAISE

ELLE EST BELLE ET SON PRÉNOM C'EST...

J'IRAIS BIEN REFAIRE UN TOUR DU CÔTÉ DE CHEZ AL

LES FLAMANTS ROSES SE CACHENT POUR MOURIR

Lady Scarface

Cet ouvrage a été composé par IGS-CP
à L'Isle-d'Espagnac (16)

Achevé d'imprimer en avril 2016
par Normandie Roto Impression s.a.s.
61250 Lonrai
N° d'imprimeur : 1601312
Dépôt légal : avril 2016

Imprimé en France